Studien zur Literatur- und Sozialgeschichte Spaniens
und Lateinamerikas,
herausgegeben von Martin Franzbach, Band 7

Spanisches Gegenwartstheater

Unterdrückung und Widerstand im Endstadium der Franco-Diktatur

von Mario Saalbach

1984

Bouvier Verlag Herbert Grundmann · Bonn

Diese Arbeit hat dem Promotionsausschuss "Dr. phil." der UNIVERSITÄT BREMEN als Dissertation unter dem Titel: "NUEVO TEATRO ESPAÑOL. Eine Untersuchung zur Situation des spanischen Gegenwartstheaters im Endstadium der Franco-Diktatur (1965-1975) am Beispiel der Autoren Jerónimo López Mozo und Luis Matilla." vorgelegen.

An dem Promotionsverfahren haben Prof. Dr. Martin Franzbach (Bremen) und Prof. Dr. José Navarro (Bremen) als Gutachter mitgewirkt.

Das Colloquium hat am 24.08.1982 stattgefunden.

CIP-Kurztitelaufnahme der Deutschen Bibliothek
SAALBACH, MARIO:
Spanisches Gegenwartstheater: Unterdrückung u. Widerstand im Endstadium d. Franco-Diktatur / von Mario Saalbach. — Bonn: Bouvier, 1984.
(Studien zur Literatur- und Sozialgeschichte Spaniens und Lateinamerikas; Bd. 7)
NE:GT

ISBN 3-416-01801-X

ISSN 0340-5990

Abb. auf dem Umschlag: Szenenfoto von der Uraufführung von Luis Mantillas ‚Ejercicios para equilibristas' im Centro Dramático Nacional, Madrid 1980. Umschlaggestaltung: Anna Braungart. Druck und Einband: Druckerei Plump KG, Rheinbreitbach.

Für Carmen
(und CleoPatra)

I N H A L T

1. EINLEITUNG

Es gibt bisher nur wenige umfassende Untersuchungen über Entwicklung und Neuerungen des spanischen Gegenwartstheaters seit 1965. Gerade von diesem Zeitpunkt an lassen sich in Spanien aber zunehmend Initiativen erkennen, welche das gemeinsame Ziel haben, die Struktur des bestehenden Theatersystems, die Arbeitsbedingungen der Theaterschaffenden und das im franquistischen Spanien vorherrschende, inhaltliche und ästhetische Kunstverständnis des offiziellen Theaters zu verändern. Solche Bestrebungen finden sich sowohl im praxisbezogenen Inszenierungs- und Aufführungsbereich als auch auf schriftstellerischer Ebene. Auf der einen Seite bilden sich zahlreiche Wanderspielgruppen, die sich bewusst vom kommerziellen spanischen Theaterbetrieb zu distanzieren versuchen, auf der anderen macht es sich eine umfangreiche Gruppe von Nachwuchsdramatikern zur Aufgabe, mit der Kreation zeitgemässer Bühnentexte neue inhaltliche Akzente zu setzen und unter ästhetischen Gesichtspunkten den Anschluss des spanischen Theaters an die Entwicklungen im europäischen und amerikanischen Ausland zu vollziehen. Obwohl die vorliegende Untersuchung auch die Arbeit der neuen Theatergruppen, der sogenannten "Teatros Independientes", eingehend berücksichtigt, liegt das Hauptgewicht doch in der Auseinandersetzung mit der künstlerischen Produktion und den Arbeitsbedingungen der jungen Autoren des "Nuevo Teatro Español" (N.T.E.). Wenngleich das N.T.E. in seiner Begrifflichkeit inhaltlich noch näher zu bestimmen sein wird, mag vorab gesagt sein, dass das Schaffen der jungen Dramatiker vor allem zwei Gemeinsamkeiten erkennen lässt: einerseits, was die ästhetische Erneuerung betrifft, das Experiment mit modernen Theaterformen und andererseits die thematische Auseinandersetzung mit der gesellschaftlichen und politischen Realität des Franquismus.

Die erste Monographie über das "Nuevo Teatro Español" datiert von 1972.[1] G.E. Wellwarths "Spanish Underground Drama" gibt neben einer kurzen Einführung in die durch Unterdrückung der freien Meinungsäusserung gekennzeichnete Situation des Franquismus einen Überblick über die dramatische Produktion derjenigen jungen Autoren, die sich bereits in der zweiten Hälfte der sechziger Jahre einen gewissen Bekanntheitsgrad erworben hatten. Er sieht aber in den einzelnen von ihm berücksichtigten Stücken weniger den Bezug auf die spezifisch spanische Situation, sondern erkennt in ihnen vor allem die Darstellung von Problemen und Widersprüchen, welche die Situation der westlichen Gesellschaften allgemein charakterisieren. Wellwarths Untersuchung wurde bald nach ihrer Veröffentlichung von verschiedenen Seiten angegriffen.[2] Die in ihr nicht berücksichtigten Vertreter des vor dem Entstehen des N.T.E. dominierenden ästhetischen Realismus, welche die jüngeren Dramatiker der willkürlichen Nachahmung jeglicher aktueller Theaterneuerungen um der Modernität willen bezichtigten, warfen Wellwarth vor, die Qualität der von ihm besprochenen Werke überzubewerten; die jungen Autoren selbst waren mit seiner Darstellung nicht einverstanden, weil er dreien von ihnen, José Ruibal, Antonio Martínez Ballesteros und José María Bellido, eine Führungsrolle innerhalb der Gruppe zuerkannte, welche die anderen nie akzeptierten und die auch nie zur Diskussion

---

[1] George E. Wellwarth, Spanish Underground Drama, Pennsylvania State University Press, University Park and London 1972. Span. Übersetzung m. e. Vorwort und Anmerkungen von Alberto Miralles unter demselben Titel, Madrid 1978.

[2] Vgl. hierzu u.z. Folgenden: Alberto Miralles, Nuevo Teatro Español: Una alternativa social, Madrid 1977, S.36ff.- Ders., Con cinco años de retraso, un libro actual, in: G.E. Wellwarth, Spanish Underground Drama (Span. Ausgabe), S.14ff.- José María Rodríguez Méndez, Las paradojas de "Mister W.", in: ders., Comentarios impertinentes sobre el teatro español, Barcelona 1972, S.98-101.

gestanden hatte. Trotz dieser auf ihre Berechtigung hin noch zu prüfenden Vorwürfe kommt Wellwarth aber in jedem Fall das Verdienst zu, als erster das wissenschaftliche Interesse auf ein neues Phänomen der jüngeren spanischen Theatergeschichte gerichtet zu haben.

Im Jahre 1975 erscheint die zweite, erweiterte Auflage von Francisco Ruiz Ramóns "Historia del teatro español. Siglo XX" (Madrid). Der dritte - neue - Teil dieser Theatergeschichte versteht sich als "Introducción al nuevo teatro español" und versucht in drei Kapiteln, einen Überblick über die von Zensur, kommerzieller Theaterstruktur und zahlreichen Theaterpreisen mitbestimmte Situation des spanischen Gegenwartstheaters zu verschaffen, an einigen Beispielen die Arbeit des "Teatro Independiente" zu analysieren und schliesslich die Autoren und ihr Werk vorzustellen. Die Liste der von Ruiz Ramón besprochenen Dramatiker zeigt jedoch, dass er unter den Begriff des "nuevo teatro español" nicht nur Autoren jener Gruppe fasst, über die schon Wellwarth geschrieben hatte, sondern ebenfalls die sogenannte "Generación Realista", die sich in der Nachfolge Antonio Buero Vallejos und Alfonso Sastres gebildet hatte. Diesen beiden herausragenden Figuren des ästhetischen Realismus widmet er allerdings im zweiten Teil seiner Theatergeschichte ein eigenes Kapitel, wodurch die Zuordnung ihrer Epigonen zum N.T.E. zusammen mit Autoren, die den ästhetischen Realismus unmissverständlich ablehnen, zumindest fragwürdig erscheint. Aufgrund der grossen Anzahl von Dramatikern, die von Ruiz Ramón berücksichtigt werden, ist es verständlich, dass er den einzelnen Stücken nur Kurzinterpretationen widmet, die weitgehend werkimmanent bleiben. Trotzdem erkennt er jedoch den Bezug vieler Werke der jüngeren Autoren auf die Situation des Franquismus, verbindet allerdings mit dieser Erkenntnis - entgegen der Auffassung Wellwarths - die Befürchtung, dass diese Stücke nur innerhalb der konkreten historischen Situation ihres Entstehens und aufgrund ihres spezifischen Bezugs Gültigkeit besitzen. Er respektiert zwar das Anliegen der jungen Dramatiker, dem Widerstand gegen das Bestehende auf kultureller Ebene Ausdruck zu verleihen, steht aber dem künstlerischen Wert ihrer Produkte eher skeptisch gegenüber.

Alberto Miralles teilt diese Skepsis in seinem 1977 in Madrid veröffentlichten "Nuevo Teatro Español: Una alternativa social" zwar nicht, was den ästhetischen Wert dieses Theaters anbelangt, wohl aber bezüglich seiner thematischen Gültigkeit nach dem Ende der Franco-Diktatur. Miralles, der neben seiner Lehrtätigkeit am "Instituto del Teatro" in Barcelona selbst zu den Autoren des N.T.E. zählt und darüber hinaus auch als Regisseur und Begründer der Theatergruppe "Cátaro" aktiv an den Versuchen zur Erneuerung der spanischen Szene beteiligt war und ist, gibt hier einen Erfahrungsbericht, der ihm als Grundlage für die Analyse der Entstehung und Entwicklung des N.T.E. sowie seiner Probleme und Schwierigkeiten dient. Miralles geht es in seiner Monographie weniger darum, einzelne Stücke junger Autoren zu untersuchen, er will vielmehr in einer allgemeinen Gesamtdarstellung die charakteristischen Merkmale des N.T.E. herausarbeiten, wobei er besonders den soziopolitischen Bedingungen und ihren Einflüssen auf das N.T.E. grosse Bedeutung beimisst. Denn die Thematik des N.T.E. wird in entscheidendem Masse von der Situation des Franquismus beeinflusst, seine Ästhetik aufgrund der Existenz einer franquistischen Zensur in aller Regel durch erhebliche Verschlüsselungstechniken gekennzeichnet.

Miralles grenzt das N.T.E. aufgrund der unterschiedlichen ästhetischen Konzeptionen deutlich von der "Generación Realista" ab und versucht, die Frage zu beantworten, ob die jungen Autoren als eigenständige Generation verstanden werden können, findet aber keine endgültige Antwort. Denn beachtliche Altersunterschiede zwischen einzelnen Autoren wie auch die Bevorzugung verschiedener ästhetischer Grundmodelle sprechen einerseits gegen ein Generationsverständnis; andererseits existieren jedoch nicht zu übersehende Gemeinsamkeiten wie die Zensurprobleme, die thematische Konstante der Regime- und Gesellschaftskritik, die bei vielen Autoren unterschiedliche Formen der Selbstzensur hervorrief, sowie das stilistische Experiment mit avantgardistischen Theatertechniken und der Versuch, auch an die eigene, spanische Theatertradition wieder anzuknüpfen.

Als weiteres wesentliches Charakteristikum des N.T.E. erkennt Miralles die Tendenz zum kollektiven Arbeiten sowohl zwischen mehreren Autoren als auch zwischen Autoren und Theatergruppen. Vor allem die Zusammenarbeit mit den Gruppen führt zu einem Phänomen, das die künstlerische Bewertung vieler Werke junger Autoren beachtlich erschwert: vielfach werden ihre Stücke nicht mehr als fertige, in sich geschlossene Bühnentexte konzipiert, sondern als "offene Texte", als Spielvorlagen, die den Gruppen als Grundlage für das von ihnen zu erarbeitende Endprodukt dienen sollen, von diesen aber entsprechend ihren eigenen Vorstellungen und Bedürfnissen abgeändert und ergänzt werden können. Viele der Autoren verstehen sich nicht mehr in erster Linie als Schöpfer dramatischer Literatur, sondern sehen ihre Bestimmung in der aktiven Zusammenarbeit im Theaterkollektiv. Eben in dieser Tendenz zur Zusammenarbeit mit dem "Teatro Independiente" und der damit verbundenen Distanzierung von der kommerziellen Theaterstruktur und ihrer Arbeitsweise sieht Miralles die Rechtfertigung seiner Auffassung, das N.T.E. nicht nur als kulturelle, sondern vor allem auch als soziale Alternative zu verstehen.

Neben den vorgenannten Untersuchungen stehen zur weiteren Information zwei Bände mit Interviews zur Verfügung, in denen allerdings nicht nur junge Nachwuchsautoren zu Wort kommen, sondern ebenso Mitglieder der "Generación Realista" wie auch Persönlichkeiten aus anderen Bereichen des Theaterlebens, deren Äusserungen und Stellungnahmen wertvolle Einblicke in die allgemeine Situation des spanischen Nachkriegstheaters erlauben. Die erste, 1974 veröffentlichte Zusammenstellung von Amando Carlos Isasi Angulo[3], welche Interviews aus den Jahren 1971-1973 enthält, gesteht neben einigen Kritikern, einer Schauspielerin und Regisseurin sowie einer Theatergruppe den Dramatikern den breitesten Raum zu. Isasi konfrontiert die Autoren vielfach mit konkret auf ihr dramatisches Werk bezogenen Fragen, deren Beantwortung nicht selten auch Rückschlüsse auf inhaltliche und ästhetische Konzeptionen der einzelnen Autoren zulässt.

Während Isasi auf Schlussfolgerungen aus den verschiedenen Stellungnahmen verzichtet[4], versucht Miguel Angel Medina diese in seinem "El teatro español en el banquillo" (Valencia 1976) zu ziehen. Seine Rückschlüsse und Zusammenfassungen entsprechen allerdings kaum der von ihm intendierten, psychologisch-psychoanalytisch orientierten Fragestellung und erscheinen in jedem Fall zu oberflächlich und wenig detailliert. Ungeachtet dessen bleibt jedoch der Wert des Interview-Materials, zumal bei Medina nicht nur - in der Hauptsache - die Dramatiker zu Wort kommen, sondern auch den Beiträgen von Schauspielern, Regisseuren, Kritikern, Theaterunternehmern sowie Vertretern von Theaterschulen, unabhängigen

---

[3] A.C. Isasi Angulo, Diálogos del Teatro Español de la Postguerra, Madrid 1974.

[4] Es ist zu vermuten, dass Isasi diese Schlussfolgerungen in einer weiteren Veröffentlichung ziehen wollte, auf die er in der Einführung seiner "Diálogos" unter dem Titel "Ensayos sobre el teatro español de la posguerra" hinweist und deren Vorbereitung der Verlag Ayuso noch 1976 mit dem Titel "Monólogos del teatro español contemporáneo" ankündigte [s. Moisés Pérez Coterillo (Hg.), El espectáculo de la huelga. La huelga del espectáculo, Madrid 1976, S.429]. Nachdem Isasi aber 1976 einem Verkehrsunfall zum Opfer gefallen war, kam diese Veröffentlichung nicht mehr zustande, obwohl die Endfassung seines Manuskripts zum Zeitpunkt seines Todes dem Verlag meines Wissens bereits vorlag.

Theatergruppen und anderen Kleintheatern breiter Raum zugestanden wird. Ausserdem ergänzt Medina seine Interviews mit einer Kurzanalyse der Publikumssituation und legt insgesamt ein umfassenderes, wenn auch nicht immer aufschlussreicheres Dokument über die Situation des spanischen Theaters im Franquismus vor als Isasi. Beide Bände ergänzen sich jedoch in ihren Fragestellungen und müssen als wertvolles Grundlagen-Material in jeder ernsthaften Untersuchung zum spanischen Nachkriegstheater berücksichtigt werden.

Darüber hinaus liegen mittlerweile zwei Dissertationen über die jüngsten Entwicklungen des spanischen Theaters vor. Luisa Teresa Valdiviesos "Una aproximación semiológica al teatro clandestino español"[5] untersucht die Produktion des N.T.E. an zahlreichen Beispielen unter semiologisch-strukturalistischen Gesichtspunkten. Sie erkennt dabei zwar in einigen Fällen den thematischen Bezug auf den Franquismus, konstatiert aber in der Regel die schon durch Wellwarth festgestellte Allgemeingültigkeit der meisten Stücke. In ihrer Wertung und Einordnung des N.T.E. geht sie allerdings von Voraussetzungen aus, die nicht den realen Gegebenheiten entsprechen, wenn sie das Panorama des zeitgenössischen spanischen Theaters, in dessen Kontext sie das "teatro clandestino" untersuchen will, durch die Existenz eines "teatro español de vanguardia", durch Autoren wie Alberti, Buero Vallejo, Sastre oder Olmo bestimmt sieht, und dabei unbeachtet lässt, dass die spanische Theaterlandschaft vom kommer-

---

[5] Arizona State University, Phil.Diss., 1975. Als Mikrofilm-Xerokopie: Ann Arbor/Michigan 1978.

ziellen Theater beherrscht wird, welches das von ihr als avantgardistisch bezeichnete Theater der Realisten weitgehend genauso ausschloss wie die Produktion der jüngeren Dramatiker.[6]

Die Bedeutung des kommerziellen Theaters erkennt sehr wohl Barbara-Sabine Kulenkampff, wenngleich sie ihm in ihrer theaterwissenschaftlich orientierten Untersuchung nur wenige Seiten widmet.[7] Sie befasst sich in der Hauptsache mit der Entwicklung des nicht-kommerziellen Theaters vom "Teatro de Cámara y Ensayo" bis zum "Teatro Independiente", indem sie die Arbeit einzelner Ensembles über Jahre vor dem Hintergrund der soziopolitischen Bedingungen verfolgt und versucht, die Frage zu beantworten, inwieweit sich in der spanischen Bühnenpraxis Tendenzen feststellen lassen, die als Parallelen der ausserspanischen Entwicklungen angesehen werden können. Obgleich Kulenkampff die Entwicklung im allgemeinen positiv beurteilt, weist sie doch darauf hin, dass sich das "Teatro Independiente" noch in der Zeit nach Francos Tod und nach der Abschaffung der Zensur wird bewähren müssen. Erst dann seien wirkliche Rückschlüsse über den Wert der Arbeit der unabhängigen Theatergruppen möglich.

Ferner muss an dieser Stelle auf ein Buch hingewiesen werden, das allerdings nicht in erster Linie als wissenschaftliche Untersuchung des spanischen Gegenwartstheaters verstanden werden will. Jerónimo López Mozos "Teatro de barrio, teatro campesino (Apuntes)" (Madrid 1976) ist eher als Anregung zur Gründung von Theatergruppen in Vororten und ländlichen Gegenden und als Leitfaden für die praktische Arbeit in der Gruppe konzipiert.

---

[6] Von L.T. Valdivieso existiert eine weitere Veröffentlichung mit der Zusammenstellung von Bibliographien zu den einzelnen Autoren, deren Einsicht mir bisher nicht möglich war: España: bibliografía de un teatro silenciado, Manhattan/Kan. 1979.

[7] B.-S. Kulenkampff, Theater in der Diktatur. Spanisches Experimentiertheater unter Franco, München 1979.

Der Dramatiker López Mozo gibt hier zum grossen Teil Erfahrungen wieder, die er in jahrelanger Zusammenarbeit mit verschiedenen Theatergruppen sammeln konnte, um einerseits die Möglichkeiten der Gruppenarbeit aufzuzeigen, andererseits aber auch auf ihre Probleme aufmerksam zu machen und den Gruppen so zu ermöglichen, aus Erkenntnissen und Fehlern anderer zu lernen, ohne selbst eventuelle missliche Erfahrungen machen zu müssen. Eben deshalb gibt seine praxisbezogene Darstellung aber auch der wissenschaftlichen Auseinandersetzung mit dem Thema wichtige Einblicke in Arbeitsweisen und Zielsetzungen sowohl des "Teatro Independiente" als auch der jungen Autoren des N.T.E. Darüber hinaus kommt López Mozos Abhandlung weitere Bedeutung zu, da sie durch die meines Wissens erste Zusammenstellung einer Bibliographie zum Thema der jüngsten Entwicklungen im spanischen Theaterleben ergänzt wird. Diese nach selbständigen Veröffentlichungen, Zeitschriftenartikeln und Textkollektionen geordnete Bibliographie erhebt zwar keinen Anspruch auf Vollständigkeit, bietet aber dem Interessierten eine Auswahl von Informationsmaterial, aufgrund welcher er sich einen ersten Überblick über das Thema verschaffen kann.

Weitere selbständige Veröffentlichungen bedürfen hier keiner besonderen Erwähnung. Es sei jedoch auf das umfangreiche Material hingewiesen, das die Theaterzeitschriften "Primer Acto", "Yorick" und "Pipirijaina" zur Verfügung stellen und ohne dessen Berücksichtigung eine wissenschaftliche Auseinandersetzung mit der Situation des spanischen Gegenwartstheaters nicht sinnvoll sein kann.

Neben dem Versuch, einzelne Unstimmigkeiten und Widersprüche, die sich aus den hier genannten und anderen Publikationen ergeben, zu klären und gelegentliche nicht zutreffende Darstellungen zu korrigieren, verfolgt die vorliegende Untersuchung das Ziel, eine möglichst umfassende Analyse der Situation des spanischen Gegenwartstheaters und insbesondere des "Nuevo Teatro Español" als künstlerischen Beitrag zum Widerstand gegen den Franquismus vorzunehmen. Deshalb ist es erforderlich, das N.T.E. inhaltlich zu definieren und es vor allem von der "Generación Realista" abzugrenzen, mit der es kaum mehr als die äusseren Umstände teilt.

Da die künstlerische Bedeutung der Stücke der jungen Protestdramatiker immer wieder angezweifelt wird, ergibt sich ein inhaltlicher Schwerpunkt aus der Notwendigkeit, die dramatische Produktion des N.T.E. einer künstlerischen Wertung zu unterziehen. Die Schwierigkeit liegt dabei in der zumeist offenen Textkonzeption dieser Stükke. Da sie von ihren Autoren meist nicht als fertige Kunstwerke verstanden werden, sondern durch die Inszenierung und die mit ihr verbundenen Ergänzungen oder Veränderungen erst zum eigentlichen Kunstwerk gemacht werden sollen, kann eine nur auf die Kunstform des Textes bezogene literarische Analyse hier oft nicht befriedigen und würde ihrem Gegenstand nur selten gerecht. Miralles schreibt hierzu[8]:

> Gran injusticia sería - y lo ha sido siempre - juzgar el teatro de los nuevos autores como literatura dramática, cuando ellos mismos nunca han pretendido un texto definitivo, ni exquisito, ni retórico, sino [...] una "propuesta" para ser reelaborada en los ensayos.

Ruiz Ramón hält daher eine endgültige Bewertung der Produktion des N.T.E. erst nach und aufgrund ihrer Aufführung für möglich[9], aber die Aufführungen systemkritischer Stücke wurden durch die franquistische Zensur weitgehend verhindert, und ohne den Publikumskontakt konnte ihre Wirksamkeit nicht überprüft werden.[10]

---

8 A. Miralles, a.a.O., S.192.- Vgl. auch: Ebd., S.128f.- Andrés Amorós u.a., Análisis de cinco comedias (Teatro español de la postguerra), Madrid 1977, S.184.

9 F. Ruiz Ramón, a.a.O., S.530.

10 Ebd., S.442.

Deshalb soll hier versucht werden, mit Hilfe der Leerstellentheorie Wolfgang Isers einen Ansatz zur künstlerischen Bewertung des N.T.E. vorzulegen, welcher den ästhetischen Wert der einzelnen Texte an dem Gültigkeitsbereich ihrer Aussage misst und so potentielle Abänderungen im Rahmen einer Inszenierung mit berücksichtigen kann. Eine Reihe von Einzelinterpretationen muss diesen Gültigkeitsbereich determinieren, indem einerseits der Bezug zur Realität des Franquismus herausgearbeitet, andererseits aber auch versucht wird, die Möglichkeit eines allgemeingültigen Bezugs aufzuzeigen. Dabei kommt der Feststellung des konkreten historischen Bezugs aufgrund des anti-franquistischen Anspruchs des N.T.E. besondere Bedeutung zu, zumal die Werke der jungen Autoren häufig nicht nur unter ästhetischen, sondern auch unter inhaltlichen Gesichtspunkten als "antirrealista" bezeichnet[11] und damit in die Nähe des Evasionstheaters gerückt worden sind.

Fernerhin erlaubt das fortgesetzte Stilexperiment vieler junger Dramatiker einige Schlussfolgerungen über den Stellenwert ihrer Texte sowohl in bezug auf die angestrebte ästhetische Erneuerung des spanischen Theaters als auch hinsichtlich der Aktualität ihrer Form vor dem Hintergrund des gesamten europäischen und amerikanischen Theatergeschehens. Die Auseinandersetzung des N.T.E. mit unterschiedlichen modernen Theaterrichtungen lässt in den Stücken eine Vielzahl von Einflüssen feststellen, deren bedeutendste auf das Theater des Absurden und den "esperpento" Valle-Incláns zurückgehen. Auf diese konzentriert sich deshalb die vorliegende Untersuchung, indem sie die Texte junger Autoren mit den ursprünglichen ästhetischen Konzeptionen vergleicht, um sie schliesslich an-

---

[11] Vgl. Carlos Blanco Aguinaga u.a., Historia social de la Literatura española (en lengua castellana), Bd.III, Madrid 1979, S.242ff.

hand von Arnold Heidsiecks Theorie des Grotesken[12] gattungsgeschichtlich einzuordnen und unter neuen Gesichtspunkten eine weitere ästhetische Wertung vorzunehmen. Kulenkampff hat in ihrer Darstellung nachgewiesen, dass in der gegenwärtigen spanischen Bühnenpraxis nicht nur minderwertige, sondern auch zeitgemässe und ästhetisch moderne Inszenierungen existieren; ob ähnliches auch für die Autoren-Produktion der Gegenwart zutrifft, wird in dieser Arbeit zu klären sein.

Eine solche Klärung erscheint nicht zuletzt wünschenswert und notwendig, da noch vielerseits - auch von Hispanisten - vorurteilsbelastete Ansichten über die Bedeutung und den Stellenwert der spanischen Kultur, insbesondere des spanischen Theaters vertreten werden. Einerseits betrachtet man die spanische Kultur aufgrund der jahrzehntelangen politischen Isolierung vom übrigen Europa als etwas grundsätzlich Verschiedenes und von der übrigen Entwicklung Abgeschnittenes[13], andererseits bezweifelt man, dass die Entwicklung unter faschistischem Diktat überhaupt zu interessanten künstlerischen Phänomenen führen konnte.[14] Diese auf anderen kulturellen Gebieten längst widerlegten Behauptungen scheinen auch für das spanische Theater nicht zuzutreffen und dürften darauf zurückzuführen sein, dass die Betreffenden der Täuschung durch das Niveau des offiziellen Theaters erlegen sind, ohne dass sie die Notwendigkeit erkannt hätten zu überprüfen, ob das offizielle Theaterpanorama

---

[12] A. Heidsieck, Das Groteske und das Absurde im modernen Drama, Stuttgart 1969.

[13] Vgl. Patricia W. O'Connor, Government Censorship in the Contemporary Spanish Theatre, in: Educational Theatre Journal, Bd.XVIII, Nr.4 (Dez.1966), S.443.

[14] Dies., Torquemada in the Theatre: A Glance at Government Censorship, in: Theatre Survey, Bd.XIV, Nr.2 (1973), S.33.

tatsächlich das künstlerische Theaterschaffen Spaniens widerzuspiegeln vermag.[15] O'Connor schreibt entgegen diesen allgemeine Mittelmässigkeit proklamierenden Thesen[16]:

> several Spanish writers active today would enjoy international prestige were not Spain ignored or shunned due to its present form of government. Despite discrimination from abroad and the lingering shadow of Torquemada at home, a tough breed of Spanish writers, hardened by adversity, manages to write, publish, and even perform.

Das im Rahmen der Förderung des Spanien-Tourismus geprägte Klischee "Spain is different" wurde unreflektiert auf den kulturellen Bereich übertragen und die wissenschaftliche Auseinandersetzung mit diesem Bereich daraufhin ungerechtfertigterweise vernachlässigt.[17] Daher fordert Ruiz Ramón in Hinblick auf das spanische Theater zu Recht[18]:

> Tarea urgente es, pues, la de desinvisibilizar <u>todo</u> el teatro español del siglo XX poniéndolo, mediante su análisis en términos críticos occidentales, en la órbita del teatro contemporáneo, arrinconando en el desván de los trastos inútiles el inservible <u>slogan</u> del <u>Spain is different</u>.

Die vorliegende Untersuchung erfüllt einen Teil dieser Aufgabe, indem sie sich mit einem wichtigen Abschnitt der Entwicklung des spanischen Gegenwartstheaters befasst und zeigen wird, dass das N.T.E. durchaus auch im Gesamtbild des abendländischen Theaterpanoramas bestehen kann.

---

[15] Vgl. A. Miralles, a.a.O., S.67.

[16] P.W. O'Connor, a.a.O.

[17] Vgl. hierzu F. Ruiz Ramón, Estudios de teatro español clásico y contemporáneo, Madrid 1978, S.128.

[18] Ebd., S.146.

Es ist jedoch unmöglich, das N.T.E. richtig zu verstehen und seiner Bedeutung nach einzuordnen, ohne die allgemeine Situation des spanischen Theaters im Franquismus zu analysieren. "El arte escénico," schrieb Pedro Altares[19],

> [...] es vehículo de expresión de ideas donde quedan reflejadas no sólo las inquietudes de una comunidad, sino también sus apetencias, sus frustraciones y, en última instancia, su configuración sociopolítica. Todo esto [...] tiene en el caso de España una aplicación rigurosa, de tal manera que quien intente acercarse a su teatro sin tener en cuenta el contexto histórico en el cual éste se ha desarrollado, le resultará un fenómeno ininteligible, extraño.

Die Relevanz der Eigenheiten und charakteristischen Merkmale des N.T.E. kann nur dann umfassend gewürdigt werden, wenn man diese im Zusammenhang der historischen Situation und der gesellschaftlichen Voraussetzungen betrachtet. Darauf weist José Monleón unmissverständlich hin, wenn auch seine Erklärung etwas zu kausalistisch erscheinen mag[20]:

> El teatro se da dentro de una estructura específica que lo condiciona. Esta estructura específica es, a su vez, la expresión de una estructura económica que se traduce en una estructura política. Por tanto, carece de sentido analizar los problemas de la creación propiamente teatral sin abordar los distintos órdenes que la llevaron a ser como es y no de otra manera.

Obwohl die Verfasser der über das spanische Gegenwartstheater vorliegenden Veröffentlichungen sich über die Bedeutung der soziopolitischen Voraussetzungen, innerhalb derer sich das Theaterschaffen entwickelt und von denen es entscheidend mitbestimmt wird, im allgemei-

---

[19] P. Altares, Del teatro del Imperio al teatro de consumo, in: CpeD, Extraordinario XV (Juli 1969), S.71.

[20] In: Teatro español actual, Madrid 1977, S.31.- Vgl. auch ebd. den Beitrag v. Luciano García Lorenzo, S.14.- Ferner: R. Rodríguez Buded, Autores nuevos y teatro independiente, in: Yor 26 (1968), S.15.

nen einig sind, hat doch keiner von ihnen bisher den Versuch unternommen, sie detailliert darzustellen. Deshalb scheint es angebracht, der eigentlichen Auseinandersetzung mit dem N.T.E. hier einen Situationsbericht voranzustellen, um sowohl das allgemeine Theaterpanorama zu untersuchen, das einerseits - in der Hauptsache - durch das kommerzielle Theater, aber auch durch die Staatstheater und die Theaterpolitik und andererseits durch die Arbeit des "Teatro Independiente" bestimmt wird, als auch die gesellschaftlichen und politischen Bedingungen des Theaters zu analysieren: sowohl die direkten und indirekten Zensurmechanismen als auch die Zusammensetzung und Entwicklung des spanischen Theaterpublikums. Im Zusammenhang der Publikumsanalyse wird überprüft werden müssen, welchen Rezeptionsbedingungen ein nicht-kommerzielles, regimekritisches Theater in der Franco-Diktatur unterworfen war. Die Diskussion rezeptionsästhetischer Fragestellungen soll klären, inwieweit diese dazu dienen können, gültige Erkenntnisse bezüglich der Wirkungsmöglichkeiten des N.T.E. zu gewinnen.

Die Darstellung der spanischen Theatersituation beschränkt sich weitgehend auf die Situation in Madrid, da sich aufgrund eines zentralistischen Regierungssystems auch das kulturelle Schaffen grösstenteils auf die Hauptstadt konzentrierte. Dem könnte zwar entgegengehalten werden, dass auch in Barcelona ein reges Theaterleben stattfand, aber das dortige Spielplanangebot gestattete kaum andere Einblicke als das in Madrid und unterlag zudem aufgrund der besonderen Unterdrückung des Katalanischen - wie auch der anderen spanischen Nationalitäten - einer weitaus stärkeren staatlichen Kontrolle, da man im Sinne eines vereinten Spaniens das Aufleben und die Weiterentwicklung der eigenständigen Nationalkulturen verhindern wollte. Das Theater in Barcelona besass, was Neuerungen anbetraf, einen geringeren Spielraum als das in Madrid und wurde daher im Vergleich zu dem der Hauptstadt mitunter sogar als provinziell empfunden[21], obwohl die Theatersituation in der eigentlichen spanischen Provinz ein ungleich niedrigeres Niveau widerspiegelte. Deshalb wird hier die Situation des Theaters in Madrid zugrunde gelegt, deren Analyse für das spanische Theaterschaffen allgemein gültige Aufschlüsse gibt.

Auch was das N.T.E. anbelangt, lässt sich die Konzentrierung seiner Aktivitäten auf die spanische Hauptstadt feststellen; ein Grossteil der jungen Autoren lebt und arbeitet in Madrid oder seiner näheren Umgebung. Hier scheinen sich ihnen die besten Möglichkeiten für die Verwirklichung ihrer künstlerischen Absichten zu bieten, denn ein breites kulturelles Angebot erlaubt Einblicke in spanische und ausserspanische künstlerische Entwicklungen, die ihnen andernorts nicht geboten würden, und ein für die künstlerische Arbeit nützlicher gegenseitiger Meinungs- und Erfahrungsaustausch ist gewährleistet.

Die Auseinandersetzung mit den einzelnen Autoren des N.T.E. und ihrem dramatischen Werk lässt eine Reihe von Gemeinsamkeiten erkennen, deren augenscheinlichste die konstante Beschäftigung mit der Realität der franquistischen Unterdrückung ist. Die meisten der neuen Autoren, so Ruiz Ramón[22],

> escriben o pretenden escribir un teatro contestatario que destruya desde dentro [...] los "mitos", difusos o no, del sistema, haciendo ver o su falsedad, o su condición irrisoria o su poder enajenador.

Daher erklärt sich die weitgehend ähnliche Situation aller jungen spanischen Protestdramatiker, welche durch die systematische Isolierung ihrer Produktion sowohl von

---

21 S.: José María Rodríguez Méndez, La apetitosa cartelera de Madrid, in: ders., Comentarios impertinentes, S.164-166.- Vgl. auch: Ricard Salvat, in: A.C. Isasi Angulo, a.a.O., S.494ff.

22 F. Ruiz Ramón, Estudios de teatro español, S.244.

der Bühnenpraxis als auch von der Veröffentlichung gekennzeichnet ist und deutlichen Einfluss auf ihre Arbeitsweisen und die thematische wie formale Gestaltung ihrer Stücke ausübt.[23]

Aus diesem Grund, und weil es nach den Bemühungen Wellwarths und Ruiz Ramóns nicht Aufgabe dieser Arbeit sein kann, eine weitere umfangreiche, mehr oder weniger vollständige Gesamtdarstellung des dramatischen Werks der jungen Autoren vorzunehmen, sondern ihre Arbeitsweisen und -bedingungen analysiert und deren Einwirkung auf die künstlerische Produktion untersucht werden sollen, erscheint es hier angebracht, unter den Autoren eine sehr reduzierte Auswahl zu treffen, damit eine um so detailliertere Auseinandersetzung mit wichtigen Teilaspekten möglich wird. Die Wahl der hier als Beispiele heranzuziehenden Dramatiker fällt keineswegs leicht. In Betracht kämen neben anderen aufgrund ihrer herausragenden künstlerischen Konzeptionen Miguel Romero Esteo und Francisco Nieva. Aber beide können eben wegen ihrer aussergewöhnlichen ästhetischen Entwürfe nicht als repräsentativ für das N.T.E. angesehen werden.[24] Romero Esteos Versuch, in seinem Theater durch Sprachzerstörung die Erneuerung des verbalen Ausdrucks zu erzielen, ist nicht charakteristisch für die allgemeine Tendenz des N.T.E., die in Ablehnung des herkömmlichen Dialogtheaters gerade auf die Aufwertung des nicht-verbalen szenischen Ausdrucks hinausläuft. Darüber hinaus deckt sich auch die Thematik seiner Stücke nicht völlig mit der in weiten Teilen der N.T.E.-Produktion dominierenden Kritik am Franquismus; der von Pörtl als "Aussenseiter unter den

---

[23] Vgl. ebd., S.138.

[24] S. hierzu: A. Miralles, a.a.O., S.55.- F. Ruiz Ramón, Historia, S.486 u. 564.- Ders., Prolegómenos a un estudio del nuevo t. español, in: PA 173 (Okt.1974), S.5.

Aussenseitern"[25] eingestufte Dramatiker vollzieht, wie Waltraud Ohlert festgestellt hat[26], nicht "im herkömmlichen Sinne [...] Kritik an sozialen, politischen und wirtschaftlichen Missständen", sondern eher eine Selbstdarstellung, in deren Zusammenhang auch die von ihm gelebte Wirklichkeit Beachtung findet. Auch bei Nieva findet sich kaum die Auseinandersetzung mit den Gegebenheiten des Franquismus. Seine vielleicht als Verwirklichung des von Artaud geforderten "théâtre de la cruauté" zu verstehenden Werke stellen sich als zeremoniell anmutende Handlungen zwischen Surrealem und Absurdem dar, die dem Realismus nicht nur auf ästhetischer, sondern auch auf inhaltlicher Ebene eine Absage erteilen.[27] Zudem entstand ein Grossteil der Stücke Nievas nicht erst seit Mitte der sechziger, sondern bereits seit den frühen fünfziger Jahren, und Nieva bestreitet seinen Lebensunterhalt nicht, wie die meisten der Nachwuchsdramatiker, in einem theaterfremden Beruf, sondern gehört als prominenter Bühnenbildner zur Elite der Theaterschaffenden in Spanien. Nieva ist somit, obwohl er zum N.T.E. gerechnet wird, eine Gestalt, die als ausgesprochen atypisch für diese Autorengruppe gelten muss.

Statt die dramatische Produktion herausragender Autorenpersönlichkeiten zu analysieren, entspricht es dem Ziel dieser Arbeit eher, solche Dramatiker als Gegenstand der Untersuchung zu wählen, die einerseits in ihrem Werk und in ihrer Person repräsentativ für die wichtigsten Tendenzen des N.T.E. stehen können, gleichzeitig

---

25 Klaus Pörtl, Systemkritik im spanischen Protesttheater. Eine vorläufige Standortbestimmung von Antonio Martínez Ballesteros und Miguel Romero Esteo, in: Rolf Kloepfer u.a. (Hg.), Bildung und Ausbildung in der Romania, Bd.III: Iberische Halbinsel und Lateinamerika, München 1979, S.382.

26 W. Ohlert, Spanisches Protesttheater bei Miguel Romero Esteo, Dipl.arbeit, Germersheim 1978, S.34 u. 70ff.

27 S.: F. Ruiz Ramón, Historia, S.570.

aber auch vom Text her hohe künstlerische Ansprüche verfolgen und befriedigen. Nach eingehender Sichtung umfangreichen Textmaterials wurden in Jerónimo López Mozo und Luis Matilla zwei geeignete Autoren gefunden, deren Theaterschaffen sowohl die charakteristischen Merkmale des N.T.E. in sich vereinigt als auch einer literarischen Analyse standhalten kann. Denn wenngleich ihre Stücke ebenfalls als "offene Texte" konzipiert sind, so zeichnen sie sich mit wenigen Ausnahmen doch durch eine detaillierte Ausarbeitung der Textvorlagen aus, wodurch die literarische Analyse nicht von vornherein als ungerechtfertigte Untersuchungsmethode disqualifiziert wird.

Das dramatische Werk López Mozos charakterisiert sich durch das fortgesetzte Stilexperiment mit zahlreichen zeitgenössischen Theaterformen, mit dessen Hilfe der Autor versucht, ein eigenes ästhetisches Konzept zu entwickeln. Matilla hingegen findet seinen Stil schon früh, experimentiert aber auch innerhalb der von ihm bevorzugten Richtung mit verschiedenen Elementen der Farce und den Techniken der "esperpentos" Valle-Incláns. Beiden Autoren ist nicht zuletzt daran gelegen, bei der von ihnen angestrebten Erneuerung des spanischen Theaters auch an die eigene Theatertradition, an die durch den spanischen Bürgerkrieg jäh unterbrochenen Entwicklungen des Vorkriegstheaters anzuknüpfen. Dabei distanzieren sie sich bewusst von dem von der "Generación Realista" vertretenen Konzept des kritischen Realismus, der ihnen unzeitgemäss und uneffektiv erscheint. Auch die in ihren Stücken behandelte Thematik stimmt mit den Zielsetzungen des N.T.E. überein. Der Anklage des Franquismus wird jedoch bei López Mozo und Matilla in aller Regel eine Form gegeben, die zwar den konkreten Gegenwartsbezug erkennen lässt, aber von diesem konkreten Bezug abstrahiert, um eine Aussage von allgemeiner Gültigkeit zu formulieren, die, wie sich erweisen wird, auch ausserhalb der Situation des franquistischen Spanien relevant bleibt.

Matilla und López Mozo können fernerhin als Beispiele für das Bestreben des N.T.E. dienen, Alternativen zu den im kommerziellen spanischen Theater vorherrschenden Arbeitsweisen zu schaffen. Ihre schriftstellerische Tätigkeit beschränkt sich nicht auf die individuelle Produktion von Bühnentexten, sondern schliesst sowohl die Zusammenarbeit untereinander und mit anderen Autoren zur Kreation gemeinsamer Textvorlagen ein als auch die intensive Kooperation mit verschiedenen Theatergruppen zur Erarbeitung von Kollektiv-Kreationen. López Mozo und Matilla betrachten den Schöpfer dramatischer Literatur nicht mehr als wichtigsten Exponenten des Theaters, sondern wollen zusammen mit Schauspielern, Regisseuren und anderen Theaterschaffenden nur mehr als Gleichberechtigte gemeinsam die Verantwortung für die praktische Theaterarbeit und die Weiterentwicklung des spanischen Theaters tragen. Sie verstehen ihre schriftstellerische Tätigkeit nicht mehr in erster Linie als literarisch, sondern vor allem als theaterspezifisch.

Das Hauptgewicht der Interpretationen von Stücken beider Autoren liegt in dem Versuch, ihren Bezug zur spanischen Gegenwart des Franquismus herzustellen, um einerseits zu verdeutlichen, in wie starkem Masse das künstlerische Schaffen der jungen Autoren durch die von ihnen gelebte Situation geprägt wird, und andererseits auch die zum Teil sehr komplizierten Verschlüsselungstechniken erkennbar zu machen, mit denen das gesamte N.T.E. den konkreten Bezug der Aussage vor einer strengen staatlichen Zensur zu verbergen suchte und die gleichzeitig zur Abstraktion von den konkreten Verhältnissen und damit zur Formulierung weitgehend allgemeingültiger Aussagen führten. Damit wird nicht zuletzt auch die Absicht verfolgt, zwischen den beiden gegensätzlichen Auffassungen zu vermitteln, von denen die eine in den Stücken des N.T.E. nur den Bezug auf den Franquismus, die andere nur den allgemeinen Bezug erkennt.

Die Auswahl der zu interpretierenden Stücke aus der Gesamtproduktion der Autoren wurde in der Absicht getroffen, einen möglichst breiten Überblick über ihr Schaffen zu bieten, der auch Rückschlüsse auf die allgemein von den Vertretern des N.T.E. verfolgten Zielsetzungen und Darstellungsweisen erlauben soll. Daher werden sowohl Stücke untersucht, die bereits aufgeführt oder veröffentlicht worden sind, als auch solche, die von der Zensur verboten bzw. ihr nicht einmal vorgelegt wurden. Neben kurzen Einaktern, die den grösseren Teil der N.T.E.-Produktion ausmachen, werden auch längere Stücke analysiert, die vor allem bei López Mozo Einblicke in das stilistische Experiment mit verschiedenen Theaterformen gewähren; Stücken, die sich durch eine offene Symbolik charakterisieren, die relativ leicht zu entschlüsseln ist, stehen andere gegenüber, deren hermetischer Symbolismus das Verständnis erschwert. Darüber hinaus wird eine breite zeitliche Streuung der ausgewählten Stücke angestrebt, um einer möglichen Entwicklung der Autoren gerecht zu werden. Dass der jüngste der untersuchten Texte trotzdem schon von 1972 datiert, ist darauf zurückzuführen, dass das künstlerische Arbeiten in der ersten Hälfte der siebziger Jahre bei López Mozo und Matilla wie auch bei vielen anderen jungen Dramatikern nicht in erster Linie durch die individuelle Autorenproduktion bestimmt wurde, sondern durch die mehr oder weniger intensive Zusammenarbeit in Autoren- oder Gruppenkollektiven. Auf die explizite Besprechung kollektiv erarbeiteter Textvorlagen wird jedoch verzichtet, da diese einerseits oft einen sehr provisorischen Charakter tragen und andererseits gegenüber der individuellen Produktion beider Autoren keine neuen Einblicke - weder formaler noch inhaltlicher Art - bieten.

Der dieser Arbeit zugrundeliegende Untersuchungszeitraum umfasst im engeren Sinne die Jahre 1965-1975, reicht also vom ungefähren Zeitpunkt des Entstehens des

N.T.E. bis zum Ende der Franco-Diktatur. Im Rahmen der allgemeinen Situationsdarstellung ist es jedoch notwendig, diesen Zeitraum zu erweitern. Das N.T.E. ist deutlich als Teil des intellektuellen Widerstands gegen den Franquismus zu erkennen, der sich bereits Mitte der fünfziger Jahre ausgehend von den spanischen Universitäten zu formieren begann. Ohne diese allgemeine Entwicklung zu berücksichtigen, kann der Stellenwert des Entstehens eines neuen spanischen Theaters nicht bestimmt werden. Darüber hinaus stellt der UNO-Beitritt Spaniens am 15.12.1955 einen historischen Einschnitt dar, welcher die Aufgabe der Isolationspolitik und die allmähliche Öffnung zum europäischen und aussereuropäischen Ausland signalisierte. Aber auch auf Ereignisse und Beispiele aus der Zeit vor 1955 und sogar aus dem Bürgerkrieg wird gelegentlich eingegangen werden müssen, insofern sie sich noch auf die Situation der sechziger und siebziger Jahre auswirken bzw. Aufschlüsse über die historische Entwicklung geben. Ausserdem erscheint es angesichts der Tatsache, dass seit Francos Tod fast sieben Jahre vergangen sind und Spanien mittlerweile eine demokratische Verfassung besitzt, sinnvoll, einen Ausblick auf Entwicklung und Perspektiven des N.T.E. sowie auf die allgemeine Theatersituation im Postfranquismus zu geben, in dessen Rahmen nicht zuletzt auch die Frage nach der Gültigkeit des im Widerstand gegen die franquistische Unterdrückung geborenen N.T.E. nach dem Tode des Diktators beantwortet werden muss.

Der Aufbau der vorliegenden Untersuchung entspricht einer schrittweisen Einengung des Betrachtungswinkels, aufgrund welcher es möglich wird, die Einzelheiten der verschiedenen Darstellungen vor einem breiteren Hintergrund besser zu verstehen und sie in das Gesamtpanorama einzuordnen. Auf die Darstellung der allgemeinen Theatersituation im franquistischen Spanien folgt die Auseinandersetzung mit dem N.T.E. Vor diesem Hintergrund wird dann versucht, den Standort der Autoren Matilla und López Mozo zu bestimmen, um schliesslich ihr dramatisches Werk im Überblick darzustellen und anhand von Einzelinterpretationen eingehender zu analysieren. Die gattungsgeschichtliche Einordnung des Theaters von López Mozo und Matilla wie auch der Ausblick auf den Postfranquismus nehmen dann wieder eine gewisse Verallgemeinerung vor und schliessen in den zusammenfassenden Wertungen die gesamte Produktion des N.T.E. sowie die allgemeine Theatersituation mit ein.

2. DIE SITUATION DES THEATERS IM FRANQUISMUS

2.1. Das offizielle Theater

2.1.1. Das kommerzielle Theater im franquistischen Spanien

Das Gesamtbild des Theatergeschehens im franquistischen Spanien wird durch das kommerzielle Theater bestimmt: Theater also, das im wesentlichen weder staatlich subventioniert noch durch Zuschauervereinigungen auf Abonnementbasis in der Art der Volksbühnen getragen wird, sondern sich durch die Kasseneinnahmen selbst finanzieren und darüber hinaus Gewinn abwerfen soll. Nach Angaben des Theaterkritikers und Herausgebers der Madrider Theaterzeitschrift Primer Acto, José Monleón, wird eine "inmensa mayoría" des spanischen Theaters in privaten Theatersälen aufgeführt[1]; Miguel Angel Medina stellt sogar fest[2]: "la empresa privada [...] domina más del 90% de la totalidad de nuestro teatro."

Somit zeigt sich die grundlegende Bedeutung des privaten Unternehmers für das spanische Theater. Dabei ist es allerdings notwendig, zwei Arten von Unternehmern zu unterscheiden: einmal denjenigen, der entweder eine feste Theatergruppe leitet oder aber für bestimmte Aufführungen - als Manager - spezielle Ensembles zusammenstellt, und dann den sogenannten "empresario de local", dessen einziges Verdienst darin liegt, Besitzer eines zugelassenen Theatersaales zu sein, den er für in der Regel 50% der

---

[1] J. Monleón, Presente y futuro del teatro español, in: La cultura bajo el franquismo, Barcelona 1977, S.244.

[2] Miguel A. Medina, El teatro español en el banquillo, Valencia 1976, S.15.

Einnahmen aus den Kartenverkäufen an den "empresario de compañía" zur Aufführung vermietet.[3]

Wenn Monleón und Medina von "empresa privada" sprechen, beziehen sie sich vor allem auf diesen "empresario de local", dessen Gewinninteresse entscheidenden Einfluss auf die Spielplangestaltung, d.h. die Auswahl der in seinem Theater aufzuführenden Stücke, ausübt. Für zur Fortentwicklung des Theaters notwendige Experimente mit nicht voraussehbarem Publikumserfolg ist hier kein Platz, genausowenig wie die Theaterensembles dazu ermutigt werden, die ihnen verbleibende Hälfte der Eintrittsgelder möglicher Schmälerung durch riskante Aufführungen auszusetzen.[4] Denn die Einkünfte müssen, bevor an Gewinn gedacht werden kann, die Gehälter während Aufführungs- und Probenzeit, Kostüme, Dekorationen usw. finanzieren.

Das Schauspiel ist zum Geschäft geworden, wie Miguel Bilbatúa, ein Kenner der spanischen Theaterszene, schreibt[5]: "Un negocio al que se dedican unas empresas privadas con el fin común de obtener el máximo beneficio del capital invertido en el espectáculo teatral." Angesichts der damit verbundenen Degradierung der Theaterkunst zum käuflichen Konsumobjekt durch das kommerzielle Theater fehlt es nicht an Kritikern, die auch hier Arbeitsteilung und Entfremdung, charakteristisch für die

---

[3] Repertoire-Theater mit festem Ensemble, abwechslungsreichem Spielplan und eigenem Theatersaal, wie wir sie kennen, gibt es in Spanien praktisch nicht. Einzige Ausnahme bilden in gewisser Weise die Nationaltheater, auf die noch gesondert eingegangen wird. Vgl. hierzu B.-S. Kulenkampff, Theater in der Diktatur. Spanisches Experimentiertheater unter Franco, München 1979, S.2.

[4] Vgl. J. Monleón, a.a.O. S. auch Víctor Aúz, Rompamos la baraja, in: Yor 29 (Dez.1968), S.10.

[5] M. Bilbatúa, El teatro, artículo de consumo, in: CpeD, Extraordinario III - Teatro Español (Juni 1966) S.5. Vgl. auch Miguel Narros, in: Teatro español actual, Madrid 1977, S.191.

Arbeitsweise im Kapitalismus, erkennen und anprangern. So wird zwar dem Theater aufgrund seines Kunstcharakters ein Sonderstatus eingeräumt[6], denn im Gegensatz zur Fliessbandarbeit kommt es hier nicht zuletzt auch auf die künstlerischen Fähigkeiten des einzelnen Mitarbeiters an, aber trotzdem kommt man zu folgendem Schluss[7]:

> Todo el proceso productivo teatral se funda [...] sobre la base de la separación, del aislamiento (del trabajador respecto de los medios de producción, respecto de sus compañeros de trabajo y de las actividades desarrolladas por éstos, respecto del producto total, respecto de la colectividad a la cual éste va dirigido, etc.) que culmina con la separación del espectáculo respecto de la realidad social en la que se produce: el espectáculo no puede, por razones ideológicas y económicas, responder a las necesidades objetivas y reales de la colectividad a la que va dirigido.

Ist das Hauptanliegen des kommerziellen Theaters die Produktion wirtschaftlichen Profits, so zeigt sich eben in der zitierten Entfremdung zwischen Schauspiel und sozialer Wirklichkeit, dass seine kulturelle Funktion der Unterstützung und Aufrechterhaltung des Bestehenden - in diesem Falle des Franquismus - dient: "tiende a defender, reforzar y extender los mitos, la ideología y la moral de que se valen las clases dominantes - paralelamente a los recursos del poder material - para perpetuar su dominación."[8] Das offenbart sich vor allem in der angebotenen Thematik, aber auch in den vorherrschenden Arbeitsweisen und -bedingungen. Die kommerzielle Struktur des Theaters verhindert im Zusammenspiel mit der staatlichen Zensur systematisch die Aufführung engagierter, systemkritischer

---

[6] Moisés Pérez Coterillo (Hg.), El espectáculo de la huelga. La huelga del espectáculo, Madrid 1976, S.14.

[7] Ebd., S.12. S. hierzu auch Jesús G. Requena/Alberto Fernández Torres, Teatro y burguesía - notas para un análisis materialista del teatro comercial en España, in: Pip 6-7 - Revista (1.Zykl.) (Aug./Sept.1974).

[8] Jordi Teixidor, La impotencia, in: Pip 6-7 - Revista (1. Zykl.) (Aug./Sept.1974), S.44.

Stücke, bei denen das Risiko der Profiteinbusse aufgrund von Ablehnung und Desinteresse eines weitestgehend systemkonformen Publikums oder drohenden Zensurverboten zu gross ist[9].

Jean Duvignaud stellt in seiner Sociologie du théâtre[10] die Tendenz des kommerziellen Theaters dar, das Werk eines Schriftstellers weniger an seinem künstlerischen Wert als an finanziellen Überlegungen zu messen, d.h. es als Spekulationsobjekt zu betrachten. Für das künstlerische Schaffen liege in dieser Tatsache nicht nur Negatives; denn die Spekulation mit dem möglichen Publikumserfolg erlaube auch gewagteren Experimenten einen gewissen Freiraum im Theatergeschehen. Weniger positiv sei dagegen, dass man dazu neige, ein dem Publikumsgeschmack entsprechendes homogenes Spielplanangebot zu schaffen, anstatt dem Theater die Möglichkeit einzuräumen, neue Anstösse sowohl thematischer als auch ästhetischer Art zu geben: "el cálculo del presupuesto de una obra se impone, salvo en raras ocasiones, sobre la preocupación estética propiamente dicha."[11]

Für das kommerzielle Theater im franquistischen Spanien kann, von wenigen Ausnahmen[12] abgesehen, nur die letzte - negative - Hälfte der These Duvignauds gelten. Der private Theaterunternehmer verlässt sich auf seine "feste Stammkundschaft", meist bourgeoiser Herkunft, die

---

[9] Vgl. hierzu Francisco Ruiz Ramón, Estudios de teatro español clásico y contemporáneo, Madrid 1978, S.142.

[10] J. Duvignaud, Sociología del teatro. Ensayo sobre las sombras colectivas, México 1966 (franz. Original: Paris 1965), S.416f.

[11] Ebd., S.417.

[12] Z.B. die Stücke Antonio Buero Vallejos, die mit Regelmässigkeit im kommerziellen Theater aufgeführt wurden, oder Marsillachs Inszenierung des "Marat-Sade" von Peter Weiss in einer Bearbeitung von Alfonso Sastre (1968).

er mit einer Konzeption des Theaters

> als festliches Ereignis anspricht , bei dem das Publikum nicht durch irritierende Neuerungen aus der heiteren Gelassenheit gerissen wird; ein Theater, das völlig auf die Erwartungshaltung des Publikums eingeht; in dem die Unterhaltung in der Variation des schon Bekannten liegt.[13]

Ausgerichtet auf ein zahlungskräftiges Publikum wird das Theater durch hohe Eintrittspreise zum Luxusgut der hohen und mittleren Bourgeoisie.[14] Daraus ergibt sich unter wirtschaftlichen Gesichtspunkten auch die Notwendigkeit einer Zentralisierung des kommerziellen Theaters in den grossen Städten, vor allem Madrid und Barcelona, wo ein ausreichendes Potential des erwünschten Publikums zur Verfügung steht.[15]

Entsprechend dürftig stellt sich das Theatergeschehen ausserhalb der Metropolen dar[16]: In grösseren Provinzstädten findet man selten ein kontinuierliches Schauspielangebot. Häufig sind die Theater zu Kinosälen umgebaut worden und dienen nur noch von Zeit zu Zeit den Aufführungen einzelner Ensembles. In kleinen Städten finden meistens nur noch Kinovorführungen statt, und auf Dörfern fehlt es in der Regel ohnehin an geeigneten Theatersälen.[17] Ein potentielles Theaterpublikum lernt so nach

---

[13] B.-S. Kulenkampff, a.a.O., S.4.

[14] S. u.a. Comisión provisional delegada para la constitución de la Federación de Grupos de Teatro Independiente, Informe sobre la situación actual del Teatro Independiente, in: Pip 1 - Revista (2.Zykl.) (Okt.1976), S.7. - M. Bilbatúa, a.a.O., S.5.

[15] M. Bilbatúa, a.a.O.

[16] Das Folgende im wesentlichen nach Juan-Antonio Hormigón, Teatro, realismo y cultura de masas, Madrid 1974, S.18f. - Auch José Sanchis Sinisterra, El teatro en provincias, in: CpeD, Extra III, S.20-22.

[17] Ausnahme hiervon ist Katalonien. Hormigón spricht (a.a.O., S.19) von "una auténtica red de teatros rurales, ligados muchas veces a las parroquias y que son de constante utilización a nivel local." Zur allg. Situation des Theaters in Katalonien s. auch Xavier Fábregas, 30 años de teatro catalán, in: Pip 2 - Revista (2.Zykl.) (Nov.1976), S.11-17.

und nach, ohne das Theater auszukommen, und wendet sich, diesem entwöhnt, lieber dem Kino oder anderen Unterhaltungsmedien zu.[18]

Aber auch in den Metropolen Madrid und Barcelona selbst macht sich das Phänomen einer Zentralisierung bemerkbar. Die Verteilung der vorhandenen Theatersäle konzentriert sich vor allem auf die von der Bourgeoisie beherrschten Innenstadtbezirke.[19] Hormigón geht davon aus, dass in beiden Städten zusammen etwa zwei Millionen Einwohner regelmässigen Zugang zum Theater haben; darüber hinaus besucht eine schwer zu bestimmende Anzahl von Angehörigen der Hochbourgeoisie und Intelligenz aus den Provinzen bei gelegentlichen Hauptstadtbesuchen die dortigen Inszenierungen. Aber "las grandes masas populares en todo el país, incluidas Madrid y Barcelona, no tienen posibilidad de un acceso continuado ni fácil y desconocen el teatro como hecho social colectivo."[20] Allein für die beiden grossen Städte gibt Bilbatúa den Anteil der Bevölkerung, der in völliger Isolation zum Theater steht, mit 90% an;[21] auf die Gesamtbevölkerung bezogen, unter Einschluss der Provinzstädte und ländlichen Gegenden, dürfte sich dieser Anteil noch um einiges erhöhen.

Aber aufgrund der kommerziellen Struktur, die das Theater zum Privileg nur einer Klasse macht, wird nicht allein der grösste Teil der Bevölkerung benachteiligt. Auch die Schauspieler gehören zu den Leidtragenden: Im spanischen kommerziellen Theater ist es üblich, täglich eine Früh- und eine Spätvorstellung zu geben, wobei die erste Vorstellung gegen 19 Uhr, die zweite gegen 22 Uhr beginnt, so dass die Schauspieler kaum Zeit haben, sich zwischen den beiden Aufführungen auszuruhen. Darüber

---

[18] J. Sanchis Sinisterra, a.a.O., S.20.

[19] M. Bilbatúa, a.a.O., S.6/Anm.3.

[20] J.A. Hormigón, a.a.O., S.18f.

[21] M. Bilbatúa, a.a.O.

hinaus hatten sie noch bis vor wenigen Jahren, wie Kulenkampff ausführt[22], "eine volle Arbeitswoche ohne Ruhetag"; denn in der Regel gab es 14 Wochenvorstellungen. Fügt man diesen Anforderungen häufig noch tägliche Probenzeiten für andere Inszenierungen oder gelegentliche Arbeiten, wie in Rundfunk und Fernsehen, zur Aufbesserung des oft sehr niedrigen Honorars hinzu, bleibt für die Weiterbildung des Schauspielers in seinem Fach, um die Mängel einer unzureichenden Grundausbildung[23] auszugleichen, kaum Zeit.[24] Kulenkampff vermutet[25], die täglichen Doppelaufführungen sollen "einerseits einem breiten Publikum den Zugang zum Theater ermöglichen, andererseits den Veranstaltern die notwendige Rendite sichern." Zweifellos hat sie recht mit dem zweiten Teil ihrer Vermutung, wenngleich die Rechnung der Unternehmer nicht aufgeht; denn die tatsächlichen Folgen der Doppelvorstellung sind "halbleere Zuschauerräume und [...] ein eklatanter Leistungsabfall" der Schauspieler.[26] Aber was die Öffnung

---

[22] B.-S. Kulenkampff, a.a.O., S.6.

[23] Zur Schauspielerausbildung und -situation s. Moisés Pérez Coterillo (Koordinator), R.E.S.A.D. Informe P.A., in: PA 163/164 (Dez.1973/Jan.1974), S.4-27, und: Equipo de Estudios Teatrales, Encuesta: teatro-actor 74, in: PA 173 (Okt.1974), S.48-55; 174 (Nov.1974), S.50-57; 175 (Dez.1974), S.64-69 und 176 (Jan.1975), S.43—48. Auch José Monleón, Treinta años de teatro de la derecha, Barcelona 1971, S.131f.

[24] Diese Arbeitsbedingungen führten schliesslich zum Schauspielerstreik von Februar 1975, dessen Hauptforderung eine leistungsfähige Interessenvertretung war (bisher waren Schauspieler und Theaterunternehmer zwangsweise zusammen in der faschistischen vertikalen Einheitsgewerkschaft organisiert), um ihre Forderungen gegenüber den 'empresarios' wirkungsvoll durchsetzen zu können. Primer Acto beschreibt die Motivationen der Schauspieler folgendermassen: "Los actores se han levantado contra un mecanismo social, que los condenaba a la doble función diaria, a la pasividad política, a la sumisión a la empresa y al eterno temor a quedarse sin trabajo." PA 178 (März 1975), S.5. Zu Geschichte und Hintergründen des Streiks s. Moisés Pérez Coterillo (Hg.), El espectáculo de la huelga.

[25] B.-S. Kulenkampff, a.a.O., S.3.

[26] Ebd.

des Theaters für ein breites Publikum betrifft, also ein Publikum, das nicht nur die Angehörigen der Bourgeoisie umfasst, irrt Kulenkampff: Die Einrichtung von Früh- und Spätvorstellung kann einem breiteren Publikum schon von den Anfangs- und Schlusszeiten der Aufführungen her nicht den Zugang zum Theater erleichtern:

> el hecho de que la función de la tarde comenzara antes de concluir la jornada laboral regular y que la de la noche terminara a horas incompatibles con la necesidad de madrugar a la mañana siguiente para incorporarse a esa jornada laboral, probaría que el teatro vivió totalmente de espaldas a los públicos populares.[27]

In seiner Analyse des spanischen Vorkriegstheaters stellt John W. Kronik[28] bezüglich Niveau und Thematik fest, dass die aufgeführten Stücke in der Hauptsache dem Evasionstheater zuzurechnen seien.[29] Die Thematik des offiziellen Theaters reflektiere nicht die politische und soziale Problematik des Landes und der Epoche[30]; es dominiere "un teatro escrito adrede para granjearse un público, para proveer al gusto popular, para asegurarse los aplausos."[31] Weitaus schärfer formuliert seine Kritik des Durchschnittstheaters der zwanziger und dreissiger Jahre der sozialistische Politiker und Essayist Luis Araquistáin[32]: "En España el teatro actual suele concluir donde el resto del mundo empieza. Parece un teatro para menores de edad o para imbéciles."

Vergleicht man diese Einschätzung mit den Äusserungen zahlreicher Theaterkritiker der Gegenwart über das spani-

---

[27] J. Monleón, Presente y futuro, S.249.

[28] J.W. Kronik, La Farsa (1927-1936) y el teatro español de preguerra, Valencia 1971.

[29] Ebd., S.22.

[30] Ebd., S.23.

[31] Ebd., S.21.

[32] In: La Farsa Nr. 54, zit. nach: J.W. Kronik, a.a.O., S.20.

sche Theater der Nachkriegszeit, so muss man zu dem Schluss kommen, dass sich seit damals nichts oder nur sehr wenig geändert hat. Uberall werden die unerträgliche Mittelmässig- und Niveaulosigkeit des offiziellen spanischen Theaters beklagt; der Bühnenbildner und Dramatiker Francisco Nieva spricht ironisch von einer "edad de oro de la mediocridad".[33]

Kulenkampff bescheinigt diesem Theater mit Recht die Beschränkung seiner Funktionen auf die eines Museums, "in dem die Leistungen früherer Dichter bewundert werden konnten", und die "eines Amüsierbetriebes, in dem man zwei Stunden lang die Unannehmlichkeiten der Realität vergessen konnte".[34] Zumal in totalitären Staaten, wie Nieva anmerkt[35], "la conservación de los clásicos y el libre e irresponsable desarrollo de una cultura popular de simple complacencia" besonders gefördert und begünstigt werden. "Sin densidad humana, sin problemática medianamente trascendente, sin participación en la realidad de nuestro tiempo"[36] sind die Themen dieses Theaters zugeschnitten auf eine Minderheit, die es sich leisten kann, sich wenigstens zeitweilig aus der Wirklichkeit freizukaufen.[37]

---

[33] F. Nieva, in: Teatro español actual, Madrid 1977, S.265. Auch Miguel Narros, ebd., S.193, und Pedro Altares, Del teatro del Imperio al teatro de consumo, in: CpeD, Extra XV (Juli 1969), S.72f.

[34] B.-S. Kulenkampff, a.a.O., S.32.

[35] F. Nieva, La estética moderna y las nuevas tendencias del teatro, in: PA 107 (April 1969), S.22.

[36] Fernando Cobos, Historia del Teatro para todos, in: PA 45 (Okt.1963), S.61.

[37] Der Themenzuschnitt auf die Bourgeoisie zeigt sich nicht zuletzt in der Rollenverteilung der Konfliktstoffe, wie sie Hormigón charakterisiert: "La clase que ha subido al escenario es la alta burguesía sofisticada, única, al parecer, capaz de protagonizar conflictos de altura. Los problemas de la burguesía media han servido de pretexto a algunas comedias sentimentalonas. Los otros temas permitidos, rebelión juvenil, conflictos eclesiales, etcétera, se han mantenido en la más pura abstracción deformadora. Ni que decir tiene que los pocos obreros que

Der "escapismo" darf als grundlegendes Charakteristikum[38] eines von Monleón als solches bezeichneten "teatro ilusionista" gelten, das auf wirklichkeitsfremde Inhalte verweist, um die Auseinandersetzung mit der tatsächlichen Realität zu verhindern.[39] Der "rechazo de la realidad"[40], die explizite Trennung zwischen den Themen und den realen Gegebenheiten,ist ideologisch begründet in der konkreten historischen Situation eines Regimes, dem weder an einer öffentlichen Diskussion seiner Existenzberechtigung noch der prekären Nachkriegssituation des spanischen Volkes gelegen sein konnte. Das Theater dient dem Regime durch die Vertauschung der ungeliebten Realität gegen eine paradiesische Traumwelt als Propagandainstrument zur Aufrechterhaltung und Untermauerung der bestehenden Machtverhältnisse.[41]

Aber auch kritischere Vorlagen verfolgen die Absicht, zur Aufrechterhaltung des status quo beizutragen; so z.B. das "teatro de ideas" eines Calvo Sotelo, das sich durch ein ausgesprochen paradoxes Grundkonzept auszeichnet: "Es un teatro de ideas que responde siempre a la necesidad de superar las contradicciones existentes sobre la base de respetar lo establecido." Seine Ziele: "conseguir la aprobación del público, consolidarle en sus 'status', resolver sus problemas morales sin necesidad de que se produzca ninguna modificación de la realidad social."[42]

---

en un escenario han aparecido son siempre vagos, mentirosos o infradotados; si campesinos: tontos de zarzuela." In: Encuesta sobre la censura - Otros 14 autores cuentan sus experiencias, in: PA 166 (März 1974), S.8.

[38] J. Monleón, Treinta años de teatro, S.13.

[39] Ders., Vanguardia y realismo, in: PA 182 (Dez.1979), S.62.

[40] Ders., Treinta años, S.82.

[41] Ebd., S.93.

[42] Ebd., S.94.

Bedeutendstes Phänomen der letzten zwei Jahrzehnte des Franquismus ist für das spanische Konsumtheater Alfonso Paso, quantitativ bei weitem der fruchtbarste unter den Nachkriegsdramatikern.[43] Nach kritischen Ansätzen an der Seite Alfonso Sastres Ende der 40er Jahre in der Gruppe "Arte Nuevo" schwenkt er schon bald auf eine lukrativere Thematik um, in der eine verwässerte Sozialkritik nur noch Alibi-Charakter hat, um seinem konservativen Publikum das vorzusetzen, was es verlangt und braucht: "una crítica que no duela, una denuncia que pueda resolverse con el simple propósito de enmienda, una imagen política dominada por lo sentimental."[44]

Den einzigen Lichtblick in einem Panorama, das sich durch thematisch Belangloses und ästhetische Mittelmässigkeit auszeichnet, stellt Antonio Buero Vallejo dar, dessen Stücke mit einiger Regelmässigkeit im kommerziellen Theater aufgeführt werden. Aufgrund seiner ausserordentlichen Fähigkeit, kritische Inhalte in scheinbar harmloser Form mitzuteilen, gelingt es ihm immer wieder, Zensurverbote zu umgehen und seine Schauspiele den privaten Theaterunternehmern durch Publikumserfolge interessant zu machen.[45]

Aber Buero ist nur die Ausnahme von der Regel. Nach Hormigón[46] machen "espectáculos musicales de pésimo gusto, vodeviles, 'comedias cómicas'" und ähnliches 80 bis 99% des Spielplanangebots der beiden Metropolen aus. Demgegenüber ist vom Text her anspruchsvolles Theater nur zu 5 bis 10% und manchmal überhaupt nicht vertreten. Oft verliert allerdings dieser ohnehin sehr niedrige Prozentsatz aufgrund schlechter Inszenierungen noch zusätzlich an Bedeutung. Wie das kommerzielle Theater überhaupt, sind auch diese anspruchsvolleren Produktionen grösstenteils auf

---

[43] Ebd., S.126ff.

[44] Ebd., S.130.

[45] S. Pedro Altares, a.a.O., S.74.

[46] J.-A. Hormigón, a.a.O., S.19f.

die Bedürfnisse der Bourgeoisie ausgerichtet; sie entsprechen dem Geschmack der bürgerlichen Avantgarde und Intelligenz.[47]

Die Kritik beklagt in den 60er Jahren häufig die fast absolute Abwesenheit junger Nachwuchsautoren auf den offiziellen Spielplänen.[48] Unter vielen anderen ist auch die Spielzeit 1969/70 in Barcelona typisch für das Fehlen des Nachwuchses[49]: Von insgesamt 49 Premieren entfallen 28 auf ausländische Autoren, zumeist Boulevard-Theater, und unter den 21 spanischen Werken findet sich neben Albertis "El adefesio" als einziges Stück des "Nuevo Teatro Español" "Guadaña al resucitado"[50] von Ramón Gil Novales. Alles andere erschöpft sich - typisch für das Konsumtheater - weitgehend in blosser Unterhaltungs- bzw. Museumsfunktion.

Monleón begründet den Mangel an regimetreuen Nachwuchsdramatikern in den 60er Jahren ironisch[51]:

> Los jóvenes andan perdidos en obras oscuras, agresivas, extrañas, metidos en un sarampión que, incomprensiblemente, no parece curarse con los años. Los jóvenes autores van cumpliendo los veinte, los veinticinco, los treinta, los treinta y cinco años y el sarampión no se cura.

---

[47] Nähere Informationen zum Spielplanangebot bei Francisco Alvaro, El espectador y la crítica (jährl. Zusammenfassung der Theaterspielpläne und -kritik seit 1958, erscheint jeweils im folgenden Jahr), Valladolid 1959 bis 1970, Madrid seit 1971. - S. auch: Carlos Blanco Aguinaga u.a., Historia Social de la Literatura española (en lengua castellana), Bd.III, Madrid 1979, S.113ff.; Fernando Fernán Gómez, El entreacto infinito, in: Tiempo de Historia: 1939-1979: 40 años de España, 6. Jahrg., Nr.62 (Jan.1980), S.220-229, sowie den Beitrag von José Luis Gómez, in: Teatro español actual, S.154f.

[48] Vgl. David Ladra, Algunos rasgos característicos del teatro en Madrid, in: CpeD, Extra III (Juni 1966), S.7-11, und María Aurelia Capmany, La cartelera barcelonesa y su público, ebd., S.17-19.

[49] S. Gonzalo Pérez de Olaguer, 7 puntos sobre la temporada 1969-70 en Barcelona, in: Yor 43 (Sept.1970), S.4.

[50] Veröfftl. in: PA 118 (März 1970), S.37-60.

[51] J. Monleón, Treinta años, S.123.

System- und gesellschaftskritische Stücke kommen nur in den seltensten Fällen auf die kommerziellen Bühnen.

Um überhaupt etwas Abwechslung in das Angebot zu bringen, beginnt man in zunehmendem Masse ausländische Autoren aufzuführen, die gegenüber den eigenen Dramatikern nach jahrzehntelanger kultureller Isolation Spaniens noch den publikumswirksamen Reiz des Fremden beinhalten.[52] Diese Entwicklung führt bald dahin, dass überwiegend ausländische Stücke die Spielpläne füllen.[53] Auf diese Weise kommen neben unzähligen Boulevard-Komödien auch Stücke bedeutender nicht-spanischer Autoren erstmals auf grosse spanische Bühnen und werden dem Publikum zugänglich gemacht[54]: Brecht 1967, Sartre 1968; in der Spielzeit 1968/69 wird Becketts "Waiting for Godot" aufgeführt, und Pirandello findet sich auf den Spielplänen seit 1960, war allerdings aufgrund seiner "Sei personaggi in cerca d'autore" auch vor dem Bürgerkrieg in Spanien schon bekannt.[55]

Aber diese Ausnahmen können den Grundtenor im spanischen Konsumtheater nicht verbergen. Es überwiegt hier bei weitem das, was Monleón "teatro de la derecha" nennt; ein Theater, das unter dem Vorwand einer angeblich apolitischen Haltung die Ideologisierung im Sinne des Regimes und damit dessen Untermauerung vorantreibt[56]:

> Es una condición secular de todo el teatro - y de la cultura - conservador: hacer pasar por 'natural', por 'humano' y 'universal', lo que importa e interesa a la clase dominante, de donde resulta que defender los principios que la sostienen es, sencillamente, interesarse por el hombre y por el arte, y ponerlos en cuestión es manifestarse políticamente.

---

52 S. den Beitrag von José Ruibal, in: Teatro español actual, S.257.

53 Vgl. die zit. Spielzeit 1969/70 in Barcelona und: Primer Acto, 5 preguntas a los autores que estrenaron, in: PA 170/171, S.13-23.

54 Pedro Altares, a.a.O., S.72.

55 S. J.W. Kronik, a.a.O., S.30.

56 J. Monleón, a.a.O., S.57.

In diesem Zusammenhang muss man demselben Monleón eine gewisse Verniedlichung vorwerfen, wenn er an anderer Stelle[57] von dem banalen Konzept spricht, das die franquistische Rechte vom Theater und seiner Funktion habe. Ganz im Gegenteil hat die Rechte die mögliche Funktion des Theaters sehr wohl erkannt, wie sie durch ihre Subventionspolitik und Handhabung der Zensur beweist. Deshalb liegt in der Banalisierung des Theaters und seiner Inhalte eine keineswegs banale, sondern ideologisch für das System sehr wertvolle Absicht.

Hinsichtlich der gesellschaftlichen Funktion des Theaters stellt sich nun die Frage,

> si el teatro es [o debe ser] un fenómeno minoritario, regido por los intereses de la minoría que lo controla, o si debe ser una expresión cultural destinada a que la colectividad se congregue y se reconozca, con todas sus consecuencias, en un escenario. Es decir, se descubra y haga de la escena un instrumento estético de su progreso.[58]

Für das kommerzielle Theater in Spanien kann nur die erste Antwort zutreffen: es ist nur einer gesellschaftlichen Minderheit zugänglich - der Bourgeoisie - und ist ausschliesslich auf die Interessen dieser Minderheit ausgerichtet. Die grosse Mehrheit der spanischen Bevölkerung bleibt vom Theater ausgeschlossen, ihre Probleme und Bedürfnisse werden auf der Bühne nicht berücksichtigt.

2.1.2. Nationaltheater und Theaterpolitik

Man sollte nun annehmen, dass die spanischen Nationaltheater - als staatliche Institution - jene Funktionen übernehmen, die das private Kommerztheater vernachlässigt, d.h. insbesondere Theater und Kultur den breiten Bevölkerungsschichten aufschliessen und die Vor-

---

[57] Ders., Presente y futuro, S.257.

[58] Ders., Treinta años, S.133.

aussetzungen für Weiterentwicklung und Erneuerung des spanischen Theaters schaffen, indem z.B. Nachwuchsautoren und experimentelle Aufführungen gezielt gefördert werden. So sieht auch Kulenkampff vor der Kulisse eines Theaters, das sich im allgemeinen in der Ausübung seiner Funktionen als Museum oder Amüsierbetrieb erschöpft, die Nationaltheater als Ausnahme.[59] Aber Kulenkampff irrt. Einerseits lässt schon das von ihr in diesem Zusammenhang gewählte Zitat von José Monleón[60] die Richtigkeit ihrer Annahme bezweifeln, zumal auch die bei ihr zitierten Spielpläne, die "vor allem Inszenierungen von spanischen und ausländischen Klassikern vorsahen"[61], ihre These nicht belegen, sondern vielmehr darauf hinweisen, dass auch die Nationaltheater vor allem Museumsfunktion besitzen. Andererseits werden unter den Kennern der spanischen Theaterlandschaft neben Monleón weitere Stimmen laut, die das Nationaltheater in der Regel als eine Fortsetzung des kommerziellen Theaterkonzepts auf staatlich subventionierter Ebene betrachten. Miguel Bilbatúa spricht von einer

> concepción de los Teatros Nacionales como piezas integradas al engranaje teatral español, aceptado como válido y que en ningún momento intente romperse: el teatro como objeto de consumo de la alta y media burguesía.[62]

Ähnlich urteilt der Regisseur Miguel Narros[63]:

> Los Teatros Nacionales tal como fueron estructurados en España, en los últimos años no cumplieron con la misión de servicio cultural público, para el que debían estar destinados, más bien abastecieron

---

59 B.-S. Kulenkampff, a.a.O., S.32f.

60 J. Monleón, a.a.O., S.48f. Zit. bei Kulenkampff, a.a.O., S.33.

61 B.-S. Kulenkampff, a.a.O., S.33.

62 M. Bilbatúa, Acerca de la actual orientación de los Teatros Nacionales, in: Yor 29 (Dez.1968), S.17.

63 M. Narros, in: Teatro español actual, S.192.

> las exigencias de un público burgués minoritario, con lo cual su labor de teatro nacional queda reducida a la de teatro oficial.

Beide weisen zudem auf den hier noch stärker als bei den kommerziellen Theatern ausgeprägten Zentralismus hin: Jahrzehntelang gab es nur in Madrid Nationaltheater und erst seit Anfang der 70er Jahre auch in Barcelona, obgleich es sich hier weniger um ein festes Theater als um eine staatliche Theatertruppe handelt, das Ensemble der Schauspielschule "Adrià Gual".[64]

Aber die Nationaltheater sind nicht ursprünglich eine Einrichtung des Franquismus. Bereits im Jahre 1909 wurde das "Teatro Español", vorher Eigentum der Stadt Madrid, zum Nationaltheater erklärt;[65] ihm folgt 1953 das "María Guerrero" und 1954 das "Teatro Nacional de Cámara y Ensayo" (TNCE). 1969 wird ausserdem - wiederum in Madrid - die "Zarzuela" unter staatliche Obhut genommen und Anfang der 70er Jahre endlich die "Compañía Adrià Gual" in Barcelona als erstes National-Ensemble ausserhalb der Hauptstadt anerkannt.

Das Spielplanangebot der drei für das Schauspiel wichtigen Häuser in Madrid analysiert Bilbatúa.[66] Er stellt dabei fest, dass das "Teatro Español" mit seinem Angebot spanischer und internationaler Klassiker vor allem als "museo de la cultura teatral" gelten müsse:

> Un teatro clásico considerado según los moldes actuales será siempre un teatro reaccionario puesto que pretenderá mostrarnos la literatura, la historia, como inmutable. Petrificación de la cultura y de la historia propia de la burguesía.[67]

---

[64] S. B.S. Kulenkampff, a.a.O., S.2. - Luciano García Lorenzo, El teatro español hoy, Barcelona 1975, S.147.

[65] S. hierzu und zum folgenden José María Rodríguez Méndez, La incultura teatral en España, Barcelona 1974, S.40f. - B.S. Kulenkampff, a.a.O., S.1f. u. S.90. Kulenkampff gibt hier allerdings das Jahr 1910 an.

[66] M. Bilbatúa, a.a.O., S.17f.

[67] Vgl. hierzu auch Alexandre Cirici, La estética del franquismo, Barcelona 1977, S.175. Cirici stellt für das

Dass es sich bei den Nationaltheatern um eine Fortsetzung des kommerziellen Theaterprinzips auf staatlicher Ebene handelt, verdeutliche aber am besten das Beispiel des "María Guerrero" und dessen Aufführungen nationaler und ausserspanischer zeitgenössischer Autoren. Es sei seine Aufgabe, aufwendige und damit kostspielige Inszenierungen durchzuführen und ansonsten dem kommerziellen Theater als Versuchsbühne für riskante Aufführungen zu dienen:

> montar aquellos espectáculos que, por su elevado costo o porque corresponden a autores o estilos aún no apreciados masivamente (por la burguesía asistente, es claro), el empresario privado no está dispuesto a montar.

Das TNCE stellt in diesem Zusammenhang insofern eine Ausnahme dar, als es versucht, über experimentelle Aufführungen grossenteils von Gegenwartsdramatikern auf eine Weiterentwicklung und Erneuerung des Theaters hinzuarbeiten. Aber Bilbatúa verurteilt die Art der Durchführung, die die "renovación cultural" als Laborprodukt konzipiert, "creado por especialistas al margen no sólo de una participación activa de las masas, sino, incluso, sin ninguna conexión con la realidad existente." Das TNCE muss somit nicht nur von seinem Anspruch her, sondern auch bezüglich seines Publikums als Elitetheater gelten: Theatermacher und Zuschauer gehören zu demselben Kreis von Eingeweihten. Angesichts des Widerspruchs zwischen den hohen Unterhaltskosten eines Nationaltheaters und der relativ geringen Breitenwirkung des TNCE, liegt es nahe, mit Bilbatúa zu vermuten, dass es sich um ein Luxusprodukt handelt, welches dem Staat als Ausstellungsobjekt dient, um vor dem Hintergrund eines stagnierten Theaterpanoramas das Alibi einer Sorge um die kulturelle Erneuerung im Theater zu schaffen.

---

franquistische Kino fest, dass es seine künstlerischen Ideale zur Verwirklichung eines "cine culto" in der Literatur des Siglo de Oro und in den Romanen des 19. Jahrhunderts suchte.

Inwieweit die Sorge um das Theater die wirklichen Interessen des Staates reflektiert, zeigt sich in dem Erfahrungsbericht von Víctor Aúz, Direktor des TNCE von Januar 1966 bis Oktober 1967[68]:

> Mi experiencia personal es absolutamente negativa. Se nos permitió intentarlo, mientras todo parecía el juego de unos muchachos ardorosos llenos de buenas intenciones, pero se nos impidió continuar cuando para muchos el Beatriz[69] se convirtió en el teatro más atractivo de Madrid.

So kann das TNCE aufgrund staatlicher Kontrolle und Eingriffe weder vom Spielplanangebot noch von den Inszenierungen her auf Dauer einen repräsentativen Überblick über das Gegenwartstheater vermitteln.[70]

Die Stellung der Schauspieler an den Nationaltheatern ist ungleich besser als die ihrer Kollegen im kommerziellen Theater. Zwar existieren auch hier keine festen Ensembles der einzelnen Häuser, aber es gibt das grosse Ensemble der beamteten National-Schauspieler, die je nach Bedarf auf die einzelnen Theater verteilt werden.[71] Allerdings steht der vertraglichen Sicherheit die Existenz schwarzer Listen entgegen, die politisch engagierten oder anderweitig unliebsamen Schauspielern - und anderen im Theater Beschäftigten - die Arbeitsmöglichkeit in diesen Institutionen verwehren.[72]

Über diese schwarzen Listen und die unverhältnismässig hohen Investitionen in die einzelnen Inszenierungen hinaus zählt Pérez Coterillo zu den Hauptübeln der Nationaltheater die im allgemeinen reaktionären Texte,

---

[68] V. Aúz, Rompamos la baraja, in: Yor 29 (Dez.1968), S.11.

[69] Theatersaal des TNCE.

[70] B.-S. Kulenkampff, a.a.O., S.152. Zur eingehenderen Information über Entstehung und Geschichte des TNCE s. bei Kulenkampff S.84-175 (Spielpläne o. Seitenzählung) zw. S.175 und S.176.

[71] Ebd., S.2.

[72] Moisés Pérez Coterillo, in: Teatro español actual, S.252.

die hohen Eintrittspreise und die Ausrichtung auf die Erwartungen eines Elitepublikums: die Bourgeoisie.[73] Diese Kritikpunkte treffen aber nicht nur für die National-, sondern auch für die privaten Theater zu; und somit wird wiederum deutlich, dass sich jene von diesen in ihrer Funktion kaum unterscheiden.

Einem ihrer Hauptziele, "la difusión de la cultura y sus valores"[74], versuchen die Nationaltheater zusammen mit anderen subventionswürdigen Ensembles im Rahmen der "Festivales de España" gerecht zu werden. Auf Tourneen durch die spanische Provinz möchte man Kultur auch in entlegenere Gebiete bringen und neue Publikumskreise erschliessen. Aber der Anspruch, mit den Festivales durch Volksnähe eine Art "teatro popular" begründen zu wollen, wird nicht erfüllt, denn "lo popular se reduce a poner al alcance de la burguesía de las capitales de provincia el mismo teatro que se hace en Madrid y Barcelona."[75] Hohe Eintrittspreise ermöglichen auch hier nur einer bürgerlichen Elite den Zugang zum Theater, und ein in bezug auf die spanische Gegenwart selten relevantes Spielplanangebot, das in aller Regel die Publikumserfolge aus den Metropolen umfasst, ist kaum dazu angetan, das Interesse breiterer Publikumsschichten zu erwecken.[76]

---

[73] Ebd.

[74] Reglamentación oficial por la cual se rigen y gobiernan los Teatros Nacionales y los Festivales de España, Cap. VIII, Art.59; Abdrucke in: M.A. Medina, El teatro español en el banquillo, S.479.

[75] J. López Mozo, Teatro de barrio, teatro campesino (Apuntes), Madrid 1976, S.6.- S. auch Informe sobre la situación actual del Teatro Independiente, in: Pip 1 - Revista (2.Zykl.) (Okt.1976), S.8.

[76] Zum Spielplanangebot der Festivales siehe: Luciano García Lorenzo, Teatro y sociedad en la España de posguerra, in: Instituto de Cultura de la Diputación Provincial de Málaga (Hg.), El teatro y su crítica. Reunión de Málaga de 1973, Málaga 1975, S.273, Anm. 13.

Angesichts des Spielplans der "Primera Campaña Nacional de Teatro" (1968) stellt man fest, dass von über 20 aufgeführten Stücken nur zwei von lebenden spanischen Dramatikern stammen und ansonsten nur ausländische Autoren und spanische Klassiker vertreten sind. Ohne die kulturelle Bedeutung von Autoren wie Lope de Vega, Molière, Brecht oder Valle-Inclán in Frage stellen zu wollen, wendet sich die Kritik hauptsächlich dagegen, dass Publikumserfolge mit staatlichen Subventionen in die Provinzen gebracht werden, während eine Reihe lebender spanischer Dramatiker, deren Aufführung im kommerziellen Theater - aus welchen Gründen auch immer - wenig Zuspruch findet, auch hier leer ausgehen[77]:

> Llevar a otras ciudades españolas ciertas piezas previamente estrenadas con éxito en Madrid no es cosa nueva ni empeño que merezca la ayuda oficial en forma de subvenciones. Porque es el caso que existen autores dramáticos cuyo teatro se descarta por falta de comercialidad.

So kann der Schauspieler und Regisseur José Luis Gómez Nationaltheater und "Festivales de España" mit Recht als kulturelles Produkt von geringem Interesse abqualifizieren, das keinen Beitrag zur Verbesserung der Situation des Theaters leistet, weder bezüglich seiner technischen und ästhetischen Entwicklung, noch was das Publikum betrifft. Im Gegensatz zur angestrebten "extensión cultural" werden keine neuen Publikumsschichten angesprochen.[78]

Aber auch das Interesse des traditionellen Theaterpublikums wird kaum gefördert. Zwar kommen die grössten Publikumserfolge aus Madrid und Barcelona in die Provinztheater, die Qualität jedoch hat gegenüber den Hauptstadtaufführungen in aller Regel gelitten. Neben anderen

---

[77] Marcial Suárez, A vueltas con el teatro, in: ABC vom 20.11.1968; zit. bei Lauro Olmo, Lo Nacional y el Teatro, in: Yor 29 (Dez.1968), S.6. S. auch L. Olmo, in: PA 98 (Juli 1968), S.16.

[78] J.L. Gómez, in: Teatro español actual, S.158.

kostensparenden Massnahmen werden z.B. die Spitzenschauspieler in der Provinz-Tournee durch preiswertere Kräfte ersetzt, oder man vereinfacht die oft aufwendigen Bühnenbilder und reduziert die mitzuführenden technischen Mittel auf ein Minimum.[79] Hierdurch werden die Zuschauer eher dazu angeregt, gelegentliche Hauptstadtaufenthalte zum Theaterbesuch zu nutzen, als den Provinzaufführungen beizuwohnen. Luciano García Lorenzos Verteidigung der "Festivales de España" und damit der spanischen Theaterpolitik mit dem Hinweis auf das Spielplanangebot und mit dem unkritischen Scheinargument "algo es algo"[80] kann nach allem nicht mehr überzeugen, zumal die sporadischen Aufführungen der "Festivales" auch nicht zur dauerhaften Etablierung des Theaters in der Provinz dienen konnten.

Ebenso wohlwollend versucht García Lorenzo die Einrichtung der Nationaltheater durch den Staat zu erklären[81]:

> La obra de teatro [...] es arte y el arte no es un negocio; es una necesidad y una necesidad cada vez más imprescindible. La Administración reconoce esto y de ahí la creación de los teatros oficiales.

Wenn aber das Theater anerkanntermassen zur Kunst gehört und diese eine kulturelle Notwendigkeit darstellt, der hier Rechnung getragen werden solle, ist nicht einzusehen, aus welchem Grund die Nationaltheater ausgerechnet 'Información y Turismo', dem franquistischen Propagandaministerium, unterstellt werden und nicht etwa dem Bildungsministerium[82]. Schliesslich zielt ein Grossteil der staatlichen Förderungsmassnahmen, der schon zitierte

---

79 S. Alberto de la Hera, En torno a una política de protección del Teatro en España, in: Yor 38 (Febr.-März 1970), S.58.

80 L. García Lorenzo, El teatro español hoy, S.147.- Ders., Teatro y sociedad, S.273.

81 Ders., El teatro español hoy, S.147.

82 S. Kulenkampff, a.a.O., S.1.

"plan de extensión teatral denominado 'Festivales de España'"[83], zumindest seinem Anspruch nach auf die kulturelle Weiterbildung der Bevölkerung ab.[84] Die Zuordnung zum Informationsministerium deutet jedoch darauf hin, dass die kommunikative Funktion des Theaters zu direkter oder indirekter Propagierung staatlicher Interessen genutzt werden soll, so wie andererseits die - ebenfalls 'Información y Turismo' unterstellte - Zensur die Verbreitung staatsfeindlicher Interessen lange Zeit zu verhindern weiss. Mit der Einrichtung der Nationaltheater schafft sich der Franquismus neben dem Alibi der Förderung von Kunst und Kultur einen zusätzlichen Propagandaapparat, der unauffällig der herrschenden Ideologie und dem damit verbundenen Kunstideal Geltung zu verschaffen vermag.

Neben Organisation und Finanzierung der Nationaltheater und Festivales erstreckt sich die staatliche Förderung des Theaters nach einer ministeriellen Anordnung vom 25. Mai 1955 auch auf die Subventionierung von Kammertheatern und Laienspielgruppen.[85] Voraussetzung für die Förderungswürdigkeit ist eine gewisse Anpassung an das offizielle Kunstverständnis: "Programar un clásico español (siglo XV al XVII) y una obra española del siglo XIX o del XX, anterior al 1940"[86], und natürlich die absolute Einhaltung der Zensurbestimmungen, d.h. der Verzicht auf jegliche systemkritische Thematik und sogar Anspielung. Dass die Subventionierung bei gleichzeitiger Forderung nach Anpassung an das herrschende Kunstideal und nach politischem Wohlverhalten nicht zur Entwicklung des Theaters beitragen kann und sich in dieser Beziehung als sinnlos erweist, erklärt sich von selbst. So muss sich das Regime die Forde-

---

[83] J.M. Rodríguez Méndez, La incultura teatral en España, Barcelona 1974, S.47.

[84] S. M.A. Medina, a.a.O., S.479.

[85] J.M. Rodríguez Méndez, a.a.O.

[86] Anordnung vom 26.3.1962 über Normen zur "protección al teatro" gemäss dem "decreto-ley" vom 28.6.1961, in: PA 33 (1962), S.37f.

rung und gleichzeitige Kritik an seiner Subventionspraxis gefallen lassen: "la Administración debería aprender la difícil generosidad de dar sin pedir nada a cambio."[87]

Das TNCE, das als Nationaltheater an die Förderungsauflagen bezüglich der Spielplangestaltung nicht in dem Sinne gebunden ist, kann hier nur - wie Kulenkampff richtig einschätzt[88] - "als Deckmantel für eine dirigistische Kulturpolitik gelten , die im staatseigenen Theater propagierte, was sie andernorts verbot."

Es wäre jedoch falsch anzunehmen, dass man auf Regierungsebene nicht die schwierige Situation erkannt habe, in der sich das spanische Theater aufgrund seines überwiegend kommerziellen Charakters befindet. Das belegt der "II Plan de Desarrollo Económico y Social" für die Jahre 1968 - 1971[89]:

> La aparente buena situación del teatro en la capital es ficticia. Las empresas están viviendo exclusivamente del gran éxito y a costa de una subida en el precio de las entradas, de un ochenta a un cien por cien, en un período de cinco años.

Die Lage des Theaters werde unter anderem charakterisiert[90] durch

- die praktische Inexistenz des Theaters in den Provinzen und die Konzentration der Aktivitäten in Madrid,
- die prekäre Situation der meisten Schauspieler, die aufgrund nur kurzer Zeitverträge unter einer stark konjunkturabhängigen Arbeitslosigkeit leiden,
- das Fehlen notwendiger finanzieller Mittel zur technischen Verbesserung der existierenden Theater und zur Subventionierung von Theatergruppen sowie

---

[87] Carlos Rodríguez Sanz, Teatro y subvención, in: CpeD, Extra III, S.24.

[88] B.-S. Kulenkampff, a.a.O., S.169.

[89] Comisión de Información y Actividades Culturales (Hg.), II Plan de Desarrollo Económico y Social 1968-1971, Madrid 1967, S.54.

[90] Ebd.

- das Desinteresse am Theater seitens des Publikums in den Provinzen und weiter Bevölkerungskreise in der Hauptstadt aus finanziellen und kulturellen Gründen.

Das Theater werde auf diese Weise zu einem "espectáculo de minorías privilegiadas en el orden económico" und stehe somit im Widerspruch zu den grundsätzlichen Forderungen des Entwicklungsplans, der die Beteiligung von Arbeitern an kulturellen und künstlerischen Aktivitäten fördern wolle.

Was die Verbesserungsvorschläge angesichts der dargestellten Situation anbelangt, sind jedoch nur wenig konkrete Massnahmen vorgesehen.[91] Man plädiert für die Einrichtung von regionalen Theaterzentren mit eigenen Ensembles und Schauspielschulen, will die Gründung dieser Zentren aber der Privatinitiative überlassen, die allerdings grosszügige staatliche Subventionen erhalten soll. Für schon bestehende Theatergruppen und -säle wird eine stärkere finanzielle Unterstützung gefordert.

Dass mit solchen guten Vorsätzen allein das Theaterpanorama nicht verbessert werden konnte, zeigt der dritte "Plan de Desarrollo Económico y Social" (1972-1975).[92] Neben den Beanstandungen des zweiten Entwicklungsplans, die im wesentlichen vollständig wiederholt werden, beklagt man hier vor allem auch

- die Interesselosigkeit und systematische Opposition der Besitzer von Theatersälen in der Provinz, ihre Lokale für Theateraufführungen zur Verfügung zu stellen, da sie hiermit weniger Gewinn erzielen würden als mit den üblichen Kinovorführungen,
- die ungenügende Entwicklung des "teatro vocacional" mit experimentellem Charakter und
- das fehlende Interesse der Theaterunternehmer an der

---

[91] Ebd., S.54ff.

[92] Comisión de Información y Actividades Culturales (Hg.), III Plan de Desarrollo Económico y Social, Madrid 1972, S.255ff.

Verbesserung ihrer Spielpläne, deren Niveau in der Regel unbefriedigend und durch rein kommerzielle Interessen bestimmt sei.

Die Situation des spanischen Theaters hat sich also kaum geändert, geschweige denn verbessert. Das darf aber nicht überraschen, denn es ist dieselbe Regierung, die zwar einerseits in ihren Vierjahresplänen die Unterstützung und Förderung des Theaters und seiner Entwicklung anstrebt, aber andererseits eben diese Entwicklung bremst und von den grösseren Bühnen fernhält, indem sie das Recht der öffentlichen Meinungsäusserung einschränkt und experimentelle Theatergruppen mit Zensurverboten belegt. Es wird deutlich, dass die geforderten Verbesserungen nicht den Rahmen der politischen Interessen und Prioritäten sprengen dürfen, dass aber in diesen vorgegebenen Grenzen eine wirkliche Erneuerung des Theaters nicht möglich ist.

2.2. Das "Teatro Independiente" - eine Alternative zur kommerziellen Theaterstruktur

2.2.1. Entstehung und Entwicklung des "Teatro Independiente"

Die Einsicht, dass die Arbeitsbedingungen im offiziellen spanischen Theater keinen Raum für Entwicklung und Erneuerung bieten, veranlasst in zunehmendem Masse vor allem jüngere Theaterschaffende dazu, mit ihren Aktivitäten die kommerziellen Strukturen zu verlassen. Für sie bedeutet Theater mehr als blosse Unterhaltung für das Bürgertum, und sie glauben, dass das kapitalistische System der Arbeitsteilung - und damit die Entfremdung des einzelnen vom Endprodukt - dem kulturellen und künstlerischen Wert des Theaters nicht Rechnung trägt, sondern es zum blossen Instrument der Mehrwertproduktion degradiert. Deshalb werden vielfach Kollektive und Kooperativen gegründet mit dem Ziel, das Gewinnprinzip im Theater abzuschaffen.[93]

Alfonso Sastre sieht 1965 die Perspektive für die Verbesserung der Situation des spanischen Theaters "en el trabajo cooperativo: en la formación de empresas cooperativas, cuyo trabajo sea el sustitutivo del 'capital' de la empresa corriente, hoy operante sin otros móviles que el puro beneficio."[94] Vier Jahre später konstatiert er zwar[95]: "No se han producido realizaciones en este sentido", aber die Tendenz der unabhängigen Theatergruppen zur Kooperative ist bereits abzusehen. Wie Kulenkampff feststellt[96], wird der Begriff "Teatro Independiente" (T.I.) seit den sechziger Jahren "zum Schlagwort für alle Bemühungen und Versuche, ein professionelles, nichtkommerzielles Theater zu realisieren."

"Lo mismo que la magia es una rebelión contra lo sagrado, el teatro es una rebelión contra el orden establecido", schreibt Duvignaud in seiner Theatersoziologie.[97] Wenngleich diese Aussage für das offizielle spanische Theater nicht gelten kann, trifft sie doch für das T.I. in vollem Umfang zu. So definiert sich das T.I. in den "Acuerdos de la Junta Nacional de la Federación de Grupos Independientes" vom November 1974 selbst als "alternativa socio-política-cultural planteada en contra de la estructura actual dominante en el país."[98] Man will seine Anstrengungen nicht nur auf den Theaterbereich beschränken, sondern versteht sich zugleich als Antwort auf die soziale und politische Unterdrückung durch das System. Die Bühne soll zur Plattform des Widerstandes einer kulturellen

---

[93] Vgl. Los Goliardos, Independencia Económica, in: PA 119 (April 1970), S.13.

[94] A. Sastre, La revolución y la crítica de la cultura, Barcelona ^{2}1971, S.56.

[95] A.a.O., Anm. 1.

[96] B.-S. Kulenkampff, a.a.O., S.239.

[97] J. Duvignaud, a.a.O., S.471.

[98] Zit. in: M.A. Medina, a.a.O., S.376.

Opposition werden, die gleichermassen die Erneuerung des spanischen Theaters wie die Änderung der bestehenden gesellschaftlichen Verhältnisse anstrebt. Pedro Altares schreibt[99]:

> La experiencia más válida de esta historia de una frustración que son los últimos treinta años de teatro español, es la conciencia de que nada dentro de esto puede cambiar mientras no lo hagan las estructuras generales sobre las que se asienta la sociedad española.

Und eben aus diesem Bewusstsein heraus versucht das T.I., nicht nur kulturelle, sondern ebenfalls soziale Alternative zu sein.

Pérez Coterillo hat jedoch recht, wenn er unter Berufung auf die häufig sehr unterschiedlichen ideologischen Standpunkte der einzelnen Theatergruppen bezüglich der Homogenität des Widerstands feststellt[100]: "En nuestro país no existe un frente antifascista de cultura." Aber trotzdem kann man davon ausgehen, dass die überwiegende Mehrheit der Gruppen ihre Arbeit zumindest teilweise in den Dienst des anti-franquistischen Widerstands stellt.[101] Dass auch die spanischen Behörden diesen Eindruck gewonnen haben, belegt z.B. das "I Festival Internacional de Teatro Independiente" (1970) in San Sebastián, das als "Festival Cero" in die Geschichte des T.I. eingegangen ist.[102] Bereits zugesagte staatliche Subventionen wurden kurz nach Beginn des Festivals zurückgezogen, und verschiedene von spanischen Gruppen programmierte Stücke

---

[99] P. Altares, a.a.O., S.76.

[100] M. Pérez Coterillo, Hacia un teatro de clase, in: Equipo Pipirijaina (Hg.), Tábano - un zumbido que no cesa, Madrid 1975, S.88.- Zu ideologischen und anderen Abhängigkeitsverhältnissen s. auch: José Sanchis Sinisterra, Las dependencias del teatro independiente, in: PA 121 (Juni 1970), S.71ff.

[101] Vgl. F. Fernán Gómez, a.a.O., S.228f.

[102] Vgl. F. Ruiz Ramón, Historia del Teatro Español. Siglo XX, Madrid [2]1975, S.481ff.

konnten aufgrund von plötzlichen Zensurverboten nicht aufgeführt werden.[103] Daraufhin wurde von den Beteiligten beschlossen, die Aufführungen des Festivals aus Solidarität mit den betroffenen Gruppen abzubrechen, und man nutzte die verbleibenden Tage zu Informations- und Diskussionsveranstaltungen über die Probleme des T.I. in Spanien.

Was die ästhetische Erneuerung des spanischen Theaters betrifft, sind sich die Kritiker weitgehend über die Bedeutung des T.I. einig. García Lorenzo sieht in ihm "el germen del buen teatro del futuro y en su público la esperanza del porvenir."[104] Allgemein gilt das T.I. als interessanteste Entwicklung vor einem ansonsten eher langweiligen und wenig flexiblen Theatergeschehen und -apparat.[105]

Als charakteristisch für das T.I. erkennt Kulenkampff die "Betonung einer kritischen Haltung, die die Opposition zu den herrschenden Verhältnissen ausdrückt."[106] Diese kritische Haltung kristallisiert sich nicht nur in den Theatergruppen heraus, sondern entspricht einer allgemeinen Entwicklung der spanischen Gesellschaft in den sechziger Jahren.[107] Langsam beginnender Wohlstand und das Heranwachsen von Generationen, die den Bürgerkrieg nicht mehr miterlebt haben, lassen den franquistischen Frieden um jeden Preis kaum noch erstrebenswert scheinen, und die Unzufriedenheit weiter Teile der Bevölkerung tritt immer unverhohlener hervor. Eine Welle gesellschaftlicher Unruhe breitet sich aus und beeinflusst über den univer-

---

[103] Über das "Festival Cero" s. auch: PA 119 (April 1970), S.20ff; PA 120 (Mai 1970), S.56ff; PA 123-124 (Aug.-Sept. 1970), S.24ff; PA 125 (Okt. 1970), S.14ff.

[104] L. García Lorenzo, Teatro y sociedad, S.275.

[105] Vgl. F. Fernán Gómez, a.a.O., S.228.

[106] B.-S. Kulenkampff, a.a.O., S.70.

[107] Zur gesellschaftlichen Entwicklung im Spanien der 60er Jahre s. Kap. 2.3.2.1. der vorl. Arbeit.

sitären Bereich und seine "Teatros Universitarios" auch die Theatergruppen.[108] Das kulturelle Schaffen überhaupt steht unter dem Zeichen der gesamtgesellschaftlichen Veränderungen. Seit der Veröffentlichung von Luis Martín Santos' Roman "Tiempo de Silencio" im Jahre 1962 zeigt sich: "el realismo social o testimonial entra en barrena y la consciente renovación en temas y formas - en todos los géneros literarios - se produce coetáneamente a la evolución social y económica."[109]

Allerdings sind es im Theater selbst nicht nur die unabhängigen Theatergruppen, die für ihren gesellschaftspolitischen Protest künstlerische Formulierungen zu finden suchen. Spätestens seit Mitte der sechziger Jahre setzen sich junge Dramatiker wie Angel García Pintado, Jerónimo López Mozo, Luis Matilla, Manuel Martínez Mediero und viele andere, die später unter Bezeichnungen wie "teatro subterráneo" oder "nuevo teatro español" zusammengefasst werden, in zunehmendem Masse mit Themen aus der spanischen Gegenwart auseinander, und zwar auf eine weit direktere Art und Weise, als es die sogenannte "Generación Realista" (Lauro Olmo, José Martín Recuerda, José María Rodríguez Méndez ...) getan hatte. Die Oppositionshaltung des T.I. ist also nicht als Einzelphänomen, sondern im Zusammenhang der gesellschaftlichen Entwicklung im franquistischen Spanien zu verstehen. Was ein Verfasser-Team über den Schauspielerstreik von 1975 schreibt, trifft genauso für die Protesthaltung des nicht-kommerziellen Theaters zu[110]:

> el conflicto de los actores no es más que uno de los muchos producidos en el país en la coyuntura política actual.

---

[108] Nach: Tábano, Descentralizar el teatro: otro público, otros circuitos, otras relaciones, in: Equipo Pipirijaina (Hg.), Tábano, S.46.

[109] Carlos Blanco Aguinaga u.a., Historia social de la Literatura española (en lengua castellana), Bd. III, S.179.

[110] M. Pérez Coterillo (Hg.), El espectáculo de la huelga, S.23.

> Huelgas y luchas obreras a lo largo de todos los centros industriales del país, con una gran intensidad y combatividad exigiendo firmemente, al lado de reivindicaciones económicas, el cumplimiento de programas claramente políticos; aumento continuo de levantamientos estudiantiles, cada vez más masivos;despertar político de amplios sectores populares, profesionales, amas de casa, pequeños comerciantes, campesinos ... En este marco de conflictividad social y política se inserta la huelga de los actores.

Über die gemeinsame Ablehnung des Franquismus hinaus zu definieren, was unter dem Begriff "Teatro Independiente" sonst noch zu verstehen sei, ist jedoch nicht einfach. Alberto Miralles, junger Dramatiker und selbst Leiter und Mitglied einer Theatergruppe, stellt 1968 fest, dass Aktivitäten, Motivationen und Zielsetzungen der einzelnen Gruppen zum Teil sehr unterschiedlich sind.[111] Auch Jahre später, als López Mozo einen Definitionsversuch unternimmt, ist keine stärkere Homogenität zu erkennen, vielmehr zeigt sich, dass das Verbindende zwischen den Gruppen weniger im theaterspezifischen als im ideologischen Bereich zu suchen ist[112]:

> Bajo la denominación de teatro independiente se incluye una serie de grupos con objetivos diversos. Algunos se orientan hacia el campo de la investigación o la experimentación, o limitan su trabajo a la formación del actor; otros están empeñados en la incorporación o descubrimiento de autores que por circunstancias muy diversas no son admitidos por el teatro comercial; unos tratan de profesionalizarse, algo muy distinto a comercializarse, y otros no. También hay que considerar independientes a los grupos universitarios. Sin hacer la relación exhaustiva se comprende que el teatro independiente es heterogéneo en sus fines. Lo que liga a sus miembros y permite que se les agrupe bajo una sola denominación, es su común repulsa comercial al uso [sic], su deseo de no servir a los intereses de la clase dominante y, en fin, el mantenimiento de una total independencia económica e ideológica.

---

111 A. Miralles, Teatro Independiente, in: Yor 26 (1968), S.3.

112 J. López Mozo, Teatro de barrio, S.6.

Unabhängigkeit, muss erklärend hinzugefügt werden, vom kommerziellen Theaterapparat und seiner Struktur und von der herrschenden Ideologie.

Der aus solchen Überlegungen gewonnene Begriff "Teatro Independiente" wird allerdings häufig kritisiert. Was die Unabhängigkeit anbelangt, schreibt Ruiz Ramón[113]: "el teatro independiente sólo existe en España a nivel de propósitos y aspiraciones, pero no como realidad objetivamente predicable." Monleón verweist auf die Relativität des Begriffs.[114] Wirkliche und totale Unabhängigkeit dürfte kaum möglich sein, und so kritisiert Sastre zu Recht die Unwissenschaftlichkeit der Bezeichnung: als Alternative schlägt er "teatros marginales" vor.[115] Trotzdem hat sich aber der Begriff "Teatro Independiente" durchgesetzt und wird auch hier weiterhin als Sammelbezeichnung für die nicht-kommerziellen Theatergruppen verwendet; denn, wie Kulenkampff ausführt, entstand dieser Begriff nicht "aus der Abstraktion tatsächlicher Verhältnisse [...]; er drückt vielmehr die Zusammenfassung angestrebter Zielvorstellungen aus."[116]

Über den genauen Zeitpunkt, zu dem das T.I. an die Öffentlichkeit getreten ist, ist man sich in Fachkreisen nicht einig. Hormigón gibt das Jahr 1966 an[117], Monleón spricht 1967 von "el incipiente nacimiento de un teatro independiente español"[118]; aber da das Erscheinen des T.I. als vorläufiges Resultat einer langen Entwicklung gelten muss, kann ein exakter Zeitpunkt nicht festgelegt werden. Sicher ist, dass die sechziger Jahre das Ende der "Teatros

---

[113] F. Ruiz Ramón, a.a.O., S.455.

[114] J. Monleón, in: Encuesta sobre el Festival Cero de S.Sebastián, in: PA 125 (Okt.1970), S.26.

[115] O. weit. Ang. zit. von Ruiz Ramón, a.a.O.

[116] B.-S. Kulenkampff, a.a.O., S.239.

[117] J.-A. Hormigón, Teatro, realismo, S.125.

[118] J. Monleón, Una temporada a examen, in: PA 98 (Juli 1968), S.13.

de Cámara y Ensayo" bedeuten[119] und dass das staatliche Studentensyndikat "SEU" und damit auch die von ihm abhängigen "Teatros Universitarios" im April 1965 aufgelöst werden.[120] Das T.I. wird als Weiterentwicklung sowohl der Universitäts- oder Studententheater als auch der "Grupos de Cámara" betrachtet.

Nach Medina[121] dient der ungefähre Zeitraum von 1940 bis 1960 zur Konsolidierung der SEU-kontrollierten Universitätstheater, die trotz ständiger Überwachung genug Eigeninitiative entwickeln können, um im Ansatz Stilexperimente mit zeitgenössischen ausserspanischen Theaterformen durchzuführen und versuchsweise an die Tradition des spanischen Vorkriegstheaters anzuknüpfen.[122] Theaterinteressierte Hochschulabsolventen, die aufgrund ihres Ausscheidens aus der Universität keinen Zugang mehr zu den Studententheatern haben, verwenden die dort gesammelten Erfahrungen häufig zur Gründung von Kammerspielgruppen, zumal sie aufgrund einer ministeriellen Anordnung vom 25. Mai 1955[123] mit staatlichen Subventionen rechnen können.

Die "Teatros de Cámara y Ensayo" widmen ihre Arbeit vor allem sogenannten schwierigen - d.h. für spanische Verhältnisse wenig kommerziellen - Texten[124] nationaler und ausländischer Gegenwartsdramatiker, und eben dieser

---

[119] Vgl. R. Rodríguez Buded, Autores nuevos y teatro independiente, in: Yor 26 (1968), S.15.

[120] Vgl. Bernhard Schütze, Rekonstruktion der Freiheit. Die politischen Oppositionsbewegungen in Spanien, Frankfurt/Main 1969, S.117.

[121] M.A. Medina, a.a.O., S.377.

[122] Zu den Anfängen des nicht-professionellen Theaters nach dem Bürgerkrieg bis etwa 1963 s. auch den Überblick von Juan G. Schroeder, 20 años de teatro no profesional, in: PA 45 (1963), S.12-20.

[123] Vgl. Búfalo, Para un análisis del Teatro Independiente en España, in: Pip 4 - Revista (1.Zykl.) (Juni 1974) S.1.

[124] Vgl. J. Monleón, a.a.O.

Umstand macht sie für das Regime interessant. Denn die Auflistung zeitgenössischer Problemautoren in Spielplänen und Aufführungsstatistiken verleiht dem repressiven System auf kulturellem Gebiet ein liberaleres Gesicht, "tanto en censura, como en acercamiento a otros países."[125] Und liberales Aussehen muss einem Regime wichtig sein, das sich immer wieder um die Aufnahme Spaniens in die EWG bemüht. Zu geringe Subventionen und Zensurgenehmigungen für in aller Regel nur wenige Aufführungen machen aber eine Breitenwirkung der Kammertheater, die nicht im Sinne des Regimes wäre, unmöglich.[126]

Gleichzeitig versucht das "Teatro Universitario" in Übereinstimmung mit anderen studentischen Bereichen, die Fesseln der Kontrollinstanz SEU zu sprengen. Den Höhepunkt dieser Auseinandersetzungen stellen auf Theaterebene 1963 die ersten "Jornadas Nacionales de Teatro Universitario" in Murcia dar, die - vom Studentensyndikat selbst organisiert - von den Tagungsteilnehmern zu einer Protestveranstaltung gegen den SEU umfunktioniert werden.[127] In einer Prinzipienerklärung stellt man u.a. fest, dass die Entfremdung des Theaters bezüglich der spanischen Realität aufgehoben und das Publikumsmonopol der Bourgeoisie durchbrochen werden müsse; man fordert das Recht auf freie Meinungsäusserung. Um alle erklärten Vorsätze in die Wirklichkeit umzusetzen, sei nötig "una total reestructuración de las normas y los fines del Teatro Universitario."[128] Allerdings können diese Prinzipien vom

---

[125] Alberto Miralles, Nuevo Teatro Español: Una alternativa social, Madrid 1977, S.94.

[126] Vgl. a.a.O.

[127] Hierzu und zum Folgenden: J.A. Hormigón, a.a.O., S.104ff.- Vgl. auch PA 49 (1964), S.9-11.

[128] Prinzipienerklärung des Teatro Universitario in Murcia, am 21.Dez.1963, in: Hormigón, a.a.O., S.106.

"Teatro Universitario" nicht mehr in die Praxis umgesetzt werden, da ihnen die Auflösung des SEU, von der sie selbst betroffen sind, zuvorkommt.[129]

> La desaparición de los T.U. conduce a los estudiantes, licenciados y hombres de teatro no sujetos a la rutina o vaciedad profesionales, a unirse en la antigua fórmula de los "Teatros de Cámara y Ensayo". De esta aglutinación surgen los "Teatros Independientes", que pugnan por edificar y redescubrir el teatro fuera de Madrid, sentar las bases para unos futuros teatros municipales, incorporar nuevos métodos de trabajo, plantearse cara al porvenir la creación de un público y renovar la dramaturgia a los niveles teórico y de producción.[130]

Wenn auch das T.I. auf der Grundlage des "Teatro de Cámara" aufbaut, so zeigt sich doch, dass beiden kaum mehr als die Ablehnung der kommerziellen Struktur gemein ist. In Konzeption und Selbstverständnis unterscheidet sich das T.I. grundlegend von den Kammertheatern. Nach Monleón lassen sich die wichtigsten Unterschiede abrissartig skizzieren[131]:

Teatro de Cámara	T.I.
- begnügt sich mit Einzelaufführungen	- strebt möglichst grosse Anzahl von Aufführungen einer Inszenierung an
- keine festen Ensembles	- Kollektivbildung zur Erarbeitung eines eigenen Stils
- beinhaltet den Reiz des Verbotenen für eine Minderheit aus dem üblichen Publikum (Bourgeoisie)	- möchte ein möglichst breitgefächertes Publikum erreichen
- entspricht in Eintrittspreis, Aufführungsort und -zeit dem kommerziellen Theater	- passt sich in Eintrittspreis, Aufführungsort und -zeit den Erfordernissen des jeweiligen konkreten Publikums an, vor dem es spielt

---

129 Es existieren zwar auch später Universitätstheater wie z.B. das "T.U. de Murcia", aber sie sind seit der Auflösung des SEU dem T.I. zuzurechnen.

130 Hormigón, a.a.O., S.112f.

131 J. Monleón, Del Teatro de Cámara al Teatro Independiente, in: PA 123-124 (Aug.-Sept.1970), S.8-14.

Darüber hinaus strebt das T.I. auf breiter Basis die Professionalisierung seiner Mitglieder an, will also das Theater nicht als Nebentätigkeit, sondern als Hauptberuf verstanden wissen.

Das T.I. hat keinen leichten Stand. Einerseits muss es sich gegen die kommerziellen Theaterunternehmer durchzusetzen versuchen, die dem T.I. ihre Säle nicht zur Verfügung stellen, weil sie nicht an dessen Profitabilität glauben. Andererseits fliessen staatliche Subventionen nur spärlich, weil dem Regime nicht an einem systemkritischen Theater auf breiter Basis gelegen sein kann, und Zensurverbote verhindern konsequent die Erschliessung breiter Publikumsschichten. Die T.I.s müssen sich grösstenteils - wie vorher die Kammerspielgruppen - mit Einzelaufführungen für intellektuelle Minderheiten begnügen, für die ihnen häufig Festsäle in Studentenwohnheimen und manchmal in Universitäten zur Verfügung gestellt werden.[132] Als sich die Situation des T.I. Anfang der siebziger Jahre noch nicht verbessert hat und im Februar 1972 den unabhängigen Gruppen auch noch die Bühnen der Studentenwohnheime und sonstigen universitären Einrichtungen faktisch entzogen werden - hier dürfen die Gruppen von diesem Zeitpunkt an keine Eintrittsgelder mehr verlangen - prognostiziert man den Untergang des T.I.

López Mozo schreibt im Oktober 1972[133]:

> La posibilidad de evolución ha estado durante algún tiempo en manos de los grupos independientes y universitarios, los únicos abiertos a un nuevo teatro. Pero su actividad hace no muchos años intensa, se ha visto limitadas [sic] por razones de CENSURA, por dificultades planteadas a nivel de autoridades locales y por otros tipos de presión. Esto unido a las dificultades económicas con que trabajan dichos grupos ha dado al traste con la única oportunidad

---

[132] Hierzu und zum Folgenden: F. Ruiz Ramón, a.a.O., S.467f. und Anm. 8.

[133] In: Encuesta: Comienzo de Temporada 1972/73, in: PA 149 (Okt.1972), S.26f.- Zum vermeintlichen Untergang des T.I. s. auch: J.A. Hormigón, a.a.O., S.135ff.

> que ha tenido el teatro español de evolucionar positivamente. Hoy apenas quedan restos de aquellos grupos. Los recién creados no encuentran cauces adecuados. En la Universidad ya no se tolera el teatro ...

Aber die Untergangsvoraussagen sind verfrüht. Gut eineinhalb Jahre später, im Juni 1974, wird die Situation des T.I. bereits wieder ungleich positiver eingeschätzt:

> Hoy día nos encontramos ya con una cincuentena de grupos - a lo largo y ancho del país -, cuya actividad tiende verdaderamente a la formación de un movimiento estable de T.I., sobre la base de una profesionalización (el 20% de ellos la han adquirido totalmente) entendida bajo todos sus aspectos: dedicación plena, autofinanciación, investigación en la base del teatro popular, etc ...[134]

Es ist jedoch gerade die verstärkte Tendenz zur Professionalisierung, die zeitweise den Eindruck entstehen lässt, das T.I. falle auseinander. Denn etliche Gruppen verwechseln Professionalisierung mit Kommerzialisierung, ihre Mitglieder streben die Integration in das kommerzielle spanische Theater an, und demzufolge lösen sich diese Ensembles früher oder später auf.[135] Allerdings bedeutet das nicht den Untergang des T.I., sondern vielmehr stärkere ideologische Kohärenz der verbleibenden und neu gegründeten Gruppen in bezug auf die Ablehnung des kommerziellen Prinzips im künstlerischen Schaffen.

---

[134] Búfalo, a.a.O., S.2. Die Professionalisierung der einzelnen Schauspieler ist vor allem deshalb wichtig, weil "nur die Gruppe, die sich ausschliesslich aus Schauspielern mit 'carnet' [= offizielle berufliche Anerkennung aufgrund einer fachlichen Ausbildung] zusammensetzt" (Kulenkampff, a.a.O., S.11), als professionelles Ensemble anerkannt wird. Und nur professionelle Gruppen erhalten in der Regel unbegrenzte Aufführungszulassungen für einzelne Stücke, während sich nicht- oder halbprofessionelle Ensembles mit immer wieder neu zu beantragenden Genehmigungen für Einzelaufführungen begnügen müssen. Im Sinne einer kontinuierlichen Arbeit und der angestrebten wirtschaftlichen Unabhängigkeit ist die Professionalisierung somit unerlässliche Voraussetzung.

[135] A.a.O.

Diese allmählich zunehmende Kohärenz macht sich auch in den Versuchen des T.I. bemerkbar, sich auf nationaler Ebene zu organisieren. Auf zahlreichen Veranstaltungen - wie dem "Festival de Teatro Contemporáneo de Gijón" (1963), den "Conversaciones Nacionales de Córdoba" (1965), dem "Congreso de Teatro Nuevo de Valladolid" (1967) und dem "Festival Cero de San Sebastián" (1970)[136] - wird regelmässig über die Notwendigkeit eines nationalen Zusammenschlusses der Theatergruppen gesprochen, um die eigenen Interessen und Belange wirkungsvoller vertreten zu können, aber man kommt zu keiner Einigung.[137] Erst 1974 wird in Madrid mit der Gründung einer "Federación de Grupos Independientes" ein erster Vereinigungserfolg erzielt[138], und 1977 kommt es schliesslich zur Gründung der "Asamblea Profesional de Teatro Independiente".[139]

2.2.2. Arbeitsweise und Zielsetzungen des T.I.

Das spanische Theater ist im Rahmen des kapitalistischen Kulturbetriebs einer Reihe von Einschränkungen unterworfen: Es entspricht in erster Linie kommerziellen Bedürfnissen, steht nur einer gesellschaftlichen Minderheit zur Verfügung und ist weitgehend auf die Stadtzentren der beiden Metropolen Madrid und Barcelona konzentriert. Die angebotenen Stücke stellen selten einen Ausdruck der spanischen Realität dar. Darüber hinaus erhält das Theater keine ausreichenden Subventionen, die Schauspielerausbildung ist allgemein schlecht. Angesichts solcher Gegebenheiten fordert das T.I. die Erschliessung eines breiteren Publikums und die Dezentralisierung des Theatergeschehens.

---

[136] S. B.-S. Kulenkampff, a.a.O., S.239

[137] Vgl. hierzu auch J. López Mozo, Teatro de barrio, S.162.

[138] Vgl. M.A. Medina, a.a.O., S.379.

[139] B.-S. Kulenkampff, a.a.O., Anm. 5.

Das Schauspielangebot soll der gesellschaftlichen Realität und ihrem Entwicklungsprozess entsprechen; man fordert von den Theaterschaffenden gesellschaftliches Verantwortungsbewusstsein, um der sozialen und kulturellen Funktion des Theaters gerecht werden zu können.[140]

Mit wenigen Ausnahmen[141] haben die unabhängigen Gruppen keinen Zugang zu den kommerziellen Bühnen. Da sie sich als "oposición estético-ideológica al teatro comercial establecido y toda su labor deformante de espaldas a la realidad social española"[142] verstehen, suchen sie diesen Zugang aber auch nur selten. Denn die Veränderungsabsichten des T.I. gehen über den Rahmen des kommerziellen Theaters hinaus; es betrachtet sich als kulturelle und soziale Alternative und will "durch das Theater Einfluss nehmen auf die gesellschaftlichen und politischen Veränderungen in Spanien"[143], was von den kommerziellen Bühnen aus - angesichts eines konservativen, wenn nicht reaktionären traditionellen Theaterpublikums - kaum möglich wäre.

Ihrem Selbstverständnis als soziale Alternative versuchen die Gruppen schon von der Organisationsform her

---

[140] Conversaciones Nacionales sobre teatro actual de Córdoba: Conclusiones, in: Yor 10 (Dez.1965), S.16.- Vgl. auch: Los Goliardos Historial, in: Yor 25 (1967), S.5.- Francisco Ruiz Ramón, Estudios de teatro español, S.144f.

[141] Seit Mai 1968 steht z.B. das "STUDIO" in Valencia den Aufführungen der T.I.s offen, in Barcelona seit dem 20.11.1969 das "CAPSA" unter Leitung von Pau Garsaball (geschlossen im Sommer 1976 aufgrund finanzieller Schwierigkeiten). Erwähnenswert ist auch die Zusammenarbeit zwischen T.I. und kommerziellem Theater in Marsillachs Inszenierung des "Marat-Sade"(Nov.1968). Vgl. hierzu: Primer Acto, Dos ejemplos: "CAPSA", de Barcelona y "STUDIO", de Valencia, in: PA 178 (März 1975), S.57-58.- Programación ofrecida por el TEATRO CAPSA, in: M.A. Medina, a.a.O., S.367f.- Roberto Alonso, "Marat-Sade" en España, und: Gonzalo Pérez de Olaguer, "Marat-Sade" de Peter Weiss, beide in: Yor 28 (Nov.1968), S.39-47 bzw. S.68-70.

[142] Tábano, in: A.C. Isasi Angulo, Diálogos del Teatro Español de la Postguerra, Madrid 1974, S.420.- Auch F. Ruiz Ramón, Historia, S.467.

[143] B.-S. Kulenkampff, a.a.O., S.126.

Ausdruck zu verleihen: sie gründen wirtschaftliche Kooperativen und verwirklichen in der Gruppe eine demokratische Selbstbestimmung; mit der Suche nach neuen Kommunikationskanälen in den grossen Städten und in der Provinz arbeiten sie gegen die kulturelle Diskriminierung des grössten Teils der spanischen Bevölkerung[144] und verbinden so den kulturellen mit dem sozialen Anspruch. Sie sehen ihre Aufgabe in dem "ataque desde el teatro al sistema social paralizador. Lo que supone, en primer lugar, luchas [sic] contra el viejo '<u>Teatro</u>' por medio de la construcción de unas relaciones teatrales radicalmente nuevas."[145]

Kulenkampff stellt in ihrer Untersuchung richtig fest, dass "Ausgangspunkte, Arbeitsmethoden und Ziele der einzelnen Gruppen [...] je nach ihrer Heimat, ihrer Erfahrung und dem Ausbildungsstand ihrer Mitglieder" variieren.[146] Trotzdem lassen sich aber in der Gegenüberstellung mit dem offiziellen Theater einige Charakteristika des T.I. erkennen, die allerdings in den verschiedenen Gruppen unterschiedliche Priorität besitzen können. Nach Monleón lässt sich folgende Aufstellung vornehmen[147]:

<u>offizielles Theater</u>	<u>T.I.</u>
- Schauspieler als Instrument	- konsequenter Schauspieler mit Eigenverantwortung
- Starsystem	- Gruppengefühl
- tyrannische Leitung und Regie	- Kollektivproduktion

---

[144] Comisión provisional delegada para la constitución de la Federación de Grupos de Teatro Independiente, Informe sobre la situación actual del Teatro Independiente, in: Pip 1 - Revista (2.Zykl.) (Okt.1976), S.7.

[145] Jesús G. Requena, Sobre el "teatro" y el nuevo teatro, in: Pip 5 - Revista (1.Zykl.) (Juli 1974), S.3.

[146] B.-S. Kulenkampff, a.a.O., S.160.

[147] J. Monleón, in: Teatro español actual, S.38f.

- Wiederholung desselben Einheitsstils	- Stilunterschiede von Gruppe zu Gruppe
- Proben als Arbeitsroutine	- Proben als Textanalyse
- nur Profitinteresse am Publikum	- Versuch, unterschiedliche Publikumsschichten anzusprechen (Dezentralisierung)
- traditionelle Bühne ("escena a la italiana")	- Experiment mit neuen Bühnenformen
- unpolitisches Kunstverständnis	- politisches Engagement
- Zeitlosigkeit der Thematik	- Zeitbezogenheit
- Dramentext als unvergängliche Literatur/Schauspiel als Textreproduktion	- Schauspiel als lebendige, einmalige Kommunikation/Text als ein Element unter vielen
- Publikum als passiver Zuschauer	- Publikum als aktive gesellschaftliche Kraft

Als wichtigste Allgemeinmerkmale des T.I. unterstreicht Kulenkampff das Bemühen "um einen verstärkten körperlichen Ausdruck und den direkten Kontakt zum Publikum."[148]

Tatsächlich bildet der "Kontakt zum Publikum", die Publikumssuche, die Erschliessung neuer Publikumsschichten, ein Hauptanliegen der unabhängigen Theatergruppen. Ensembles wie "Los Goliardos" verleihen dieser Zielsetzung im Ansatz schon früh Ausdruck[149]: "deseamos ir nosotros al público, es decir, llevar nuestras obras no a teatros profesionales, sino a las universidades y a los centros culturales a quienes verdaderamente interese la actualidad dramática." Drei von den vier Gruppen, die García Lorenzo für die erste Hälfte der siebziger Jahre als besonders wichtig betrachtet, haben sich eindeutig in der Publikumserschliessung hervorgetan[150]: "Tábano" mit seiner

---

[148] B.-S. Kulenkampff, a.a.O.- Über Absichten, Ziele und Programme des T.I. s. auch: M.A. Medina, a.a.O., S.427f.

[149] José F. Arroyo, "Los Goliardos" - un nuevo Teatro de Cámara, a través de su director Angel Facio (entrevista), in: Yor 11 (Jan.1966), S.13.

[150] S. L. García Lorenzo, El teatro español hoy, S.149.

politischen Erfolgsrevue "Castañuela 70"[151] und späteren Stücken, das "Teatro Estudio Lebrijano" aufgrund seiner Arbeit in andalusischen Dörfern, als deren Krönung die Flamenco-Dramatisierung "Oratorio"[152] von Alfonso Jiménez Romero gilt, und schliesslich "La Cuadra" mit dem Publikumserfolg "Quejío", ebenfalls von Jiménez Romero. Alles Stücke, die - anders als im kommerziellen Theater - volkstümliche Elemente verwenden und konkrete Probleme weiter Bevölkerungsschichten aufgreifen und zu ihrem Thema machen; Stücke, die durch Tourneen im In- und Ausland einem breiten Publikum zugänglich gemacht werden und denen es gelingt, das Interesse für das Theater dort zu wecken, wo es bisher nicht bestanden hat.

Eine Meinungsumfrage von 1965[153] zeigt, dass ein ausreichend grosses Publikumspotential existiert, dem das kommerzielle Theater fremd ist. Bezogen auf den - grossen - Teil der Bevölkerung, der monatlich weniger als 5.000 Peseten verdient, ergeben sich folgende Zahlen: 37% dieser Einkommensgruppe ziehen das Theater dem Kino vor, aber 91% gehen seltener als einmal jährlich, 61% überhaupt nicht ins Theater. Bereits die 37%, die dem Theater den Vorzug geben würden, stellen ein beachtliches und unmittelbares Potential dar, dem nur durch angemessene Eintrittspreise, geeignete Anfangszeiten und Aufführungsorte der Theaterbesuch ermöglicht werden könnte.

Dementsprechend versuchen viele Gruppen - "Tábano" mag hier als Beispiel dienen[154] - das von ihnen gesuchte neue Publikum in den einkommensschwächeren Schichten zu

---

[151] Abdruck in: PA 125 (Okt.1970), S.46-60.

[152] Abdruck in: PA 109 (Juni 1969).

[153] "Encuesta sobre Medios de Comunicación de Masas en España". Revista española de la Opinión Pública núm.1 (Mai-Aug.1965). Zit. bei Miguel Bilbatúa, El teatro, artículo de consumo, S.6.

[154] S. F. Ruiz Ramón, Historia, S.468.- Vgl. auch A.C. Isasi Angulo, a.a.O., S.420f.

finden, aber darüber hinaus will man auch andere potentielle Publikumsschichten erreichen:

- den jungen Zuschauer, den die Thematik des offiziellen Theaters nicht interessiert,
- denjenigen, der das Kino vorzieht, weil es preisgünstiger ist oder ihm attraktiver erscheint,
- und schliesslich auch den Teil des traditionellen Theaterpublikums, der nur gewöhnt ist "al subteatro de evasión erotizante y alienadora que suele aprovecharse y jugar con la represión sexual impuesta a sus admiradores".[155]

Das Beispiel "Castañuela 70" zeigt zur Genüge, dass es dem T.I. gelingt, sehr unterschiedliche Publikumsschichten anzusprechen. Das politische Revue-Spektakel ist so erfolgreich, dass ihm sogar die Türen des kommerziellen Theaters in Madrid geöffnet werden: "era la primera vez que un grupo independiente, sin nombres 'cotizados' en el cartel, sin ninguno de los reclamos habituales del teatro profesional, llenaba un teatro madrileño día tras día."[156] Von der staatlichen Zensur genehmigt, muss "Castañuela 70" allerdings auf Weisung städtischer Behörden nach mehrwöchiger Aufführungszeit (21.8.-27.9.1970) abgesetzt werden. Nach dem Erfolg vor einem überwiegend bürgerlich-intellektuellen Publikum entschliesst sich die Gruppe jetzt, dasselbe Stück vor weniger gebildeten Zuschauern zu erproben. "Castañuela 70" geht auf Tournee durch spanische Gastarbeiterzentren im europäischen Ausland. Auch hier wird das Stück zu einem vollen Erfolg.[157] In den folgenden Jahren gelingt es "Tábano" und anderen Gruppen, in zunehmendem Masse breitere Bevölkerungsschichten für das Theater zu gewinnen.[158]

---

155 F. Ruiz Ramón, a.a.O.

156 Andrés Amorós u.a., Análisis de cinco comedias (Teatro español de la postguerra), Madrid 1977, S.181.- Vgl. auch PA 125, S.34.

157 Vgl. Eq. Pipirijaina, Tábano, S.12.

158 Zur Publikumssuche und -erschliessung s. auch: Andrés Amorós u.a., a.a.O., S.181ff.- J.A. Hormigón, a.a.O., S.31ff.

Der Wille zur Erschliessung eines Massenpublikums - oft wird auch der wenig wissenschaftliche Begriff "públicos populares" verwendet - birgt die Notwendigkeit, neue Verteilungs- oder Kommunikationskanäle für das Theater auszubauen. Hierbei kann sich das T.I. auf die Vorarbeit der "Grupos de Cámara y Ensayo" stützen, die bereits in den fünfziger Jahren, abgelehnt von den offiziellen Theatern, auf nicht-kommerzielle Verteilungskanäle angewiesen waren. Sie spielten in Universitäten, Vereinssälen in Vororten und vor allem während der Sommerpause der kommerziellen Theater auf Provinz-Tourneen.[159] Das T.I. erweitert die so vorbereiteten Kanäle, "actuando en ciudades pequeñas y en sus locales más modestos"[160], und erreicht auf diese Weise eine wirkliche Dezentralisierung des Theatergeschehens, die zu der angestrebten Erschliessung eines neuen Publikums führt: "utilizar un nuevo tipo de locales, ubicados en nuevos circuitos de distribución. Esto permite trasladar el fenómeno teatral a unas clases sociales distintas, objetivo inicial de este nuevo planteamiento."[161]

Wiederum kann "Tábano" als typisch gelten. Neben gelegentlichen Aufführungen in kommerziellen Theatersälen in den Metropolen und in der Provinz ("circuito comercial") konzentriert die Gruppe ihre Aktivitäten auf die Erschliessung und den Ausbau neuer Kommunikationskanäle. "Tábano" unterscheidet vier Bereiche des sogenannten "circuito independiente"[162]:

1. Universitäten (studentisches Publikum)
2. Festivals und andere kulturelle Veranstaltungen ("un público con predominio de capas medias")
3. Vororte, Fachhochschulen, Volksfeste, Jugendclubs usw. (überwiegendes Publikum "de las capas populares")

---

159 Vgl. Búfalo, a.a.O., S.1 u. S.2/Anm.1.

160 A. Miralles, Nuevo Teatro Español, S.95.

161 Los Goliardos, Independencia Económica, S.13.

162 Tábano, Descentralizar el teatro, S.47f.

4. Ausland (vorwiegend Arbeiterpublikum, aber auch einige Festivals und Universitäten).

Während anfangs die Bereiche 1) und 2) die Publikumsgrundlage für das T.I. bilden, zeichnet sich im Laufe der Zeit das Bestreben ab, sich immer stärker einem Massenpublikum, den "capas populares" zuzuwenden. Der Versuch der Selbsteinschätzung "Tábanos" zeigt diese Tendenz, weist aber auch auf die Probleme bei der Verwirklichung und ein mögliches Auseinanderklaffen zwischen Anspruch und Realität hin[163]:

> debido a las prohibiciones de los primeros montajes, no le ha sido posible a "Tábano" llegar al resto del país, tal como se proponía. Sin embargo, la evolución de los porcentajes por cada circuito muestra un progresivo aumento del número de actuaciones y de público en los circuitos que denominamos populares. [...] En cuanto a actuaciones "culturales" y para universitarios, que en los primeros tiempos del teatro independiente, y todavía hoy para buena parte de los grupos, eran la base de los circuitos, suman un porcentaje poco importante de los respectivos totales.

Als weiteres gemeinsames Merkmal der unabhängigen Gruppen gibt Kulenkampff das Bemühen "um einen verstärkten körperlichen Ausdruck" an.[164] Aber das Bestreben des T.I. geht weit über die blosse Verstärkung des körperlichen Ausdrucks hinaus. Man möchte nicht mehr - wie die "Teatros de Cámara" - nur moderne Theaterrichtungen und -stile reproduzieren, sondern selbst Stilforschung betreiben, um ein eigenes ästhetisches Gruppenkonzept zu erarbeiten. Zur Verwirklichung dieser Absicht bietet sich als Organisationsform das Arbeitskollektiv an. Hier ist die Kontinuität der gemeinsamen Arbeit dadurch gewährleistet, dass die Arbeitsteilung des kapitalistisch orientierten kommerziellen Theaters überwunden wird. Das gemeinsame Erarbeiten einer individuellen Gruppenästhetik bereichert nicht nur die Theatererfahrung jedes einzelnen

---

[163] Ebd., S.49.

[164] B.-S. Kulenkampff, a.a.O., S.160.

Gruppenmitglieds, es führt darüber hinaus zu einer wechselseitigen Durchdringung von Schauspieler und ästhetischem Anspruch. Einerseits ist das ästhetische Konzept der Gruppe dem Schauspieler nichts Fremdes, denn es ist das Produkt seiner eigenen Arbeit; andererseits stellt es kein endgültiges Gebilde dar, sondern unterliegt vielmehr - als selbst erarbeitetes - in dem Masse Veränderungen, wie auch die Gruppe und jedes einzelne Mitglied einer Entwicklung unterworfen ist. Der weitgehend mechanischen Arbeitsweise im Konsumtheater wird somit ein überaus kreatives Theaterschaffen entgegengesetzt, Profitstreben gegen künstlerische Berufung und gesellschaftliches Engagement vertauscht: "los grupos independientes se plantean la necesidad de una renovación que parta del cambio de las relaciones de producción y del compromiso con el espectáculo de cuantos intervienen en él."[165]

Im Rahmen der kollektiven Erarbeitung einer eigenen Ästhetik nehmen die einzelnen Gruppen nicht nur eine gezielte Schauspielerausbildung, entsprechend ihren gemeinsamen Erfordernissen, vor, sondern gehen sogar dazu über, selbst Bühnentexte zu verfassen, um ihrem ästhetischen Anspruch gerecht zu werden und ihren persönlichen Stil besser herausarbeiten zu können.[166] Denn sie sehen einen eklatanten Widerspruch zwischen ihrem Gruppenverständnis und dem, was sie "dictadura del autor literario"[167] nennen. Sie wollen die Theaterpraxis nicht - wie im kommerziellen Theater - als blosse Textreproduktion verstehen, sondern betrachten den literarischen Text als nur ein Element der Aufführung - und nicht unbedingt als das wichtigste. Hierbei stützen sie sich auf die Theorien Antonin Artauds, der bildnerische und musikalische Elemente,

---

[165] J. Monleón, Presente y futuro del teatro español, S.258.

[166] Vgl. Primer Acto, Con Tábano, una reflexión en voz alta, in: PA 172 (Sept.1974), S.44.

[167] A. Miralles, a.a.O., S.96.

schauspielerische Arbeit und Inszenierung dem gesprochenen Wort überordnet.[168] Aufgrund von Schwierigkeiten mit Dramatikern, die den Gruppen nicht die Veränderung und Anpassung der Texte an ihre individuellen Bedürfnisse gestatten, ziehen es zahlreiche Gruppen vor, in kollektiver Arbeit eigene Stücke zu schreiben, die dann beliebig oft und in beliebiger Weise verändert werden können.[169]

Der Versuch, durch Stilforschung und eine dementsprechende Ausbildung der Schauspieler zur Erneuerung des spanischen Theaterpanoramas beizutragen, erntet jedoch nicht nur Beifall, sondern stösst vielfach auf Ablehnung - und zwar nicht nur von seiten des kommerziellen Theaters, sondern auch von seiten einiger Kritiker aus dem Lager der "Generación Realista". So greift der Dramatiker und Theaterkritiker José María Rodríguez Méndez, bekannt für seine xenophoben Äusserungen, die Eigeninitiative des T.I. zur Schauspielerausbildung an als "escuelas que se apresuraron a hacer 'tábula rasa' de la tradición pedagógica teatral española, para mimetizar los sistemas del actor's studio estadounidense o el Berliner Ensemble de Alemania."[170] Kontrastiert man diesen Vorwurf mit der Realität der traditionellen spanischen Schauspielschulen, an denen allgemein schlechte Ausbildung, alte Professoren, praxisfremder, theoretischer Unterricht und antiquierte Unterrichtsstoffe beklagt werden[171], so kann der Versuch des T.I. nur positiv erscheinen. Auch gegen das Stilexperiment der Gruppen hat Rodríguez Méndez Einwände[172]:

---

[168] A. Artaud, Le théâtre et son double, Paris 1938.

[169] S. z.B. den Entstehungsprozess von "Castañuela 70", bei: J. López Mozo, Teatro de barrio, S.54f.

[170] J.M. Rodríguez Méndez, La incultura teatral, S.178.

[171] Vgl. Primer Acto, Historia de una crisis, in: PA 163/164 (Dez.1973), S.4-10.

[172] In: Noticiero Universal, Barcelona (Dez.1968). Zit. nach: A. Miralles, a.a.O., S.113.- Vgl. auch J.M. Rodríguez Méndez, Confusión e inocencia (o el teatro independiente), in Ders., Comentarios impertinentes sobre el teatro español, Barcelona 1972, S.39-42.

"Sepa usted que estamos en plena fiebre de 'europeización' [...]. Consiste en importar productos, modos, modas, formas, etc., etc., de manera que todo ello amontonado, haga desaparecer nuestra miseria."

Entgegen dieser ablehnenden Einstellung betrachten andere Kritiker wie Luciano García Lorenzo das T.I. als "la realidad más positiva del país y [...] la esperanza del futuro."[173] Luis Matilla schreibt in seiner Würdigung des T.I.[174]:

> En la historia del teatro español [...] tendrán que ocupar un lugar estos profesionales que durante los años inquisitoriales lograron abrir nuevos circuitos llevando su trabajo a poblaciones de menos de diez mil habitantes. Sus espectáculos no siempre se encaramaron a las estanterías de una biblioteca, no serán obras clásicas, pero tal vez sirvieron de puente para que el teatro burgués no se apoderara totalmente de nuestra geografía.

2.3. Gesellschaftliche und politische Abhängigkeiten des Theaters

2.3.1. Die Zensur

2.3.1.1. Gesetzgebung und Praxis

Kommerzielles und unabhängiges Theater mussten bei der Auswahl der Stücke, die sie aufzuführen beabsichtigten, gleichermassen einen Umstand berücksichtigen, der nicht dem Bereich des Theaters zuzurechnen war, diesen aber einschneidend mitbestimmte: In Spanien existierte keine Meinungs- und Ausdrucksfreiheit; der Franquismus behielt sich das Recht vor, darüber zu bestimmen, was der Öffentlichkeit mitgeteilt werden durfte und was nicht.

---

[173] In: Teatro español actual, S.26.

[174] L. Matilla, El largo camino hacia un teatro colectivo, in: L. Matilla y el Grupo Ditirambo, La maravillosa historia de Alicia y los intrépidos y muy esforzados Caballeros de la Tabla Redonda, Madrid 1978, S.9.

Aus diesem Grunde benötigten Theaterstücke die Aufführungsgenehmigung der dem "Ministerio de Información y Turismo" unterstellten Zensurbehörde.

Das Regime glaubte, gute Gründe zu haben, den Eingriff in das Recht auf freie Meinungsäusserung zu rechtfertigen. Einem Programm des Informationsministeriums über die Theaterzensur[175] entnimmt man unter der Überschrift "La libertad de creación":

> No es dable solicitar libertad para emplearla en degradar los más mínimos valores del ser humano. La mayoría de los que piden esa libertad sin limitaciones, se pondrían inmediatamente a producir engendros con ofensas a la moral, a la Patria, a las instituciones, a la familia, al Ejército y a la Iglesia [...] La libertad que ataca a las cosas más hermosas de la vida, por razones sectarias o crematísticas, no merece ese nombre. La libertad es algo más serio e importante. Todos debemos custodiarla frente a cualquier exceso.[176]

Deshalb übernahm der Staat diese Aufgabe ohne Zögern:

> Al Estado, en uso de sus facultades, le compete el inexcusable deber de velar porque las salas teatrales no se cubran de lodo con el pretexto de divertir. La moral está por encima del simple entretenimiento.[177]

Alles in allem verbleibe dem Autor aber ein breiter Bewegungsspielraum:

> No se puede exaltar el mal, pero tampoco se piden dramas o comedias con moraleja obligada. Hay que dejar al espectador que piense. Se admite la crítica desarrollada con rectitud. No tendrá franquicia cuanto mine las raíces familiares o morales, ni a las lacras, taras o delitos que provoquen sugerencias peligrosas. Tampoco la gratuita obscenidad ni la crueldad morbosa, ni el mal gusto, ni la falta de respeto a las ideologías y las religiones. Asimismo

---

[175] "Programa en vigor facilitado por el Ministerio de Información y Turismo sobre la Junta de Censura de Obras Teatrales", Abdruck bei M.A. Medina, a.a.O., S.461-476.

[176] Ebd., S.464.

[177] Ebd., S.465.

> se descarta cualquier interpretación tendenciosa de nuestro pasado histórico. La defensa del honor patrio, la evitación de manifestaciones de odio entre los pueblos, aquello que despierte sentimientos en los niños - torpes sentimientos -, será mirado con expresa atención.[178]

Der Hinweis auf den verbleibenden Freiraum des Dramatikers und die Forderung, den Zuschauer zum Denken anzuregen, können nach dieser Verbotsliste nur so verstanden werden, als dass derjenige Autor, der diesen Freiraum nutzen wollte, die bestehende Ordnung nicht in Frage stellen durfte und das Publikum dazu veranlassen sollte, diese Ordnung zu bejahen. Wenn die offizielle Zensurrechtfertigung versucht, den vermeintlichen Irrtum zu korrigieren, es sei nicht wahr, "que no se puedan exponer los problemas del tiempo en que vivimos"[179], so heisst das entsprechend, dass die Darstellung spanischer Gegenwartsprobleme nur bei gleichzeitigem Wohlverhalten gegenüber dem Regime möglich, eine wirklich kritische Auseinandersetzung folglich nicht realisierbar war.

Das franquistische Spanien betrachtete sich als "depósito y reducto inexpugnable de los valores de la civilización occidental, que se pintaba como si fuese atacada por el judaísmo, la masonería y el comunismo."[180] Folgerichtig fasste man die Zensur als "garantía de pervivencia" dieser als ewig und absolut empfundenen Werte und Prinzipien auf.[181] Das selbstgesetzte Ziel war, Individuum und Gesellschaft vor dem Abgleiten "al mal y a la aberración" zu bewahren.[182] Aber "mal y aberración",

---

[178] Ebd., S.466.

[179] Ebd., S.464.

[180] Alexandre Cirici, La estética del franquismo, Barcelona 1977, S.18.

[181] Georgina Cisquella u.a., Diez años de represión cultural. La censura de libros durante la Ley de Prensa (1966-76), Barcelona 1977, S.16.

[182] M.A. Medina, a.a.O., S.466.- Vgl. auch: A. García Pintado, El franquismo explica la censura, in: Pip 6 - Revista (2.Zykl.) (Jan./Febr.1978), S.47.

schreibt Angel García Pintado, "es todo aquello que ponga en peligro una situación de privilegio."[183] Die Zensur diente somit dazu, Weltanschauung und Ideologie der herrschenden Klasse durchzusetzen und Aufkommen wie Verbreitung oppositionellen Denkens frühzeitig zu verhindern. Hier wird schliesslich deutlich, dass die Zensur nicht in erster Linie Mittel zur Bewahrung traditioneller Werte war, sondern als Machtinstrument die bestehende Ordnung aufrechterhalten half. Als solches spiegelte sie nicht zuletzt die Angst der Herrschenden vor einem Verlust ihrer Privilegien wider.[184]

Die spanische Machtelite nutzte die Erkenntnis, dass Information Wissen vermittelt und Wissen Macht bedeutet, doppelt aus. Sie monopolisierte die authentische Information und gab der Bevölkerung eine bewusst manipulierte Information weiter, wodurch es gelang, die politische und kulturelle Entwicklung des Landes über die gesamte Periode des Franquismus zu bremsen.[185] Kinder und Jugendliche waren besonders stark von regimefreundlicher Indoktrination durch gezielt verfälschte Information betroffen. Man wollte sie von klein auf im Sinne des Systems erziehen, um eine spätere reibungslose Bevormundung zu gewährleisten. Vergleichsmöglichkeiten mit anderen Staatsformen wurden ihnen vorenthalten, um sie zu einer kritiklosen, systemkonformen Masse heranwachsen zu lassen. Sowohl Schul- als auch Kinder- und Jugendbücher wurden deshalb einer besonders strengen Zensur unterworfen[186]: "Los niños y adolescentes españoles [...] no pueden conocer el mundo tal como es. [...] la pretensión censora es apartar al niño o al joven de todo aquello que pueda parecer inteligente."

---

183 A. García Pintado, a.a.O.

184 Vgl. B.-S. Kulenkampff, a.a.O., S.51.- Auch: J.A. Hormigón, in: Encuesta sobre la censura - Otros 14 autores cuentan sus experiencias, in: PA 166 (März 1974), S.8.

185 Vgl. R. Tamames, La República. La era de Franco, Madrid [6]1977, S.569.

186 Vgl. G. Cisquella u.a., a.a.O., S.95ff. Zitat S.96 bzw. S.98.

Einer der ersten Akte der Bürgerkriegsregierung Francos war 1938 die Einrichtung einer Zensur für Schulbücher und alle kulturellen Aktivitäten, die - wie auch der Pressedienst - dem "Ministerio de Educación Nacional" unterstellt war[187] und erst nach der Gründung des "Ministerio de Información y Turismo" im Jahre 1951 von diesem übernommen wurde. Im April 1938 erging ein Pressegesetz, das die Gleichschaltung der spanischen Presse vornahm und sie zum Organ des "Movimiento" degradierte. Die Berichterstattung über Spanien durfte nur positiv sein, Informationen wurden von der staatlichen Nachrichtenagentur "Efe-Cifra" bereitgestellt, und das Ministerium legte bei wichtigen Themen Umfang und Art der Darstellung verpflichtend fest. Ausserdem waren die Medien gezwungen, Regierungstexte unverändert abzudrucken.[188] Wenige Tage später wurde die Vorzensur für Bücher, Schriften und jegliche Druckereierzeugnisse eingeführt, die nun vor ihrer Verbreitung eine behördliche Genehmigung brauchten.[189] Im Juli 1939 folgte die Zensur für Theaterstücke und Musikpartituren; seit April 1940 mussten Konferenzen und Vorträge, die ausserhalb der direkt staatlich kontrollierten Bereiche abgehalten werden sollten, von der "Dirección General de Propaganda" genehmigt werden.[190]

Auch nach Inkrafttreten des "Fuero de los Españoles" im Juli 1945, der ausdrücklich das Recht auf freie Meinungsäusserung zugestand, solange man nicht die grundlegenden Prinzipien des Staates angreife (Art. 12), blieben die Zensurgesetze weiterhin bestehen. Denn Artikel 33 des "Fuero" schränkte die zugestandenen Rechte wieder ein, "con cuyo ejercicio no puede atentarse contra la unidad de España."[191] Darüber zu wachen und zu entscheiden, wann

---

[187] R. Tamames, a.a.O., S.549.

[188] Ebd., S.564.

[189] Ebd., S.566.

[190] Ebd.

[191] Ebd., S.448f.

und wo die "principios fundamentales del Estado" oder die Einheit Spaniens angegriffen werden, blieb Aufgabe der Zensur und lag somit im Ermessen des Regimes. Meinungs- und Ausdrucksfreiheit existierten - wie auch schon vorher - nur für den Systembefürworter.

Die Liste der Zensurdekrete liesse sich beliebig verlängern.[192] Dabei war es bis in die sechziger Jahre schwierig einzuschätzen, wann man seiner Wohlverhaltenspflicht Genüge tat und wann nicht, denn erst 1963 traten "schriftlich ausgearbeitete Normen für die Zensur von Druckerzeugnissen und Filmen in Kraft"[193], die 1964 um zusätzliche Normen für die Theaterzensur[194] ergänzt wurden. Aber auch jetzt fehlten präzise Kriterien, um die Reaktion der Zensur vorausberechnen zu können: Die veröffentlichten Zensurnormen zeichneten sich durch eine "Ungenauigkeit" aus, "die jede Auslegung zulässt".[195]

Wichtigster Einschnitt in der franquistischen Zensurgesetzgebung war das Inkrafttreten der "Ley de Prensa e Imprenta" Manuel Fraga Iribarnes im Jahre 1966. Das Gesetz, das die Zensur der Presse und jeglicher Druckerzeugnisse neu regelte, wurde als Ablösung der Kriegsgesetzgebung von 1938, die 28 Jahre lang Gültigkeit besessen hatte, begrüsst.[196] Aber auch das neue Gesetz trug wenig dazu bei, wirkliche Meinungsfreiheit durchzusetzen. Zwar wurde die bis zu diesem Moment unumgängliche Vorzensur

---

192 Vgl. u.a. G. Cisquella u.a., a.a.O., S.13ff.- Auch: Román Gubern, Cine y comunicación de masas, in: La cultura bajo el franquismo, S.189f.

193 B.-S. Kulenkampff, a.a.O., S.55.- Veröffentlichung der "Normas de Censura Cinematográfica" ("Orden de Información y Turismo" vom 9.2.1963) im "B.O.E." vom 8.3.1963; Abdruck in: Román Gubern/Doménec Font, Un cine para el cadalso, Barcelona 1975, S.345-350.

194 "Orden" vom 6.2.1964; Abdruck in: M.A. Medina, a.a.O., S.470-476.

195 B.-S. Kulenkampff, a.a.O.

196 Vgl. Gonzalo Dueñas, La ley de prensa de Manuel Fraga, Paris 1969, S.7ff.

für die Presse abgeschafft und für alle anderen Publikationen in eine "consulta voluntaria" umgewandelt, gleichzeitig führte man aber den obligatorischen "depósito legal" der fertig gedruckten Exemplare ein, aufgrund dessen der Behörde vor der Auslieferung die Möglichkeit zur Nachzensur gegeben wurde.[197] Fanden sich hierbei Verstösse gegen die bestehenden Normen, konnten die gesamten Auflagen beschlagnahmt, bei schon erfolgter Auslieferung - z.B. von Tageszeitungen - die Verantwortlichen zur Rechenschaft gezogen und bestraft werden.

Deshalb zogen es viele Verleger vor, von der freiwilligen Vorzensur Gebrauch zu machen. Artikel 4 des Gesetzes sicherte zu[198]:

> La Administración podrá ser consultada sobre el contenido de toda clase de impresos por cualquier persona que pudiera resultar responsable de su difusión. La respuesta aprobatoria o el silencio de la Administración eximirán de responsabilidad ante la misma por la difusión del impreso sometido a consulta.

Im Rahmen der "consulta voluntaria" wurden zwar keine direkten Verbote ausgesprochen, aber es wurde gegebenenfalls von der Veröffentlichung abgeraten, weil gegen die Zensurbestimmungen verstossen würde.[199] Das kam einem Zensurverbot gleich, denn die Missachtung des Rates hätte Beschlagnahmung und Sanktionen zur Folge gehabt.

Aber auch die freiwillige Vorlage von Manuskripten war nicht problemlos. Sie konnte von den Zensoren als eigener Verdacht auf unerlaubte Thematik oder Darstellung ausgelegt werden und so zu einer strengeren Beurteilung als üblich führen[200], deren Resultat ein faktisches Zensurverbot sein konnte, das ohne "consulta voluntaria" vielleicht nie erfolgt wäre. Der Verleger musste abwägen

---

197 R. Tamames, a.a.O., S.566.

198 Zit. in: G. Cisquella u.a., a.a.O., S.43f.

199 Ebd., S.44.

200 Ebd., S.45.

zwischen dem Risiko der freiwilligen Vorzensur und dem Risiko der Beschlagnahme mit dem sich daraus ergebenden finanziellen Verlust. Seine Situation war durch die "Ley de Prensa e Imprenta" nicht einfacher, sondern prekärer geworden.[201]

Denn im neuen Druck- und Pressegesetz verliefen auch keine klaren Grenzen zwischen Erlaubtem und Verbotenem. Artikel 2 des Zensurgesetzes sah zwar die Möglichkeit politischer Kritik vor, schränkte diese aber so ein, "que nunca podía preverse a ciencia cierta si habría o no sanción oficial"[202]:

> Son limitaciones: el respeto a la verdad y a la moral; el acatamiento a la Ley de Principios del Movimiento Nacional y demás Leyes Fundamentales; las exigencias de la defensa nacional, de la seguridad del Estado y del mantenimiento del orden público interior y la paz exterior; el debido respeto a las Instituciones y a las personas en la crítica de la acción política y administrativa; la independencia de los tribunales y la salvaguardia de la intimidad y del honor personal y familiar.

Fraga Iribarne sah durch sein Pressegesetz wirkliche Freiheit gewährleistet, aber, führte er aus, "será una libertad para mantener limpia a España, no para mancharla, ni menos destruirla."[203] Die Auslegung dessen, was als Beschmutzung und Zerstörung anzusehen ist, hängt jedoch von der jeweils herrschenden Ideologie ab und bedeutete hier die Fortsetzung des Zustandes vor 1966: demjenigen, der sich für das franquistische Spanien aussprach, wurde Meinungsfreiheit gewährt, seinen Gegnern wurde sie weiterhin vorenthalten.

Mit Tamames muss man zu dem Schluss kommen, dass die "Ley de Prensa e Imprenta" von 1966 zwar im Gegensatz zum

---

[201] Vgl. G.E. Wellwarth, Spanish Underground Drama, S.3.

[202] R. Tamames, a.a.O., S.566.- Der folgende Art.2 der "Ley de Prensa e Imprenta" (1966) zit. b. G. Cisquella u.a., a.a.O., S.23.

[203] Ohne weit. Ang. zit. b. R. Tamames, a.a.O., S.566.

Pressegesetz von 1938 liberale Ansätze zeigte, diese aber durch eine strenge Auslegung weitgehend wieder zunichte gemacht wurden.[204] Einige formale Neuregelungen haben die franquistische Zensur nicht grundlegend verändern können.

Während für Druckerzeugnisse die obligatorische Vorzensur in eine Nachzensur umgewandelt wurde, blieben Vor- und Nachzensur für den Film bis zum 30. November 1977 und für das Theater bis zum 3. März 1978 verbindlich.[205] Die Vorzensur befand über die dramatischen Texte und Drehbücher, die Nachzensur musste die fertige Inszenierung bzw. den geschnittenen Film vor der Premiere abnehmen. Die Aufführungsgenehmigung wurde nur erteilt, wenn beide Überprüfungen positiv ausfielen.

"Los temas tabúes son algo consustancial a la existencia misma de la censura y a la falta del reconocimiento pleno de la libertad de expresión", schreiben Georgina Cisquella und ihre beiden Mitautoren.[206] Die von ihnen als "malditos" bezeichneten Themen[207], d.h. Themen, deren Behandlung nur in systemkonformer Weise möglich war und deren kritische Darstellung unweigerlich ein Zensurverbot zur Folge gehabt hätte, lassen sich in drei grossen Gruppen zusammenfassen:

1. die spanische Geschichte, insbesondere der Bürgerkrieg und die Zeit danach,
2. der ideologische Bereich: Marxismus, Anarchie, Religion usw.
3. Sitte und Moral: Sexualität, Jugend, Familie, Ehe, Scheidung, Abtreibung, Gegenkultur, Drogen ...

---

[204] R. Tamames, a.a.O., S.567.

[205] Abschaffung der Theaterzensur durch "Real Decreto" vom 27. Januar 1978, veröffentlicht im "B.O.E." Nr.53 vom 3. März 1978. Abschaffung der Kinozensur durch "Real Decreto" 3071/1977 vom 11. November 1977, veröffentlicht im "B.O.E." Nr. 287 vom 1. Dezember 1977.- B.-S. Kulenkampff spricht fälschlich vom Bestehen beider Zensuren bis Mai 1978 (a.a.O., S.55).

[206] G. Cisquella u.a., a.a.O., S.74.

[207] Ebd.

Besonders streng wurden Schriften und Texte in den unterdrückten Nationalsprachen Baskisch, Galicisch und Katalanisch beurteilt.

Für Patricia W. O'Connor stellt die Vorschrift Nr.17 der Zensurnormen für Kino und Theater Kernpunkt und Grundlage der Theaterzensur dar[208]:

> any public spectacle will be prohibited if it offends in any way: 1) the Roman Catholic Church, its dogma, or its ideals; 2) the fundamental principles of the State, its dignity, and the internal and external security of the country; 3) the person of the Chief of State. While these three rules correspond only to norm number seventeen in the regulations, they are the basic rules for theatrical censorship.

Rodríguez Méndez fasst die Grundregeln des Wohlverhaltens gegenüber der Zensur etwas weiter[209]:

> hay [...] unos principios que todo autor en España - salvo en muy determinadas coyunturas - ha tenido que respetar a rajatabla: 1. Reverencia al Ser Supremo; 2. Reverencia a la Constitución (o régimen político); 3. Amor a la Patria, al Soberano; 4. Respeto a la jerarquía, las leyes y a los depositarios de la autoridad; 5. Respeto a la fidelidad conyugal, al amor paterno y a la obediencia filial. Estos principios básicos serían tenidos en cuenta por todos los censores que en el país han sido.

In dieser Zusammenfassung, die Rodríguez Méndez allerdings nicht nur auf die Franco-Ära, sondern auf die letzten zweihundert Jahre spanischer Theatergeschichte bezieht, wird auf die Konjunkturabhängigkeit der Zensur hingewiesen. Auch im Franquismus hängt die Strenge der Zensoren von der allgemeinen politischen Lage ab.[210]

---

208 P.W. O'Connor, Government Censorship in the Contemporary Spanish Theatre, in: Educational Theatre Journal, Bd. XVIII, Nr.4 (Dez.1966), S.445.

209 J.M. Rodríguez Méndez, La incultura teatral, S.96f.

210 Vgl. hierzu P.W. O'Connor, a.a.O., S.444.- G. Cisquella u.a., a.a.O., S.64f.- B.-S. Kulenkampff, a.a.O., S.56.

Als dem Falangisten Gabriel Arias Salgado 1951 die Leitung des neugegründeten "Ministerio de Información y Turismo" übertragen wird, befindet sich Spanien in einer Situation relativen Gleichgewichts. Nach der Aufgabe der Isolationspolitik des Autarkismus wendet man sich wieder verstärkt dem Ausland zu: Aufnahme diplomatischer Beziehungen, Abkommen mit dem Vatikan (August 1953) und den Vereinigten Staaten (September 1953), Eintritt in die UNESCO (Januar 1953) und in die UNO (Dezember 1955). Die Öffnung zum Ausland und der Wunsch, dort akzeptiert zu werden, lassen eine Milderung der Unterdrückung innerhalb Spaniens ratsam erscheinen, und so setzt sich gegen den Informationsminister, der eher einen scharfen Zensurkurs beibehalten würde, der versöhnende und mässigende Einfluss des Christdemokraten Joaquín Ruiz Giménez (Erziehungsminister von Juli 1951 bis Februar 1956) durch: "En el plano cultural - cine, teatro, novela, etc. - se produjo una distensión que dio paso a nuevos valores y confirmó a otros de la fase anterior: Berlanga, Bardem, Buero Vallejo, Mihura, Cela, Aldecoa, Gironella, etc."[211] Aber Ruiz Giménez verliert seinen Einfluss, als er im Februar 1956 aufgrund von Studentenunruhen, die zur Verhängung des Ausnahmezustands führen, sein Amt zur Verfügung stellen muss.[212] Die Folge ist eine sofortige Verschärfung der Zensur durch Arias Salgado.

Das Inkrafttreten des "Plan de Estabilización" der Opus Dei-Minister Alberto Ullastres (Handel) und Mariano Navarro Rubio (Finanzen) im Jahre 1959 setzt nicht nur einen wirtschaftlichen Liberalisierungsprozess in Gang und stellt damit die Weichen für den Aufschwung der spanischen Ökonomie in den sechziger Jahren[213]; es bringt auch den wachsenden Widerstand der Arbeiter mit sich, die

---

211 R. Tamames, a.a.O., S.555.

212 Vgl. ebd., S.473f.

213 S. G. Cisquella u.a., a.a.O., S.19.

sich ihrer Bedeutung für das System immer stärker bewusst werden und ihren Lohnforderungen nach langjährigen Vertröstungen endlich massiven Nachdruck verleihen. Der Streik asturischer Bergleute von April/Mai 1962, die gegen die Unterdrückungsversuche durch Polizei und Militär mit passivem Widerstand Lohnerhöhungen durchsetzen[214], ist nur der Auftakt einer nicht mehr abreissenden Serie von Arbeitsniederlegungen, die seit dem 27. Mai 1965 zwar nicht mehr als "umstürzlerisches Vergehen" geahndet werden können, aber immer noch verboten sind.[215] Die Arbeiter erhalten dabei solidarische Unterstützung durch Studenten und Intellektuelle. Aufgrund des übermässigen Aufgebots der Staatsmacht werden die Streiks über die gewerkschaftlichen Forderungen hinaus zum Protest gegen die Unterdrückungspraxis des Franco-Regimes.[216]

Auch die politische Opposition sieht durch ihre Auslandskontakte die Möglichkeit, offen gegen die Diktatur zu protestieren. Im Juni 1962 fordern auf dem Kongress der Europäischen Bewegung in München 118 spanische Delegierte, die von Spanien beantragte Assoziierung mit der EWG von einer Demokratisierung des Systems abhängig zu machen. In einer Resolution verlangt man freie Wahlen, die Garantie der Grundrechte, die Anerkennung der Nationalitäten, ein freies Gewerkschaftssystem und die Anerkennung politischer Parteien sowie einer legalen Opposition.[217]

Aber nicht nur Arbeiterklasse und politische Opposition wehren sich gegen die Unterdrückung, auch der Mittelstand fühlt sich in den engen, von franquistischer Mentalität gezogenen Grenzen nicht mehr wohl:

---

[214] Vgl. Bernhard Schütze, Rekonstruktion der Freiheit, S.54ff.

[215] S. Otfried Dankelmann, Franco zwischen Hitler und den Westmächten, Berlin/DDR 1970, Zeittafel S.281ff.

[216] B. Schütze, a.a.O.

[217] Vgl. G. Dueñas, a.a.O., S.51.- Auch: R. Tamames, a.a.O., S.478f.

> La clase media se fortaleció, abrió los ojos a Europa, recibió la creciente influencia de los modos de vida traídos por millones de turistas, desbordó rápidamente los esquemas institucionales, entró en un ritmo y una concepción de la vida que cada día dejaba más atrás las pláticas oficiales de quienes [...] seguían viendo en Europa la fuente de todas las perversiones y en España la "reserva espiritual de Occidente".[218]

Aufgrund der Unzufriedenheit in weiten Teilen der Bevölkerung und des Interesses an einer engen wirtschaftlichen Zusammenarbeit mit der Europäischen Gemeinschaft scheint es angebracht, der wirtschaftlichen eine gesellschaftliche Liberalisierung folgen zu lassen. Arias Salgado wird im Juli 1962 von Manuel Fraga Iribarne, ebenfalls Falangist, abgelöst, der durch die öffentliche Festlegung der Zensurnormen klarere Verhältnisse schaffen und mit den liberalen Ansätzen seiner "Ley de Prensa e Imprenta" (1966) die bisher gültige Notstandsgesetzgebung der Nachkriegszeit den veränderten Bedingungen anpassen will.[219] Eine oberflächliche Liberalisierung, die "apertura", soll dem Regime - besonders gegenüber dem Ausland - als Legitimation für sein Fortbestehen dienen, ohne dass seine Machtgrundlagen im wesentlichen verändert würden. Dieselbe Absicht verfolgen neben Fragas Pressegesetz auch das Gesetz zur Religionsfreiheit von 1967 und vor allem Francos "Ley Orgánica del Estado", die als letzter grosser Versuch gilt, Spanien eine Art Verfassung zu geben, die das Weiterbestehen des Regimes auch nach dem Tod des Diktators garantieren soll.[220]

Als die "Ley Orgánica" im Dezember 1966 in einem Volksentscheid angenommen wird und 1967 in Kraft tritt, reagiert die Opposition zunächst mit Niedergeschlagenheit

---

[218] J. Monleón, Presente y futuro, S.250.

[219] Vgl. P.W. O'Connor, Torquemada in the Theatre: A Glance at Government Censorship, in: Theatre Survey, Bd. XIV, Nr.2 (1973), S.34.

[220] Vgl. R. Tamames, a.a.O., S.609. Zur "Ley Orgánica" s. insbes. S.454ff.

und Enttäuschung, die sie aber bald überwindet, um die Bevölkerung zunehmend politisch zu aktivieren.[221] Schütze beschreibt 1967 als ein Jahr anhaltender Unruhen, die zu den "mächtigsten Protestversammlungen gegen das Regime seit dem Bürgerkrieg" führen: Arbeiter- und Studentenproteste wechseln einander ab und enden in Strassenschlachten mit der Polizei; es kommt zu Universitätsschliessungen und Verhaftungen, und auch gegen Geistliche, die sich mit den Demonstranten solidarisiert haben, werden Gerichtsverfahren eröffnet; selbst die katholische Kirche Spaniens fordert in einem Acht-Punkte-Programm eine authentische Demokratie.[222]

Aber das Regime befindet sich nicht nur in innenpolitischen Schwierigkeiten, auch innerhalb des franquistischen Machtblocks kommt es zu Auseinandersetzungen. Angesichts des stetig wachsenden Einflusses von Mitgliedern und Sympathisanten des Opus Dei im Kabinett wollen sich vor allem die Falangisten wie Fraga Iribarne und José Solís Ruiz, "Secretario General del Movimiento" (1957-1969), nicht mit dem daraus folgenden Machtverlust der Bewegung abfinden und versuchen, die Opus-Anhänger aus ihren Machtpositionen zu verdrängen.[223]

Als jedoch Anfang 1969 aufgrund studentischer Kundgebungen gegen das Regime erneut der Ausnahmezustand verhängt werden muss[224] und sich zeigt, dass die Politik einer vorsichtigen "apertura" nicht zu der erwarteten Beruhigung der Bevölkerung geführt hat, geht der Franquismus mit einer neuen Regierung, in der jetzt das Opus Dei dominiert, wieder zu einer schärferen Unterdrückung seiner Gegner über.[225] Das hat auch die Verschärfung der

---

[221] B. Schütze, a.a.O., S.80f.

[222] Ebd., S.122ff.

[223] Vgl. R. Tamames, a.a.O., S.369 u. S.488ff.

[224] Ebd., S.488.- Auch: O. Dankelmann, a.a.O.

[225] Zu Politik und Zielsetzung des Opus Dei s. insbes.: Jesús Ynfante, La prodigiosa aventura del Opus Dei.

Zensurpraxis unter Fragas Nachfolger, dem Technokraten Alfredo Sánchez Bella, zur Folge, der von Oktober 1969 bis Juni 1973 das Amt des Informationsministers bekleidet:

> Alfredo Sánchez Bella, como ministro de Información y Turismo, reverdeció los tiempos más restrictivos de Arias Salgado, con sus estrechos criterios de censura en toda clase de manifestaciones de prensa, radio, televisión, cine y teatro.[226]

Besonders die Protestwelle aufgrund der Burgos-Urteile gegen ETA-Mitglieder im Dezember 1970 ruft weitere Härte in der Unterdrückungspraxis hervor.[227] Als spektakulärster Fall der Pressezensur gilt die endgültige Schliessung der Tageszeitung "Madrid" im Jahre 1971, die paradoxerweise unter der Leitung von Opus Dei-Mitgliedern eine kritische Haltung gegenüber der Regierungspolitik vertritt.[228]

Mit der Übergabe des bisher von Franco selbst wahrgenommenen Amtes des Regierungspräsidenten an Luis Carrero Blanco im Juni 1973 zieht auch ein neuer Minister in das Informationsministerium ein. Aber Fernando de Liñán y Zofio kommt in seiner kaum sechsmonatigen Amtszeit nicht dazu, ein eigenes Programm vorzulegen. Carrero Blanco fällt am 20. Dezember einem Attentat zum Opfer, und am 31. Dezember 1973 ernennt Franco den früheren Direktor der Sicherheitskräfte, Bürgermeister von Madrid und Innenminister Carlos Arias Navarro zum Regierungspräsidenten, der das Kabinett völlig umbildet und das Opus Dei praktisch von den Machtpositionen ausschliesst.[229]

Génesis y desarrollo de la Santa Mafia, Paris 1970.- Daniel Artigues, El Opus Dei en España, Paris ²1971.- Yvon Le Vaillant, Sainte Mafia, le dossier de l'Opus Dei, Paris 1971.- Jean Saunier, L'Opus Dei, Paris 1973.

226 R. Tamames, a.a.O., S.495.- S. auch: P.W. O'Connor, Torquemada, S.34.

227 Vgl. G. Cisquella u.a., a.a.O., S.68f.

228 R. Tamames, a.a.O., S.568 und S.369.

229 Ebd., S.499f.

Der neue Informationsminister Pío Cabanillas nimmt in Übereinstimmung mit den aperturistischen Ansprüchen Arias Navarros eine Entschärfung der Zensur vor. Während Sánchez Bella das Pressegesetz von 1966 so hart wie möglich angewandt hatte, sucht Cabanillas nach liberaleren Auslegungen.[230] Aber der vorsichtige "aperturismo" der Regierung[231] stösst auf den Widerstand einer Gruppe ultrarechter Extremisten um den früheren Minister José Antonio Girón, die das System Francos unter allen Umständen unverändert aufrechterhalten wollen. Auf den Druck des sogenannten "bunker" modifiziert Arias seine aperturistischen Absichten.[232] Cabanillas, der seine Liberalisierungspolitik trotz allem weiterführt, muss am 29. Oktober 1974 zurücktreten. Sein Nachfolger, der Integrist León Herrera, verspricht zwar bei seinem Amtsantritt, die Zensur nicht wieder zu verschärfen, geht aber angesichts der Ereignisse von 1975 doch zu einer härteren Anwendung vor allem der Pressezensur über.[233]

Allgemein werden die Reaktionen und Massnahmen des Regimes 1975 härter. Das Ableben Francos ist für die nahe Zukunft vorauszusehen, und man fürchtet bezüglich der Kontinuität des Franquismus am meisten das Heranreifen einer politischen Alternative von seiten der demokratischen Opposition.[234] Denn bereits im Sommer 1974 wird von der Kommunistischen Partei Spaniens und der Sozialistischen Volkspartei die "Junta Democrática de España" gegründet, im Sommer 1975 folgt die "Plataforma de Convergencia Democrática", der neben anderen Parteien und Gruppierungen der "Partido Socialista Obrero Español", die "Union General de Trabajadores" und die Christdemokraten unter Ruiz

---

[230] G. Cisquella u.a., a.a.O., S.107.

[231] Zu Arias Politik des "aperturismo" vgl. José Oneto, Arias entre dos crisis 1973-1975, Barcelona 1975.

[232] Vgl. R. Tamames, a.a.O., S.581.

[233] G. Cisquella u.a., a.a.O., S.31.

[234] R. Tamames, a.a.O., S.600.

Giménez angehören.[235] Sogar im Staatsapparat bilden sich demokratische Vereinigungen, deren Existenz überwiegend 1975 bekannt wird[236]: Gerichtsbeamte gründen die in enger Verbindung mit der "Junta Democrática" stehende "Justicia Democrática", es existiert eine "Unión de Funcionarios Demócratas", und fortschrittliche Offiziere schliessen sich in der "Unión de Militares Demócratas" zusammen.

Attentate von ETA und FRAP ("Frente Revolucionario Antifascista Patriótico") werden im Sommer 1975 zum Anlass für Beschlagnahmungen von Zeitungsauflagen, die zeitweilige Schliessung von Redaktionen und für Verbote kultureller Veranstaltungen.[237] Das am 27. August per Dekret verordnete Anti-Terrorismus-Gesetz bedeutet in der Praxis einen andauernden Ausnahmezustand.[238] Im September setzt sich das Regime, um Stärke zu beweisen, über massive inner- und ausserspanische Proteste hinweg und vollstreckt die Todesstrafe an drei FRAP- und zwei ETA-Aktivisten.[239] Am 20. November stirbt Franco.

Wie empfindlich die Zensur in solchen Krisenzeiten reagiert, lässt sich am Beispiel eines Stückes erkennen, das in Zusammenarbeit von Luis Matilla und der Theatergruppe "Ditirambo" entsteht und im Sommer 1975 der Zensurbehörde vorgelegt wird. "La maravillosa historia de Alicia y los intrépidos y muy esforzados Caballeros de la Tabla Redonda"[240], eine Geschichte um den Tod und die Nachfolge des Königs Artus, enthält zweifellos zahlreiche Anspielungen auf die spanische Gegenwart, zumal das Nachfolgeproblem auch in Spanien bevorsteht und eine Parallele zwischen König Artus und Franco gezogen werden könnte. Aber nicht

---

235 Ebd., S.600ff.

236 Ebd., S.605.

237 Ebd., S.599.

238 Ebd., S.589.

239 Ebd.

240 L. Matilla y el Grupo Ditirambo, La maravillosa historia, Madrid 1978.

nur offensichtliche Anspielungen, auch Aussagen und Ausdrücke, die nur mit grosser Phantasie in einen Zusammenhang mit der spanischen Realität gebracht werden können, fallen dem Rotstift der Zensoren zum Opfer. Das Verbot der folgenden Passage aus einer Unterhaltung der Ritter der Tafelrunde erscheint unter Berücksichtigung der Zensurnormen und der allgemeinen Situation noch verständlich[241]:

> TP.- Tras la partida de nuestro señor, y aunque de momento sólo fuesen las reglas de los torneos, deberíamos introducir algún cambio.
> F.- Aquí no cambia nada.
> PER.- Siempre que el orden quedara garantizado.
> G.- Con la debida precaución y respeto ...
> F.- ¡Es la crisis!
> TP.- ¿Otra?

Über die Möglichkeit von Veränderungen darf nicht gesprochen, das Wort 'Krise' nicht erwähnt werden zu einer Zeit, in der sich der Franquismus in einer tiefen Krise befindet. Aber andere Beanstandungen der Zensoren sind schwer zu erklären. So wird die Beschimpfung eines Ritters als "viejo maniático" moniert - Luis Matilla merkt an: "Por lo visto en aquel entonces sólo se podía pensar en un único viejo maniático." An anderer Stelle darf nicht ausgesprochen werden: "Seréis castigado por intentar detener nuestra marcha hacia el porvenir." Und auch als auf Alicias Frage, "¿Suelen dar a todo el mundo tantas posibilidades entre las que elegir?", geantwortet wird: "Naturalmente, aquí todos gozan de los mismos derechos", erscheint das verdächtig. Der blosse Verdacht einer möglichen Doppeldeutigkeit reicht aus, einzelne Textpassagen und ganze Stücke zu verbieten. In Krisenzeiten ist dem Theater nur eine apolitische Haltung oder das Lob des Regimes gestattet.

Der periodische Wechsel zwischen Zensurverschärfung und Liberalisierung entspricht den Phasen der Franco-Dik-

---

241 Alle Zitate und weitere Beispiele ebd., S.19ff.

tatur, die zwischen politischer Öffnung und Rückfall in die radikale Unterdrückung der Bevölkerung hin und her schwankte. Zwischen Repression und Liberalisierung versuchte der Franquismus einen Weg zu finden, der seine Machtpositionen garantieren, aber gleichzeitig den Misskredit des Regimes im demokratischen Ausland mindern sollte. Es zeigte sich jedoch, dass schon eine minimale Öffnung die Grenzen des Systems sprengte, ein Minimum an Demokratisierung innerhalb dieser Grenzen nicht möglich war.[242]

Während 1966 für andere Kommunikationsmedien die Vorzensur abgeschafft wurde, musste sich das Theater weiterhin einer Vor- und einer Nachzensur unterziehen. Überhaupt war der Zensurdruck auf das Theater stärker als auf andere Medien - lediglich im Fernsehen machte sich ein noch grösserer und vor allem direkterer Staatseinfluss bemerkbar -, denn "the theater is the most immediate of the arts", wie Wellwarth ausführt.[243] López Mozo vermutet[244]: "Los responsables de los organismos censores ven en el teatro, espectáculo público, una tribuna ideal para provocar alteraciones del orden." Zwar lehrte alle Erfahrung, dass Theater und Kunst überhaupt kaum in der Lage sind, spontane Publikumsreaktionen in Gang zu setzen, aber der Franquismus fürchtete schon das blosse Einleiten von gegen ihn gerichteten Denkprozessen, wozu das Theater aufgrund der Unmittelbarkeit seines Publikumskontaktes zweifellos hätte beitragen können.

Damit es trotz der unmittelbaren Publikumsnähe nicht zu einem direkten Kontakt zwischen Schauspielern und Publikum kam, verbot der Gesetzgeber dem Schauspieler die improvisierte Einbeziehung des Publikums in seine Darstel-

---

[242] Zur Zensur im Franquismus s. auch: Manuel L. Abellán, Censura y creación literaria en España (1939-1976), Madrid 1980.

[243] G.E. Wellwarth, Spanish Underground Drama, S.2.

[244] J. López Mozo, Postdictadura y teatro, in: PA 177 (Febr.1975), S.5.

lung. So wurde verhindert, dass konkrete Probleme eines konkreten Publikums spontan auf der Bühne oder von der Bühne herunter diskutiert werden konnten. Art. 27, Abs. 6 des "Reglamento de Policía de Espectáculos públicos"[245] machte "cualquier comunicación que la Empresa o los actores pretendan hacer de viva voz o de cualquier otro modo a los espectadores" von einer behördlichen Genehmigung abhängig.[246]

Ausserdem hatte die Zensur erkannt, dass Theater viel mehr als nur literarischer Text ist, die Überprüfung des Textes nur einen unvollständigen Eindruck verschaffte. Bereits die Zensurnormen für Revuen, Operetten und Musicals vom 12. Januar 1944 schrieben neben dem Einreichen der Libretti als zwingend vor "la presentación por duplicado de los figurines, en tamaño no inferior a dieciocho por veintidos centímetros, y precisamente en los colores de las telas en que hayan de confeccionarse."[247] Auch die Einführung der Nachzensur entsprang dieser Erkenntnis. Während die Vorzensur reine Textzensur war, fand die Nachzensur, ohne die keine Aufführungsgenehmigung erteilt wurde, bei der Generalprobe statt. Zwei Beamte begutachteten die Aufführung: einer von beiden verglich den auf der Bühne gesprochenen mit dem genehmigten Text, der andere beurteilte Kostüme, Bühnenbild und szenische Realisation, "consciente que las acotaciones del autor no son las mismas que el director inventa sobre los ensayos."[248] Miralles zitiert als häufige Gründe für Beanstandungen das Verwenden der spanischen Farben in den Kostümen, die Identifizierung zum Schlag erhobener Fäuste mit dem kommunistischen und die eines nach vorn ausgestreckten

---

[245] Abdruck in: M. Pérez Coterillo (Hg.), El espectáculo de la huelga, S.399-425.

[246] Ebd., S.404f.- Vgl. auch: Primer Acto, Con Tábano, una reflexión en voz alta, in: PA 172 (Sept.1974), S.48.

[247] Zit. bei J. Monleón, Treinta años de teatro, S.38.

[248] A. Miralles, Nuevo Teatro Español, S.123.

Arms, "para ver si llueve", mit dem faschistischen Gruss.[249] Abweichungen von der autorisierten Fassung bei der späteren Aufführungspraxis führten in aller Regel zur Widerrufung der Genehmigung oder, wenn diese nur für eine Vorstellung gegolten hatte, zu empfindlichen Geldstrafen, die das Ende für die betroffenen Theatergruppen bedeuten konnten.[250]

Den ersten Schritt zur Einleitung eines Zensurverfahrens nahm nicht der Autor vor, sein Stück musste vom Leiter eines Ensembles - oder wenn es sich um eine Veröffentlichung handelte, von dem Verleger - bei der Zensurbehörde eingereicht werden. Dort wurde ein dreiköpfiges Lektürekomitee mit der Beurteilung des Manuskripts beauftragt. Bereits die erste Lesung konnte zu Autorisierung oder Verbot führen, wenn die Zensoren einen einstimmigen Beschluss fassten. Im Falle eines Verbots hatte der Autor die Möglichkeit zu protestieren; ob allerdings sein Protest zugelassen wurde, entschied die Zensurbehörde. Ergab sich in erster Lesung keine Einigkeit der drei Zensoren, oder liess man den Protest des Autors gegen ein Verbot zu, musste der Text dem Zensorenplenum oder einem zweiten Lektürekomitee vorgelegt werden. Während ein Mehrheitsbeschluss des Plenums endgültig über Verbot oder Genehmigung entschied, konnte gegen einen negativen Bescheid aufgrund einer zweiten Lesung durch ein Lektürekomitee erneut Widerspruch eingelegt werden, der, sofern er zugelassen wurde, die definitive Entscheidung durch das Plenum erforderlich machte. Aufgrund der sehr unbestimmt formulierten Zensurnormen und der unterschiedlichen Auslegungskriterien der einzelnen Zensoren, kam es nicht selten vor, dass dem Protest des Autors durch das Zensurplenum stattgegeben und die Aufführung autorisiert wurde

---

[249] Ebd.

[250] Ebd., S.124.

oder dass das Stück mit der Auflage nur geringer Textänderungen die Zensurgenehmigung erhielt.[251]

Sprach sich jedoch auch das Plenum für ein Verbot aus, gab es keine Einspruchsmöglichkeiten mehr. Denn Art. 40, Abs. b) des Gesetzes vom 27. Dezember 1956 zur Regelung der "Jurisdicción Contencioso Administrativa" schloss das Prozessieren gegen Zensurverbote aus: "no se admitirá recurso contencioso administrativo respecto de... los actos dictados en ejercicio de las funciones de policía sobre prensa, radio, cinematografía y teatro."[252] Die Zensur unterlag somit nicht der Rechtsprechung, sondern hing allein von der Regierung ab.

Zwischen Verbot und uneingeschränkter Autorisierung hatte die Zensur jedoch die Möglichkeit, verschiedene Abstufungen vorzunehmen. Sie konnte die Genehmigung nicht nur von Textänderungen oder der Streichung einzelner Passagen abhängig machen, sondern ein Stück auch ausschliesslich zur "representación única" zulassen. Die erteilte Genehmigung galt nur für eine Vorstellung und musste für jede weitere Aufführung neu beantragt werden. Dadurch wurde das betroffene Stück für das kommerzielle Theater uninteressant und seine Wirkung auf ein breites Publikum unter Kontrolle gehalten oder verhindert.[253] Luis Matilla beurteilt die Praxis der Einzelgenehmigungen

---

[251] Vgl. Vicente Romero, Entrevista con Mario Antolín, Subdirector General de Teatro, sobre la Censura, in: PA 137 (Okt.1971), S.IV.- Zur Zusammensetzung des Zensurgremiums s.: G. Cisquella u.a., a.a.O., S.33f. Auch: Luis Matilla, in: Otros 14 autores cuentan sus experiencias, in: PA 166 (März 1974), S.11.- Zu der Beurteilungswillkür vgl. V. Romero, Las dudas de los censores, in: PA 121 (Juni 1970), S.VII. Auch: G. Cisquella u.a., a.a.O., S.37ff.- Zur Beanstandungspraxis der Zensur s. auch: P.W. O'Connor, Censorship in the Contemporary Spanish Theater and Antonio Buero Vallejo, in: Hispania, Bd.LII, Nr.2 (1969), S.282-287.

[252] Zit. von Carlos Muñiz, in: Otros 14 autores cuentan sus experiencias, a.a.O., S.5.- Vgl. auch: L. García Lorenzo, in: Teatro español actual, S.18.

[253] Vgl. F. Ruiz Ramón, Historia del Teatro, S.444.

und die mit ihnen verfolge Absicht wenig positiv[254]: "No se están permitiendo obras; algunas se dejan que pasen y así la Administración justifica que esa obra se ha permitido, pero las sucesivas representaciones ya se hacen imposibles."

Während ein Verbot durch das Zensurplenum als endgültig angesehen werden musste, konnte man gleiches von einer Autorisierung nicht behaupten. Zensurgenehmigungen konnten jederzeit widerrufen und genehmigte Aufführungen mit Geldstrafen und Theaterschliessungen geahndet werden. Eine Kommission unabhängiger Theatergruppen verweist auf Extremfälle, in denen auf eine Autorisierung durch das "Ministerio de Información y Turismo" ein striktes Verbot von seiten des Innenministeriums erfolgte.[255] Sogar Zivil-Gouverneure und Bürgermeister konnten innerhalb der ihrer Verantwortung unterstellten Bezirke ungeachtet vorausgegangener Zensurgenehmigungen die Aufführung jeglicher Theaterstücke und jegliche kulturelle Veranstaltung verbieten. Oft wurden von den Zensurbeamten auch nur mündliche Zusagen erteilt, die später leichter widerrufen werden konnten als schriftliche Mitteilungen.[256]

Die Entscheidung über Autorisierung oder Verbot eines Theaterstücks musste offiziell innerhalb von zwei Wochen nach Einreichung des Manuskripts fallen. Aber in der Praxis dauerte es oft Monate oder sogar Jahre. Wenn nämlich ein Zensor dem Autor konkrete Vorschläge zur Änderung des eingereichten Manuskripts machte, der Autor aber versuchte, seine Formulierungen zu verteidigen, konnte es zu langwierigen Verhandlungen zwischen Autor

---

[254] Angel García Pintado, Matilla - López Mozo; saltando en las hogueras (entrevista), in: PA 165 (Febr.1974), S.17f.- Auch: L. Matilla, in: M.A. Medina, El teatro español en el banquillo, S.93.

[255] Comisión provisional delegada para la constitución de la Federación de Grupos de Teatro Independiente, a.a.O., S.9.

[256] Vgl. Angel Facio und Moisés Pérez Coterillo, in: Teatro español actual, S.206 u. S.251.

und Zensurbeamten kommen.[257] Wurde keine Einigung erzielt, verschwand das Manuskript nicht selten in irgendeinem Schreibtisch, mit dem Resultat des sogenannten "silencio administrativo", das zwar kein Verbot, aber auch keine Aufführungsgenehmigung bedeutete.[258] "El 'silencio administrativo'," schreibt A. Miralles, "unía a la prohibición, el desprecio. Se mandaba una obra y nunca más volvías a saber de ella."[259]

Ausserdem hatten die spanischen Autoren Grund zur Klage, dass bei der Zensur mit zweierlei Mass gemessen wurde. A. Sastre schrieb 1969 in bezug auf die Zensurpraxis nach Inkrafttreten des Pressegesetzes von 1966: "hoy se da una mayor rigidez en la censura para los autores españoles y una cierta apertura para el teatro extranjero."[260] Tatsächlich riefen kritische Stücke ausländischer Autoren weitaus seltener Konflikte mit der Zensur hervor als die spanischer Dramatiker. Stücke von Brecht, Weiss, Beckett und anderen wurden in den grossen Theatern erfolgreich aufgeführt, während den zeitgenössischen spanischen Theaterschriftstellern wie Sastre, den Autoren der "Generación Realista" und denen des "Nuevo Teatro" die kommerziellen Bühnen verschlossen blieben. Zweifellos gingen die Zensoren davon aus, dass ausländische Stücke, wenn sie auch kritische Inhalte vermittelten, nicht einen unmittelbaren Bezug zur spanischen Realität beinhalteten, den die meisten spanischen Stücke kritischer Dramatiker kaum leugnen konnten. Auch López Mozo stellte anlässlich

---

[257] B.-S. Kulenkampff, a.a.O., S.63.

[258] P.W. O'Connor, Government Censorship in the Contemporary Spanish Theatre, S.447.

[259] Alberto Miralles, Las cosas no están cambiando, in: Pip 7 - Revista (2.Zykl.) (Juni 1978), S.57.

[260] A. Sastre, La revolución y la crítica de la cultura, Barcelona [2]1971, S.129.

des "I Festival Internacional de Teatro de Madrid" (14. Oktober - 9. November 1970) gegenüber ausländischen Autoren und Theatergruppen grössere Zensurtoleranz fest als gegenüber den einheimischen Teilnehmern.[261]

Ohnehin erfreuten sich Festivals einer wohlwollenden Behandlung durch die Zensur, besonders wenn es sich um internationale Veranstaltungen handelte; denn hier ging die Wirkung kaum über ein Insider-Publikum hinaus, und eine hier risikofreie Toleranz erweckte den vor allem im Hinblick auf das Ausland wichtigen Eindruck, es herrsche weitgehende Meinungsfreiheit. Anders war die Reaktion, wenn es um den normalen Aufführungsbetrieb ging. Hier wägte die Zensur sehr wohl ab, welches Publikum mit einem kritischen Stück konfrontiert werden durfte und welches nicht. So kam es vor, dass einem kommerziellen Ensemble die Genehmigung für ein Stück erteilt wurde, dessen Aufführung zuvor einer unabhängigen Theatergruppe verboten worden war.[262] Der Passivität des traditionellen Theaterpublikums war man sich sicher, während man die Reaktion eines potentiellen T.I.-Publikums nicht einschätzen zu können glaubte, zumal man sich bei der Inszenierung im kommerziellen Theater auf ein gewisses Wohlverhalten gegenüber dem Bestehenden verlassen konnte, mit dem im "Teatro Independiente" kaum zu rechnen war.

Was das Verfahren der Einzelgenehmigungen und die erhöhte Toleranz gegenüber ausländischen Dramatikern anbelangt, erscheint die Zensurpraxis als konsequente Ergänzung des politischen Versuchs der "apertura", dem Franquismus im Ausland und gegenüber der demokratischen Opposition im Inland ein liberaleres Aussehen zu verlei-

---

[261] J. López Mozo, I Festival Internacional de Teatro de Madrid, in: Yor 44 (Dez.1970), S.13.- S. auch: Miguel Romero Esteo, in: Otros 14 autores cuentan sus experiencias, a.a.O., S.6.

[262] Comisión provisional delegada, Informe, a.a.O., S.9.

hen, ohne die bestehenden Verhältnisse zu gefährden. So bedeutet denn auch der Begriff der "apertura" in der Theaterzensur für J. Monleón[263]

> la adopción de una "tolerancia" que, por asentada en el paternalismo de la Administración Pública antes que en las normas de un Estado de derecho, tenía la "ventaja" de poderse adaptar a las circunstancias, de ensancharse o estrecharse sin poner en cuestión los principios del Régimen.

2.3.1.2. Die indirekte Zensur

Neben der offiziellen staatlichen Zensur durch das "Ministerio de Información y Turismo" existieren verschiedene Mechanismen, die man unter dem Begriff der indirekten Zensur zusammenfassen kann. Sie alle haben die Gemeinsamkeit, dass sie äusserlich nicht dem Bereich der Zensurbehörde zuzurechnen sind, auf diese aber einen nicht zu unterschätzenden Einfluss ausüben können oder Ziele verfolgen, die denen der staatlichen Zensur entsprechen.

Wesentliche Bedeutung kam in diesem Zusammenhang dem traditionellen Theaterpublikum im franquistischen Spanien zu, das ein kritisches Theater ablehnte und dessen Missfallensäusserungen nicht selten dazu führten, dass bereits erteilte Aufführungsgenehmigungen widerrufen wurden. Eine Anzeige von seiten irgendeines Ministeriums oder anderen staatlichen Organismus' oder von seiten einer beliebigen Privatperson rief sofort wieder die Zensur auf den Plan und konnte die unmittelbare Absetzung eines Stückes zur Folge haben.[264] Wie Pressionen rechter Gruppierungen auch ohne Anzeige Zensurverbote provozieren konnten, belegt das Beispiel der Polit-Revue "Castañuela 70", die

---

[263] J. Monleón, Presente y futuro, S.251.

[264] Vgl. Angel Facio, in: Teatro español actual, S.206, und - bezogen auf die Bücherzensur - G. Cisquella u.a., a.a.O., S.101ff.

nach fast 80 erfolgreichen Aufführungen im kommerziellen Theater aufgrund eines Zwischenfalls abgesetzt werden musste, dessen Urheber man unter den berüchtigten rechtsradikalen "Guerrilleros de Cristo Rey" vermutete.[265]

Nach Ansicht J. Monleóns war die scharfe Anwendung der Zensurgesetze nicht zuletzt auf ein reaktionäres Theaterpublikum zurückzuführen, das nicht selten eine zu grosse Toleranz der Zensurbehörde beklagte[266]:

> al menor desliz, los despachos del Ministerio de Información y Turismo podían llenarse de obispos, generales, excombatientes y presidentes de las Asociaciones de Padres de Familia proclamando "que para eso no se había hecho la guerra".

Die spanische katholische Kirche, die ohnehin schon in den Zensurgremien vertreten war[267] und seit den Zeiten der Inquisition auf eine beachtliche Zensurtradition zurückblicken konnte, war aufgrund ihres langjährigen Erziehungsmonopols in den Schulen für die gehobeneren Gesellschaftsschichten besonders einflussreich und tat ein übriges, um die spanische Bevölkerung gegen allzu grosse Freiheit und Toleranz zu konditionieren. Nachdem Theaterstücke die staatliche Zensurgenehmigung erhalten hatten, wurden sie einer kirchlichen Zensur unterzogen, die nach fünf Wertungsklassen einteilte:

"1" - geeignet für jedes Publikum ohne Alterseinschränkung,
"2" - geeignet für Jugendliche und Erwachsene,
"3" - nur für Erwachsene

---

265 S. Equipo Pipirijaina (Hg.), Tábano, S.10. Während einer der letzten Vorstellungen wurden unter linksorientierten und rechtsradikalen Parolen offensichtlich fingierte Flugblätter einer unbekannten linken Gruppierung in den Zuschauerraum geschleudert, auf denen zur Revolution aufgefordert wurde. Unmittelbar danach kam es zu Schlägereien im Publikum. Am nächsten Tag wurde das Stück von der Zensur verboten.

266 J. Monleón, a.a.O., S.249.- Vgl. auch: Lorenzo López Sancho u. Jorge Díaz, in: Encuesta sobre la censura - 25 autores cuentan sus experiencias, in: PA 165 (Febr. 1974), S.7 u. S.8.

267 Vgl. A. Cirici, a.a.O., S.187.

"3-R" - nur für Erwachsene unter Vorbehalt und
"4" - sehr gefährlich.
Mit "3-R" und "4" bewertete Stücke sollten von gläubigen Katholiken nicht besucht werden.[268]

Auch die Theaterkritik in der Presse erfüllt eine Funktion, die in der Regel darüber entscheidet, welches Stück zum Publikumserfolg wird und welches nicht. Nach J. Duvignaud[269] ist sie "la única fuerza que realmente puede hacer de un objeto de arte un objeto comercial"; in autoritären Gesellschaften sei sie es, die den offiziellen Geschmack durchsetzt. Tatsächlich richtet sich das Publikum bei seinen Theaterbesuchen weitgehend nach den Pressekritiken, der Publikumserfolg stellt sich als manipulierbar dar.[270] Handelt es sich, wie in Spanien, grösstenteils um eine pro-franquistisch eingestellte Kritik, wundert es nicht, wenn das offizielle Theater immer weiter in Belanglosigkeit erstarrt, denn Neuerungen sind nicht erwünscht. Die systemstützende Funktion der offiziellen spanischen Theaterkritik klingt in Monleóns Einschätzung an[271]:

> teniendo un teatro desfasado, temática y estéticamente desligado de los procesos generales del teatro europeo, la crítica y la opinión conservadoras [...] se han negado a reconocerlo, para evitar, sin duda, la automática condena a que se hacía acreedora su función tutelar.

Die dominierende Struktur des kommerziellen Theaters beinhaltet ebenso eine ganze Reihe indirekter, zensurähnlicher Faktoren. Die Angst des kommerziellen Unternehmers vor finanziellem Risiko lässt ihn altbewährte Theaterformen vorziehen und führt in der Praxis zur Eliminierung

---

[268] P.W. O'Connor, Government Censorship, S.443f.- Auch: B.-S. Kulenkampff, a.a.O., S.54.

[269] J. Duvignaud, Sociología del teatro, S.45.

[270] Vgl. L. García Lorenzo, in: Teatro español actual, S.22.

[271] J. Monleón, Treinta años de teatro, S.131.

"de aquellos elementos cuyo rendimiento comercial es aún desconocido: desde el autor novel hasta la fórmula escénica innovadora".[272] Die hohen Eintrittspreise und die Lage der Theater in den Stadtzentren - und nicht etwa in Vororten - begünstigen die Bourgeoisie und verhindern weitgehend den Theaterbesuch eines Massenpublikums. Auch die Anfangszeiten der Vorstellungen - jeweils gegen 19^{00}h und 22^{00}h - verbieten es dem grössten Teil der spanischen Bevölkerung, ins Theater zu gehen, denn der Beginn der ersten Vorstellung liegt für die meisten noch innerhalb der regulären Arbeitszeit, und die zweite hört zu spät auf für denjenigen, der am nächsten Morgen früh zur Arbeit muss, ganz zu schweigen von dem nächtlichen Transportproblem - die Madrider "Metro" stellt ihren Betrieb gegen 1^{00}h morgens ein.[273]

Fasst man Kontrolle als Vorstufe der Zensur auf, so ist schliesslich auch der auf Madrid bezogene Kulturzentralismus als eine Form der Zensur zu verstehen. Theater wurde zunächst in Madrid gemacht und kam dann durch die "Festivales de España" oder andere Gastspiel-Tourneen auch in die Provinz. Die unmittelbare Folge davon war, dass die Kulturschaffenden aus der Provinz nach Madrid abwanderten. Für die Zensurorgane hatte dies den Nebeneffekt, dass es sehr viel leichter fiel, ein in Madrid konzentriertes Kulturgeschehen zu kontrollieren und in die gewünschten Bahnen zu lenken als ein sich über sämtliche Provinzen erstreckendes.[274] Dementsprechend arbeitete die Theaterzensur seit 1965 zentral von Madrid aus, wo jetzt alle Theaterstücke begutachtet werden mussten, die zur Aufführung in der Provinz vorgesehen waren, und

---

272 Miguel Bilbatúa, En torno a la dramaturgia española actual, in: Riaza, Hormigón, Nieva. Teatro, Madrid 1973, S.6.

273 Vicente Romero, Entrevista con Mario Antolín, S.III.

274 Vgl. Ramón Pouplana, Teatro y provincias, in: Yor 52 (Apr.-Juni 1972), S.5.

zwar auch solche, die von unabhängigen oder Kammerspielgruppen als "representación única" aufgeführt werden sollten und bisher in den zuständigen Provinzialdelegationen geprüft wurden.[275]

Aber der Staat selbst verfügte mit seinem "Reglamento de Policía de Espectáculos públicos"[276], der schon 1935 in Kraft getreten war, über das wohl effektivste Instrument indirekter Zensur. Ursprünglich zur Regelung und Festlegung baulicher Erfordernisse entworfen, diente er dem Franquismus zur Unterdrückung unliebsamen Theaterschaffens. Unter dem Vorwand baulicher oder technischer Mängel wurden solche Theatersäle zumindest zeitweise geschlossen, auf deren Spielplänen vornehmlich regimekritische Stücke standen und in denen häufig unabhängigen Gruppen die Möglichkeit zur Aufführung gegeben wurde. Auch nach dem Ende der Diktatur wird dieses Repressionsmittel noch gerne angewandt, wie das Beispiel der Madrider "Sala Cadarso" belegt, in der ausschliesslich Vorstellungen des T.I. und andere nicht-kommerzielle Veranstaltungen stattfanden.[277] Dass die Anwendung des "Reglamento" nie oder nur selten aus Gründen baulicher Sicherheit erfolgte, sondern konsequent die Unterdrückung regimekritischen Theaters betrieb, ergibt sich aus ihrer Inkonsequenz bezüglich der baulichen Bestimmungen und Vorschriften:

> Su aplicación actual suele facilitar a la Administración argumentos "técnicos" para ocultar acciones represivas contra los disidentes, porque no existe en la actualidad ninguna sala teatral que cumpla con todos los artículos de esta ley.[278]

---

[275] J.M. Rodríguez Méndez, La incultura teatral, S.42/Anmerkg.1.- Auch: B.-S. Kulenkampff, a.a.O., S.63.

[276] Abdruck in: M. Pérez Coterillo (Hg.), El espectáculo de la huelga, S.399-425.

[277] J. Monleón, El cierre de la Cadarso, in: Triunfo 878, (24.Nov.1979), S.59.

[278] M. Pérez Coterillo, in: Teatro español actual, S.251.- Auch: Comisión provisional delegada, a.a.O., S.8f.

Es ging jedoch nicht nur um Unterdrückung und Schliessung schon bestehender Theatersäle, sondern insbesondere auch darum, zu verhindern, dass neue Lokale dieser Art eingerichtet wurden. Der Staat schützte auf diese Weise nicht zuletzt die Interessen der Besitzer kommerzieller Theatersäle:

> Abrir un nuevo teatro resulta algo mucho más difícil que poner una pica en Flandes. [...] Si las mismas normas esgrimidas para decir que no a unos, se aplicasen a los locales ya existentes en el país, creo que no quedarían abiertos más de media docena de coliseos.[279]

Dabei hielt sich die Behörde alle Entscheidungsmöglichkeiten offen. Artikel 146 des "Reglamento" legte fest[280]:

> No siendo posible fijar en el Reglamento todos los detalles de construcción de esta especie de edificios, [...] [las autoridades correspondientes] determinarán lo que con arreglo al espíritu del mismo, en favor de la seguridad de los espectadores, actores y dependencia, haya de hacerse en los casos mencionados.

Jede Auslegung gemäss den staatlichen Interessen erscheint hiernach möglich.

Besonders wurde auch die Verwirklichung eines der Hauptanliegen modernerer Theaterströmungen und in diesem Zusammenhang des T.I., der stärkere Einbezug des Publikums in die Spielhandlung, unter Berufung auf den "Reglamento" schwer behindert, wenn nicht unmöglich gemacht. Denn nicht nur der direkte Kontakt zwischen Schauspieler und Zuschauer benötigte eine vorherige behördliche Genehmigung (Art.27, Abs.6). Artikel 135 Abs. d) verbot ausserdem die Verwendung beweglicher Sitze für das Publikum, wodurch beispielsweise Rundumprojektionen oder die Einrichtung mehrerer Bühnen an verschiedenen Stellen im Thea-

---

279 Angel Facio, in: Teatro español actual, S.205.

280 In: M. Pérez Coterillo, El espectáculo de la huelga, S.419.

tersaal nicht realisierbar waren; Abs. e) verbot zusätzlich die Integrierung von Bühne und Zuschauerraum, indem er die Einrichtung von Sitzplätzen für das Publikum im Szenenbereich untersagte.

Als weitere zensurähnliche Praxis führt A. Miralles[281] an, dass man bei fortschrittlichen Stücken, die z.B. aufgrund von Preisverleihungen mit staatlichen Subventionen aufgeführt wurden, Handprogramme verteilte, in denen man dem Zuschauer, bevor er sich eine eigene Meinung über das Stück bilden konnte, eine vorgefertigte Interpretation lieferte, die den regimekritischen Gehalt abschwächte oder in sein Gegenteil verkehrte. Derjenige Autor, der solche Programme akzeptierte, um seine Stücke überhaupt einmal auf der Bühne zu sehen, wurde sowohl vor einem kritischen Publikum als auch vor anderen Autoren unglaubwürdig.

Ebenfalls zur Diskreditierung diente die staatliche Subventionspolitik, besonders nachdem der "subdirector general de teatro", Mario Antolín, 1971 in der Presse erklärt hatte[282]:

> es frecuente que incluso algunos grupos que alardean de contestatarios hayan gozado y gocen de una amplia protección estatal. Pienso que la subvención debe darse exclusivamente por méritos culturales, nunca por miedo. Porque si el que recibe está en contra, seguirá estándolo sólo que con más dinero. A veces digo que el problema del Régimen es que no sabe ser fuerte. Sabiéndose a quién se da el dinero, se evitarán, creo, falsos mártires.

Von diesem Augenblick an, schreibt Miralles, "todo el que tuviera subvención estatal carecía de honestidad, y su teatro de eficacia crítica." Sein Ziel, die kulturelle und soziale Opposition hierdurch innerlich zu spalten, erreichte das Regime allerdings nur bedingt. Denn die meisten Nachwuchs-Autoren verzichteten jetzt darauf, ihre

---

281 A. Miralles, Nuevo Teatro Español, S.56ff.

282 "La Vanguardia" vom 12.Okt.1971; zit. nach: A. Miralles, a.a.O., S.58.

Stücke an Wettbewerben teilnehmen zu lassen, und wandten sich in zunehmendem Masse der Zusammenarbeit mit dem T.I. zu. Als richtungweisend in dieser Beziehung bezeichnet Miralles das sogenannte "trío disidente": die Dramatiker Luis Matilla, Jerónimo López Mozo und Angel García Pintado.[283]

Victoria Urbano schreibt in ihrem bei der "Editora Nacional" (!) erschienenen Buch[284] über die Funktion des Theaters und die Theaterzensur:

> el teatro desempeña una función social, pues entretiene a la par que educa. Desde sus orígenes el teatro ha sido una de las formas orales más rotundas y efectivas del artista para influir en la sociedad, usándose como látigo para criticar los vicios, flaquezas o injusticias de una época. [...] Por ello se le ha combatido en todas las épocas y ha sufrido los frenos impuestos por la censura política o religiosa cuando en las obras se exponen temas reaccionarios, argumentos atrevidos o pornográficos, o bien ideas que por una u otra razón no le convienen a un gobierno. [...] La censura, llevada al extremo, suele empobrecer peligrosamente la producción literaria y aburguesar el teatro hasta la insulsa mediocridad de la comedia superficial y el melodrama.

Die Darstellung V. Urbanos trifft grundsätzlich zu, wenngleich das Theater mehr als nur orale Kommunikationsform ist und die Aufnahme der "temas reaccionarios" in die Reihe von Gründen für Zensurverbote als Zugeständnis an das zensoriale Wohlwollen aufzufassen sein dürfte. Aber im Spanien des Franquismus war es nicht allein die offizielle Zensur, die Entwicklung und Erneuerung des Theaters unterband, eine Reihe anderer Faktoren waren zumindest mitverantwortlich für sein niedriges Qualitätsniveau: Die kommerzielle Struktur des offiziellen Theaters, der ausgesprochene Zentralismus - sowohl auf geographischer und intraurbaner als auch auf Publikumsebene - und die Existenz eines traditionellen Theaterpublikums,

---

[283] A. Miralles, a.a.O., S.59.

[284] V. Urbano, El teatro español y sus directrices contemporáneas, Madrid 1972, S.17.

welches das Theater als Luxusobjekt betrachtete und nur solche Stücke akzeptierte, die seinem Geschmack und Erwartungshorizont entsprachen, stellen ebenso nur schwer zu überwindende Hindernisse dar bei dem Versuch, innerhalb eines stagnierenden Theaterschaffens neue Impulse zu setzen und die qualitative Mittelmässigkeit zu durchbrechen.[285] Deshalb mag hier das Wort Ramón Gil Novales gelten: "Sería aventurado afirmar que, sin la censura, habría hoy un teatro español de calidad. Lo indiscutible es que, con ella, no existe, ni existirá."[286]

2.3.2. Publikumssoziologische und wirkungsästhetische Fragen

Neuere literaturtheoretische Ansätze, insbesondere die Rezeptionsästhetik, weisen immer wieder darauf hin, dass ein Kunstprodukt ein Publikum mit bestimmtem Erwartungshorizont brauche, um sich als solches entfalten zu können. Wenn Kunst nicht rezipiert werde, büsse sie einen grossen Teil ihrer Bedeutung ein.[287] Mehr noch als andere Kunstgattungen ist das Theater auf diesen Wirkungsaspekt angewiesen, denn erst durch die Konfrontation der Inszenierung mit dem Zuschauer entsteht aus dem literarischen Text Theater. Neben vielen anderen Elementen ist der dramatische Text nur ein Bestandteil, vielleicht die Grundlage, des Endprodukts Schauspiel, dem je nach künst-

---

[285] Vgl. R. Rodríguez Buded, Autores nuevos y teatro independiente, in: Yor 26 (1968), S.15.

[286] R. Gil Novales, in: Encuesta sobre la censura - 25 autores, a.a.O., S.12.

[287] S. z.B.: Hans Robert Jauss, Literaturgeschichte als Provokation der Literaturwissenschaft, in: ders., Literaturgeschichte als Provokation, Frankfurt/Main 1970, insbes. S.168ff.- Auch: ders., Zur Fortsetzung des Dialogs zwischen 'bürgerlicher' und 'materialistischer' Rezeptionsästhetik, in: Rainer Warning (Hg.), Rezeptionsästhetik, München 1975, S.345, und: Wolfgang Iser, Die Appellstruktur der Texte - Unbestimmtheit als Wirkungsbedingung literarischer Prosa, in: R. Warning, a.a.O., S.228f.

lerischem Konzept der Interpreten mehr oder minder grosse Bedeutung zugestanden wird. Dementsprechend kann ein dramatischer Text in seinen szenischen Realisierungen eine nicht zu bestimmende Anzahl voneinander abweichender Interpretationen erfahren, die nur im Zusammenhang der Publikumsrezeption Relevanz besitzen, d.h., durch ihre Konfrontierung mit der Publikumserwartung.

Eine Untersuchung zur Situation des Theaters unter konkreten historischen Bedingungen darf daher nicht darauf verzichten, sich auch mit dem konkreten historischen Theaterpublikum dieser Situation auseinanderzusetzen. Gibt doch die Struktur des spanischen Kommerztheaters dem Publikum auf der Grundlage des Prinzips von Angebot und Nachfrage nicht zuletzt die Möglichkeit, Spielplan-Gestaltungen weitgehend mitzubeeinflussen. So sehen Kritiker der tristen spanischen Theaterlandschaft die Wurzeln allen Übels - sowie mögliche Problemlösungen - auch weniger innerhalb des eigentlichen Theaterbereichs, sondern machen hierfür vor allem verantwortlich "las circunstancias económicas, sociales y políticas en que se inscribe el fenómeno teatral"[288] und die das Publikumsverhalten entscheidend prägen.

2.3.2.1. Anmerkungen zur Entwicklung des spanischen Theaterpublikums im Franquismus

Duvignaud beklagt in seiner Theatersoziologie von 1965[289], dass das Theaterpublikum bisher nur statistisch und nur bezüglich der zahlenmässigen Frequentierung einzelner Theatersäle erfasst und untersucht worden sei. Für das spanische Theater der Franco-Ära existieren nicht einmal solche Daten in repräsentativem Umfang, geschweige

---

288 José Sanchis Sinisterra, Presente y futuro del teatro español, in: PA 104 (Jan.1969), S.5.

289 J. Duvignaud, Sociología del teatro, S.37.

denn Statistiken oder sonstiges Material, die fundierte soziologische Schlussfolgerungen zuliessen.[290] Es ist bezeichnend für den Mangel an zuverlässigen Untersuchungen, dass eine bereits 1965 durch das "Instituto de Opinión Pública" (I.O.P.) veröffentlichte Statistik[291] über "la afluencia de espectadores a nuestros espectáculos teatrales", die schon im Juni 1966 in "Cuadernos para el Diálogo"[292] nachgedruckt wurde, auch 1976 (!) noch unverändert als Dokument in einem Buch über die Situation des spanischen Gegenwartstheaters erscheint[293], allerdings ohne den Hinweis, dass es sich um elf Jahre alte Angaben handelt.

Um trotz fehlender vorgängiger Untersuchungen gültige Aussagen über das spanische Theaterpublikum zu treffen, kann man jedoch von der gesamtgesellschaftlichen Entwicklung in der betreffenden Periode ausgehen. Denn das Publikum ist als Teil der Gesellschaft den gesamtgesellschaftlichen Prozessen unterworfen, und es steht zu erwarten, dass diese sich auch im Publikumsverhalten niederschlagen. Geht man davon aus, dass aus Gründen, die bereits an anderer Stelle dargelegt wurden, die Bourgeoisie und höhere Mittelschicht das Hauptkontingent des Theaterpublikums stellen, denn auf sie sind unter anderem Eintrittspreise und Aufführungszeiten im kapitalistischen Theaterbetrieb abgestimmt, so scheint es sinnvoll, zunächst das soziale und politische Verhalten des aufstrebenden Bürgertums im Franquismus zu betrachten.

---

[290] Vgl. Luciano García Lorenzo, Teatro y sociedad en la España de posguerra, S.277, sowie den Beitrag dess. Verf.s in: Teatro español actual, S.27.- Auch: J. María Rodríguez Méndez, Comentarios impertinentes, S.69f.

[291] Revista del I.O.P. 1, Madrid 1965.

[292] Extraordinario III: Teatro Español (Juni 1966), S.2.

[293] Miguel A. Medina, El teatro español en el banquillo, S.459.

Nach von Beyme hat "der Repressionsapparat, den das Regime aufbaute, [...] eine präventive Wirkung entfaltet, die zur politischen Apathie und Resignation der Spanier beigetragen hat"[294]. Diese apolitische oder systemkonforme Haltung wird besonders deutlich in einem Bürgertum, das sich nach zwei mageren Nachkriegsjahrzehnten vom Wirtschaftsaufschwung der sechziger Jahre eine dauerhafte Anhebung seines Lebensstandards und die Vermehrung und Sicherung seines Besitzes erhoffte. Sein Bestreben lief dahin, sich aus allen Schwierigkeiten herauszuhalten, 'no meterse en líos'[295], um den eigenen sozialen Aufstieg und den erreichten Wohlstand nicht aufs Spiel zu setzen.[296] "Prosperity brings complacence," so erklärt Wellwarth die Haltung des spanischen Bürgertums in den sechziger Jahren. "For Spain's nouveaux riches the criticism and reform that is implicit in the free exercise of art is anathema. [...] For the parvenu conservatism has always been the keynote of public behavior."[297]

Eine der durch das Regime immer wieder geschürten Hauptängste war die Angst vor einem neuen Bürgerkrieg.[298] Man kann geradezu von "Furcht vor der Freiheit" sprechen[299], die durch den Mythos von jahrzehntelangem Frieden unter Francos Diktat gezielt begünstigt wurde. Als

---

[294] Klaus v. Beyme, Vom Faschismus zur Entwicklungsdiktatur - Machtelite und Opposition in Spanien, München 1971, S.104.

[295] Vgl. Gonzalo Dueñas, La ley de prensa, S.39.

[296] Vgl. Ramón Tamames, **La República. La Era de Franco**, S.377.

[297] G.E. Wellwarth, Spanish Underground Drama, S.11.- Vgl. auch Pedro Altares, Del teatro del Imperio al teatro de consumo, in: CpeD, Extra XV, S.76.

[298] Vgl. J. López Mozo, Notas sobre mi obra, in: Yor 21 (Jan.1967), S.10. J.L.M. erkennt diese Angst richtig als Machtfaktor des Regimes und verarbeitet dieses Thema in seinem Stück "La renuncia" (Erstveröffentlichg. in Yor 21).

[299] Vgl. Las ideologías en la España de hoy (coloquio), Madrid 1972, S.155ff.

aber seit Anfang der fünfziger Jahre Generationen am öffentlichen Leben teilzunehmen und an den Universitäten zu studieren begannen, die nicht aktiv am Bürgerkriegsgeschehen beteiligt gewesen waren, sondern dieses nur als Kinder miterlebt hatten oder nur vom Hörensagen kannten, verlor die Bürgerkriegsangst für das gesellschaftliche und politische Verhalten der Bourgeoisie zunehmend an Bedeutung.[300] Die jüngeren Generationen, die allmählich das gesellschaftliche Leben mitbestimmten, waren nicht mehr ausnahmslos bereit, für den bestehenden Frieden jeden Preis zu zahlen.

Aber nicht nur im bürgerlichen Bereich, auch in der Arbeiterklasse und in anderen Gesellschaftsschichten zeichneten sich Veränderungen ab: Von der Gründung illegaler Gewerkschaftsgruppen der "Comisiones Obreras" über die Bildung von Bürgerkommissionen bis hin zu demokratischen Vereinigungen in Beamtentum, Heer und Kirche nahm die demokratische Opposition in der Bevölkerung mit dem allmählichen Zerfall des Regimes und gegen die proportional wachsende Repression stetig zu. Repräsentative Umfragen belegen diese Entwicklungstendenz gesellschaftlichen Bewusstseins: So sprachen sich 1968 in einer Umfrage bei Personen unter 30 Jahren 47% der Befragten für eine pluralistische Demokratie aus, 13% hätten die Macht im Namen aller nur einer Einheitspartei zugestehen wollen, und 18% gaben einer Personal-Diktatur im Stile Francos den Vorzug.[301] 1970 liess sich bei einer FOESSA-Umfrage[302] bei

---

[300] Vgl. J. Monleón, Presente y futuro del teatro español, in: La cultura bajo el franquismo, Barcelona 1977, S.253.- Manuel Tuñón de Lara, El pensamiento español desde 1940, in: ders., Estudios de Historia Contemporánea, Barcelona 1977, S.255.

[301] Angaben nach: Lothar P. Maier, Spanien - Agonie der Diktatur?, in: Blätter für deutsche und internationale Politik 11 (1974), S.1190.

[302] Umfrage der "Fundación FOESSA" ("Fomento de Estudios Sociales y de Sociología Aplicada"), zit. nach: R. Tamames, a.a.O., S.362.

ähnlicher Fragestellung schon eine Veränderung registrieren: 47% der Befragten aller Altersstufen befürworteten eine republikanische Staatsform, und nur 16% bejahten den status quo. Bezogen nur auf die Altersstufe bis 35 Jahre waren sogar 59% für eine Republik und nur 9% für Franco. Das Heranwachsen der jüngeren Generationen fand hier seinen deutlichen Niederschlag.

Wie steht es nun mit dem spanischen Theaterpublikum? Zwar gibt es über diese kleine gesellschaftliche Fraktion, die mehr oder weniger regelmässig die Theater besucht, kaum wissenschaftlich gesicherte Erkenntnisse, aber es existieren zahlreiche Äusserungen von Schauspielern, Regisseuren, Autoren, Kritikern und anderen Kennern des spanischen Theatergeschehens, deren oft unmittelbare Erfahrungen mit dem Publikum die mangelnde Wissenschaftlichkeit ihrer Schlussfolgerungen aufwiegen mögen.

Alle sind sich weitgehend darin einig, dass die mittelmässige, wenn nicht unerträgliche Qualität des durchschnittlichen Schauspielangebots vom Publikum zumindest mitverantwortet werden muss. So schiebt J. López Mozo die Schuld an der Situation des spanischen Theaters im Franquismus zu etwa gleichen Teilen der Zensur, den Unternehmern und - nicht zuletzt - dem Publikum zu[303]: "el teatro español responde a una situación social que el público hace posible. Si el público que exige, exigiera otra cosa, evidentemente se le daría." Miguel Bilbatúa trifft eine ähnliche Feststellung[304]:

> en la estructura de nuestro teatro no son los autores con sus obras quienes imponen la tendencia de cada momento, sino que, por el contrario, es el público quien exige un determinado tipo de obras, de textos, que los autores deben suministrar.

---

[303] J. López Mozo, in: M.A. Medina, a.a.O., S.109.

[304] M. Bilbatúa, El teatro, artículo de consumo, in: CpeD, Extra III, S.5.- Auch: F. Ruiz Ramón, Estudios de teatro español clásico y contemporáneo, Madrid 1978, S.142.- Ders., Historia del Teatro Español. Siglo XX, Madrid 1975 (2.erw.Aufl.), S.446.

Dass aber gerade der grösste Teil des Theaterpublikums ein Angebot von niedrigem qualitativen Niveau und geringem kritischen Gehalt verlangte, erklärt Monleón aus der historischen Situation der Nachkriegszeit:

> El público ha pertenecido - en términos generales - al campo que obtuvo la victoria. Viniendo a ser el teatro [...] una expresión de sus necesidades de evasión, de ternurismo consolador, de comicidad mecánica, de dosificado culturalismo, de conocimiento superficial de "los grandes éxitos internacionales."[305]
> Nuestro teatro fue radicalmente evasivo porque la pequeña burguesía necesitaba olvidar por unas horas la reciente Guerra Civil y ligar la nueva realidad impuesta por ella misma a la idea de diversión y de paz. Nuestro teatro no fue crítico porque la burguesía vencedora entendió que la Guerra Civil había establecido, de una vez y para siempre, qué era la verdad y quién tenía la razón.[306]

Unter solcher Voraussetzung bedeutete die allgemeine und daher auch kulturelle Isolation Spaniens während des ersten Nachkriegsjahrzehnts "la solidificación definitiva de un público incapaz de entender otro teatro que aquel que entrase en el juego de sus esquemas de clase, catalogando a los autores según aceptasen o no las normas preestablecidas."[307] Es bildete sich eine Gesellschaft - und mit ihr ein Publikum -, welche die Wahrheit nicht hören wollte und nicht bereit war, ihre Darstellung zu tolerieren.[308]

Als ideales Theater galt seichte Unterhaltung: "para muchos espectadores la obra perfecta es aquélla que 'no te hace pensar absolutamente en nada y, sin embargo, te entretiene'."[309] Diese Erwartungshaltung des Publikums wird deutlich in der bereits zitierten Statistik des

---

[305] J. Monleón, Presente y futuro, S.244f.

[306] Ebd., S.248.

[307] Pedro Altares, a.a.O., S.72.

[308] Gonzalo Torrente Ballester, La política teatral, in: PA 41 (März 1963), S.10.

[309] J. Monleón, Treinta años de teatro de la derecha, Barcelona 1971, S.23.- Zur weiteren Illustration mag eine Anekdote der Schauspielerin María Fernanda d'Ocón dienen,

TOTALES		¿CUANTAS VECES VA AL TEATRO?				¿QUE OBRAS PREFIERE? (I)				¿RAZON QUE MAS INFLUYE EN LA ELECCION DE LA OBRA? (I)					
		1 vez x semana	1 vez x mes	Menos de 1 x mes	Nunca	Comedia	Drama	Revista	Opera y Zarzuela	El título	El autor	Director	Cía.y presentación	Crítica	Argumento
1.408		2	10	32	52	48	22	24	3	6	29	3	37	2	15
	SEXO: V.	2	13	31	48	46	24	25	2	5	35	3	33	1	16
	H.	2	9	32	54	49	22	23	4	7	25	2	41	2	15
	EDAD:														
293	Menos de 29 a.	2,5	16	35	37	56	18,5	20	0,5	8,5	38,5	5	26,5	1	15
697	De 30 a 50	1,5	4	32,5	54	47	22	25	2,5	4	24	3	43	2	17
317	De 50 a 69	2	8,5	30	56	47	22,5	22	6	8,5	27,5	-	39	2,5	14
82	De 70 a 90	0,5	3,5	20,5	75,5	40,5	16	35,5	6	4,5	11,5	-	49	-	23,5
	NIVEL DE INGRESOS:														
671	Menos de 5.000 pesetas al mes	1	6	30	61	39	24	32	3	7	21	2	42	1	16
298	De 5.000 a 10.000	2	14	39	42	46	22	25	3	6	30	3	35	1	18
96	De 10.000 a 20.000	6	26	33	20	73	17	7	2	2	47	4	28	4	12
43	Más de 20.000	5	23	40	11	55	26	-	3	3	63	-	10	8	13
	NIVEL DE ESTUDIO:														
1.025	Hasta Primarios	0,5	1	28	64,5	38	23	33	3	9	16	1	47,5	0,5	15
194	Bachiller Preu.	2,7	28,7	39	22	63	26	6	3	4	50	4	24	2	13
98	Universitario	8,5	20	33,5	21	60	24	2,5	2,5	4,5	54	4,5	9,5	5,5	15,5

(I) Del 48 % que van al teatro.

Nota.- Todas las cifras están expresadas en %. En los cuadros en que la suma no llega a 100 el resto es sin respuesta.

Quelle: Instituto de Opinión Pública, Encuesta sobre Medios de Comunicación de Masas en España, in: Revista española de la Opinión Pública 1 (Mai-Aug.1965). Hier: Reproduktion aus CpeD, Extra III (Juni 1966), S.2.

"I.O.P." von 1965 reflektiert: 48% aller befragten Theaterbesucher gaben als bevorzugte Gattung die unterhaltende Komödie an, 24% zogen die in aller Regel geistlosen Revue-Spektakel vor, und nur 22% wählten an erster Stelle die als anspruchsvoller geltende Kategorie "Drama". Betrachtet man die nach Einkommensklassen geordneten Umfrageergebnisse, so zeigt sich bei abnehmendem Einkommen eine Zunahme des Konsums geistloser Unterhaltung (Revue) auf Kosten des Komödien-Anteils. Nach Bildungsklassen geordnet ergibt sich dieselbe Tendenz. Für das Drama ist bei allen Klassen ein etwa gleiches, dem der Komödie entgegengebrachtem allerdings weit unterlegenes Interesse zu verzeichnen. Bilbatúa schliesst daraus, dass "obere und mittlere Bourgeoisie" eindeutig der Komödie vor anderen Gattungen den Vorzug gaben.[310]

Die Zusammensetzung des traditionellen spanischen Theaterpublikums bezeichnet A. Buero Vallejo in einem Kolloquium im April 1972 als "mayoritariamente o casi exclusivamente burguesa".[311] Aber er meint, eine allmähliche Veränderung feststellen zu können[312]:

---

die berichtet, wie nach einer Antigone-Aufführung drei Damen in teuren Pelzmänteln hochnäsig das Theater verliessen mit der Bemerkung: "qué barbaridad, además de hacernos pagar cuarenta duros quieren que pensemos...". (Teatro español actual, S.162). Zur allg. Charakterisierung des spanischen Theaterpublikums vgl. auch: Luis Matilla, in: Encuesta sobre el Público Español, PA 128 (Jan.1971), S.II-V.- José Gárate (Interview mit J.G.), in: PA 163-164 (Dez.1973-Jan.1974), S.106 (Nachdruck aus "Ya" vom 11.Nov.1973).

310 M. Bilbatúa, a.a.O., S.6.

311 A. Buero Vallejo, in: Jean-François Botrel u.S. Salaün (Hg.), Creación y público en la literatura española, Madrid 1974, S.241. In diesem Sinne vgl. auch: M. Bilbatúa, a.a.O., S.5.- Jesús G. Requena/A. Fernández Torres, Teatro y burguesía - notas para un análisis materialista del teatro comercial en España, in Pip 6-7 - Revista (1.Zykl.)(Aug.-Sept.1974), S.13.- M.A. Medina, a.a.O., S.456.- J. Monleón, in: Teatro español actual, S.33f.

312 A. Buero Vallejo, a.a.O., S.243.

> no es [...] un público sólo burgués. Es un publico mezclado, donde hay capas intermedias, donde hay cada vez más multitud de empleados, de pequeños empleados y algunas veces incluso, contingentes más o menos elevados de obreros [...]

Auch was Publikumsgeschmack und -erwartung anbetrifft, erkennt er eine sich abzeichnende Entwicklung[313]:

> Ese público es un público que, en los últimos años sobre todo, parece haber demostrado capacidad para aceptar, recibir (y recibir de buena manera) alguna de las obras más combativas, más revulsivas que se podían dar en el panorama del teatro español de nuestros días.

Und wenig später, resümierend[314]:

> lo que el público aplaude con mayor fervor es [...] ya no el habitual teatro acomodaticio y burgués en primera instancia que antes era su teatro, el teatro de su conciencia. Es el teatro de la duda, de la problemática, de la contestación, el que está buscando.

In der Tat zeigt schon die Existenz der "Teatros de Cámara y Ensayo" der fünfziger und beginnenden sechziger Jahre, dass sich ein Publikum zu bilden und seinen kulturellen Bedürfnissen Ausdruck zu verleihen begann, das sich nicht mehr durch das herkömmliche Konsumtheater mit konformistischer Thematik abspeisen liess. Einem liberalen Kleinbürgertum entstammend, welches nach Monleón den Bürgerkrieg auf republikanischer Seite durchgestanden hatte[315], war dieses Publikum zwar zahlenmässig stark genug, um den Kammerspielgruppen mit ihren Einzelaufführungen einen Zuschauerstamm zu bieten, vermochte aber noch nicht, eine hinreichend breite Basis für einen normalen und regelmässigen Aufführungsbetrieb zu schaffen, wie das

---

313 Ebd., S.241.

314 Ebd., S.242f.- Vgl. zur Existenz eines breiteren Publikums auch: J. Monleón, Treinta años de teatro, S.113.

315 J. Monleón, Presente y futuro del teatro español, S.250.- Vgl. auch Miguel Bilbatúa, Riaza entre el realismo y el posibilismo, in: Pip 3 - Textos (1.Zykl.) (Mai 1974), S.6f.

Beispiel des von A. Sastre mitbegründeten "G.T.R." (Grupo de Teatro Realista) lehrt, der sich bald nach seiner Gründung im Jahre 1960 nicht zuletzt aufgrund von Publikumsmangel wieder auflöste.[316] Wenn das "Teatro Independiente" Ende der sechziger und in den siebziger Jahren erfolgreicher sein konnte, deutet das auf eine erhebliche Verbreiterung dieser Publikumsbasis hin. Bilbatúa sieht hierin einen Reflex "a nivel del espectáculo teatral del auge del movimiento democrático en nuestro país."[317]

Spätestens seit dem Erfolg von "Castañuela 70" merkten die unabhängigen Gruppen, dass ein neues Publikum mit veränderten kulturellen Bedürfnissen existierte, das nicht zum traditionellen Publikum der Konsumtheater zählte, wohl aber anspruchsvollere Aufführungen der nichtkommerziellen Ensembles besuchte[318], wie der Erfolg der T.I.-Arbeit in Valladolid belegt.[319] Die Publikumssuche der Gruppen trug nicht nur zur Vergrösserung der Publikumsbasis bei, sondern brachte auch ihre qualitative Erweiterung mit sich. Als "Tábano" im Juli 1975 "La ópera del bandido"[320] in einem Kinosaal in Valladolid-Delicias aufführt, stellen Arbeiter und Angestellte mit 39,3% vor Schülern und Studenten (33,4%) den grössten Publikumsanteil.[321]

---

[316] M. Bilbatúa, a.a.O.- In diesem Sinne vgl. auch: J.M. Rodríguez Méndez, zit. nach PA 102 (1968) bei A. Miralles, Nuevo Teatro Español: una alternativa social, Madrid 1977, S.20.

[317] M. Bilbatúa, a.a.O.

[318] Vgl. Tábano, Descentralizar el teatro: otro público, otros circuitos, otras relaciones, in: Eq. Pipirijaina (Hg.), Tábano - un zumbido que no cesa, S.48.

[319] S.: F. Herrero, Nuevo teatro, nuevo público, in: PA 165 (Feb.1974), S.61f.

[320] "Versión libre de tábano sobre un texto de john gay", veröfftl.in: Eq. Pipirijaina (Hg.), a.a.O., S.93-139.

[321] Ebd., S.92. Vgl. auch Statistiken, S.51f.

Als eines der Verdienste der unabhängigen Gruppen bei der Publikumssuche gilt die Erschliessung eines jugendlichen Publikums für das Theater: "los grupos independientes han conseguido movilizar a unos sectores de público reducidos, pero cualitativamente importantísimos: la juventud."[322] Wie wichtig und wie nötig diese Erschliessung der Jugend für ein kulturell anspruchsvolleres Theater war und ist, geht indirekt aus der "I.O.P."-Statistik hervor. Denn hier fällt in der jüngsten Altersgruppe (bis zu 29 Jahren) der überdurchschnittlich hohe Zuspruch zur unterhaltenden Komödie auf (56%; Durchschnitt: 48%), während das Interesse für das Drama mit nur 18,5% erheblich unter dem Durchschnitt (22%) lag. Es ist aber gerade die Jugend, die das zukünftige Theaterpublikum stellen wird, und ohne ihre Erwartungshaltung gegenüber dem Theater zu verändern und kulturelle Bedürfnisse zu wecken, die über den Wunsch nach Unterhaltung hinausgehen, ist es unmöglich, die unbedingt erforderliche Erneuerung der spanischen Bühne durchzusetzen.

Inwieweit es dem T.I. bisher gelungen ist, sowohl bei der Jugend als auch bei dem sogenannten "público popular" - "el de las fiestas de los pueblos y los barrios, el de la emigración y las canchas de deportes", wie es Pérez Coterillo definiert[323] - ein breites Interesse für das Theater zu schaffen, muss dahingestellt bleiben. Das Überleben des T.I. unter äusserst schwierigen Verhältnissen und der zunehmende Erfolg einzelner Gruppen deuten jedoch darauf hin, dass ein nicht zu vernachlässigender und wachsender Teil des Theaterpublikums ein Theater unterstützt, das sich bewusst von der Kommerzialisierung der Kultur und dem gesellschaftlichen Konformismus im spanischen Konsumtheater distanziert.

---

[322] José Luis Gómez, in: Teatro español actual, S.159.

[323] M. Pérez Coterillo, Hacia un teatro de clase, in: Eq. Pipirijaina (Hg.), Tábano, S.90.

Gelegentliche Versuche der Klassifizierung des spanischen Theaterpublikums spiegeln das Nebeneinander der verschiedenen Publikumsschichten und -erwartungen wider. Antonio Elorza unterscheidet z.B. vier Gruppen[324]:

> En las zonas urbanas (las únicas en tener teatro), el público se reparte en cuatro fracciones:
> 1) El público que sigue asistiendo a teatro barato (Manolo Escobar, las revistas).
> 2) El público que va a las comedias de Paso, el llamado "gran público" al cual se dirigía antes la crítica.
> 3) El público que va a las obras llamadas de calidad (ej. Buero).
> 4) El público que rechaza las otras tres fracciones, que las niega, y sigue pequeños grupos, experimentales y precarios ...

Während die vierte Gruppierung mit den übrigen drei unvereinbar sei, ergäben sich unter den anderen nicht selten Überschneidungen. Eine ähnliche Einteilung nimmt - in abweichender Reihenfolge - M.A. Medina vor.[325] Er unterscheidet ebenfalls vier Gruppen, geht dabei aber nicht nur von der bevorzugten Theaterrichtung aus, sondern versucht auch, soziale Herkunft und Motivation in seine Klassifizierung einzubringen:

> a) Espectadores que asisten a las representaciones teatrales movidos por su grado de divertimiento o atrevimiento erótico-sexual. Asíduos de las salas especializadas en vodeviles, comedias cómicas, espectáculos revisteriles, etc.
> b) Público seguidor de los espectáculos ofrecidos por los Teatros Nacionales y ciertos montajes progresistas de calidad. Parte de estos espectadores, pertenecientes a una escala social media y alta, acuden a estas manifestaciones llevados por un puro convencialismo [sic] social que de alguna manera les obliga a no desconocer ciertos aires culturalistas del momento - estar al día de lo que ocurre -. La otra parte queda compuesta fundamentalmente por estudiantes, intelectuales y artistas diversos [, bei denen wirkliches Interesse am Theater als Motiv vorauszusetzen sein dürfte].

---

324 A. Elorza, in: J.-F. Botrel u. S. Salaün (Hg.), a.a.O., S.261.

325 M.A. Medina, a.a.O., S.455f.

c) Espectadores de Teatro Independiente. Público generalmente joven, integrado también en el apartado anterior.

d) Público que acude a las salas teatrales como acontecimiento festivo e infrecuente. Pertenecientes [sic] en general a un estamento social más bajo que los anteriores, consume los espectáculos falsamente folklóricos y definitivamente revisteriles donde el eterno gracioso o la cupletista de moda "montan su número" particular.

Die Klasse d) bei Medina stimmt in etwa mit der ersten Gruppe bei Elorza überein; weiterhin entsprechen sich die Gruppen 2) und a), 3) und b) sowie 4) und c). Dabei ist allerdings anzumerken, dass die Ausschliesslichkeit der Gruppe 4) bei Elorza von Medina nicht vollzogen wird, er gesteht vielmehr Überschneidungen zwischen seinen Gruppen c) und b) zu. Diese Auffassung des gleitenden Übergangs von c)/4) nach b)/3) und umgekehrt erscheint zutreffender, auch wenn es möglich und wahrscheinlich ist, dass ein Teil des T.I.-Publikums in der Tat ausschliesslich Vorstellungen unabhängiger Gruppen besucht.[326]

Es zeigt sich, dass die Publikumsentwicklung in der Tat die gesamtgesellschaftlichen Veränderungen im Spanien des Franquismus reflektiert. Dem Heranwachsen von Generationen, die den Bürgerkrieg kaum noch erlebt haben und denen Francos Friede durch Unterdrückung nicht mehr erhaltenswert erscheint, entspricht die allmähliche Bildung

---

[326] Vgl. auch A. Buero Vallejos Kritik der Klassifizierung Elorzas, in: J.-F. Botrel u. S. Salaün (Hg.), a.a.O., S.262.- Zur Publikumsklassifizierung s. auch: Orqui, El respetable, in: PA 133 (Juni 1971), S.VI (Abdruck aus "La Codorniz", o. weit. Ang.). Er unterscheidet drei Klassen: 1. das Stammpublikum, das im Theater vorzugsweise Unterhaltung und Selbstbestätigung sucht; 2. das Gelegenheitspublikum, das nur in Stücke geht, über die aus irgendeinem Grund gesprochen wird; und schliesslich 3. das "No público", Arbeiter, unterer und Teile des höheren Mittelstands, Universitätsabsolventen und Intellektuelle, junge Karrieristen etc., denen entweder die Eintrittspreise zu hoch sind oder die das übliche Theater uninteressant finden. In dieser dritten Gruppe ist das Publikumspotential vereint, in dem das T.I. das neue Publikum zu finden hofft.

einer Publikumsschicht, die sich nicht mehr mit der üblichen Mittelmässigkeit des kommerziellen Theaters zufrieden geben will. Den Forderungen nach persönlichen und politischen Freiheiten entspricht die Forderung nach einem ästhetisch anspruchsvollen und thematisch problembewussten Theater als künstlerischer Ausdruck des sich bildenden gesellschaftlichen Bewusstseins. So wie die neuen politischen Bedürfnisse zur Bildung demokratischer Vereinigungen führen, entstehen aufgrund der neuen ästhetischen Bedürfnisse die "Teatros Independientes". Die Entsprechungen zur allgemein-gesellschaftlichen Entwicklung untermauern somit die hier gewonnenen Erkenntnisse über Publikumsentwicklung und -zusammensetzung im franquistischen Spanien und erscheinen dazu geeignet, den Wahrheitsgehalt dieser Annahmen trotz mangelnder Voruntersuchungen zu bestätigen.

2.3.2.2. Zur Kritik der Rezeptionsästhetik

Es sind jedoch nicht nur die unabhängigen Gruppen, die sich der Bedürfnisse und Erwartungen eines neuen Publikums annehmen und die Bildung neuer Erwartungshorizonte begünstigen und fördern; im Zusammenhang mit der veränderten Erwartungshaltung eines potentiellen Theaterpublikums bildet sich auch eine Gruppe meist jüngerer Nachwuchsdramatiker, das "Nuevo Teatro Español" (N.T.E.), das sich als kulturelle Opposition gegen die bestehenden Gesellschaftsstrukturen und den Franquismus versteht.

Wie wurde nun dieses nicht-kommerzielle Theater in Spanien rezipiert? Um diesbezüglich gültige Erkenntnisse zu gewinnen, scheint sich zunächst die rezeptionsästhetische Methode Hans Robert Jauss' anzubieten.[327] Nachdem die Untersuchung des Theaterpublikums vor dem gesamt-

---

[327] H.R. Jauss, Literaturgeschichte als Provokation der Literaturwissenschaft, a.a.O.

gesellschaftlichen Hintergrund die Existenz eines potentiellen Publikums für die neuen Theaterrichtungen ergeben hat, liesse sich vermuten, dass die Jauss'sche Theorie geeignet wäre, die bisherigen, auf empirischer Basis gewonnenen Ergebnisse theoretisch abzusichern und zu ergänzen.

Nach Jauss kann

> die spezifische Disposition für ein bestimmtes Werk, mit der ein Autor bei seinem Publikum rechnet, [...] aus drei allgemein voraussetzbaren Faktoren gewonnen werden: erstens aus bekannten Normen oder der immanenten Poetik der Gattung, zweitens aus den impliziten Beziehungen zu bekannten Werken der literarhistorischen Umgebung und drittens aus dem Gegensatz von Fiktion und Wirklichkeit, poetischer und praktischer Funktion der Sprache.[328]

Hiernach lässt sich einerseits der Erwartungshorizont des traditionellen spanischen Theaterpublikums bestimmen, das sich vom Theater einen möglichst leicht verständlichen Zeitvertreib sowie die Bestätigung seiner Ansichten und Vorurteile und seines sozialen Status versprach. Andererseits ergibt sich hieraus aber auch, wie sehr das N.T.E. den so vorgegebenen Erwartungshorizont durchbrach, indem es sich deutlich von der naturalistisch-realistischen Darstellungsweise und primär unterhaltenden Funktion des Konsumtheaters distanzierte und sich gegenüber dem hier absoluten Gegensatz zwischen einer dargestellten "heilen Welt" und den realen Gegebenheiten als kritische "Reaktion auf Wirklichkeit"[329] begriff. Es ergibt sich somit eine erhebliche "ästhetische Distanz"[330] zwischen Erwartungshorizont und neuem Werk, die Jauss als Kategorie zur Bestimmung des Kunstcharakters einführt.

Ein vergleichsweise hoher ästhetischer Wert und - darüber hinaus - die Existenz eines potentiellen Publikums, dessen Erwartungen durch das übliche Theaterangebot

[328] Ebd., S.177.

[329] W. Iser, a.a.O., S.232.

[330] H.R. Jauss, a.a.O., S.177.

nicht erfüllt, geschweige denn übertroffen werden, versprechen in aller Regel ausgezeichnete Rezeptionschancen. Bezüglich des N.T.E. wäre ein solcher Schluss jedoch verfehlt, denn seine Stücke wurden trotz aller günstigen rezeptionsästhetischen Voraussetzungen kaum aufgeführt, eine Rezeption in nennenswertem Ausmass fand praktisch nicht statt. Über 80% der Produktion des N.T. wurden aus politischen Gründen - eben wegen ihrer Reaktion auf die konkrete Wirklichkeit des Franquismus - von der Zensur verboten, und der grösste Teil der zugelassenen Stücke erhielt nur Einzelgenehmigungen, die einen breiten Publikumskontakt unmöglich machten.[331]

Es zeigt sich, dass die rezeptionsästhetisch naheliegende Schlussfolgerung nicht der Realität entspricht, denn die Rezeptionsästhetik vernachlässigt weitgehend die soziologischen Bedingungen gesellschaftlicher Kommunikationsprozesse - und damit auch des Theaters. So kommt es, dass Rezeptionshemmnisse wie eine politische Zensur oder die ideologisch begründete Ablehnung der kritischen Auseinandersetzung mit der konkreten historischen Gegenwart durch das traditionelle Theaterpublikum unberücksichtigt bleiben, obwohl gerade sie die Möglichkeiten gesellschaftlicher Kommunikation einschneidend mitbestimmen.

Wenn Jauss seine Zentralkategorie, den Erwartungshorizont, vor dessen Hintergrund ein neues Werk rezipiert wird, als "objektivierbares Bezugssystem der Erwartungen" definiert, "das sich für jedes Werk im historischen Augenblick seines Erscheinens aus dem Vorverständnis der Gattung, aus der Form und Thematik zuvor bekannter Werke und aus dem Gegensatz von poetischer und praktischer Sprache ergibt"[332], so bezieht er sich fast ausschliesslich auf ästhetische Grössen und klammert die soziolo-

---

[331] Vgl. hierzu die Umfrage zur Zensur in PA 165 (Febr.1974) und 166 (März 1974). Enthält Angaben der Autoren über "Obras que le haya prohibido la Censura y fecha de su prohibición."

[332] H.R. Jauss, a.a.O., S.173f.

gische Bedingtheit der Publikumserwartung bewusst aus. Zwar lässt sich der Erwartungshorizont als Doppelbegriff auffassen, der sowohl das literarische Vorwissen als auch den "lebensweltlichen" Erfahrungsbereich umfasst[333], zumal Jauss selbst ausführt[334]: "Das neue literarische Werk wird sowohl gegen den Hintergrund anderer Kunstformen als auch vor dem Hintergrund der alltäglichen Lebenserfahrung aufgenommen und beurteilt." Aber der ohnehin sehr vage gehaltene Hinweis auf die Beteiligung einer soziologischen Komponente bei der Formierung des Erwartungshorizonts verliert sofort ein Grossteil seiner Bedeutung, wenn Jauss die "alltägliche Lebenserfahrung" auf den "ethischen Bereich" beschränkt. Politische, ideologische und über das Ethische hinausgehende soziologische Voraussetzungen bleiben weiterhin unberücksichtigt.[335]

Welche Bedeutung aber gerade diesen Voraussetzungen bei der Rezeption zukommt, wird am Beispiel des "Nuevo Teatro Español" deutlich. Sowohl Zuspruch als auch Ablehnung gegenüber diesem Theater, das sich mit der Realität des Franquismus auseinandersetzte, wurden entscheidend mitbestimmt durch die Haltung des jeweiligen Rezipienten gegenüber den herrschenden sozialen und politischen Verhältnissen. Es wurde abgelehnt durch das Publikum der offiziellen Theater, das einer franquistischen Bourgeoisie entstammte, deren Zensur die Produktion des N.T. mit wenigen Ausnahmen zu einem Schattendasein verurteilte. Es erhielt kritischen Zuspruch aus Kreisen des liberalen Bürgertums, das schon vor und im Bürgerkrieg auf seiten

---

333 Rainer Warning, Rezeptionsästhetik als literaturwissenschaftliche Pragmatik, in: ders. (Hg.), Rezeptionsästhetik, S.24.

334 H.R. Jauss, a.a.O., S.203.

335 In diesem Sinne vgl. auch die Reaktion Jauss' auf die diesbezüglich geäusserte Kritik in: H.R. Jauss, Racines und Goethes Iphigenie (Mit einem Nachwort über die Partialität der rezeptionsästhetischen Methode), in: R. Warning (Hg.), a.a.O., S.392f.

der Republik gestanden hatte, von progressiven Intellektuellen, von Teilen der jüngeren Generationen, die nicht mehr unter dem direkten Eindruck des Bürgerkriegsgeschehens standen, und von anderen gesellschaftlichen Gruppierungen, die gegen die Franco-Diktatur opponierten. Sowohl die künstlerische Produktion wie auch ihre Aufnahme durch das Publikum erscheinen so als von der sozialen Situation geprägt, und ihre Analyse darf nicht "von dem sozialen Prozess abstrahieren", in den sie eingebettet sind.[336]

Jauss nimmt die Kritik an seiner Bestimmung des Erwartungshorizonts durchaus zur Kenntnis und gibt deren Berechtigung zum Teil auch zu. Statt aber daraus die Konsequenz zu ziehen und die soziologischen Voraussetzungen des Publikumsverhaltens in gebührendem Masse zu berücksichtigen, schiebt er dieses Problem der Rezeptionsästhetik einer anderen Disziplin, der Kunstsoziologie, zu. Das entscheidende Forschungsproblem der Rezeptionsästhetik sei es nämlich, herauszufinden, "wie sich im Erwartungshorizont einer Lebenspraxis ästhetische Erfahrung in kommunikative Verhaltensmuster umsetzen kann."[337] Dabei scheint ihm jedoch nicht klar zu werden, dass seine Methode in dem Masse an Überzeugungskraft verliert, wie ihre zentrale Kategorie, der Erwartungshorizont, - weil nur auf den ethischen Bereich und nicht auf sonstige soziologische Bedingungen bezogen - unvollständig bleibt. Denn auch "kommunikative Verhaltensmuster" als Umsetzung "ästhetischer Erfahrung" und ästhetische Erfahrung überhaupt sind unabhängig und ausserhalb eines soziologischen Kontexts völlig undenkbar.

---

[336] Vgl. Hartmut Eggert/Hans Christoph Berg/Michael Rutschley, Zur notwendigen Revision des Rezeptionsbegriffs, in: Walter Müller-Seidel (Hg.), Historizität in Sprach- und Literaturwissenschaft - Vorträge und Berichte der Stuttgarter Germanistentagung 1972, München 1974, S.425ff.

[337] H.R. Jauss, Racines und Goethes Iphigenie, S.393.

Die Vernachlässigung soziologischer Voraussetzungen führt jedoch nicht nur zu einer eingeschränkten Gültigkeit des nach Jauss'scher Methode festgestellten Erwartungshorizonts, sondern prägt auch die Auffassung des Verhältnisses zwischen Werk und Publikum. Wenn Jauss den Begriff des Dialogs, d.h. der wechselseitigen kommunikativen Beziehung zwischen Werk und Rezipient, als "primäre Gegebenheit der Literaturgeschichte"[338] einführt, muss er sich den Vorwurf, "von allem gesellschaftlichen Zwang" zu abstrahieren, gefallen lassen[339]; denn er vergisst den gesamten Vermittlungs-Bereich, der im kommerziellen Kulturbetrieb zwischen Produktion und Rezeption eines Werkes steht und den direkten Kontakt - und damit auch die Möglichkeit der gegenseitigen Kommunikation - zwischen Künstler und Publikum weitgehend unterbindet. Wie Brecht in seinem "Dreigroschenprozess" nachgewiesen hat, wird die Spontaneität des Kunstwerks bei seiner kommerziellen Ausbeutung nach und nach "abgebaut"[340]. Vor dem Interesse an der künstlerischen Qualität steht das Interesse der Wirtschaftlichkeit und des Profits; das Publikum wird vor allem als zahlender Konsument umworben, und man versucht durch Reklame und andere propagandistische Massnahmen, sein Verhalten in die gewünschte Richtung zu lenken und seine Erwartungen zu präformieren.[341]

Die Konditionierung des Publikums kann so weit gehen, dass bestimmte Werke nicht oder nicht mehr rezipiert werden. Aber auch wenn es zur Rezeption kommt, kann sein Erwartungshorizont durch die erhaltene Vorinformation erheblich verändert worden sein. Wolfgang Haubrichs führt

---

[338] H.R. Jauss, Literaturgeschichte als Provokation, S.171.

[339] Ulrich Wyss, Zur Kritik der Rezeptionsästhetik, in: W. Müller-Seidel (Hg.), a.a.O., S.149.

[340] Bertolt Brecht, Gesammelte Werke, Frankfurt/Main 1967, Bd.18, S.202f.; zit. nach U. Wyss, a.a.O., S.149f.

[341] Vgl. U. Wyss, a.a.O., S.150.

als illustrierende Beispiele die Abnahme der Leserschaft Oscar Wildes aufgrund seines "unmoralischen" Lebenswandels an oder die Diffamierung ganzer Textsorten als Pornographie. Die Epoche des "Dritten Reiches" schliesslich habe gezeigt, "dass durch Gleichschaltung literarischer Institutionen, die als Kommunikatoren vorgängiger Urteile fungieren (Zensur, Literaturkritik, Literaturwissenschaft), eine schnelle und effektive Umwandlung der Rezeptionserwartungen zu erreichen ist."[342]

Auch an der Situation des spanischen Theaters wird die Wichtigkeit des Vermittlungsbereichs für die Rezeption deutlich. Das kommerzielle Theater, das 90% und mehr des Theaterangebots ausmacht, ist einzig auf eine zahlungskräftige Konsumentenschicht ausgerichtet. Entgegen dem Kunstcharakter des Theaters wurden hier zu Zeiten des Franquismus fast ausschliesslich solche Stücke angeboten, die das Bedürfnis der Bourgeoisie nach Selbstbestätigung befriedigten und keinesfalls die Privilegien dieser Klasse in Frage stellten. Der Theaterunternehmer war nicht bereit, finanzielle Risiken einzugehen, und so waren Stücke von unbekannten Autoren oder mit kritischem Inhalt kaum auf den Spielplänen zu finden.

Die Versuche jüngerer Autoren, avantgardistische Tendenzen des europäischen und amerikanischen Theaters in ihren Stücken zu verarbeiten, wurden darüber hinaus in der Presse und Theaterkritik als Nachahmung niveauloser Moderichtungen verschrieen. So schrieb der rechts-orientierte Kritiker Alfredo Marquerie[343]:

---

[342] W. Haubrichs, Zur Relevanz von Rezeption und Rezeptionshemmung in einem kybernetischen Modell der Literaturgeschichte. Ein Beitrag zum Problem der Periodisierung, in: W. Müller-Seidel (Hg.), a.a.O., S.119f.

[343] A. Marquerie, El teatro que yo he visto, Barcelona 1969; zit. nach: A. Miralles, Nuevo Teatro Español, S.50f.

> Los principales responsables del lanzamiento del llamado teatro de vanguardia en nuestra contemporaneidad, fueron un rumano llamado Ionesco y un inglés, Beckett, que desde Paris, gran centro universal de engañabobos, irradiaron al mundo de los papanatas y de los 'snobs' sus primeras piezas [...] hasta conseguir gran número de adeptos e imitadores.

Ein derartiges, die Ignoranz zum Massstab der Kritik erhebendes Vorurteil kann im durchschnittlichen Theaterbesucher nur die Reaktion hervorrufen, auf den Konsum solcher Stücke zu verzichten oder - falls es zur Rezeption kommt - sie als Publikumsbetrug abzulehnen; denn keinesfalls wird er sich als einfältig klassifiziert sehen wollen.

Aber nicht nur die Theaterkritik, sondern auch die sogenannte "Generación Realista", die in der Nachfolge Alfonso Sastres und Antonio Buero Vallejos entstand und einer ähnlichen Unterdrückung wie das N.T. ausgesetzt war, beteiligte sich unter Führung von J.M. Rodríguez Méndez an der Diffamierungskampagne gegen die stilistischen und thematischen Erneuerungsversuche der jüngeren Kollegen. Rodríguez Méndez griff in seiner Kolumne in "El Noticiero Universal", einer Tageszeitung in Barcelona, alles an, was zur Erneuerung des spanischen Theaters beizutragen versuchte, sobald es über die von den Realisten vertretenen thematischen und stilistischen Standpunkte hinausging.[344] Als Hauptfeinde der "Generación Realista" betrachtete er "el vanguardismo, el absurdismo, el movimiento tecnológico ..."[345] und damit auch das N.T.E., das immer wieder als "mimético" hingestellt wurde.[346] Für die Reaktion der Nachwuchsautoren auf solche Vorwürfe ist die

---

344 A. Miralles, a.a.O., S.20.

345 J.M. Rodríguez Méndez, in: PA 102 (Nov.1968); zit. bei: A. Miralles, a.a.O.

346 Vgl. den Beitrag von José Martín Recuerda, in: Teatro español actual, S.99-107.

Antwort Angel García Pintados repräsentativ, der den Realisten und konservativen Kritikern entgegenhielt: "miméticos ahora; en el siglo XIX, afrancesados y masones".[347]

Tatsächlich ist der Vorwurf der Nachahmung nicht neu, wenn es um das Vorantreiben der kulturellen Entwicklung geht. Bereits kurz nach dem Ende des Bürgerkriegs, am 12. April 1939, qualifizierte José María Pemán in einer Lobeshymne auf Serafín Alvarez Quintero die politische und kulturelle Entwicklung während der Republik als Imitation ausländischer Entwicklungen und als Verrat an der eigenen Tradition ab, als "insulto no ya para nuestras creencias, sino para nuestra piel blanca de europeos".[348] Monleón schliesst daraus[349]: "La idea de un 'teatro crítico' quedaba, paradójicamente, vinculada a la imagen de una sociedad decadente." Das war so nach dem Bürgerkrieg, und auch dreissig Jahre später hatte sich daran noch nicht viel geändert. Die Entwicklung des spanischen Theaters wurde hierdurch erheblich gebremst.

Es wundert nicht, dass das N.T. mitunter auch als "teatro silenciado"[350] bezeichnet wird, "silenciado" nicht nur durch die staatliche Zensur, sondern ebenso durch Theaterunternehmer und Theaterkritiker. Das von Jauss als "primäre Gegebenheit für die Literaturgeschichte" bezeichnete "dialogische Verhältnis" zwischen Werk und Publikum bleibt hier weitgehend unterbunden, nicht zuletzt aufgrund des Eingriffs des kulturvermittelnden Bereichs in den Prozess der Meinungsbildung und damit in die Formierung des Erwartungshorizonts. Der Dialog-Be-

---

[347] Zitat bei A. Miralles, a.a.O., S.51, ohne Quellenangabe.

[348] Zit. bei J. Monleón, Treinta años de teatro de la derecha, S.14f.

[349] Ebd., S.15.

[350] Vgl. hierzu: Christel Haack, José Ruibal und Antonio Martínez Ballesteros. Untersuchungen zum 'Teatro Nuevo' in Spanien, Diplomarbeit, Germersheim 1974, S.8. Vf. spricht von "teatro del silencio".

griff ist in dem Augenblick nicht mehr anwendbar, in dem sich die künstlerische Arbeit in den allgemeinen kapitalistischen Produktions-, Verteilungs- und Konsumtionsprozess eingliedert. Denn sobald Kunst zum Konsumobjekt degradiert wird, werden Produktions- und Rezeptionsebene einander durch den Verlust des direkten Kontakts entfremdet. Kunst darf dann jedoch nicht mehr - wie bei Jauss[351] - als "Paradigma nicht-entfremdeter Arbeit" aufgefasst werden.

Andererseits wundert es, dass Jauss nach Voraussetzung eines "dialogischen Verhältnisses" seinen Untersuchungsgegenstand allein auf der Rezeptionsseite zu finden glaubt und die Produktionsebene dabei vernachlässigt. Er muss sich so von Robert Weimann entgegenhalten lassen[352]: "Die Geschichte der Literatur besteht nicht allein in der Aktualisierung vorgegebener Texte, sondern auch in dem Akt der Schöpfung neuer Texte." Ausserdem zeigt sich nicht nur am Beispiel des N.T.E., dass ein Werk sehr wohl ohne Publikum existieren kann - wenn es auch nicht in der Lage ist, sich so als Kunstwerk voll zu entfalten -, ein Publikum ohne Werk jedoch nicht.[353]

Jauss versucht schliesslich, den Kunstcharakter eines Werkes, d.h. seinen ästhetischen Wert,"an der Art und dem Grad seiner Wirkung auf ein vorausgesetztes Publikum zu bestimmen"[354]:

> Qualität und Rang eines literarischen Werkes ergeben sich weder aus seinen biographischen oder historischen Entstehungsbedingungen noch allein aus

---

351 H.R. Jauss, Zur Fortsetzung des Dialogs, S.346.

352 R. Weimann, Gegenwart und Vergangenheit in der Literaturgeschichte, in: ders., Literaturgeschichte und Mythologie, Berlin/Weimar 1974 (3.Aufl.), S.31.

353 Zur Kritik an Jauss' Vernachlässigung der Produktionsseite vgl. auch: W. Haubrichs, a.a.O., S.106, Anm.26.

354 H.R. Jauss, Literaturgeschichte als Provokation, S.177.

> seiner Stelle im Folgeverhältnis der Gattungsentwicklung, sondern aus den schwerer fassbaren Kriterien von Wirkung, Rezeption und Nachruhm.[355]

Zu diesem Zweck führt er den Begriff der "ästhetischen Distanz" ein[356]:

> Die Distanz zwischen Erwartungshorizont und Werk, zwischen dem schon Vertrauten der bisherigen ästhetischen Erfahrung und dem mit der Aufnahme des neuen Werkes geforderten "Horizontwandel", bestimmt rezeptionsästhetisch den Kunstcharakter eines literarischen Werks.

Je geringer die ästhetische Distanz, um so geringer sei auch der ästhetische Wert.

Sieht man einmal von der fragwürdigen Gültigkeit der Jauss'schen Bestimmung des Erwartungshorizonts ab und versucht, mit Hilfe der ästhetischen Distanz den Kunstcharakter des N.T. zu erfassen, so zeigt sich, dass sowohl thematisch als auch stilistisch eine erhebliche Distanz zum vorauszusetzenden Erwartungshorizont des üblichen Theaterpublikums gegeben ist: thematisch, weil das N.T. sich mit der spanischen Realität des Franquismus auseinandersetzt, sich dabei aber nicht auf eine Darstellung der konkreten spanischen Verhältnisse beschränkt - wie etwa die Realisten -, sondern die spezifisch spanische Gegenwart durch Abstraktion in Bezug setzt mit der weltpolitischen und -historischen Allgemeinsituation; und stilistisch, weil in dem Bestreben, die spanische Bühne zu erneuern, bewusst mit avantgardistischen Theaterkonzepten experimentiert wird. Daher ergäbe sich auch ein ausgesprochen hoher ästhetischer Wert des N.T. Allein die Tatsache, dass man kaum von einer Rezeption des N.T. in repräsentativem Umfang sprechen kann - es sei denn, man wolle schon die Kontakte mit der Zensur und deren Reaktion als Rezeption werten -, lässt an der uneingeschränkten Gültigkeit dieser Feststellung zweifeln.

---

[355] Ebd., S.147.

[356] Ebd., S.177f. Zitat: S.178.

Und so ist es auch eine Folge der Zensurverbote, die weitere Zweifel an dem hier gewonnenen Urteil über den Kunstcharakter begründet. Die Verurteilung des grössten Teils der Produktion des N.T. zur Existenz als Schubladenstücke, der erzwungene Verzicht auf Publikumskontakt und Rezeption, führt zu einem Nebeneinander vieler ähnlicher und gleichartiger Stücke; man wirft dem N.T. nicht unbegründet thematische Wiederholungen vor[357] und stellt seine "obsesión franquista" fest.[358] Inwieweit hier im Falle einer kontinuierlichen Rezeptionspraxis noch eine ästhetische Distanz zwischen Publikumserwartung und den einzelnen Stücken festzustellen wäre, erscheint fraglich. Andererseits wäre es ungerecht, aus diesem Grunde auf mangelnden ästhetischen Wert des N.T. zu schliessen; denn seine Autoren sind nicht verantwortlich zu machen für die Umstände, die ihnen den Publikumskontakt verbieten. Was geschieht darüber hinaus, wenn man das "Nuevo Teatro" nicht mehr nur im spanischen Kontext, sondern im internationalen Vergleich betrachtet? Episches und absurdes Theater, Dokumentartheater und Happening bedeuten zwar Neuerungen für die spanische Szene, haben sich aber anderswo längst etabliert und institutionalisiert.

Die Jauss'sche Bestimmung des ästhetischen Werts erweist sich spätestens dann als unzulässig und wenig überzeugend, wenn der Rezeptionsprozess durch soziologische und politische Voraussetzungen behindert wird. Bei einer hypothetischen Feststellung des Kunstwerts der Texte des N.T. wird man sich auf die von Jauss als unzureichend empfundene Bestimmung ihrer "Stelle im Folgeverhältnis der Gattungsentwicklung"[359] beschränken müssen und auf die von Weimann vorgeschlagene Feststellung ihrer "historisch-ästhetischen Gültigkeit [...] aus dem Funktionszusammenhang

---

357 Vgl. A. Miralles, a.a.O., S.143f.

358 Ebd., S.155ff.

359 H.R. Jauss, a.a.O., S.147.

ihrer [...] Wirkung und Wirkungsmöglichkeit".[360] Eine endgültige Beurteilung einzelner Stücke sollte jedoch erst nach ihrer praktischen Erprobung auf der Bühne erfolgen, denn Theater ist mehr als nur literarischer Text.

Es zeigt sich, dass im Rahmen der Rezeptionsästhetik keine oder nur sehr eingeschränkt gültige Erkenntnisse über das N.T. gewonnen werden können. Die Jauss'sche Methode bleibt unzureichend, weil sie einerseits in ihrer Beschränkung auf die ästhetische Komponente nicht in der Lage ist, soziologische und politische Voraussetzungen und Bedingungen zu erfassen, die gerade für das N.T. von ausschlaggebender Bedeutung sind und ohne deren Einbeziehung sie diesem nicht gerecht werden kann. Andererseits ist es ihr, die sich ausschliesslich auf die Betrachtung der Rezeptionsseite konzentriert, unmöglich, solche Phänomene überzeugend in ihre Untersuchung einzuschliessen, deren Rezeption nicht oder noch nicht stattgefunden hat und deren Publikumswirkung noch nicht abzusehen ist.[361] Darüber hinaus stellt sich in diesem Zusammenhang überhaupt die Frage nach der Relevanz der Jauss'schen Rezeptionsästhetik als eigenständige Methode, wenn, wie U. Wyss ausführt, "für mindestens 95 Prozent der Bevölkerung Literatur überhaupt keine Bedeutung hat".[362] Für das Theater dürften ähnliche, wenn nicht noch ungünstigere Zahlen zutreffen. Jauss selbst geht auf dieses Problem nicht ein, man wird sich aber fragen müssen, ob unter solchen Voraussetzungen die Beschränkung der literarischen Untersuchung auf die Rezeptionsebene noch in irgendeiner Weise verteidigt werden kann.

---

[360] R. Weimann, a.a.O., S.43.

[361] Vgl. auch: ebd., S.32.

[362] U. Wyss, a.a.O., S.151.

3. DAS "NUEVO TEATRO ESPAÑOL" - EIN KULTURELLER BEITRAG ZUM WIDERSTAND GEGEN DEN FRANQUISMUS

3.1. Gegenstandsbestimmung

3.1.1. Die Anfänge - Streit um neue Positionen

Als George E. Wellwarth sich Mitte der sechziger Jahre für die jüngsten Entwicklungen des spanischen Theaters zu interessieren begann, war die Existenz eines spanischen Protesttheaters, das über die Ansätze des sozialkritischen Realismus eines Antonio Buero Vallejo oder eines Alfonso Sastre hinausginge, weitgehend unbekannt. Als Wellwarth jedoch 1972 sein Buch "Spanish Underground Drama"[1] veröffentlicht, spricht man in Theaterkreisen schon mit Selbstverständlichkeit von einer Gruppe zumeist jüngerer Nachwuchsautoren, deren Stücke bereits seit Ende der sechziger Jahre bei Theaterfestspielen Aufsehen erregen und - wie etwa das "Teatro Independiente" - einen festen Platz unter den Themen der einschlägigen Fachzeitschriften einnehmen. Was Wellwarth "Underground Drama" nennt, wird andernorts mit unterschiedlichen Bezeichnungen versehen: "Teatro difícil", "Teatro del silencio", "para cómplices", "simbolista" usw.[2] Trotz seiner ausgesprochenen Relativität scheint sich aber der sehr allgemein gefasste Begriff "Nuevo Teatro Español" (N.T.E.) oder einfach "Nuevo Teatro" (N.T.) durchzusetzen.[3]

---

[1] G.E. Wellwarth, Spanish Underground Drama, Pennsylvania State University Press, University Park and London 1972. Span. Übers., **Madrid 1978.**

[2] Vgl. Christel Haack, José Ruibal und Antonio Martínez Ballesteros. Untersuchungen zum 'Teatro Nuevo' in Spanien, Diplomarbeit, Germersheim 1974, S.8ff. Auch: A. Miralles, Nuevo Teatro Español, S.33.

[3] S. neben Haack und Miralles auch: F. Ruiz Ramón, Historia del Teatro Español. Siglo XX, S.486.- Ders., Prolegómenos a un estudio del nuevo teatro español, in: PA 173 (Okt.1974), S.4-9.- Klaus Pörtl, Systemkritik im

Die Produktion des N.T.E. setzte - mit wenigen Ausnahmen - im Laufe der sechziger Jahre ein.[4] Wann das N.T. allerdings in der Theateröffentlichkeit bekannt wurde, lässt sich nur ungenau bestimmen. Zwar wird gelegentlich das Jahr 1965 als ungefährer Beginn seiner Formierung angenommen[5], aber man muss wohl davon ausgehen, dass die jüngsten Entwicklungen des spanischen Theaters zu diesem Zeitpunkt selbst in eingeweihten Theaterkreisen noch kaum zur Kenntnis genommen wurden.[6] Deshalb setzt Miralles als Zeitraum, in dem das N.T. allmählich in Erscheinung trat, die zweite Hälfte der sechziger Jahre an[7]:

> Su aparición [...] oscila entre el 65 y el 70, pero está claro que es muy difícil encontrar un testimonio que diera fe de ella antes del 68, fecha a partir de la cual, la generación es un hecho, coincidiendo su aparición con una aparente esclerosis de los realistas y un acercamiento de España a los sucesos teatrales extranjeros.

Das N.T. entsteht nicht zuletzt als "rechazo superador del viejo teatro que la burguesía ha impuesto y sigue imponiendo"[8] und dem es Rückständigkeit bezüglich der inhaltlichen wie ästhetischen Entwicklungen des ausserspanischen Theaters sowie seine Degradierung zum Konsumartikel vorwirft.[9] Sowohl unter dem zeitlichen Gesichtspunkt

---

spanischen Protesttheater, in: Rolf Kloepfer u.a. (Hg.), Bildung und Ausbildung in der Romania, Bd.III: Iberische Halbinsel und Lateinamerika, München 1979 (Akten des Romanistentages in Giessen 1977), S.374.

[4] Vgl. F. Ruiz Ramón, Historia del Teatro Español, S.527.

[5] Z.B.: Ricard Salvat, El comienzo de una nueva sensibilidad, in: PA 152 (Jan.1973), S.58.- Ramón Chao, Ruibal en la Sorbona, in: La Voz de Galicia v. 17.12.1972. (Angaben nach Christel Haack, a.a.O.).

[6] Vgl. A. Miralles, a.a.O., S.93.

[7] Ebd., S.33.

[8] Jesús G. Requena, Sobre el "teatro" y el nuevo teatro, in: Pip 5 - Revista (1.Zykl.) (Juli 1974), S.2.

[9] Vgl. Encuesta sobre la situación del teatro en España, in: PA 100-101 (Sept.-Okt.1968), S.52-69.

seiner Entstehung als auch unter inhaltlichen und formalen Aspekten stellt sich das N.T.E. somit als Parallelerscheinung der "Teatros Independientes" dar. Beide können als parallele Formen des Widerstands gegen die Unterdrückung der politischen und kulturellen Entwicklung Spaniens durch den Franquismus aufgefasst werden.[10]

Miguel A. Medina unterscheidet im franquistischen Spanien bezüglich ihrer Haltung zum kommerziellen Theaterbetrieb drei Gruppen von Dramatikern[11]:

a) diejenigen Autoren, die um jeden Preis aufführen wollen und deren Produktion aus wenig anspruchsvollen Komödien und "todo tipo de vodeviles, destapes, etc." besteht;

b) eine sehr kleine Gruppe von Dramatikern, die allgemein ein wohlverdientes Prestige besitzen und versuchen, "la honestidad artística con el interés comercial" zu vereinbaren; und

c) diejenigen, die eine entschlossene ethische und ästhetische Haltung behaupten und verteidigen und dafür auch Aufführungsverbote und Unbekanntheit in Kauf nehmen. In dieser dritten Gruppe sieht Medina die Zukunft des spanischen Theaters.

Während für die erste Gruppe Alfonso Paso und für die zweite Antonio Buero Vallejo repräsentativ wären, gehören der dritten Gruppe sowohl der grössere Teil der "Generación Realista" als auch das N.T. an. Dieser Umstand mag F. Ruiz Ramón dazu verleitet haben, auch die "Realisten" unter dem Begriff "Nuevo Teatro Español" zu subsumieren[12], indem er sie als "primera promoción del Nuevo Teatro" bezeichnet.[13] Neben allen formalen und inhalt-

---

[10] Vgl. u.a.: A. Miralles, a.a.O., S.94.- Equipo Pipirijaina (Hg.), Tábano - un zumbido que no cesa, S.67.

[11] M.A. Medina, El teatro español en el banquillo, S.18.

[12] F. Ruiz Ramón, a.a.O., S.445f.

[13] Ebd., S.487.

lichen Differenzen ergibt sich aber zwischen der "Generación Realista" und dem, was hier als N.T.E. verstanden wird, auch ein Unterschied bezüglich der Haltung gegenüber dem kommerziellen Theater. Während die Autoren des N.T.E. die Zusammenarbeit mit dem kapitalistischen Kulturbetrieb weitgehend ablehnen und sich den unabhängigen Gruppen zuwenden, hegen die Realisten eher den Wunsch, sich in das kommerzielle Theater integriert zu sehen.[14] Da hier davon ausgegangen wird, dass die Absage an den kapitalistischen Theaterbetrieb eines der Hauptmerkmale der jüngsten Entwicklungen des spanischen Theaters darstellt, erscheint allein unter diesem Gesichtspunkt die Unterscheidung und Abgrenzung zwischen "Generación Realista" und N.T.E. schon geboten.

Die Liste der Autoren des N.T. bleibt in jedem Fall - wohl nicht zuletzt aufgrund der sehr geringen zeitlichen Distanz zum Gegenstand der Untersuchung - sehr umfangreich. Zu ihnen gehören José María Bellido, Josep María Benet i Jornet, Jesús Campos García, Juan Antonio Castro, Angel García Pintado, Ramón Gil Novales, Alfonso Jiménez Romero, Jerónimo López Mozo, José Martín Elizondo, Antonio Martínez Ballesteros, Manuel Martínez Mediero, Luis Matilla, Jaume Melendres, Alberto Miralles, Francisco Nieva, Manuel Pérez Casaux, Carlos Pérez Dann, Eduardo Quiles, Miguel Rellán, Luis Riaza, Vicente Romero, Miguel Romero Esteo, José Ruibal, Hermógenes Sáinz, Diego Salvador, Jordi Teixidor, Germán Ubillos, und es liesse sich eine Reihe weiterer Namen finden, die hier eingeordnet werden könnten.

---

[14] Vgl. beispielsweise: José Martín Recuerda, Notas para un nuevo teatro español, in: Instituto de Cultura de la Diputación Provincial de Málaga (Hg.), El teatro y su crítica. Reunión de Málaga de 1973, Málaga 1975, S.317.- Klaus Pörtl betrachtet die "Realisten" im Gegensatz zum N.T. im Jahre 1977 bereits als "einigermassen integriert" in das kommerzielle Theater (a.a.O., S.375).- Vgl. auch: L. Teresa Valdivieso, Una aproximación semiológica al teatro clandestino español, Arizona State University, Phil.Diss. 1975, S.291.

Diese Autoren besitzen sicher einige Gemeinsamkeiten mit der "Generación Realista"[15]: Sie teilen mit ihr die ablehnende Haltung gegenüber dem Franquismus und weitgehend auch das durch Zensurverbote erzwungene Untergrunddasein.[16] Aber die Art und Reichweite der in ihren Stücken geäusserten Kritik ist qualitativ unterschiedlich. José Ruibal schreibt[17]:

> El teatro realista era como la prolongación de una oposición política. El nuevo teatro, a la vez que critica la situación, ironiza sobre la actual oposición al sistema. Es como una oposición dentro de la oposición.

Christel Haack drückt es anschaulicher aus[18]:

> Der 'Realismus' klagt gesellschaftliche Missstände an; er stellt eine politische Opposition dar. Das 'teatro nuevo' kritisiert den Kern dieser Missstände, das System, und mit ihm seine Opposition,

die als uneffektiv empfunden wird.

Den grundlegenden Unterschied zwischen "Realisten" und N.T.E. sieht Ruiz Ramón in der Wahrnehmung der Realität und dem Bild, das von ihr vermittelt wird.[19] Die Autoren des N.T. empfinden die Ästhetik der Realisten als unzureichend, da diese nur unvollkommen den wahren hintergründigen Charakter der Realität und ihrer Bedingungen offenbaren kann, und suchen, durch das Experiment mit mo-

---

[15] F. Ruiz Ramón (a.a.O., S.487ff.) zählt zur "Generación Realista": Carlos Muñiz, Lauro Olmo, Ricardo Rodríguez Buded, José Martín Recuerda, José María Rodríguez Méndez, Antonio Gala und Andrés Ruiz López. Bei César Oliva (Disidentes de la generación realista, Murcia 1979, S.16) finden sich zusätzlich die Namen Alfredo Mañas, Ricardo López Aranda und Agustín Gómez Arcos.

[16] Vgl. F. Ruiz Ramón, a.a.O., S.487f. u. 490.- Ders., Prolegómenos, S.5f.

[17] J. Ruibal, Mimetismo y originalidad, in: PA 123-124 (Aug.-Sept.1970), S.47.

[18] Chr. Haack, a.a.O., S.21.

[19] Vgl. F. Ruiz Ramón, Historia, S.490.- Ders., Prolegómenos, S.6.

dernen Techniken und Stilrichtungen eine ästhetische Form zu finden, die in der Lage sei, sowohl die Grundsätzlichkeit der Kritik als auch die Hintergründigkeit der Realität angemessen mitzuteilen.

Die Realisten lehnen jedoch das Experimentieren mit avantgardistischen Stilrichtungen, die sich andernorts längst etabliert haben, als "Nachahmung" strikt ab.[20] Man bezeichnet das N.T. als "teatro colonizado"[21] und wirft ihm vor, seine Bemühungen um ästhetische Erneuerung gingen auf Kosten der Auseinandersetzung mit der spanischen Realität, das N.T. sei Evasions-Theater.[22] Rodríguez Méndez will N.T. und T.I. als "vanguardia neoesteticista" verstehen, die als Reaktion der Bourgeoisie auf den als revolutionär empfundenen sozialen Realismus aufzufassen sei und diesen in seiner Schlagkraft lähmen wolle:

> Grupos neoesteticistas como el de la Escola d'Art Dramàtic Adrià Gual de Barcelona, o el Teatro Estudio de Madrid, imitaban montajes europeos, estéticamente avanzados en su maquinaria técnica, pero muy desviados de la crítica social y sobre todo de la crítica concreta de la sociedad española.[23] [...] lo que la burguesía en los años 20 no había admitido, ahora lo aceptaba como "mal menor". [...] con ello distraían a esta juventud de los problemas ideológicos planteados por la generación realista.[24]

---

[20] Vgl. F. Ruiz Ramón, Prolegómenos, S.6.

[21] J. Martín Recuerda, a.a.O., S.321.- Vgl. auch die chauvinistische, antieuropäische Einstellung J.M. Rodríguez Méndez' in seinen: Comentarios impertinentes sobre el teatro español, Barcelona 1972, vor allem Kap.II: El llamado teatro de minorías (S.39-68).- S. ausserdem die Angriffe gegen Wellwarth, der sich als erster mit dem N.T. auseinandergesetzt hat, bei: Rodríguez Méndez, a.a.O., Las paradojas de "Mister W.", S.98-101; wie auch seine Verteidigung durch Ricard Salvat im "Tele/Exprés" (Barcelona) vom 18.7.1972 (zit. bei A. Miralles, a.a.O., S.35).

[22] J. Martín Recuerda, a.a.O., S.324.- J.M. Rodríguez Méndez, La incultura teatral en España, Barcelona 1974, S.164.

[23] J.M. Rodríguez Méndez, a.a.O., S.162.

[24] Ebd., S.163.

Rodríguez Méndez beweist mit diesen Ausführungen seine tiefe Unkenntnis der jüngsten Entwicklungen des spanischen Theaters. Denn einerseits kann nicht die Rede davon sein, dass man das N.T. als kleineres Übel betrachtete, es wurde genauso oder in noch stärkerem Masse von der Zensur verboten wie das Theater der Realisten; und andererseits fehlt dem N.T., wie die weitere Untersuchung zeigen wird, keineswegs die ideologische und sozialkritische Problemstellung, Kritik wird hier häufig sogar sehr viel schärfer formuliert.[25]

Zweifellos gehen allerdings die Ansichten beider Gruppen darüber auseinander, in welchen Zusammenhängen Sozialkritik vorgebracht werden sollte. Während die Realisten sich als Verfechter einer streng in der konkreten historischen Situation Spaniens verwurzelten Thematik betrachten, sehen die Autoren des N.T. die spanischen Probleme eher im Kontext der weltpolitischen Konjunktur und neigen daher zu einer gewissen Abstraktion; trotzdem bleibt fast immer die Möglichkeit, die abstrakte Darstellung auf die konkreten spanischen Verhältnisse zurückzuführen.[26]

Unter den Realisten ist es José Martín Recuerda, der sich am stärksten und offensten zum "iberismo" bekennt, den er als Hauptmerkmal der "Generación Realista" betrachtet.[27] Sein Bekenntnis zu einer spanischen Dramaturgie schliesst gleichzeitig das Experiment mit ausserspanischen Stilrichtungen aus[28]:

---

[25] Zum Mimetismus-Vorwurf und zur Auseinandersetzung zwischen N.T. und "Generación Realista" s. auch: A. Miralles, a.a.O., S.19-32.- José Monleón, Presente y futuro del teatro español, S.247 u. S.256.

[26] Vgl. A. Miralles, a.a.O., S.53.- Chr. Haack, a.a.O., S.20.

[27] Santiago de las Heras, Un autor recuperado. Entrevista con J. Martín Recuerda, in: PA 107 (April 1969), S.30.

[28] J. Martín Recuerda, in: Teatro español actual, Madrid 1977, S.99.

> he querido escribir siempre "teatro español", sin símbolos, sin claves, sin abstracciones y demás zarandajas encubridoras, sino de una manera directa, muy a la española, con un amplio y profundo sentido de lo ibérico.

Diesem Standpunkt, der die Bewahrung und Weiterentwicklung der spanischen Tradition fordert, stellt sich das N.T. entgegen, dessen Autoren davon ausgehen, dass eine Erneuerung des spanischen Theaters auf der Basis des Überlieferten nicht mehr möglich ist. Stellvertretend für diese Auffassung mag die Theorie Francisco Nievas stehen, der den Bruch mit dem Vorausgegangenen als notwendige Voraussetzung für Entwicklung und Erneuerung betrachtet.[29]

Die Vorwürfe der Nachahmung und des Evasionismus gegen das N.T.E. lassen sich letzten Endes nicht aufrechterhalten. Das gesteht Ruiz Ramón, der den Realisten ansonsten sehr wohlwollend gegenübersteht, in seiner Theatergeschichte ausdrücklich ein[30]:

> no nos parece justo, en nombre de una concepción básicamente realista del teatro, acusar de inauténtica o de históricamente desviada o equivocada la última tendencia experimentalista de los "otros" nuevos dramaturgos, no menos comprometidos críticamente con la realidad española.

Darüber hinaus erscheint der Vorwurf der Nachahmung gegen die jüngeren Kollegen wenig angebracht, wenn man Haltung und Werdegang der Realisten selbst berücksichtigt; denn der Realismus ist keine spezifisch spanische Erfindung. Der Wortführer der Realisten gegen das N.T., Rodríguez Méndez selbst, stellt sich und seine Generation in die Schuld ausserspanischer Entwicklungen, wenn er die Entstehung der spanischen "Generación Realista" mit zurückführt auf die "aparición de autores juveniles inconformistas en un país de tradición dramática burguesa como Gran Bretaña, amén de la situación crispada de los pro-

---

29 S. F. Nieva, in: Teatro español actual, S.270.

30 F. Ruiz Ramón, Historia, S.489.

blemas colectivos del mundo occidental"[31], auf das Erscheinen der "angry young men" im englischen Nachkriegstheater. Die "Generación Realista" aus diesem Grunde aber als Nachahmer der britischen Realisten zu verurteilen, wäre genauso verfehlt wie deren Urteil über das N.T.

In der Hauptresolution des "Congreso Cultural de la Habana" von Januar 1968 heisst es[32]:

> Huir del nacionalismo estrecho y del universalismo imitador, es la tarea de quienes se esfuerzan por contribuir en los países del Tercer Mundo al florecimiento de una cultura con raíces propias y amplios horizontes.

Der Erfüllung dieser Forderung, die Sastre auch auf das spanische Theater bezogen wissen will, kommen die Autoren des N.T.E. sehr nahe, wenn sie Themen der spanischen Gegenwart durch eine neue Ästhetik verfremden und sie herauslösen aus der Ausschliesslichkeit des konkreten historischen und nationalen Bezugs, eine Ästhetik, deren Grundlagen sie - entgegen dem voreiligen Urteil der Realisten - nicht nur aus modernen ausserspanischen Theaterrichtungen, sondern ebenfalls aus der spanischen Vorkriegstradition, dem "esperpento" Valle-Incláns, schöpfen.

3.1.2. Aspekte inhaltlicher und formaler Erneuerung

Nach Jean Duvignaud zeigt sich im modernen Theater, dass die kommunikative Absicht des Autors sein Interesse an der Schaffung eines Kunstwerks überwiegt[33]: "el deseo de hablar de un problema prevalece sobre el cuidado estético [...] los escritores del nuevo período [...] hablan en sus entrevistas a los periódicos, de hacer una obra

---

31 J.M. Rodríguez Méndez, La incultura teatral, S.159f.

32 Zit. bei Alfonso Sastre, La revolución y la crítica de la cultura, Barcelona ²1971, S.89.

33 J. Duvignaud, Sociología del teatro, S.367.

sobre el alcoholismo, el racismo, el comunismo o la juventud." Diese Feststellung trifft auch für das neue spanische Theater zu: die Autoren des N.T.E. schreiben über das franquistische Spanien. So erkennt K. Pörtl richtig die "Systemkritik an den politischen und gesellschaftlichen Zuständen Spaniens" unter Franco als ein Hauptthema des N.T.[34]; A. Miralles beklagt "una temática obsesivamente parecida en casi todas las obras: la sociedad española en la época franquista"[35]. Es ist eben diese Situation, in der sich die spanische Gesellschaft befindet, die zum Hauptthema des N.T. wird. Sie soll so scharf wie möglich in verschiedenen Einstellungen ausgeleuchtet werden, um ihre wahre Natur zu offenbaren. Ihr kommt letzten Endes die eigentliche Bedeutung zu und nicht der Handlung, die oft auf ein Minimum reduziert ist und nur dazu dient, die Situation zu illustrieren.[36]

Da für die Zustände in Spanien in höchster Instanz Franco selbst als verantwortlich gelten muss, wundert es nicht, dass sein Tod, den man allgemein als notwendige Voraussetzung für eine Demokratisierung Spaniens ansah, herbeigewünscht und immer wieder in den Stücken der neuen Autoren thematisiert wurde. Gleichzeitig verlieh man aber auch der Angst Ausdruck, das bestehende System könnte nach Franco weiterhin aufrechterhalten werden. Miralles spricht von einer "auténtica neurosis obsesiva por la sucesión del poder, temiendo que se heredase a sí mismo."[37]

Die franquistische Ideologie - und insbesondere die Feindbildideologie - bildet einen weiteren, häufig wieder-

---

[34] K. Pörtl, a.a.O., S.374.

[35] A. Miralles, Con cinco años de retraso, un libro actual; Vorwort zur spanischen Ausgabe von: G.E. Wellwarth, Spanish Underground Drama (Teatro Español Underground), Madrid 1978, S.13.

[36] Vgl. A. Miralles, Nuevo Teatro Español, S.161.

[37] Ebd., S.49f. Mögliche Beispiele wären u.a. J. López Mozo, El testamento, oder L. Matilla, El adiós del mariscal.

kehrenden Themenkomplex: Sie wird als propagandistisches Instrument ideologischer Manipulation zur Bevormundung der Bevölkerung erkannt und als solches blossgestellt.[38] Auch ein häufiger Antiamerikanismus in den Stücken des N.T. muss als - wenn auch indirekter - Angriff gegen das franquistische Regime interpretiert werden. Denn: "América era aliada del franquismo; de hecho disparar contra ella era un modo indirecto y más permitido que hacerlo contra el Gobierno español."[39]

Darüber hinaus üben die Autoren des N.T. jedoch auch Selbstkritik. Sie warnen davor, sich zu sehr auf das systemverändernde Engagement der Intellektuellen und des Kleinbürgertums zu verlassen, die häufig nicht bereit sind, bis zur letzten Konsequenz Solidarität mit der breiten Masse zu üben.[40] Ihre theoretischen und abstrakten Überlegungen und Schlüsse decken sich oft nicht mit den realen gesellschaftlichen Erfordernissen. Miralles sieht hierin ein Indiz für ein möglicherweise schlechtes Gewissen der Dramatiker, deren Arbeit sich auf einer abstrakten und nicht praktischen Ebene vollzieht.[41] Ihr erklärtes politisches Ziel des "cambio"[42] steht im Widerspruch zu der nur indirekten und mittelbaren Wirkungsmöglichkeit ihres künstlerischen Produkts.

Die häufigen thematischen Wiederholungen - insbesondere bezüglich der Kritik des Franquismus - sowohl in den Stücken verschiedener als auch derselben Autoren sind offensichtlich. Sie aber zu beanstanden, hiesse zu vergessen, dass das N.T. nicht unter normalen Bedingungen

---

[38] Vgl. A. Miralles, a.a.O., S.175f. S. z.B. L. Matilla, Post mortem, oder J. López Mozo, ¡Es la guerra!

[39] A. Miralles, Con cinco años de retraso, S.21.

[40] L. Matilla behandelt beispielsweise in "Los chicos del violón" die Kommerzialisierung der Revolution und die modische Ausbeutung der Rebellenideologie.

[41] A. Miralles, Nuevo Teatro Español, S.168.

[42] Ebd., S.128.

arbeitete, sondern gegen die Unterdrückung durch das System kämpfen musste, die eine kontinuierliche Aufführungspraxis nicht zuliess. Unter solchen Umständen liess es sich nicht vermeiden, dass verschiedene Autoren in Unkenntnis der nicht aufgeführten Stücke ihrer Kollegen gleiche oder ähnliche Themen behandelten, und es ist ebenso legitim wie verständlich, wenn ein Autor schon früher von ihm formulierte Ideen, denen der Publikumskontakt versagt blieb, in späteren Stücken neu bearbeitete, in der Hoffnung, sie durch eine veränderte Form doch noch einem Publikum zugänglich machen zu können.

"Im Dreieck von Autor, Werk und Publikum", schreibt Hans Robert Jauss[43]

> ist das letztere nicht nur der passive Teil, keine Kette blosser Reaktionen, sondern selbst wieder eine geschichtsbildende Energie. [...] erst durch seine Vermittlung tritt das Werk in den sich wandelnden Erfahrungshorizont einer Kontinuität, in der sich die ständige Umsetzung von einfacher Aufnahme in kritisches Verstehen, von passiver in aktive Rezeption, von anerkannten ästhetischen Normen in neue, sie übersteigende Produktion vollzieht.

Letzteres gilt auch für die Thematik, und es ist anzunehmen, dass die regelmässige Aufführung der Stücke neuer Autoren dem N.T.E. derartige Wiederholungen erspart hätte.[44]

Im Zusammenhang ihrer Kritik des franquistischen Systems behandeln die jungen Dramatiker auch gesellschaftliche Phänomene, die nicht spezifisch spanische Charakteristika darstellen, sondern allgemeine Gültigkeit für die westlichen Gesellschaftsstrukturen besitzen. Weiter noch kann man sagen, sie fassen die Zustände in Spanien nur als extreme Ausformungen dessen auf, was als Anlage auch anderen westlichen Systemen eigen ist. So bezeichnet Andrés Franco in Einklang mit Wellwarth "la alienación y el

---

[43] H.R. Jauss, Literaturgeschichte als Provokation, S.169.

[44] Vgl. A. Miralles, a.a.O., S.50.

carácter explotador y solapadamente represivo de la sociedad contemporánea" als Themen dieses Theaters.[45] Christel Haack erkennt in ihrer Untersuchung zum Theater Ruibals und Martínez Ballesteros' als grundlegende Themen "den modernen Bürokratiestaat","Korruption durch Macht", "das Problem der Wahrheit" (Martínez Ballesteros)[46] sowie "die Unterdrückung des Menschen, sei es durch ein politisches oder ökonomisches System, durch eine sich verselbständigende Technologie oder durch die kleinste Einheit in der staatlichen Gemeinschaft, die Familie: durch sich selbst als Schöpfer dieser Einrichtungen" (Ruibal).[47]

Man kann somit eine Transzendierung der spezifisch spanischen Problematik und folglich eine gewisse Allgemeingültigkeit feststellen. Die neuen Autoren behandeln in ihren Stücken die spanische Realität, von dieser selbst abstrahierend, als "un segmento de la realidad mundial"[48], wobei man aber nicht vergessen darf, dass ihre Kritik immer von der Realität im franquistischen Spanien ausgeht. Inwieweit die Formulierung allgemeingültiger Aussagen in der Absicht der Autoren lag, als sie ihre Proteststücke verfassten, oder ob der Abstand von einer konkreten spanischen Thematik eher als Versuch einzustufen ist, die Zensur zu überlisten, wird im nachhinein kaum noch mit Sicherheit nachvollzogen werden können. Vermutlich haben beide Motivationen, von Autor zu Autor und Stück zu Stück mit wechselnder Intensität, gemeinsamen Einfluss ausgeübt.[49] Fest stehen jedoch die Resultate, und man wird sich auf die Formulierung A. Miralles'

---

[45] A. Franco, Apuntes sobre un nuevo teatro español, in: Insula (Okt.1973); zit. nach A. Miralles, a.a.O., S.88.

[46] Chr. Haack, a.a.O.,S.44.

[47] Ebd., S.24.

[48] L. Teresa Valdivieso, a.a.O., S.293.- S. auch José Ruibal, a.a.O., S.46.

[49] Vgl. J. Ruibal, a.a.O.

einigen können, für den die Autoren des N.T. politische Themen darstellen, "que aunque tengan su motivación en la dictadura franquista, trascienden el tema, universalizándolo mediante el mecanismo indirecto de la parábola."[50]

Im Jahre 1968 veröffentlichte José Monleón in der Theaterzeitschrift "Primer Acto" einen Artikel, in dem er auch auf die Notwendigkeit einer ästhetischen Erneuerung des spanischen Theaters einging[51]: "Muchos españoles se han preguntado," schrieb er,

> si el teatro no debiera decir cosas distintas a las de siempre. Algunos escritores lo han intentado. Me parece, sin embargo, evidente que en la investigación de las formas y las técnicas hemos sido mucho menos lúcidos. Porque proponer un teatro ideológicamente distinto supone proponer un teatro formalmente distinto y, en consecuencia, trabajar sobre las nuevas técnicas, sobre la nueva función del actor, del escenógrafo o de la puesta en escena de un teatro destinado a mostrar la verdad en lugar de enmascararla.

Der Forderung Monleóns, einem ideologisch und thematisch erneuerten Theater auch eine neue, angemessene Form zu verleihen, kommen die Autoren des N.T.E. entgegen, denen der kritische Realismus der "Generación Realista" nicht den neuen, zu vermittelnden Inhalten zu entsprechen scheint und die deshalb nach anderen Formen und Techniken suchen.[52] Das Verhältnis zwischen "Generación Realista" und N.T. entspricht dabei in etwa dem zwischen existentialistischem und absurdem Theater. Die Dramatiker des Existentialismus - wie Sartre, Camus, Anouilh oder Giraudoux - teilen ihre grundlegende Thematik der Irrationalität menschlicher Existenz mit dem Theater des Absurden.

---

[50] A. Miralles, Con cinco años de retraso, S.12.

[51] J. Monleón, El compromiso de las formas, in: PA 103 (Dez.1968). Hier zit. aus dem Nachdruck in: ders., Treinta años de teatro de la derecha, Barcelona 1971, S.154.- S. auch den Beitrag von José Luis Gómez, in: Teatro español actual, S.156.

[52] Vgl. F. Ruiz Ramón, Estudios de teatro español clásico y contemporáneo, Madrid 1978, S.175f.

Während sich aber die klaren, logisch aufgebauten Formen der Existentialisten im Widerspruch zu dem logisch nicht fassbaren Sinn des menschlichen Daseins befinden, reflektiert schon die Form des absurden Theaters dessen Sinnlosigkeit und das Unmögliche seiner rationalen Erklärung.[53] Deshalb versuchen die Autoren des N.T., eine Ästhetik zu entwickeln, die schon von der Form her das Widersprüchliche und Groteske jener Situation widerspiegelt, die zu ihrem zentralen Thema wird: die Situation der Unterdrückung eines Volkes im Namen der Fürsorge und des Friedens.

Zwar bringt den neuen Autoren ihr "recorrido experimental"[54], das Experiment mit zeitgenössischen ausserspanischen Theaterformen auf der Suche nach einer eigenen Ästhetik - wie dem Theater des Absurden, dem Happening, dem epischen oder dem Dokumentartheater sowie den Entwürfen Artauds, Grotowskis usw. -, immer wieder den Vorwurf des "mimetismo" ein, aber sie folgen in ihrem Experimentierwillen der allgemeinen literarischen Entwicklung in Spanien.[55] In der erzählenden Prosa wird spätestens seit der Veröffentlichung von Luis Martín-Santos' "Tiempo de Silencio" (1962) die Absage an den sozial engagierten Realismus deutlich und die Hinwendung zum Experiment mit neuen Erzähltechniken, so z.B. im Werk von Autoren wie Juan Goytisolo oder Juan Benet, die nicht mehr nur Realität abbilden, sondern sie gleichzeitig interpretieren wollen. In der Lyrik lassen sich ähnliche Entwicklungen feststellen.[56]

---

[53] Nach: Gottfried Büttner, Absurdes Theater und Bewusstseinswandel. Über den seelischen Realismus bei Beckett und Ionesco, Berlin 1968, S.27.

[54] A. Miralles, Nuevo Teatro Español, S.52.

[55] Vgl. Manuel Tuñón de Lara, Estudios de Historia Contemporánea, Barcelona 1977, S.268.

[56] S. z.B.: José Luis Cano, Poesía española contemporánea. Generaciones de posguerra, Madrid 1974.

Das neue ästhetische Bewusstsein gründet sich nicht nur auf ausländische Errungenschaften, sondern verdankt sich ebenso einer Rückbesinnung auf diejenige spanische Tradition, mit welcher der Bürgerkrieg (1936-1939) endgültig hatte brechen wollen.[57] Nicht nur Autoren, die sich wie García Lorca oder Alberti aktiv für die Belange der Republik eingesetzt hatten, sondern auch Valle-Inclán, Unamuno u.a., die sich durch ein kritisches Gegenwartsbewusstsein auszeichneten, wurden durch die neuen Machthaber zum Schweigen verurteilt, ihre Produktion der spanischen Öffentlichkeit unterschlagen. Was das Theater angeht, schreibt Pedro Altares[58]: "la continuidad cultural estaba inexorablemente rota y muchos de los caminos teatralmente más válidos (como el Lorca de La casa de Bernarda Alba o los esperpentos de Valle-Inclán) irremediablemente abandonados."

Die jungen Autoren fühlen sich vor allem durch den ästhetischen Entwurf der "Esperpentos" eines Valle-Inclán angesprochen, den Ruiz Ramón aufgrund seiner neuen "concepción abierta y libre del espacio dramático" als "el primer dramaturgo español contemporáneo" bezeichnet.[59] Valles deformierender Esperpentismus als Reflex einer als widerwärtig empfundenen Realität kommt dem Ausdruck ihrer eigenen ablehnenden Haltung gegenüber der Gegenwart des Franquismus insoweit entgegen, als er in der Lage ist, den realen Hintergrund einer ideologisch verfälschten Wirklichkeit als solchen blosszustellen.[60] Das Anknüpfen an die Ästhetik Valle-Incláns zeigt sich nicht zuletzt in der Optik, mit der das N.T.E. seine eigene Gegenwart distanziert und von oben herab zu be-

---

[57] M. Tuñón de Lara, a.a.O., S.272.

[58] P. Altares, Del teatro del Imperio al teatro de consumo, S.71.

[59] F. Ruiz Ramón, Historia, S.99.

[60] Ebd., S.530.

trachten versucht[61]; die am häufigsten verwendeten Techniken sind, wie Ruiz Ramón feststellt, der satirischen Reduktion verwandt und bilden als solche feste Bestandteile sowohl des ausserspanischen modernen Theaters als auch der "Esperpentos": "degradación, animalización o 'robotización', parodia y mimo - y esto tanto para los personajes como para la acción y el lenguaje." [62]

Es gelingt den Autoren des N.T. in vielen Fällen, ihrer Systemkritik eine adäquate Form zu verleihen und so ein zeitgemässes Theater zu produzieren, welches sich auszeichnet "durch das richtige Verhältnis von

a) Gegenwartsbewusstsein,
b) der durch dieses Bewusstsein geprägten Thematik und
c) der dieser Thematik angemessenen Form."[63]

Für Valdivieso bedeutet die Entsprechung der neuen Ästhetik des N.T. mit seinem Inhalt "la compaginación de lo poético con una temática puramente social y comprometida."[64]

Ruiz Ramón erkennt in der Produktion des N.T.E. drei allgemeine ästhetische Charakteristika[65]: "1) la destrucción interna del personaje; 2) acción y lenguaje parabólicos, y 3) la invasión de la escena por los 'objetos'."

Was die Charaktere des N.T. angeht, so sind sie weder psychologisch durchgeformt, noch können sie als selbständige, entwicklungsfähige Personen mit indivi-

---

61 Vgl. J. Monleón, Matilla y sus monstruos familiares, in: PA 123-124 (Aug.-Sept.1970), S.65.

62 F. Ruiz Ramón, a.a.O., S.531.

63 B.-S. Kulenkampff, a.a.O., S.31f.

64 L.T. Valdivieso, a.a.O., S.64.

65 A.a.O., S.527. Hierzu und zum Folgenden s. F. Ruiz Ramón, Historia, S.527ff; ders., Prolegómenos, S.7; ders., Introducción al teatro de Jerónimo López Mozo, in: Estreno 1 (1975), S.15; ders., Estudios de teatro español, S.190ff.

duellem Bewusstsein verstanden werden. Die Bezeichnung als Charaktere steht ihnen somit im Grunde gar nicht zu. Sie sind vielmehr "signos" oder Symbole, die für typische Haltungen und Verhaltensweisen stehen. Deshalb kann Ruiz Ramón von innerlicher Zerstörung sprechen. Da das Konstruktionsschema der Stücke nicht aus einer Handlung im herkömmlichen Sinne hervorgeht, die sich mehr oder weniger logisch entwickelt, sondern sich aus der Veranschaulichung verschiedener Aspekte der thematisierten Situation ergibt, besteht das fertige Stück häufig aus einer Reihe von Szenen, die ohne unmittelbaren Bezug zu einer Collage zusammengefügt wurden.[66] Die Figuren erfüllen hier in der Hauptsache die Funktion, die nebeneinanderstehenden Szenen zueinander in Bezug zu setzen und zu einem kohärenten Ganzen zu verbinden. Der Zuschauer erhält nicht die Möglichkeit, sich mit ihnen zu identifizieren, und ist - ganz im Sinne der Autoren - gezwungen, sich kritisch mit der dargestellten Problematik auseinanderzusetzen.

Auch die Parabolik von Handlung und Sprache verfolgt, neben ihrer Funktion, die Zensurbeamten möglichst in Unklarheit über den wahren Gehalt der Stücke zu belassen, die Absicht der Autoren, den Zuschauer geistig zu aktivieren. Wenn der Autor seine Vision der spanischen Gesellschaft verschlüsselt, indem er die reale Situation auf eine fiktive Ebene überträgt, die scheinbar keinen konkreten Bezug zur spanischen Realität, aber in ihren Merkmalen und Verhältnissen doch wichtige Gemeinsamkeiten mit ihr besitzt, so ist der Zuschauer, will er die konkrete Bedeutung des Stückes verstehen, gezwungen, seinen Inhalt zu entschlüsseln, indem er, ausgehend von den festgestellten Gemeinsamkeiten, den Gegenwartsbezug rekonstruiert:

---

[66] Vgl. Andrés Amoros u.a., Análisis de Cinco comedias, S.185.

> los acontecimientos representados tienen un valor referencial y deben ser contemplados como un mensaje en clave que hay que descodificar. La acción y el lenguaje parabólicos, puros signos referenciales como lo es el personaje, intentan provocar un continuo juego de complicidades entre el autor y los espectadores. El espectador ya ha abandonado su papel pasivo para convertirse en un ente activo, el único a quien compete la ingente tarea del desciframiento, de la interpretación del hecho escénico.[67]

Klaus Völker schreibt über die Stücke Ionescos und Brechts[68]: "Das Wort wird von der Geste weitergeführt, die Requisiten spielen mit, Pantomime setzt sein, wenn das Wort nicht mehr ausreicht." Er stellt somit eine gewisse Gleichberechtigung von Gestik, Mimik und Requisiten gegenüber dem gesprochenen Wort fest. Auf eben diesen Umstand bezieht sich Ruiz Ramón, wenn er von der Invasion der Objekte im N.T. spricht. Sonore und visuelle Objekte werden, genauso wie die Handlung und die handelnden Figuren, zu Symbolen für die Realität. Geräusch-, Licht- und Dekorationseffekte dienen nicht länger nur der Untermalung des gesprochenen Textes, sondern erhalten ihre eigene spezifische Bedeutung. Die Bühne selbst wird zum Symbol: Einmal versinnbildlicht sie - wie in López Mozos "Moncho y Mimí" - als "espacio dramático cerrado"[69] die hermetische, zu Francos Lebzeiten ausweglos erscheinende politische und soziale Situation des Landes, ein anderes Mal macht sie durch ihre Integration in den Zuschauerraum dem Publikum deutlich, wie sehr die dargestellte Situation der von ihm gelebten entspricht. In einem anderen Stück López Mozos, "El caserón", wird die Bühne mit ihrem Szenenbild gar zum Symbol des gesamten franquistischen Machtgebäudes und seiner Ideologie.

---

[67] L.T. Valdivieso, a.a.O., S.295.- S. auch F. Ruiz Ramón, Estudios de teatro español, S.191.

[68] K. Völker, Groteskformen des Theaters, in: Akzente, Jg.7 (1960), S.338.

[69] F. Ruiz Ramón, a.a.O., S.196.

Die Charakteristika des N.T. befinden sich im Einklang mit der Entwicklung vom "Akustischen" (Sprechtheater) zum "Optischen" (Schautheater), die Marianne Kesting im modernen Theater allgemein erkennt.[70] Der Text gilt nicht mehr als selbständiges Kunstwerk, sondern eher als "Illustration einer Situation".[71] Für sich selbst genommen häufig nur unvollständig, muss er durch die Aufführung ergänzt und vollendet werden: "Das Stück ist erst Kunstwerk in der Gesamtkonzeption."[72] Dementsprechend finden sich im N.T.E. zwei weitere charakteristische Merkmale: die Tendenz zum "teatro-espectáculo", dem von Kesting erwähnten Schautheater, und zum dieses begünstigenden "experimento colectivo", der Arbeit im Theaterkollektiv.[73]

Beide Tendenzen beinhalten nicht zuletzt eine verstärkte Hinwendung zum Publikum. Das Schautheater bezieht sein Publikum in die künstlerische Gesamtkonzeption ein, indem es die Trennung von Bühne und Zuschauerraum aufgibt und einen Teil der Handlung beispielsweise zwischen die Zuschauer verlegt, indem es auf die Reaktionen des Publikums eingeht oder dieses - wie im Falle der Happenings - sogar die Handlung und deren Fortlauf aktiv mitbestimmen lässt. Das veränderte gesellschaftliche Bewusstsein der Arbeitskollektive begünstigt die eingehendere Berücksichtigung der Bedürfnisse eines Publikums noch während der Produktion und folgt dem Bestreben, kulturelle Aktivitäten möglichst breiten Publikumsschichten zugänglich zu machen. "Una cultura moderna exige la posibilidad de participación colectiva a través

---

70 M. Kesting, Sprechtheater und Schautheater, in: Akzente, Jg.3 (1956), S.32.- Vgl. auch J. Duvignaud, a.a.O., S.393.

71 M. Kesting, a.a.O., S.35.

72 Ebd., S.33.

73 F. Ruiz Ramón, Prolegómenos, S.7.- Ignacio Elizalde, Temas y tendencias del teatro actual, Madrid 1977, S.40.

de la enseñanza y de los medios de comunicación de masa."[74] Dieser Forderung folgt das N.T., indem es durch das Experiment mit neuen dramatischen Formen und Formeln wie die unabhängigen Gruppen des T.I. versucht, neue Kommunikationskanäle zu neuen Publikumsschichten zu erschliessen.[75]

Erklärtermassen will ein Teil der Nachwuchsautoren nicht länger für kulturelle Eliten schreiben, sondern für ein Massenpublikum. Dieser Absicht steht jedoch der aufgrund von Verschlüsselungen häufig sehr abstrakte Stil zahlreicher Stücke entgegen. Man musste sich die Frage stellen, ob ein Massenpublikum in der Lage wäre, derart komplizierte Gebilde zu dechiffrieren und zu verstehen.[76] Zwar ist die begeisterte Aufnahme von Becketts "Warten auf Godot" durch die Insassen des kalifornischen Zuchthauses von San Quentin im Jahre 1957[77] ein blendendes Beispiel für die Aufnahmefähigkeit und das Verständnis weniger gebildeter Publikumsschichten gegenüber schwer fassbaren Themen und ungewohnten Darstellungsformen. Und Theatergruppen, die Erfahrungen mit solchen Publikumsschichten gesammelt hatten, wiesen darauf hin, dass auch dort die Möglichkeit des Verstehens nicht von vornherein ausgeschlossen werden müsste: "Hemos comprobado que la gente no es tan zoquete como se pretende; sólo que se le ha de mostrar algo que realmente le afecte."[78] Aber trotzdem versuchen die Autoren des N.T., von ihren anfangs sehr starken Verschlüsselungen und Abstraktionen abzurücken, um ein leichter verständliches

---

[74] José María Castellet, ¿Existe hoy una cultura española?, in: La cultura bajo el franquismo, S.17.

[75] Vgl. F. Ruiz Ramón, Historia, S.446.

[76] Vgl. F. Ruiz Ramón, Estudios de teatro español, S.247f.

[77] Martin Esslin, Das Theater des Absurden, Reinbek b. Hambg. 1965, S.10ff.

[78] Teatro Estudio Lebrijano in einem Interview mit Miguel Pacheco, in: Yor 38 (Febr./März 1970), S.68.

Theater zu schreiben. Dabei nehmen sie die Diskussion um den Begriff "Teatro popular" wieder auf, der bereits in den Thesen der "jornadas de teatro universitario" von Murcia im Dezember 1963 zentrale Bedeutung hatte.[79]

In der Absicht, für ein - schwer zu definierendes - "público popular" zu schreiben, sucht man zunächst nach Themen, die speziell dieses Publikum interessieren könnten. Aber bald setzt sich die Auffassung durch, dass ein "Teatro popular", das sich als kritische Alternative und als Protest gegen die Monopolisierung der Kultur durch die Bourgeoisie versteht, nicht denselben Fehler begehen dürfe, nun seinerseits die Bourgeoisie von dem Prozess künstlerischer Kommunikation auszuschliessen. Deshalb kommt man zu dem Schluss, dass es notwendig sei, solche Themen und ästhetischen Formen in die Bühnenpraxis umzusetzen, die in irgendeiner Weise ein Interesse und Gültigkeit für alle Publikumsschichten besitzen.[80] Entsprechend wird in den "Conclusiones" des "Festival Palma-70" "Teatro popular" definiert als "aquel que se dirige con autenticidad de expresión a cada uno de los estamentos sociales, sin que implique una exclusividad a cada uno de ellos."[81]

Neben dieser im Hinblick auf die Arbeit der Theatergruppen sicher korrekten Festlegung existiert allerdings ein Konzept, das die Forderung nach kollektiver Beteiligung am Kulturgeschehen sehr viel unmittelbarer auslegt. Man könne nur dann von wirklichem "Teatro popular" sprechen, wenn dieses tatsächlich vom Volke ausgeht, also von den verschiedenen gesellschaftlichen Gruppen und Schichten, die ihre Probleme und Erfahrungen in Szene

---

[79] Vgl. J. Monleón, Treinta años de teatro de la derecha, S.123.

[80] Vgl. Mesa redonda del Festival Palma-70: Teatro Popular: el viejo, actual, ¿eterno tema?, in: Yor 45 (Jan./Febr.1971), S.64.

[81] Conclusiones del Festival Palma-70, in: Yor 45, S.67.

setzen, um sich anderen mitzuteilen. Denn Aussenstehende können die zu thematisierenden Probleme kaum in ihrer ganzen Tragweite und Bedeutung für die betreffende Gruppe erfassen[82]: "desde una formación burguesa (caso de la mayoría de los miembros del teatro independiente), aunque se esté plenamente identificado con la lucha del pueblo, es imposible hacer un teatro para él." "No dar teatro al pueblo, sino enseñarle a hacerlo," sei daher die Aufgabe der Theaterschaffenden - und damit auch der Autoren.[83]

3.1.3. "Nuevo Teatro" und Generationsbegriff

Die bisherige Beschreibung und Analyse allgemeiner Merkmale und wichtiger Tendenzen innerhalb des N.T.E. mag den Eindruck erwecken, es handle sich um eine homogene Autorengruppe. Und in der Tat schien sich seit 1970 nach von José Ruibal organisierten Autorentreffen in Madrid und Barcelona die Entstehung einer neuen Dramatiker-Generation abzuzeichnen, als deren äusserliche Gemeinsamkeiten ihre regime- und gesellschaftskritische Haltung, die fortwährenden Zensurverbote und ihre daraus folgende Unbekanntheit gelten konnten.[84] Die Autoren selbst neigten dazu, sich als Generation aufzufassen, wie

---

[82] J. López Mozo, Teatro de barrio y campesino en España (Conferencia leída en la Universidad Internacional Menéndez Pelayo de Santander, el 20 de Agosto de 1980), Ms., S.5f.

[83] Mesa redonda del Festival Palma-70, S.65.- Einen wegweisenden Vorstoss in diese Richtung hat Jerónimo López Mozo mit seinem Buch "Teatro de barrio, teatro campesino (Apuntes)", Madrid 1976, unternommen, in dem er reichhaltige Informationen und konkrete Hinweise zum Aufbau und zur Funktion von Theaterspielgruppen in Fabriken, Vororten, Dörfern usw. zusammenstellt.

[84] A. Miralles, a.a.O., S.45.

aus zahlreichen Veröffentlichungen hervorgeht[85], und sie wurden hierin bestärkt durch die sogenannte "Mesa de Blumenthal", eine Reihe von Veranstaltungen zum spanischen Gegenwartstheater in der Pariser Universität, vom 20. bis zum 26. November 1972, die unbeabsichtigt zur Diskussions- und Aufführungsplattform des N.T.E. geriet[86], weil die prominenten Vertreter der "Generación Realista" - Buero Vallejo, Sastre, Olmo, Martín Recuerda - ihre Teilnahme an den Theatertagen kurzfristig abgesagt hatten.

In diesen und ähnlichen Aktionen stellten die Autoren ihre Absicht zur Erneuerung der spanischen Bühne hervor, um ein freieres und volksnäheres Theater, letztendlich ein kritischeres Theater zu entwickeln.[87] Zusammen mit den thematischen Übereinstimmungen ihrer Stücke und dem allgemein symbolisch-parabelhaften und dadurch verallgemeinernden Stil, der deshalb mitunter auch als "castrador y esquematizante"[88] empfunden wurde, ergibt sich so eine beachtliche Anzahl von Gemeinsamkeiten, die tatsächlich dazu verleiten könnten, das N.T. als Generation zu betrachten. Miralles führt zudem eine Reihe von Premieren als mögliche "hechos generacionales", generationsbestimmende Ereignisse an[89]:

1970 - Tábanos "Castañuela 70" als erste erfolgreiche "creación colectiva" des T.I., in welcher der Text der Gesamtkonzeption untergeordnet war. (Allerdings

---

85 Vgl. u.a.: A. Miralles, Una generación sin oportunidades, in: Mundo 1583 (5.9.1970), S.25-35.- Angel García Pintado, Un pretexto para conocerse, in: PA 123-124 (Aug.-Sept.1970), S.41f.

86 S. hierzu Gonzalo Pérez de Olaguer, El "Nuevo Teatro Español" en la Universidad de París, in: Yor 55-56 (Dez.1972), S.103-105.- Auch: A. Miralles, Nuevo Teatro Español, S.65ff.

87 Vgl. A. Miralles, a.a.O., S.44 u. S.92.

88 Miguel Bilbatúa, Riaza entre el realismo y el posibilismo, in: Pip 3 - Textos (1.Zykl.)(Mai 1974), S.8.

89 A. Miralles, a.a.O., S.73.

müssen Zweifel angemeldet werden, ob dieses Stück in der Tat als Schlüsselereignis für eine mögliche neue Dramatiker-Generation in Betracht kommt, denn diese Produktion ging nicht vom N.T.E. aus, sondern vielmehr vom T.I., wenngleich sich beider Absichten weitgehend deckten!)

1971/72 - "El retablo del flautista" von Jordi Teixidor[90], das sich als erster grosser Publikumserfolg des N.T. ein Jahr lang auf dem Spielplan des CAPSA-Theaters in Barcelona behaupten konnte.

1972 - Miguel Romero Esteos "Paraphernalia de la olla podrida, la misericordia y la mucha consolación"[91] wegen der Übernahme des "nonsense"-Erbes der europäischen Avantgarde und ebenfalls

1972 - "El Fernando" als erste grosse Kollektivproduktion zwischen acht Autoren und einer Theatergruppe, dem "T.U. de Murcia".[92]

Als ein erster erfolgreicher Schritt im Hinblick auf die Zusammenarbeit zwischen N.T.E. und T.I., wohl eine der wichtigsten Tendenzen im jungen spanischen Theater, dürfte "El Fernando" das bedeutendste Ereignis dieser Auflistung sein. Aber auch "El Fernando" wird kaum als "hecho generacional" verstanden werden können, denn bereits zwei Jahre nach seiner Premiere und nachdem sich das N.T.E. in Paris als zusammengehörige Gruppe präsentiert hatte, distanzieren sich die Autoren wieder von der Bezeichnung des N.T. als Generation. García Pintado, der vorher die bestehenden Gemeinsamkeiten unterstrichen hatte, bezeichnet nun die Zusammentreffen mit und um Ruibal lediglich als willkommene Gelegenheit, sich kennenzulernen, als "elemento aglutinante, pero nada más.

---

[90] Abdruck in: Yor 43 (Sept.1970), S.19-53.

[91] Veröffentlicht in: Estreno 2 (1975).

[92] S.: Yor 55-56 (Dez.1972); Textabdruck S.19-62.

Cada uno ha seguido su camino y no seré yo quien diga si bien o mal."[93] López Mozo erklärt in einem Interview mit Pérez Casaux bezüglich der Generationszugehörigkeit[94]:

> Ha sido un fenómeno ficticio, creado por la existencia de un grupo de autores enfrentados a problemas comunes. La existencia de esos problemas ha representado la imagen del grupo, cuando en realidad las diferencias entre sus individuos eran en todos los órdenes abismales. Lo que sucede es que por tratarse de un teatro prácticamente desconocido, ese aspecto ha quedado oculto. Si acaso, nos une, y no a todos, la voluntad de hacer un teatro crítico, pero no la forma de hacerlo.

Im Jahre 1976, etwa zehn Jahre nach seiner Formierung, wird klar, dass ein Gefühl der Zusammengehörigkeit unter den Dramatikern des N.T.E. nicht mehr existiert.[95] Matilla stellt gegenüber M.A. Medina fest[96]:

> En absoluto podemos hablar de un frente común, cada uno hace la guerra por su cuenta. [...] el punto de contacto actual entre todos: las búsquedas a partir de distintas concepciones del hecho teatral [...].

Und López Mozo sieht als letzte Gemeinsamkeiten nur noch die Probleme, von denen alle weiterhin betroffen sind, "las metas son muy diferentes".[97]

Das Auseinanderbrechen der Gruppe nach nur relativ kurzer Zeit mag seinen Grund in den mit ständigen Frustrationen verbundenen Arbeitsbedingungen im Endstadium des Franquismus finden, aber auch gruppeninterne Differenzen haben ihre Konsolidierung verhindert. Schon als Wellwarth in seinem 1972 erschienenen "Spanish Underground

---

[93] A. García Pintado in einem Interview mit M. Pérez Coterillo, in: PA 168 (Mai 1974), S.19; auch zit. bei A. Miralles, a.a.O., S.46f.

[94] Ohne weitere Ang. zit. b. A. Miralles, a.a.O., S.90.

[95] Ebd., S.90.

[96] M.A. Medina, El teatro español en el banquillo, S.91.

[97] Ebd., S.107.

Drama" den Autoren José María Bellido, Antonio Martínez Ballesteros und vor allem José Ruibal ungerechtfertigterweise eine Führungsrolle zuerkannte und die anderen Gruppenmitglieder als deren "seguidores" bezeichnete, wurde das Ende der kaum formierten Generation eingeleitet, denn die übrigen Autoren konnten eine solche willkürliche Rollenverteilung nicht akzeptieren. Als nämlich in der zweiten Hälfte der sechziger Jahre ein Grossteil ihrer Stücke entstand, existierten noch kaum Kontakte zwischen den einzelnen Autoren, und auch ein gegenseitiger Einfluss, direkt über ihre Werke, war damals nicht möglich, da diese weder aufgeführt wurden noch in Buchform vorlagen.[98] Der Untersuchung Wellwarths fällt so ironischerweise die antithetische Bedeutung zu, als erste umfangreichere Auseinandersetzung mit dem Thema des N.T.E., deren Vorbereitung zu intensiven Kontakten zwischen den einzelnen Autoren geführt hatte, zugleich ein erster Anlass zu sein für gravierende Differenzen, die einer weiteren Konsolidierung der Gruppe entgegenstanden.

Von diesem Zeitpunkt an ist das Zusammengehörigkeitsgefühl der Gruppe gestört. Negative Urteile einzelner Autoren, die auch als Theaterkritiker veröffentlichen, über Aufführungen ihrer Kollegen werden als Neid darüber gewertet, dass den eigenen Stücken weiterhin der Publikumskontakt verwehrt bleibt; positive Kritiken werden nicht selten von anderen als Freundschaftsdienste disqualifiziert.[99] Und so muss Miralles feststellen, dass als weitere Konstante des N.T. anzusehen ist "una insoli-

---

[98] S. hierzu A. Miralles, a.a.O., S.15 sowie S.36f., und: ders., Con cinco años de retraso, S.14.- Vgl. auch: L.T. Valdivieso, a.a.O., S.63. Vf. übernimmt die von Wellwarth vorgenommene Rollenverteilung.

[99] Vgl. hierzu die Auseinandersetzung zw. Manuel Martínez Mediero und Riaza, Pérez Casaux, Arias Velasco sowie Richardson, in: PA 154 (März 1973), anlässlich einer Kritik Medieros in PA 152 (Jan.1973); zit. bei A. Miralles, Nuevo Teatro Español, S.75ff.

daridad evidenciada en críticas negativas y excesivamente personales".[100]

Man kommt zu dem Schluss, dass das N.T.E. nicht als kohärente und homogene Gruppierung, geschweige denn als Generation aufgefasst werden darf. Es muss allerdings ohnehin die Frage gestellt werden, welche Bedeutung und Relevanz dieser in der spanischen Literaturgeschichtsschreibung so beliebten und doch immer wieder kritisierten Generationseinteilung tatsächlich zukommt. Schliesslich zieht César Oliva auch in Zweifel, ob die "Generación Realista" zu Recht als Generation bezeichnet wird, man könne diesen Begriff hier eigentlich nur im Sinne einer "generación frustrada e incompleta" verwenden.[101] Und sogar die "Generación del 98" wird als solche in Frage gestellt, wenn Tuñón de Lara als wahrscheinlich einzige Gemeinsamkeit der in ihr vereinten Autoren deren grundsätzliche Problemauffassung resümiert, die sich übrigens gar nicht so sehr von der des N.T. unterscheidet[102]: "Hay que repensar España, rehacer su escala de valores, y para ello hay que conocerla. Su viejo armazón es inservible y hay que sustituirlo."

Genauso wie jenen Autorengruppen nach wie vor einige gemeinsame Merkmale verbleiben, können auch den Dramatikern des N.T. nicht alle Gemeinsamkeiten abgesprochen werden. Es verbindet sie u.a. die Tendenz zu einem regime- und gesellschaftskritischen Theater, und auch die fehlende Übereinstimmung in Form und Ästhetik hat ihren Grund in einer weiteren Gemeinsamkeit: der Tendenz zum Experiment.

---

[100] A. Miralles, a.a.O., S.66.

[101] C. Oliva, a.a.O., S.33.

[102] Manuel Tuñón de Lara, Medio Siglo de Cultura Española (1885-1936), Madrid ^{3}1973, S.110.

3.2. Grenzen und Möglichkeiten des "Nuevo Teatro Español"

3.2.1. Innere und äussere Voraussetzungen

Nur die wenigsten der lebenden spanischen Dramatiker sind in der Lage, von den Einkünften aus den Aufführungen oder Veröffentlichungen ihrer Werke ihren Lebensunterhalt zu bestreiten. Von denen aber, die sich auch im kommerziellen Theater einen Namen machen konnten, mussten viele ihren ursprünglichen Absichten untreu werden und Kompromisse schliessen. "Sin un trabajo paralelo al de creación teatral," so Luis Matilla, "el autor se ve obligado a batallar dentro de unas estructuras teatrales tan estrechas que difícilmente le van a permitir defender su auténtica línea."[103] Um von seiner schriftstellerischen Tätigkeit leben zu können, muss er sich den Erfordernissen des kapitalistischen Kulturbetriebs anpassen[104] und Texte liefern, welche die Ziele der herrschenden Ideologie verfolgen oder diese zumindest nicht in Frage stellen[105]:

> La fórmula es simple: escribir textos a la medida del nivel actual de espectador español; evitar los engorrosos problemas de censura alejándose de cualquier temática comprometida o practicando ese teatro falsamente crítico de andar por casa al que tan acostumbrados estamos.

In einem System der Unterdrückung sollten es sich Künstler und Intellektuelle aber nicht zur Aufgabe machen, dieses System zu unterstützen und zu stärken. Es ist vielmehr ihre moralische Pflicht, mit allen ihnen zur Verfügung stehenden Kräften gegen die Diktatur zu

---

[103] In: M.A. Medina, a.a.O., S.92.

[104] Vgl. ebd., S.16.

[105] Vgl. Jordi Teixidor, La impotencia, S.44.- Folgendes Zitat von J. López Mozo aus einer Umfrage: Teatro en España, 1969, in: PA 115 (Dez.1969), S.10.

kämpfen, "bien desde la clandestinidad, bien desde el exilio, bien, en fin, entrando en el difícil juego de los simbolismos, las parábolas y las referencias a situaciones paralelas ubicadas en otro tiempo o lugar"[106], wie es das N.T.E. versucht hat. Um dem Anspruch, ihrer Kritik an Politik und Gesellschaft Ausdruck zu verleihen, gerecht werden zu können, sind die jungen Dramatiker in aller Regel gezwungen, ihren Lebensunterhalt in theaterfremden Berufen zu verdienen.

Der Autor übermittelt in seinem Werk ein Stück gesellschaftlicher Wirklichkeit[107], mehr noch: er interpretiert sie, legt sie aus: er verteidigt sie, wenn er mit ihr übereinstimmt, und er klagt sie an, wenn er sie als ungerecht und entwürdigend erkennt. Aber die gesellschaftliche Wirkung seiner Aussage kann nur mittelbar sein und wird im Normalfall - wenn überhaupt - erst sehr viel später, im Rahmen des gesamtgesellschaftlichen Entwicklungsprozesses, erkennbar werden. Wie Sastre es ausführt[108], ist die Kunst

> una especie de útil inútil. Esta es nuestra contradicción y la fuente de nuestro desamparo. Es, en fin, un inútil actual cuya utilidad es mediatamente verificable en la forma de una progresiva toma de conciencia; un inútil actual futuramente útil.

Fälle wie die Aufführung von J. López Mozos "Los sedientos" 1967 in Lebrija dürften seltene Ausnahmen sein. Die illegale Premiere des Stückes, das die Wasserknappheit in andalusischen Dörfern und Kleinstädten wie Lebrija sowie die Unfähigkeit und das Desinteresse der Behörden, dieses Problem zu lösen, thematisiert, führte hier

---

106 J. López Mozo, Postdictadura y teatro, in: PA 177 (Febr.1975), S.5.

107 Juan Antonio Hormigón, El autor en la historia del teatro, in: Pip 6/7 - Revista (1.Zykl.) (Aug./Sept. 1974), S.19.

108 Alfonso Sastre, Anatomía del realismo, Barcelona 1974 (Segunda edición, con nuevos prólogo y epílogo del autor), S.286.

noch an demselben Tag zur Absetzung des Bürgermeisters.[109] Bei einer offenbar derart direkten Wirkung stellt sich jedoch die Frage, inwieweit es sich tatsächlich um ein bewusstseinsbildendes Verdienst des Stückes handelte oder ob dieses nicht doch nur in Übereinstimmung mit dem in Lebrija ohnehin herrschenden Unmut einen katalysierenden Effekt besass.

Das antifranquistische Theater solidarisiert sich in Kenntnis seiner Mittelbarkeit und aufgrund des Bedürfnisses, seiner Isolierung entgegenzuwirken, mit jenen Ideologien, die auf politischer Ebene gegen die Franco-Diktatur opponieren. Man handelt in der Gewissheit, dass das regime-kritische Theater seinen Beitrag zur Veränderung der Situation Spaniens und des spanischen Theaters wirksam nur im Rahmen der allgemeinen, gegen die franquistische Unterdrückung gerichteten Bestrebungen zur Veränderung der spanischen Gesellschaft leisten kann.[110] Aus der Solidarisierung mit politischen Ideologien ergibt sich in den Stücken mitunter eine Überbetonung der politischen Aussage durch die Autoren. Ihr wird zu breiter Raum zugebilligt und der ästhetische Anspruch der Kunst vernachlässigt, so dass die betroffenen Werke als ihrem Kunstcharakter entfremdete, oppositionelle Pamphlete erscheinen, von denen kaum eine Wirkung zu erwarten ist, wenn sie nicht einem Publikum vorgesetzt werden, das ohnehin die politischen Ideen des Autors teilt.

Einwände gegen die zu direkte Bindung des Theaters an unmittelbare politische Zielsetzungen kommen hingegen nicht nur von den Kritikern des N.T.E., sondern auch aus den Reihen seiner Autoren selbst. López Mozo warnt schon früh vor der bedingungslosen Festlegung des Dramatikers auf eine bestimmte politische Linie und fordert, was das

---

[109] Vgl. J. López Mozo, Teatro de barrio, teatro campesino (Apuntes), S.171.

[110] Vgl. J.G. Requena, Sobre el "teatro" y el nuevo teatro, S.2.

dramatische Arbeiten anbetrifft, die Aufrechterhaltung einer kritischen Unabhängigkeit.[111] Nieva befürchtet, dass ein einseitiges, politisches Engagement des neuen Theaters das zu einer Erneuerung ebenso nötige moralische und ästhetische Engagement verdrängen könnte.[112] Wenngleich nun die meisten Autoren des N.T. die Verpflichtung zur ästhetischen und moralischen Erneuerung akzeptieren, so verfolgen sie doch auch weiterhin politische Absichten. Denn wenn das Theater Abbild des menschlichen Lebens sein soll, so muss der politische Aspekt, der dieses entscheidend mitbestimmt, in das Theater gebührend miteinbezogen werden.[113] Scharf verteidigt Angel García Pintado die politische Orientierung des Theaters gegen den Vorwurf des Pamphlets[114]:

> Los que aún creen que el arte no ha de ser político son quienes parecen plenamente dispuestos a aceptar un destino de seres ahistóricos. Nosotros no. Somos producto de nuestro tiempo, existimos impregnados de él. Justa - por necesaria - pues, la progresiva politización que se observa en el arte, imbuido del espíritu de una época que está basada en la inquietud por lo problemático, lo problemático como urgencia. A la hora de trabajar, ¿cómo huir, esquivar, inhibirse de ese compromiso, sin estar previamente impermeabilizados con una gruesa capa de cinismo? ¿Qué sentido puede tener nuestra tarea, si estamos constantemente escapando o engañándonos?

Deutlich zeigt sich hier das Bedürfnis der jungen Autoren, durch ihre Arbeit von der Bühne herab, die - legitim unter den vom Franquismus vorgegebenen Umständen - mitunter

---

[111] J. López Mozo, El dramaturgo y su compromiso, in: Yor 25 (1967), S.12 u. 17.- Vgl. auch F. Nieva, in: Teatro español actual, S.271f.

[112] Francisco Nieva, La estética moderna y las nuevas tendencias del teatro, in: PA 107 (Apr.1969), S.23.

[113] Vgl. J.L. Alonso in einer Umfrage über "Censura, teatro social y teatro político en España",in: PA 131 (Apr.1971), S.17.

[114] A. García Pintado, A la caza de un concepto, in: Pip 6/7 - Revista (1.Zykl.), S.24.

auch zur politischen Agitation geraten darf, zur Bildung eines neuen gesellschaftlichen Bewusstseins beizutragen.[115]

Das Hauptanliegen des Dramatikers ist es demnach, sich einem Publikum mitzuteilen, sein Hauptproblem im franquistischen Spanien die Einschränkung des Rechtes der freien Meinungsäusserung durch die staatliche Zensur und andere gleichgeschaltete Mechanismen. Angesichts dieser Situation kann man die Autoren - gemessen an der in ihrem Werk geäusserten Haltung bezüglich des Bestehenden - in drei Gruppen aufteilen: auf der einen Seite die systemkonformen, die den Franquismus befürworten und verteidigen, und auf der anderen seine Gegner, die ihn in ihren Stücken angreifen, seine Machenschaften entlarven und deren Aufführungen daraufhin verboten werden; dazwischen eine weitere Gruppe oppositioneller Dramatiker, die versuchen, ihre Kritik am Franquismus durch versteckte Anspielungen oder Verschlüsselungen im Rahmen des noch Erlaubten zu halten, um so Zensurverbote zu umgehen.[116]

Die Dramatiker des N.T. wie auch die Realisten gehören den beiden Gruppen an, die sich gegen den Franquismus engagieren, und deren Verhaltensweisen in Erinnerung an die Polemik zwischen Sastre und Buero Vallejo Anfang der sechziger Jahre auch als "posibilismo" bzw. "imposibilismo" bezeichnet werden.[117] Sastre hatte den "posibilismo", die Bereitschaft zum Kompromiss zwischen System-

---

[115] Zur Situation des Autors vgl. auch: Juan Martínez de la Vega, Los autores frente al público y otros condicionantes, in: PA 130 (März 1971), S.VI-VIII.

[116] Vgl. J. Monleón, in: Teatro español actual, S.33.

[117] Zur Polemik zw. Buero u. Sastre s. die Nummern 14, 15 u. 16 der Theaterzeitschrift Primer Acto.- Vgl. auch Buero zu diesem Thema in: Teatro español actual, S. 80, sowie Sastre in: A. Sastre, La revolución y la crítica de la cultura, Barcelona [2]1971, S.127ff.- Ferner: J. Monleón, Treinta años de teatro de la derecha, S.127 u. 129.- F. Ruiz Ramón, Estudios de teatro español, S.178f.

kritik und Anpassung, um die Aufführung und damit die Wirkungsmöglichkeit nicht aufs Spiel zu setzen, verurteilt und zum "imposibilismo" aufgerufen, die kompromisslose Attacke gegen das Regime ohne Rücksicht auf die Folgen für sich selbst. Dass diese Folgen sehr schwerwiegend sein konnten, musste Sastre selbst feststellen: er wurde von Mitte der sechziger Jahre bis zum Ende des Franquismus mit absolutem Aufführungsverbot bestraft.

Sowohl die Realisten wie auch ihre jüngeren Kollegen folgen zunächst weitgehend dem "posibilismo". Rodríguez Méndez schreibt[118]:

> El autor tiene que hacerse a la idea de que se halla en una cárcel ideológica, y que si quiere expresar su propio pensamiento tendrá que acudir a la vía de la imaginación y su "enmascaramiento".

Die gezielte und oft übermässige Verschlüsselung der Kritik und die Verschleierung ihres Bezuges zur spanischen Realität im N.T. weisen in diese Richtung. Als sich aber zeigt, dass die Verschlüsselung nicht den gewünschten Erfolg hat und nur die weitgehende Aufgabe der eigenen kritischen Haltung zu Aufführungsgenehmigungen führen würde, bekennen sich seit Anfang der siebziger Jahre einzelne Autoren zum "imposibilismo", indem sie sich weigern, freiwillige Zugeständnisse an ein durch das Regime gefordertes Wohlverhalten zu machen[119]. Dazu schreibt F. Ruiz Ramón[120]:

> hay autores que, vista la inviabilidad de toda posibilidad de comunicación efectiva y eficaz [...], se deciden a escribir como si no existiera censura

---

118 J.M. Rodríguez Méndez, La incultura teatral, S.99. Es handelt sich in der Tat um dens. Vf., der an anderer Stelle die parabelhafte Verschlüsselung der spanischen Realität durch die Autoren des N.T. verurteilt.

119 A. Miralles nennt in diesem Zusammenhang vor allem die Namen Matilla, López Mozo und García Pintado, in: A. Miralles, Nuevo Teatro Español, S.59.

120 F. Ruiz Ramón, a.a.O., S.142.

> en el país, renunciando así a la función social de su teatro, y creando en solitario, más acá de toda comunicación con los públicos del presente.

Aber es soll hier nicht wieder die Polemik über die Berechtigung von "posibilismo" oder "imposibilismo" entfacht werden. In jedem Fall stellt der "imposibilismo" die ethisch und idealistisch folgerichtigere Haltung dar, während der "posibilismo" konsequenter auf die Aufführung hinarbeitet. Dabei darf nicht vergessen werden, dass letzten Endes nur jenes Theater im eigentlichen Sinne existiert, welches "möglich" ist, und somit aufgeführt wird.[121] Hieraus ergibt sich das Dilemma des N.T.E., dessen Autoren die Notwendigkeit eines regime- und gesellschaftskritischen Theaters erkannt hatten, das aber unter den gegebenen politischen Umständen nicht möglich war.

Dem Wunsch der Autoren, ihre Stücke trotz aller Schwierigkeiten mit der Zensur und dem kommerziellen Theater aufgeführt zu sehen und als Dramatiker anerkannt zu werden, kommt die fast unübersehbare Vielzahl von spanischen Literatur- und Theaterpreisen entgegen, die in keinem Verhältnis zur tatsächlichen Förderung der Kultur und insbesondere des Theaters in Spanien steht.[122] So schliessen wichtige Preise, wie der des Theaterfestivals von Sitges oder der "Lope de Vega", die Aufführung der prämierten Stücke mit ein. Aber auch diejenigen Preisverleihungen, bei denen nur Geldprämien zu verteilen sind, machen die Namen der Gewinner bekannt. "Los premios son la única posibilidad de que te conozcan en

---

[121] Vgl. J. Monleón, Presente y futuro del teatro español, S.242.

[122] Vgl. A. Sastre, a.a.O., S.268ff.- F. Ruiz Ramón, Historia, S.450.

España," urteilt J. López Mozo[123], und nur durch einen hohen Bekanntheitsgrad wird der spanische Nachwuchsdramatiker vielleicht einmal ein breites Publikum finden.[124]

Aber die Theaterpreise halten kaum das, was sie versprechen. Wenn nämlich eine Verleihung die Aufführung vorsieht, so heisst das - selbst wenn es sich um einen von staatlicher Seite veranstalteten Wettbewerb handelt - noch nicht, dass die Zensur nicht eventuelle Änderungen verlangt oder das Stück verbietet.[125] So wurde J. López Mozos "Matadero solemne" 1970 zwar mit dem "Premio Arniches" ausgezeichnet, aber aus Zensurgründen bis heute nicht aufgeführt, und Diego Salvadors "Los niños", das 1969 den "Lope de Vega" erhielt, kam nur nach gegen den Willen des Autors vorgenommenen, entstellenden Veränderungen auf die Bühne.[126] Ausserdem wurden zugesagte Aufführungen kritischer Stücke gerne in die publikumsarme Zeit vor der Sommerpause verlegt, um sie nur einer Minderheit zugänglich zu machen, die zum grössten Teil den ohnehin informierten Theaterkreisen angehört. Der Name des Autors erlangte ausserhalb dieses Kreises von Eingeweihten kaum den erwünschten Bekanntheitsgrad.[127]

---

123 In: Amando C. Isasi Angulo, Diálogos del Teatro Español de la Postguerra, Madrid 1974, S.342.

124 Immerhin treffen nach einer Statistik des I.O.P. (S. 121 dieser Arbeit) 29% der Theaterbesucher ihre Stückauswahl aufgrund der Bekanntheit des Autors.

125 Luciano García Lorenzo, Teatro y sociedad en la España de posguerra, S.277.

126 Zum Fall D. Salvadors s.: Patricia W. O'Connor, Premio Lope de Vega 1969: A Devious Form of Censorship?, in: Hispanófila 44 (1972), S.59-63.- A. Miralles, a.a.O., S.56.- Vgl. auch: Jordi Teixidor, La impotencia, S.44.

127 Vgl. F. Ruiz Ramón, Estudios de teatro español, S.143.

"Teóricamente [...] son el aval que permite al nuevo autor entrar en el difícil y cerrado mundo del teatro", so López Mozo in einer Umfrage über die spanischen Theaterpreise[128]:

> En la práctica no es así. Cuando el premio es en metálico, el autor galardonado ve aparecer su nombre en notas de prensa durante los días siguientes al de la concesión, pero su obra sigue siendo desconocida para todos, excepto para el Jurado que la ha premiado. Cuando, además, el Premio incluye la representación de la obra, suele suceder que la censura la prohiba ... , o estrenan las obras en fechas inadecuadas, con lo cual el autor se expone a salir de mala manera de lo que era prometedora aventura.

Dass die meisten der zahlreichen Theaterpreise an kritische Nachwuchsautoren verliehen werden, kann von diesen kaum als Trost für ihr Talent aufgefasst werden, denn die wenigsten ihrer Stücke finden von der Bühne herab ihr Publikum. Die übertriebene Feststellung, die Autoren des N.T. besässen insgesamt mehr Preise als Zuschauer[129], wie auch ihre Bezeichnung als "más premiados y menos representados"[130] erhalten so eine gewisse Berechtigung.

Die Praxis der Preisverleihungen an systemkritische Autoren steht im Zusammenhang der Image-Pflege des franquistischen Regimes. Durch die Prämiierung von Werken des N.T. konnte man auf kulturellem Gebiet gegenüber dem Ausland modern und auf dem Stand der letzten Entwicklungen erscheinen sowie eine vorgeblich liberale Gesinnung demonstrieren, während man dem Publikum in Spanien konformistische Kunst vorsetzte und zum Ideal erhob.[131]

---

[128] In: Mundo 1661 vom 4.3.1972, S.17-26; zit. nach F. Ruiz Ramón, Historia, S.451.

[129] P.W. O'Connor, Torquemada in the Theatre: A Glance at Government Censorship, S.39.- Auch: F. Ruiz Ramón, a.a.O., S.450.

[130] S. A. Miralles, a.a.O., S.33.

[131] A. Cirici weist in "La estética del franquismo", Barcelona 1977, S.47 u. 182, diese Praxis auch für andere Kunstbereiche nach.

Fortschrittliche Stücke wurden in der alltäglichen Theaterpraxis kontinuierlich verboten und ihr Kontakt mit einem breiten Publikum untersagt.

In einer Protestnote anlässlich des Verbots der Aufführung von Jordi Teixidors "El retablo del flautista" durch die Gruppe "Tábano" in Madrid klagen die Autoren des N.T.[132]:

> tal hecho ejemplifica un proceso esterilizador que de un tiempo a esta parte y sistemáticamente, se viene observando en la historia cultural española. Está alzando barreras para impedir a un nuevo teatro, vital y renovador, entrar en contacto con un sector de publico mayoritario; e imposibilita, a la vez, que exista una labor creadora en la que se vienen experimentando modernos modos de expresión dramática.

Aber nicht nur die staatliche Zensur, sondern auch der Geschmack und die Erwartungen des übrigen Theaterpublikums sowie das kommerzielle Prinzip des auf dieses ausgerichteten, offiziellen Theaters hemmen eine erneuernde Entwicklung. Was G. Torrente Ballester mit Bezug auf die "Generación del 98" und insbesondere auf Valle-Inclán schreibt, kann auch für das N.T. gelten: Die dominierende Schicht der spanischen Gesellschaft, die im wesentlichen das Theaterpublikum stellt, ist nicht bereit zu dulden, dass die gesellschaftliche Wirklichkeit als solche auf der Bühne blossgestellt wird. Wer den Widerspruch zwischen realer und offizieller Wahrheit aufdeckt, das vorgebliche gesellschaftliche Sein als gesellschaftlichen Schein entlarvt, wird aus dem offiziellen Kulturgeschehen verbannt, der konformistische Autor hingegen gefeiert[133]: "La sociedad soporta que se le ataque desde sus propios supuestos - como en el caso de Benavente -, pero no desde supuestos inadmitidos, que son los de Valle-Inclán."

---

[132] In: Madrid v. 17.8.1971; zit. nach A. Miralles, a.a.O., S.64.

[133] Gonzalo Torrente Ballester, Teatro español contemporáneo, Madrid [2]1968, S.114f. Zitat: S.115.

Die franquistische Gesellschaft akzeptiert zwar die wohlwollenden, mit einem Augenzwinkern vorgetragenen und kaum ernstzunehmenden Ermahnungen eines Alfonso Paso, nicht aber eine Kritik, die das System, auf das sich diese Gesellschaft stützt, in Frage stellt. Infolgedessen wird das N.T. für das profitorientierte kommerzielle Theater uninteressant[134]: "Toda búsqueda y experimentación formal, toda inquietud creativa que tienda hacia un compromiso crítico con el momento actual, se convertirá en un teatro subterráneo", an dem einerseits das übliche Publikum kein Interesse zeigt, das andererseits aber einem potentiellen Massenpublikum vorenthalten wird, welches es aufgrund seines emanzipatorischen Charakters sehr wohl interessieren könnte. Die Stücke werden nur einem kleinen Kreis von Eingeweihten zugänglich und können keine Breitenwirksamkeit erzielen. So schreibt Ruiz Ramón[135]:

> Tenemos la impresión [...] de que el público del nuevo teatro no es nunca aquel a quien está dirigido. Sólo en contadas ocasiones [...] el público que asiste a los espectáculos es el público popular, es decir, el destinatario buscado y raramente hallado.

3.2.2. "Nuevo Teatro" und "Teatro Independiente" - das Konzept des "offenen Textes"

Als die Autoren des N.T. feststellen, dass sie ihre Ziele im kommerziellen Theater nicht verwirklichen können, da dieses sowohl die kritische Thematik ihrer Stücke wie auch die angestrebte ästhetische Erneuerung ablehnt, beginnen die meisten von ihnen bald, das kommerzielle Theater und seine Struktur nun ihrerseits abzulehnen und nach alternativen Möglichkeiten zu suchen: "El joven escritor poco puede esperar de un teatro convertido en pro-

---

[134] M.A. Medina, a.a.O., S.17.

[135] F. Ruiz Ramón, a.a.O., S.452.

ducto de cambio. Si quiere hacer una obra honesta y responsable, difícilmente hallará sitio en el teatro mercantil."[136] Eine mögliche Alternative hatte Monleón bereits im Jahre 1968 aufgezeigt[137], als er sich fragte, weshalb die Stücke der Nachwuchsautoren nicht von den unabhängigen Gruppen aufgeführt werden: "¿Por qué no unirse a ellos para plantear la aplicación de las nuevas técnicas a una concepción formal e ideológica coherente?" Und in der Tat bietet sich die Zusammenarbeit zwischen N.T. und T.I. an, denn beide stellen sich als parallele Versuche der Opposition gegen das kommerzielle spanische Theater wie auch gegen die franquistische Unterdrückung dar. "Es de la conjunción de ambas líneas de donde puede salir un teatro a la altura de la sociedad española."[138]

Aber ob aus Angst, Misstrauen oder einfach Unkenntnis der Gruppen gegenüber den noch nicht bühnenerprobten Stücken der jungen Autoren, Kontakte zwischen T.I. und N.T. kommen nur sehr zögernd zustande.[139] Viele Gruppen geben an, dass die Stücke des N.T. nicht ihrem Stand der ästhetischen Entwicklung entsprächen oder im Widerspruch mit den ideologischen Vorstellungen der Gruppenmitglieder ständen; sie befürchten, die Anpassung der Texte an ihre Erfordernisse würde auf den Widerstand der Autoren stossen.[140]

---

[136] J.A. Hormigón, El autor en la historia del teatro, S.22.- Vgl. auch: J. Teixidor, La impotencia, S.44.

[137] J. Monleón, El compromiso de las formas, in: Treinta años de teatro de la derecha, S.153; Nachdruck aus PA 103 (1968).

[138] M. Pérez Coterillo, in: Equipo Pipirijaina (Hg.), Tábano, S.67.

[139] Vgl. Primer Acto, Con Tábano, una reflexión en voz alta, in: PA 172 (Sept.1974), S.49.- Auch: L. Matilla, El largo camino hacia un teatro colectivo, in: Luis Matilla y el Grupo Ditirambo, La maravillosa historia de Alicia, S.12.

[140] Vgl. Primer Acto, Con Tábano, S.49f.

Noch im Jahre 1977 erklären Mitglieder des "T.E.I." (Teatro Experimental Independiente) in einem Interview[141]: "Cuando nosotros elegimos autores, generalmente elegimos autores extranjeros, porque nos dejan mucha libertad. Porque no se enteran de lo que hacemos y podemos hacer lo que queremos." Andere Gruppen ziehen es vor, eigene Textvorlagen anzufertigen. Allesamt werden sie abgeschreckt durch das traditionelle Bild des Autors als "máximo dictador del hecho teatral", der ein Abweichen von seiner Textkonzeption nicht zuliess.[142] Dabei verfallen viele Gruppen aber in das entgegengesetzte Extrem, welches López Mozo als Diktatur der Gruppe bezeichnet[143]:

> El autor ha sido desde los orígenes de la burguesía el dictador del teatro. En torno a sus textos han girado directores, actores, escenógrafos, músicos. Ahora, cuando los principios en que se apoyaba el teatro han sido revisados y halladas nuevas formas dramáticas, el autor ha sido apeado del pedestal que el mismo se había construido, o al que le habían encaramado y, ya en el suelo, ha sufrido las consecuencias del odio acumulado en tan dilatado espacio de tiempo. Sus textos son considerados literatura dramática y en su calidad de tal se les niega cualquier validez teatral. La palabra es despreciada y su papel antes preponderante es sustituido por el trabajo del director y la actuación del actor. Ahora son ellos los dictadores. El gesto es el que manda. Director y actores se interpretan a sí mismos y ponen a su servicio, sin el menor pudor, todos los elementos que antes pertenecieron al autor. De un extremo se pasa a otro.

Trotz aller Probleme suchen viele junge Dramatiker aufgrund ihrer Ablehnung des kommerziellen Theaterprinzips und in der Überzeugung, dass nur eine Aufführung aus ihren Texten wirkliches Theater machen kann, weiterhin

---

[141] Zit. v. B.-S. Kulenkampff, a.a.O., S.219f. (Originalzitat: Anhang, S.40, Anm.53).

[142] J. López Mozo, Las Relaciones Autor-Grupo, in: Pip 5 - Revista (1.Zykl.) (Juli 1974), S.7.

[143] Ders., Teatro de barrio, teatro campesino (Apuntes), S.51.

eine enge Verbindung mit dem T.I.[144]. Ihre Bemühungen haben allmählich Erfolg, und während sich das N.T. 1970 noch von den unabhängigen Gruppen abgewiesen sah, konstatiert man drei Jahre später bereits eine beginnende, rege Zusammenarbeit. Erforderliche Änderungen von Stücken werden gemeinsam zwischen Autor und Gruppe vorgenommen, um beider Ansprüche gerecht zu werden, und einzelne Dramatiker integrieren sich zeitweilig oder auf Dauer in Theatergruppen, um als Teil der Gruppe mit dieser neue Textvorlagen zu erarbeiten.[145] Im August 1975 kann Pérez Coterillo schliesslich feststellen[146]: "Comienza en estos últimos meses a generalizarse entre los grupos el hecho de incorporar un autor a su proceso de trabajo, de una u otra manera, y creo que es una iniciativa enormemente positiva."

Wenn diese Entwicklung nicht schon früher eingesetzt hat, so liegt das nicht zuletzt an der Unkenntnis der Gruppen und ihrer mangelnden Information über das N.T.[147] Denn die neuen Autoren sind längst von der Überbewertung des literarischen Textes in seiner Bedeutung für das fertige Schauspiel abgerückt und distanzieren sich bewusst von der traditionellen Rolle des Dramatikers, der auf einer möglichst originalgetreuen Inszenierung seiner Texte besteht. Sie konzipieren ihre Werke als "'propuestas', 'guiones', 'Pre-textos' que deben ser completados durante los ensayos."[148] López Mozo entwirft bereits 1967 seine ersten Happenings[149] und weist 1969 in seinen An-

---

[144] Vgl. J. López Mozo, in: M.A. Medina, a.a.O., S.108f.

[145] Vgl. A. Miralles, a.a.O., S.115.

[146] M. Pérez Coterillo, a.a.O., S.67.

[147] J. López Mozo, Las relaciones Autor-Grupo, S.7.

[148] A. Miralles, a.a.O., S.99.

[149] "Blanco en quince tiempos" und "Negro en quince tiempos". Das zweite veröffentlicht in: PA 106 (Febr. 1969), S.14-17.

merkungen zu "Matadero Solemne" ausdrücklich auf die erwünschte aktive Beteiligung der aufführenden Gruppe an der Festlegung der endgültigen Text- und Spielfassung hin[150]:

> El espectáculo que se propone no debe suponer una fiel puesta en pie del texto. Se trata de realizar un trabajo colectivo en el que la participación de todos los elementos humanos tenga una importancia similar en la labor de búsqueda del espectáculo total. Por ello se sugiere que la obra sea analizada y discutida por la totalidad de los que en ella participan.

Die neuen Dramatiker verstehen sich weniger als Autoren literarischer Texte, sondern vielmehr als Mit-Erzeuger von Theater-Spektakeln[151]; ihre Produkte werden nicht als fertig und unveränderbar aufgefasst, sondern als Vorschlag oder Entwurf einer Grundidee, die in Gruppenarbeit zu einem vollständigen Schauspiel ergänzt werden muss, als "pura sugerencia o incitación al desarrollo"[152] durch die Gruppe. Wie konsequent diese offene Haltung z.T. behauptet wurde, zeigt das Beispiel Jordi Teixidors, welcher der Aufführung der "Tábano"-Inszenierung seines "Retablo del flautista" zustimmte, obgleich er mit der Interpretation seines Stückes durch die Gruppe nicht einverstanden war.[153]

Derselbe Teixidor richtet einen Appell an seine Kollegen, in dem sich der Wandel des Selbstverständnisses der neuen Autoren gegenüber der traditionellen Rolle des Dramatikers widerspiegelt[154]:

---

[150] J. López Mozo, Matadero Solemne, unveröfftl. Ms. 1969, S.42.- S. auch A. Miralles, a.a.O., S.99f.

[151] A. Miralles, a.a.O., S.128.

[152] Francisco Nieva, En torno a una nueva escritura "teatrante", in: Riaza, Hormigón, Nieva, Teatro, Madrid 1973, S.161.- S. auch: A. Miralles, Una generación sin oportunidades, in: Mundo v. 5.9.1970, S.33.- Manuel Pérez Casaux, Enterrar el dogmatismo, in: Pip 6/7 - Revista (1.Zykl.), S.37.

[153] Vgl. Equipo Pipirijaina (Hg.), a.a.O., S.64.

[154] J. Teixidor, La impotencia, S.45.

> el nuevo autor [...] debe empezar a olvidar, si las tuviere, sus ilusiones de llegar a ser "padre de criaturas" teatrales, debe empezar a plantearse su oficio serena y rigurosamente, a colaborar, a aportar lo que sabe o lo que pueda.

Es ist nicht mehr Absicht der jungen Autoren, dramatische Literatur als bleibenden Wert für die Nachwelt, sondern Theater aus der Gegenwart für die Gegenwart zu schaffen.[155] Daher sieht Miguel Bilbatúa **die Aufgabe des N.T.E. vornehmlich darin, in Zusammenarbeit mit dem T.I. neue Aus**drucksformen zu erproben, die zur Erschliessung des von beiden gesuchten neuen Publikums geeignet wären.[156] Das N.T. vollzieht so schon früh den Schritt zum "offenen Text", der nicht mehr als unveränderbare Spielvorschrift verstanden wird, sondern als Vorschlag und Anregung zur kollektiven Erarbeitung eines "espectáculo total", in dem der Text nur noch eines unter anderen gleichberechtigten Elementen ist.

Sastre steht der Tendenz zum "offenen Text" sehr kritisch gegenüber[157]:

> Nosotros pensamos que el escritor de teatro puede y debe proponer un texto "acabado" pero "abierto" a la relación dialéctica con el escenario. Acabado no quiere decir cerrado o inexpugnable; acabado no quiere decir "sagrado". Estaríamos entonces ante la tan temible "dictadura del escritor" [...].
>
> En determinadas circunstancias, creemos también que el texto puede proponerse "cerrado" - por reservas ante las posiciones ideológicas o la capacidad creadora del director o los actores, etc. -, y en otras - contrarias a éstas - el autor puede dar su texto en forma de ciertas notas a su parecer esenciales o mero guión de un posible espectáculo.

Wenn besonders viele Stücke des N.T. als "guiones" oder "pre-textos" angelegt sind, so ist das darauf zurückzuführen, dass die jungen Autoren von der Existenz einer

---

155 Vgl. A. Miralles, Nuevo Teatro Español, S.128.

156 M. Bilbatúa, Sobre el papel del "autor" en el teatro independiente, in: PA 121 (Juni 1970), S.10ff.

157 A. Sastre, a.a.O., S.97.

Vielzahl unabhängiger Theatergruppen ausgehen können, die sich ihnen gegenüber zwar lange Zeit sehr reserviert verhalten haben, ihnen von der ideologischen Absicht und dem ästhetischen Anspruch her aber sehr nahestehen.

Die Autoren des N.T. haben zudem erkannt, "que los animadores son los únicos verdaderos creadores dramáticos"[158] und dass die Aufführung des geschriebenen Werkes die Grundlage des Theaters bildet, nicht umgekehrt.[159] Galt der Dramatiker bisher als wichtigstes Glied in der Theaterproduktion, weil durch die Druckvervielfältigung nur der Text einen hohen Bekanntheitsgrad erlangen und überliefert werden konnte, nicht aber eine bestimmte Inszenierung, so wird er im Laufe des XX. Jahrhunderts allmählich aus seiner zentralen Position verdrängt[160]: Die Entwicklung der filmischen Aufzeichnung ermöglicht jetzt auch die Verbreitung und Überlieferung bewegter Bilder und damit konkreter szenischer Gestaltung. Längst spricht man im Film von den grossen Regisseuren und Schauspielern, während die Namen der Drehbuchautoren weitgehend unbekannt bleiben, und auch im Theater hört man an erster Stelle zunehmend die Namen von Regisseuren - Stein, Zadek oder Mnouchkine -, die Namen der Textautoren treten in den Hintergrund.

Die Aufwertung der visuellen, gestischen und klanglichen Komponenten und die damit verbundene Korrektur der Überbewertung des dramatischen Textes in der Konfiguration des szenischen Gesamtprodukts durch T.I. und N.T. bringt jedoch ein Problem mit sich, mit dem sich die Literaturwissenschaft und insbesondere die Literaturgeschichtsschreibung wird auseinandersetzen müssen. Die

---

158 J. Duvignaud, a.a.O., S.365; nach Jean Vilar, La tradition théâtrale, Paris.

159 Bernard Dort, Tendencias del teatro actual, Madrid 1975, S.174.

160 Hierzu und zum Folgenden s.: Miguel Bilbatúa, En torno a la dramaturgia española actual, in: Riaza, Hormigón, Nieva, Teatro, S.7f.

Stücke der jungen Autoren besitzen etwas, das sie vom Texteindruck her allein nur schwer und jedenfalls unvollständig erfassbar macht: "Su especificidad teatral, sus aportaciones no literarias, sino escénicas, aquellas que necesitan algo más que ser leídas para ser comprendidas, es decir, que necesitan ser 'presenciadas', vistas, oídas, olidas, gustadas y tocadas."[161] Eine endgültige Beurteilung liesse nur die Aufführung zu[162], aber auch hier wäre es nur die Beurteilung einer spezifischen Inszenierung, die auf andere mögliche Inszenierungen desselben Stückes nicht mehr zuzutreffen brauchte. Darüber hinaus würde die Beurteilung der Aufführung den rein literarwissenschaftlichen Rahmen sprengen und notwendigerweise auf den theaterwissenschaftlichen Bereich übergreifen müssen, womit sie dem Phänomen Theater mit Sicherheit eher gerecht würde als eine rein literarische Textanalyse.

Aber auch wenn dem Text im Gesamtentwurf des Schauspiels nicht mehr die gleiche bestimmende Rolle wie im traditionellen Theater zugestanden wird, bleibt er doch als literarische Komponente des kreativen Prozesses Untersuchungsgegenstand der Literaturwissenschaft. Nur, wie lässt sich der ästhetische Wert von Texten beurteilen und bestimmen, die nur als Vorschläge, Entwürfe und als Anregungen zur Erarbeitung fertiger Schauspiele verstanden werden wollen und als "offene Texte" erklärtermassen nicht Selbstzweck sind, sondern sich in den Dienst der Erfordernisse des Gesamtergebnisses stellen und sich diesen unterordnen?

Einen möglichen Weg zur Lösung weist die "Leerstellen"-Theorie Wolfgang Isers.[163] Iser fasst als Leer-

---

161 A. Miralles, a.a.O., S.121.

162 Vgl. F. Ruiz Ramón, Prolegómenos, S.9.

163 S.: W. Iser, Die Appellstruktur der Texte - Unbestimmtheit als Wirkungsbedingung literarischer Prosa, in: R. Warning, Rezeptionsästhetik, S.228-252.

stellen in literarischen Texten unvollständige oder fehlende Informationen auf, die durch den Rezipienten ergänzt werden müssen, damit der Text für ihn verständlich wird. Die Existenz der Leerstellen führt zu einem gewissen Grad von "Unbestimmtheit" im Text, welche seine "Adaptierbarkeit [...] an höchst individuellen Leserdispositionen"[164] bzw. Publikumsdispositionen ermöglicht. Diese Unbestimmtheit erlaubt es dem Rezipienten, "die Fremderfahrung der Texte an die eigene Erfahrungsgeschichte anzuschliessen"[165], wobei die Leerstelle jedoch notwendig beziehbar sein muss "auf einen Hintergrund des Vertrauten. Ohne ein komplementäres Verhältnis von kommunikativer Unbestimmtheit und kommunikativer Bestimmtheit nämlich käme eine Interaktion von Text und Leser gar nicht in Gang."[166]

Im Sinne dieser Interaktion darf auch "das Formulierte [...] die Intention des Textes nicht ausschöpfen."[167] Denn dadurch sänke sein Leerstellenbetrag und mit ihm das Interesse der Rezipienten.[168] Folgerichtig erkennt Iser den "Leerstellenbetrag eines Textes als die elementare Bedingung für den Mitvollzug"[169], d.h. für die aktive Teilnahme des Lesers am Verstehensprozess. "Der Unbestimmtheitsbetrag stelle in literarischer Prosa - vielleicht in Literatur überhaupt - das wichtigste Umschaltelement zwischen Text und Leser" dar.[170] Iser vermutet, "dass literarische Texte wohl in erster Linie nicht deshalb als geschichtsresistent erscheinen, weil sie

164 W. Iser, a.a.O., S.234.

165 R. Warning, Rezeptionsästhetik als literaturwissenschaftliche Pragmatik, in: ders., a.a.O., S.31.

166 Ebd., S.32.

167 W. Iser, a.a.O., S.240.

168 Ebd., S.236.

169 Ebd.

170 Ebd., S.248.

ewige Werte darstellen, die vermeintlicherweise der Zeit entrückt sind, sondern eher deshalb, weil ihre Struktur es dem Leser immer wieder von neuem erlaubt, sich auf das fiktive Geschehen einzulassen."[171]

Daher liegt es nahe, den ästhetischen Wert von literarischen Texten auch an ihrem "Verhältnis von kommunikativer Unbestimmtheit und kommunikativer Bestimmtheit" zu messen. Was Iser zunächst nur auf literarische Prosa bezogen wissen will, lässt sich auf das Theater bzw. den dramatischen Text übertragen und kann somit auch als Grundlage für die ästhetische Beurteilung des N.T.E. herangezogen werden.

Man kann davon ausgehen, dass der Leerstellenbetrag in der Produktion des N.T. - bedingt durch starke Verschlüsselungen und vor allem durch das Konzept des offenen Textes - ausgesprochen hoch ist. Wenn nun der Leerstellenbetrag "als elementare Bedingung für den Mitvollzug" gilt, so werden die Texte des N.T. dem Anspruch ihrer Autoren gerecht, auf die möglichst aktive Beteiligung des Zuschauers bei der Aufführung hinzuarbeiten. Aufgrund des parabolisch verschlüsselten Bezugs zur Gegenwart des Publikums wird jedem einzelnen die Möglichkeit gegeben, die szenische Mitteilung entsprechend den Erfordernissen seines eigenen Erfahrungsbereichs individuell zu konkretisieren. Aber nicht nur dem Zuschauer wird ein erheblicher Auslegungsspielraum zugebilligt, sondern bereits den darstellenden Gruppen, die durch das Ausfüllen von Leerstellen oder das Einfügen neuer sogar den Auslegungsspielraum des Publikums modifizieren, ihn den speziellen Bedürfnissen der jeweiligen Publikumsschicht anpassen können. In der Offenheit der Texte, in der Vielfalt ihrer möglichen Interpretationen liegt zweifellos die Stärke des N.T.

---

171 Ebd., S.248f.

Aber eben in seiner Offenheit, in der Höhe seines Leerstellenbetrags, liegt auch eine mögliche Schwäche. Die Vielseitigkeit der in Frage kommenden Auslegungen eines Stückes kann im Extremfall dazu führen, dass die Intention des Autors durch die darstellende Gruppe in ihr Gegenteil verkehrt wird. Daher macht Sastre seine Zustimmung zum Konzept des offenen Textes von der Bedingung ideologischer Affinität zwischen Autor und Gruppe sowie fachlicher Kompetenz des Ensembles abhängig. Die Gefahr der inhaltlichen Verdrehung kann letzten Endes nur durch eine hinreichend konkrete und als solche mit entsprechender Klarheit ausgedrückte grundlegende Problemstellung weitgehend ausgeschaltet werden: durch das Setzen kommunikativer Bestimmtheit, welche die Vielseitigkeit der Ergänzung kommunikativer Unbestimmtheit gezielt einschränkt, ohne jedoch dabei auf pamphletäre Eindeutigkeit hinzuarbeiten.

Ein Versuch ästhetischer Wertung müsste im Einzelfall ausgehen von der Bestimmung der zentralen Problematik und von der Feststellung, inwieweit sie unmissverständlich formuliert wurde. Auf dieser Grundlage wäre dann der Grad der Unbestimmtheit des Textes an seiner zum Zeitpunkt der Analyse bestehenden Bedeutungsvielfalt zu messen, d.h. einerseits an seinem Bedeutungsspielraum innerhalb des konkreten historischen Bezugs auf die spanische Gegenwart des Franquismus und andererseits - nicht zuletzt - an seiner möglichen Gültigkeit in anderen soziopolitischen Verhältnissen. Je grösser der Auslegungsspielraum bei gleichzeitig konkret formulierter Problemstellung, um so grösser wäre auch die Allgemeingültigkeit des Textes und - mit ihr - sein ästhetischer Wert zu veranschlagen.

Der ästhetische Wert des Textes darf jedoch nicht mit dem seiner Inszenierung verwechselt werden. Eine möglicherweise ästhetisch minderwertige Textvorlage muss nicht unbedingt auch eine minderwertige Inszenierung zur Folge haben, genausowenig wie ein ästhetisch anspruchsvoller Text von vornherein ein anspruchsvolles Endprodukt garantiert. Denn der literarische Text ist nicht länger hauptsächliches und einzig bestimmendes Element des fertigen Spektakels.

Wenn das Konzept des offenen Textes im N.T. eine Aufwertung der Phantasie bedeutet, so stellt es nicht nur erhöhte Anforderungen an die Einbildungskraft der darstellenden Gruppen und des Publikums, sondern besonders auch an die Phantasie und den Einfallsreichtum des interpretierenden Literaturwissenschaftlers. Denn seine Aufgabe ist es zu versuchen, die bestehenden Bedeutungsmöglichkeiten in ihrer Vielfalt und Vielseitigkeit zu erfassen. Wie kompliziert die Auslegung der Texte des N.T. sein kann, werden an anderer Stelle Versuche der Interpretation einiger ausgewählter Stücke erweisen, in denen trotz besonderer Berücksichtigung ihres Bezugs auf den Franquismus erkennbar wird, dass die vorgelegte nur eine mögliche Deutung darstellt, die den Auslegungsspielraum der Stücke jedoch nicht erschöpft.

3.2.3. Formen der Zusammenarbeit

Der Schritt des N.T.E. zum offenen Text hin beinhaltet die Bereitschaft zur Zusammenarbeit. Der Autor gibt seine traditionell privilegierte Position auf, um sich als einer unter anderen Gleichberechtigten in die Reihe jener Theaterschaffenden einzugliedern, die der hierarchischen Ordnung im kapitalistischen Theaterbetrieb die Alternative des Arbeits-Kollektivs entgegensetzen. Dabei ist die Haltung der jungen Dramatiker nicht etwa als einzigartig im franquistischen Spanien anzusehen, sie ist vielmehr konsequente Fortsetzung der Entwicklung progressiven gesellschaftlichen Bewusstseins. Mit dem Heranwachsen neuer Universitäts-Generationen setzt sich mehr und mehr die Auffassung der sozialen

Verantwortlichkeit des Intellektuellen durch. Das Konzept Ortegas, der die Intellektuellen als Elite und als "mentores de las masas" versteht, wird allmählich abgelöst durch die Überzeugung, der Intellektuelle selbst sei Teil der Masse, deren politische, gesellschaftliche, existentielle Probleme letzten Endes auch seine Probleme sind.[172]

Jaume Melendres nimmt während der "Primera Semana de Teatro Universitario", 1973 in Madrid, wie folgt zur kollektiven Arbeit im Theater Stellung[173]:

> La creación colectiva pretende esencialmente romper en el ámbito estrictamente creativo la división del trabajo imperante y, de modo especial, la división entre director e intérpretes. Esta división corresponde, en última instancia, a la división del trabajo en el modo de producción capitalista, de suerte que todo intento de destruir la primera constituye de algún modo una impugnación del sistema capitalista en la esfera específica del teatro.

Die Tendenz zur Arbeit im Kollektiv als impliziert durch die Tendenz zum offenen Text folgt somit nicht nur der Ablehnung der traditionellen Theaterformen und Arbeitsmethoden, sondern gleichzeitig dem Protest gegen das kapitalistische System, in welches sich jene einordnen.[174]

Martín Recuerda beklagt sich 1977[175]: "¿Cuándo se podrá trabajar en este país con gente humilde y competente, que acepte el trabajo en equipo? [...] En España no hemos llegado a alcanzar todavía ese grado de cultura." Angesichts des Zeitpunktes seiner Klage muss man ihm vorhalten, entweder nicht hinreichend informiert gewesen zu sein oder aber einfach den Anschluss an die Entwicklung

---

172 Manuel Tuñón de Lara, Estudios de historia contemporánea, Barcelona 1977, S.263f. sowie S.275.

173 Zit. bei J. López Mozo, Teatro de barrio, teatro campesino (Apuntes), S.28.

174 Ebd.

175 In: Teatro español actual, S.106.

im nicht-kommerziellen spanischen Theater verpasst zu haben. Denn längst sind Produktionen aus der Zusammenarbeit zwischen Autoren und Theatergruppen mit zum Teil grossem Erfolg aufgeführt worden, ist die Tendenz zur Kollektivarbeit unverkennbar.

Aber die Zusammenarbeit zwischen Autoren und Gruppen stellt nicht den Anfang des Bestrebens nach gemeinschaftlicher Arbeit dar, sie steht vielmehr am Ende der Entwicklung. Anfangs gingen Autoren und Theatergruppen zwar parallele, aber getrennte Wege. Die unseres Wissens ersten Ansätze zur Zusammenarbeit zwischen Autoren des N.T.E. stellte einerseits der Versuch der 1968 am "Centro Dramático 1" in Madrid mitarbeitenden Autoren dar, gemeinsam einen Schauspieltext über das spanische "Siglo de Oro" zu verfassen, was allerdings zu keinem befriedigenden Ergebnis führte, da das Zentrum bald nach seiner Gründung wieder geschlossen werden musste[176], und andererseits die Veröffentlichung eines Bändchens im Jahre 1969, in welchem unter dem Titel "Nuevo Teatro Español - Variaciones para una cama sola" Stücke von Angel García Pintado, Jerónimo López Mozo und Luis Matilla zusammengefasst sind.[177] 1970 verfassten dieselben Autoren zusammen mit Miguel Arrieta, dem Leiter der Gruppe "Canon", den Text für eine erste Gemeinschaftsproduktion, "La gota estéril", die jedoch an der Zensur scheiterte. Auch andere Autoren, wie Alfonso Jiménez Romero und Francisco Díaz Velázquez[178], entschlossen sich zur gemeinschaftlichen Arbeit. Das ambitiöseste Projekt der Zusammen-

---

[176] Vgl. J. López Mozo, Colectivo de autores, in: Pip 6/7 - Revista (1.Zykl.), S.34.

[177] Der 1969 in Madrid erschienene Band umfasst: J. López Mozo, La renuncia; A. García Pintado, Una chimenea irlandesa; L. Matilla, El observador, neben zwei kurzen Einführungen von Rafael Flórez und José Monleón.

[178] Ihrer Zusammenarbeit entstammen: "De lo que ocurrió el día de la inauguración del Gran Hotel" und "El neófito", beide aus dem Jahre 1971.

arbeit von Autoren wurde aber wohl durch das "T.U. de Murcia" ins Leben gerufen, in dessen Auftrag und nach dessen Idee acht Autoren einen Text für das Bühnen-Spektakel "El Fernando" entwarfen, das im Oktober 1972 in Sitges uraufgeführt wurde.[179]

Die Zusammenarbeit von Autoren zur Erstellung eines gemeinsamen Bühnen-Textes stellt allerdings keine Neuerung des N.T. dar; bereits vor dem Bürgerkrieg war diese Art von Arbeit, wie John W. Kronik feststellt, eher Norm als Ausnahme.[180] Waren die Ziele der Zusammenarbeit im kommerziellen Vorkriegstheater aber ein grösserer Abwechslungs- und Einfallsreichtum, grössere Produktivität und die Steigerung des Publikumsinteresses durch die Attraktion zweier oder mehr bekannter Autorennamen auf den Ankündigungsplakaten, so geht es den jungen Autoren darum, ein Gefühl der Solidarität gegenüber der franquistischen Unterdrückung entstehen zu lassen und die Frustration des individuellen Arbeitens, dessen Produkten in aller Regel der Öffentlichkeitskontakt versagt bleibt, durch die gemeinsame Arbeit auszugleichen.

Eines der grössten Probleme, die sich dabei ergeben können, stellt die Verbindung der verschiedenen Stile der einzelnen Autoren zu einem homogenen Ganzen dar.[181] Häufig wird bei den gemeinsam verfassten Texten eine gewisse, zum Pamphlet tendierende Oberflächlichkeit bemängelt sowie eine stilistische Unausgeglichenheit. Daher fordert M. Pérez Casaux, bei Gemeinschaftsprojekten auf "afinidades de pensamiento y de estilo" zwischen den Autoren zu achten.[182] Dass aber auch eine solche Affinität nicht einwandfreie Resultate garantiert, zeigt die

---

[179] S. hierzu: Yor 55-56 (Dez.1972), S.5ff.

[180] J.W. Kronik, La Farsa (1927-1936) y el teatro español de preguerra, Valencia 1971, S.27.

[181] Vgl. J. López Mozo, Colectivo de Autores, S.34.

[182] In: Encuesta a los ocho autores de EL FERNANDO, in: Yor 55-56 (Dez.1972), S.15.

nicht ganz unberechtigte Kritik an Matillas und López Mozos "Parece cosa de brujas", dem mangelnder Tiefgang in der Problemstellung vorgeworfen wird.[183] So ist es nicht verwunderlich, dass sich die allgemein positive Bewertung der Zusammenarbeit von Autoren zuweilen mit Skepsis vermischt[184], zumal die Arbeit im Autoren-Kollektiv zwar ein adäquates Mittel ist, die Resignation des einzelnen zu bekämpfen, allein aber auch nicht in der Lage ist, auf den erwünschten und notwendigen Publikumskontakt hinzuarbeiten.

Bei den Gruppen des T.I. setzt die Tendenz zum Arbeitskollektiv etwas früher ein als bei den Autoren. Man will dem kapitalistischen Prinzip der Arbeitsteilung im kommerziellen Theater die konsequente und gleichberechtigte Zusammenarbeit entgegensetzen, um seiner Ablehnung der Vermarktung von Kunst und Kultur Ausdruck zu verleihen. Dabei geht man davon aus, dass ein Schauspieler nur solche ideologischen Positionen überzeugend darzustellen vermag, die er selbst vertreten oder zumindest nachvollziehen kann. Und die gemeinschaftliche Erarbeitung eines Schauspiels durch alle Mitglieder einer Gruppe bietet dem einzelnen bessere Einsichten in die zu vertretenden Positionen als das streng arbeitsteilige Verfahren.[185] In konsequenter Fortsetzung dieser Überlegungen und aufgrund der Ablehnung der Diktatur des Autors als grundlegender Bestandteil des kommerziellen Theaters gehen viele Gruppen dazu über, auch die Texte für ihre

---

[183] Vgl. Manu Aguilar, Parece cosa de brujas, in: Pip 1 - Revista (1.Zykl.) (März 1974), S.24.

[184] Vgl. José Arias Velasco, in: Encuesta a los ocho autores de EL FERNANDO, S.11.

[185] Vgl. Tina Sáinz, in: Teatro español actual, S.143.

Kollektiv-Produktionen selbst zu erarbeiten. Ihre Auffassung, eine wirkliche Gruppen-Kreation müsse von der Kreation eines eigenen Textes ausgehen, trifft dabei durchaus auf das Verständnis einzelner Autoren des N.T.[186]

In ihrer begründeten Zurückweisung der Arbeitsteilung verfallen die Gruppen anfangs häufig in das entgegengesetzte Extrem. Mit der Absicht, jede Spezialisierung von vornherein zu verhindern, verfahren sie nach der Formel: "todos, todo", alle sollen jede Arbeit gemeinsam verrichten.[187] Schon bald stellt sich jedoch die Unzulänglichkeit dieses Arbeitskonzepts heraus, und man beginnt, innerhalb der Ensembles kleinere Arbeitsgruppen mit fest umrissenen Zuständigkeitsbereichen zu bilden, welche die Ergebnisse ihrer Arbeit im Plenum zur Diskussion stellen. Als Beispiel für die Texterstellung und weiterführende Arbeit im Gruppenkollektiv mögen die Erläuterungen der Gruppe "Tábano" dienen[188]:

> En la confección de textos, y una vez decididos los temas a tratar, cada uno de nosotros aporta un texto desarrollado de acuerdo a [sic] las posibilidades personales, que pasa inmediatamente al equipo encargado de su ordenación. Una vez confeccionado un material unitario y coherente, se realiza una discusión a fondo y, tomando en cuenta todos los argumentos, se procede a la redacción de un texto más o menos definitivo que permita comenzar los ensayos, ya que a lo largo de ellos se continuará trabajando sobre él para conseguir una total adecuación entre propuesta literaria, montaje y análisis. [...] Una vez llegados a este punto, se forman diferentes equipos de trabajo, que serán los encargados de llevar a la práctica las decisiones tomadas por la totalidad, investigando y profundizando cada equipo en su materia.

---

[186] Vgl. Diego Salvador, El aprendizaje, in: Pip 6/7 - Revista (1.Zykl.) (Aug./Sept.1974), S.40.

[187] Vgl. L. Matilla, El largo camino, S.8.- Auch: J. López Mozo, Teatro de barrio, teatro campesino (Apuntes), S.27.- J. Teixidor, a.a.O., S.44.

[188] In: A.C. Isasi Angulo, Diálogos del Teatro Español, S.418f.

Aber die von den Gruppen selbst erarbeiteten Texte erfüllen selten die an sie gestellten Erwartungen: Sie fallen zu schematisch und oberflächlich aus und genügen kaum gehobenen ästhetischen Ansprüchen[189]. Auch "Tábanos" Publikumserfolg mit dem Kollektiv-Spektakel "Castañuela '70" dürfte kaum den ästhetischen Qualitäten des zugrundeliegenden Textes zu verdanken sein, sondern eher anderen, sozio-politischen Umständen. Denn die acht Sketches und "Apoteosis final", aus denen sich die Revue zusammensetzt, sind qualitativ sehr unterschiedlich einzuordnen. López Mozo gesteht z.B. nur zweien von ihnen - "Cada mochuelo a su olivo" und "Hablando se entiende la gente" - ästhetische Bedeutung zu.[190]

Der Mangel an ästhetischer und inhaltlicher Kohärenz vieler Gruppen-Spektakel ist grundsätzlich auf zwei Umstände zurückzuführen: Einerseits wird der Text vielfach zu sehr in den Hintergrund gedrängt und seine Bedeutung als eines der grundlegenden Elemente der Inszenierung vernachlässigt, und andererseits besitzen die Gruppen nur selten Mitglieder, die über ausreichende Erfahrungen hinsichtlich der Kreation literarischer Texte verfügen.

Im Hinblick auf eine mögliche Lösung dieses Problems zitiert López Mozo den englischen Regisseur Peter Brook, der aufgrund seiner Film-Version des "Marat-Sade" und aufgrund seines Buches "El espacio vacío"[191] in spanischen Theaterkreisen einige Beachtung gefunden hatte: "se necesita al autor para alcanzar esa cohesión y enfoque finales que un trabajo colectivo no puede realizar."[192] In der Tat bietet sich die Zusammenarbeit zwi-

---

[189] Vgl. Primer Acto, Con Tábano, una reflexión en voz alta, S.50.

[190] J. López Mozo, a.a.O., S.56.- Vgl. auch: Andrés Amorós u.a., Análisis de cinco comedias, S.209.

[191] P. Brook, El espacio vacío, Barcelona 1973.

[192] Zit. ohne Seitenang. bei J. López Mozo, a.a.O., S.56f.

schen Theatergruppen und Autoren an, um durch die Steigerung der ästhetischen Qualitäten des Textes das ästhetische Niveau des Gesamtergebnisses zu erhöhen. Viele Dramatiker des N.T. sind zudem bereit, sich befristet oder auf Dauer in die Arbeitskollektive der Gruppen einzugliedern, um dort in Gemeinschaftsarbeit Texte für Kollektiv-Produktionen auszuarbeiten. Denn auch die Autoren würden aus der engen Zusammenarbeit mit dem T.I. profitieren: Angesichts einer der Theaterpraxis fremden, individuellen Produktion, die im Regelfall in Schreibtischschubladen überdauert, würde die gezielte Verbindung zwischen N.T. und T.I. einen entscheidenden Schritt in Richtung auf den ersehnten Publikumskontakt bedeuten, wenngleich die aufgeführten Stücke nicht mehr alleiniges Werk des Autors wären. So fordert Teixidor seine Autoren-Kollegen auf, sich in Gruppenkollektive zu integrieren[193], und Pérez Casaux bezeichnet die Kollektivproduktion zwischen Autor und Gruppe als "la mejor base, la única tarea realmente válida y fructífera en el teatro. [...] Concibo al autor como un guionista, importante y necesaria pieza en el trabajo global del grupo, creador de la idea originaria, núcleo de donde ha de surgir la obra total."[194] Während Pérez Casaux für den Autor noch das Recht auf die grundlegende Idee beansprucht, sieht ihn Luis Matilla nur mehr als Koordinator in der Gruppe, der zwar auch eigene Ideen und Vorschläge unterbreiten kann, dessen Aufgabe aber vor allem darin liegt, die Beiträge der anderen Gruppenmitglieder zu ordnen und aufeinander abzustimmen: "El autor como coordinador de las aportaciones del grupo ha demostrado su efectividad sobradamente."[195]

---

[193] J. Teixidor, a.a.O., S.44.

[194] In: Primer Acto, 5 preguntas a los autores que estrenaron, in: PA 170/171 (Juli/Aug.1974), S.22.

[195] L. Matilla, a.a.O., S.8. Matilla verweist hier u.a. auf die von dem Kolumbianer Enrique Buenaventura

Angeregt durch das "T.U. de Murcia", vollzog die erste grosse Gemeinschaftsproduktion zwischen Autoren des N.T., "El Fernando", zugleich eine erste wichtige Annäherung zwischen den jungen Dramatikern und dem T.I. Ihr Erfolg dürfte den entscheidenden Durchbruch bedeutet haben, denn sie zeigte, dass die Zusammenarbeit zwischen Gruppe und Autor nicht notwendig zur Wiedereinführung hierarchischer Prinzipien führen musste, aber recht akzeptable Ergebnisse hervorbringen konnte, die den Ansprüchen sowohl der Gruppen als auch der Autoren gerecht wurden. Zwar stellte die Zusammenarbeit des "T.U." mit acht Autoren in diesem Fall noch keine wirkliche Integration zwischen Autor und Gruppe dar, eher könnte man sagen, dass ein Autorenkollektiv - quasi auf Bestellung - einen Text verfasste, der dann im Gruppenkollektiv den eigenen Erfordernissen angepasst wurde.[196] Aber man erbrachte den Beweis der Bereitschaft zur Zusammenarbeit, und bereits das nächste Projekt des "T.U. de Murcia", "Parece cosa de brujas", vertiefte die Eingliederung von diesmal nur zwei Autoren in die Gruppe, soweit die Entfernung zwischen Murcia und Madrid, dem Wohnort Matillas und López Mozos, dieser nicht im Wege stand.[197]

---

mit dem "Teatro Experimental de Cali" gesammelten Erfahrungen.- Vgl. in diesem Zusammenhang u.a. PA 163/164 (Dez.1973/Jan.1974), S.28ff., sowie Pip 1 - Textos (1.Zykl.) (März 1974).

[196] S.: César Oliva, El proceso de creación de EL FERNANDO, in: Yor 55-56 (Dez.1972), S.5ff.- Auch: J. López Mozo, a.a.O., S.66f.

[197] Vgl. PA 165 (Febr.1974), S.15ff.- Ferner zum Verfahren bei anderen Kollektivproduktionen: José Antonio Aliaga/C. Oliva, El proceso de creación de "Los fabricantes de héroes se reunen a comer", de Matilla y López Mozo, Murcia 1978.- L. Matilla y el Grupo Ditirambo, La maravillosa historia de Alicia, Madrid 1978. Hier unterscheidet Matilla 4 Arten der Zusammenarbeit zwischen Autor und Gruppe: a) die nur selten vorkommende "vinculación plena del autor al grupo y trabajo dramático realizado desde el colectivo creado en su seno", b) "colaboración para un proyecto concreto, a partir de una idea del grupo o del autor, pero a desarrollar de modo colec-

Es ist erwiesen, dass die mehr oder weniger intensive Zusammenarbeit von Autoren des N.T. und unabhängigen Theatergruppen in den folgenden Jahren zunimmt[198], wenngleich ihr Umfang nicht die an sie gestellten Erwartungen erfüllt. Viele Gruppen verlieren nicht ihre Skepsis gegenüber dem N.T. und befürchten, ihre Unabhängigkeit und Individualität in der Zusammenarbeit mit einem Autor aufs Spiel zu setzen. Die Entwicklung zum Ende der siebziger Jahre hin scheint aber darauf hinzudeuten, dass Vorurteile und Befürchtungen langsam abgebaut werden und sich die Annäherung zwischen Autoren und Gruppen verstärkt. López Mozo stellt in seiner Bilanz des "Festival de Sitges 1980" eine beachtliche "disminución del número de espectáculos de creación colectiva y la consiguiente recuperación de la figura del autor" fest. Er schliesst daraus: "Si esta tendencia se confirma, [...] estaríamos en el principio del fin de un dilatado período de distanciamiento autores-grupos."[199]

3.2.4. Die Folgen der Zensur für das N.T.E.

Die Institution der staatlichen Zensur nahm im franquistischen Spanien entscheidenden Einfluss auf alle Bereiche der Kultur, deren freie Entwicklung sie sowohl durch direkte Interventionen als auch durch indirekt von

---

tivo, aun cuando el dramaturgo sea el encargado de la realización total del texto", c) "vinculación de un autor al grupo para la remodelación de un texto propio, de acuerdo a unas directrices adoptadas de modo colectivo", die Matilla als häufigste Spielart bezeichnet, und d) eine eher passive Form der Zusammenarbeit: "permiso de un dramaturgo para que el grupo pueda trabajar libremente el texto." (S.5f.)

198 J. López Mozo zitiert in diesem Zusammenhang als Beispiele u.a. die Namen Nieva, Romero Esteo und Salvador sowie die Gruppen "Ditirambo" und "Tiempo", in: ders., Las Relaciones Autor-Grupo, S.7.

199 J. López Mozo, Lo mejor, el público, in: Pip 16 - Revista (2.Zykl.) (Sept./Okt.1980), S.35.

ihr ausgelöste Mechanismen hemmte. Für das kritische spanische Gegenwartstheater und insbesondere für das N.T.E. bedeutete die Existenz der Zensur die Verbannung aus dem offiziellen Kulturgeschehen und die damit verbundene Isolierung von einem möglichen Publikum. Sehr viele Stücke wurden verboten, andere scheiterten an der Angst der Theaterunternehmer vor möglichen Zensurverboten, der Unvorhersehbarkeit ihres Publikumserfolgs und dem daraus resultierenden finanziellen Risiko, und nur wenige Ausnahmen gelangten zur Aufführung.[200]

Die Möglichkeit, in ihren Stücken den unmittelbaren Bezug zur gelebten Gegenwart des Publikums herzustellen, blieb den Autoren somit verwehrt, und es verwundert nicht, dass sie zum Mittel der Selbstzensur griffen in der Hoffnung, sich doch noch, wenn auch auf eine weniger direkte Weise, ihrem Publikum mitteilen zu können. O'Connor versichert: "a considerable amount of censorship is exercised prior to the prior censorship."[201] Der Versuch, solche Themen und Äusserungen zu meiden, die das Missfallen der Zensoren erregen könnten, wurde allerdings dadurch erschwert, dass der genaue Text der Zensurnormen einerseits den meisten Autoren unbekannt war und seine Einsichtnahme bei den Behörden nicht gerne gewährt wurde[202] und andererseits seine Auslegung weitgehend von der Willkür des einzelnen Zensors abhing.[203] Wollte der

---

[200] Vgl. u.a.: F. Ruiz Ramón, Historia, S.445.- M.A. Medina, a.a.O., S.107.- A.C. Isasi Angulo, a.a.O., S.304.- M. Bilbatúa, El teatro, artículo de consumo, S.6.

[201] P.W. O'Connor, Government Censorship in the Contemporary Spanish Theatre, S.446.

[202] Vgl. Encuesta sobre la censura, in: PA 165 (Febr.1974), S.4-14 und PA 166 (März 1974), S.4-11; insbesondere die Angaben von Fernando Macías in: PA 165, S.6.- Beispielsweise sind auch in der von M.A. Medina a.a.O. abgedruckten Broschüre des Informationsministeriums über die Theaterzensur (S.461-476) die eigentlichen Zensurnormen nicht enthalten.

[203] Vgl. M. Bilbatúa, En torno a la dramaturgia española actual, S.9.

Autor sicher sein, nichts Anstössiges zu formulieren, so durfte er entweder kein kritisches Theater schreiben, oder er musste versuchen, die Zensurbeamten über den wahren Inhalt seines Stückes im unklaren zu belassen, "seine Gedanken so auszudrücken, dass sie zwar subjektiv in seinem Sinne verstanden werden können, objektiv jedoch kaum Anhaltspunkte für regierungs- oder kirchenfeindliche Tendenzen bieten."[204]

Die zur Täuschung der Zensoren verwendeten Kunstgriffe[205] reichen von der Überarbeitung von Klassikern, denen versteckte Anspielungen auf die spanische Gegenwart eingefügt werden, bis hin zur Übertragung der spanischen Realität in die Welt der Tiere, wie sie z.B. Manuel Martínez Mediero in seinen Stücken "El último gallinero"[206] und "El regreso de los escorpiones"[207] vornimmt. Die Handlungen werden in ferne Epochen, ihre Schauplätze ausserhalb der spanischen Geographie verlegt, und die Charaktere erhalten ausländisch klingende Namen. Ihnen allen eigen ist der Hang zum Symbolischen, mit dessen Hilfe der Rückbezug der fiktiven Handlung auf die reale spanische Gegenwart ermöglicht wird. Der grösste Teil der Texte des N.T. "invita siempre a una doble lectura a dos niveles, pues su texto aparente remite a otro, tácito y más profundo"[208], der den konkreten historischen Bezug beinhaltet.

"La intervención de la ideología o del mito simbolista," schreibt Jean Duvignaud[209], "con la mayor fre-

---

[204] B.-S. Kulenkampff, a.a.O., S.60.

[205] Vgl. zum Folgenden: M. Bilbatúa, a.a.O., S.10.- J. López Mozo, Teatro de barrio, teatro campesino (Apuntes), S.65.- F. Ruiz Ramón, Estudios de teatro español, S.174.- J. Monleón, in: Teatro español actual, S.36.- P.W. O'Connor, a.a.O., S.447.

[206] Veröfftl. in: Yor 38 (Febr./März 1970), S.15-46.

[207] Veröfftl. in: Yor 52 (Apr.-Juni 1972), S.19-50.

[208] F. Ruiz Ramón, a.a.O.

[209] J. Duvignaud, a.a.O., S.403.

cuencia es un recurso contra las dificultades de expresar lo inefable por medios concretos, de sugerir lo incomunicable o de informar directamente sobre una situación cuya escala no puede reducirse a la anécdota." Diese Feststellung gilt auch für das N.T.E., dessen symbolischer Charakter vor allem auf das Bedürfnis der jungen Dramatiker zurückzuführen ist, "de hablar de su país, utilizando elementos que no puedan ser reconocibles de modo directo, pues en caso contrario la censura impediría la publicación o representación de la obra."[210] Sie sehen sich so gezwungen, ihre Auseinandersetzung mit der spanischen Realität derart zu verschlüsseln, dass eine symbolische oder parabelhafte Form der Darstellung den konkreten Gegenwartsbezug verschleiert und auf den ersten Blick unkenntlich macht.

Für A. Miralles ist die Verschlüsselung "el empleo de la astucia ante la ausencia de la fuerza"[211] gegenüber der staatlichen Überwachung, und man kann zu dem Schluss kommen, dass die Autoren aus der erzwungenen Verschlüsselung ihrer Mitteilungen eine eigene Ästhetik entwickelten.[212] Indem sie quasi die Not zur Tugend erhoben, konnten sie ihre Kritik der spanischen Gegenwart aus der Einseitigkeit konkreter historischer Realität lösen und ihr Allgemeingültigkeit verleihen. Das bedeutete nicht unbedingt eine Abschwächung der ursprünglich beabsichtigten Kritik am Franquismus, denn man durfte davon ausgehen, dass das spanische Publikum in Kenntnis der realen Gegebenheiten und aufgrund weniger, gezielter Anspielungen in der Lage wäre, die verschlüsselte Aussage auf die Verhältnisse im franquistischen Spanien zu beziehen.[213]

---

[210] M. Bilbatúa, a.a.O., S.11.

[211] A. Miralles, Una generación sin oportunidades, S.28.

[212] Vgl. ders., Nuevo Teatro Español, S.48.

[213] J. Monleón, a.a.O., S.34.

Die Ästhetik der Verschlüsselung geriet jedoch in dem Augenblick zur Untugend, als sie praktisch zum Selbstzweck wurde.[214] Die allmähliche Sensibilisierung der Zensur gegenüber Verschlüsselungen, welche sie zu durchschauen begann, machte immer stärkere Abstraktionen und die Schaffung immer komplizierterer Bezugssysteme erforderlich, deren Entzifferung dem Lösen von Denksportaufgaben gleichkam.[215] Viele Stücke des N.T.E. wurden so stark der Selbstzensur ihres Autors unterworfen, dass die Möglichkeit ihrer Deutung durch den Rezipienten kaum noch oder z.T. überhaupt nicht mehr gewährleistet ist. Ruiz Ramón spricht in diesem Zusammenhang von einem "teatro de claves, en ocasiones demasiado oscuras por exceso de abstracción o de ambigüedad, y que sólo un público muy 'enterado', anormalmente 'enterado', puede descifrar."[216] Eine der Zielsetzungen des N.T., die Erschliessung neuer Publikumsschichten, wird hierdurch weitgehend in Frage gestellt.[217]

L. Matilla erkennt als Folge des Umstands, dass viele Stücke nur von einem relativ eingeweihten Publikum entschlüsselt und verstanden werden können, ein weiteres Problem. Durch die Form der Stücke zu aktiver, auslegender Beteiligung angeregt, beginne das Publikum, mit interpretatorischer Akribie immer neue und tiefere Verschlüsselungen und konkrete Bezüge zu suchen, die im

---

[214] A. Miralles, Una generación sin oportunidades, S.28.

[215] A. Miralles, Nuevo Teatro Español, S.142f.

[216] F. Ruiz Ramón, Historia, S.445.- Vgl. auch ders., Estudios de teatro español, S.141.

[217] Praxis und Probleme der Verschlüsselung mit dem Ziel, die Zensur zu täuschen, sind jedoch nicht Phänomene, die allein auf das Theater zu beziehen wären. Sie lassen sich auch in anderen Bereichen der Kunst wie Kino und Literaturveröffentlichungen aufzeigen. Vgl. dazu: Román Gubern, Cine y comunicación de masas, S.195f.- Alexandre Cirici, a.a.O., S.190.- Georgina Cisquella u.a., a.a.O., S.136ff.

Entwurf des Autors gar nicht angelegt seien.[218] Ob die Klage des Autors berechtigt ist, mag dahingestellt bleiben. Grundsätzlich sind aber alle solchen Auslegungen als legitim zu erachten, die sich durch das Stück belegen lassen, auch wenn sie nicht voll der ursprünglichen Intention des Autors entsprechen oder über sie hinausgehen. Ergibt sich allerdings, dass auch eine dieser Intention gegensätzliche Auslegung möglich ist, so muss dem Text ein Mangel an kommunikativer Bestimmtheit vorgeworfen werden, der ohnehin seine ästhetische Qualität in Frage stellen würde.

Das Zusammenwirken von offizieller Zensur und Selbstzensur wird zum Teufelskreis, der die Kommunikationsfähigkeit des N.T.E. immer stärker einschränkt: Auf Zensurverbote reagiert der Autor mit der Verschlüsselung seiner Mitteilung, um ein erneutes Verbot zu umgehen. Die Verschlüsselung führt zu einer notwendigen Sensibilisierung des Publikums, das den Bezug zwischen Fiktion und Wirklichkeit herstellen muss. Durch Publikumsreaktionen und Kritiken überträgt sich diese Sensibilisierung auch auf die Zensoren; das kann sich negativ für den Autor auswirken: "La censura extrema su rigor frente a un medio de expresión que considera cada vez más peligroso por su carga potencial de connotaciones."[219] Die Folge sind erneute Zensurverbote, auf die der Autor mit immer stärkeren Verschlüsselungen reagieren müsste ...

Einige Autoren erkennen jedoch, dass die kontinuierliche Ausübung einer Selbstzensur der Verinnerlichung einer ungerechten äusserlichen Legalität gleichkommt, die so nicht - wie eigentlich erforderlich - abgelehnt, sondern angenommen und akzeptiert wird.[220] Sie versuchen

---

[218] In einem Brief L. Matillas an A.C. Isasi Angulo v. 1. April 1972.

[219] F. Ruiz Ramón, Historia, S.446.- Auch: ders., Estudios de teatro español, S.141.

[220] A. Sastre, la revolución y la crítica de la cultura, S.125.

deshalb, ihre kreative Tätigkeit so weit wie möglich von den Einflüssen einer verinnerlichten Zensur freizuhalten.[221] In diesem Zusammenhang ist eine weitere Motivation für die Tendenz zum kollektiven Arbeiten zu sehen; denn in der Arbeitsgruppe wird ein Text einer vielfachen und fortwährenden Kontrolle im Hinblick auf seine Verständlichkeit unterworfen, und eventuell entstellende Anzeichen von Selbstzensur treten schneller zutage als bei individueller Arbeit. Gleichzeitig macht die Zusammenarbeit mit dem Ensemble, dessen Hauptinteresse in der Aufführung liegt, jedoch wiederum die Berücksichtigung der gesetzlich vorgegebenen Grenzen erforderlich. Die gemeinschaftliche Suche nach Möglichkeiten, den vorgegebenen Spielraum voll auszuschöpfen, stellt so zwar eine Kompromisshaltung zwischen strikter Ablehnung der Selbstzensur und der Befürwortung eines "posibilismo" dar, beugt aber einer verinnerlichten Zensur, welche die Verschlüsselung zum Selbstzweck werden lässt, und dem damit verbundenen, unbeabsichtigten Paktieren mit der staatlichen Zensur vor.[222] Die Arbeit in der Gruppe verbindet damit das Bestreben, sich von den Einflüssen einer entstellenden Selbstzensur zu befreien, mit dem Wunsch nach Publikumskontakt, welcher der individuellen Produktion der jungen Autoren weitgehend vorenthalten blieb. Denn wenn schon die verschlüsselten Stücke kaum aufgeführt wurden, so hatte der völlige Verzicht auf eigene Zensurmassnahmen unweigerlich das Aufführungsverbot zur Folge. Aber auch die verstärkten Kontakte zum T.I. haben den jungen Dramatikern bis zum Ende der Franco-Diktatur nur in sehr begrenztem Umfang zur Konfrontierung ihrer Stücke mit einem Theaterpublikum verholfen.

---

[221] J. Monleón, a.a.O., S.36.

[222] Vgl. A. García Pintado, Matilla-López Mozo; saltando en las hogueras (entrevista), in: PA 165 (Febr. 1974), S.19.

Das schwerwiegendste Problem des N.T. ist somit als das Fehlen eines umfangreichen und regelmässigen Kontaktes mit dem Publikum umrissen. Der Autor, der weder die Reaktionen der Zuschauer studieren noch selbst die Inszenierung und Wirkung seines Stückes auf der Bühne verfolgen kann, ist nicht in der Lage, sich Klarheit darüber zu verschaffen, ob das Stück seine Vorstellungen und Erwartungen sowohl in ästhetischer Hinsicht als auch von der beabsichtigten Aussage her erfüllt. Nur durch die Erprobung vor dem Zuschauer könnte er entscheiden, welche der von ihm verwendeten avantgardistischen Theatertechniken seinen Intentionen am weitesten entgegenkommen. Nur durch die Analyse der Publikumsreaktion könnte er feststellen, inwieweit seine Aussage von den Zuschauern verstanden wird oder ob etwa zu komplizierte Verschlüsselungen eine für die Kommunikation zwischen Autor und Publikum unüberwindbare Barriere errichten.[223] Aufgrund der Unterbindung des Publikumskontakts herrscht ein Gefühl der Unsicherheit, das die Entwicklung und den Reifungsprozess des N.T.E. hemmt. Ruiz Ramón schreibt in Einschätzung dieses Problems[224]:

> Privados los autores de la doble confrontación con el público y con la realización escénica de su obra, término necesario de su labor, queda ésta en estado de permanente latencia y provisionalidad y su autor en autor social y profesionalmente a medias, siempre incompleto, imposibilitado de llegar a conocer si su trabajo es viable en términos teatrales, eficaz en términos sociológicos e ideológicos, suficiente en términos estéticos y necesario en términos históricos.

---

223 Vgl. L. Matilla, in: A. García Pintado, a.a.O., S.20.

224 F. Ruiz Ramón, Historia, S.442.- Ders., Estudios de teatro español, S.139.- Vgl. auch: ders., Prolegómenos, S.8.

Angesichts der erzwungenen Isolierung des N.T. von der Bühne, verliert das Theaterpublikum als eigentlicher Adressat ihrer Arbeit für die Autoren an Bedeutung[225], und sie wenden sich unbewusst einem Leserpublikum zu, das durch Publikationen leichter erreichbar ist.[226] Seit Entstehen des N.T.E. Mitte der sechziger Jahre bis zum Ende des Franquismus wurden im Durchschnitt erheblich mehr Stücke junger Dramatiker in Verlags- oder Autoreneditionen und in Fachzeitschriften veröffentlicht als aufgeführt, denn die Druckveröffentlichung unterstand seit Fragas Pressegesetz von 1966 einer weniger strengen Zensuraufsicht als das Theater.

"Para el autor de textos prohibidos", schreibt López Mozo[227], "el problema es que, al no ver su obra representada, no llega a realizarse como dramaturgo, su técnica deriva hacia el terreno de lo puramente literario." Aus dieser Hinwendung zum Literarischen entsteht nach Miralles ein Widerspruch zu einer ursprünglichen Forderung des N.T.[228] Hatten sich die jungen Autoren anfangs gegen das Konzept der dramatischen Literatur und für die Bereitstellung offener Texte ausgesprochen, so ist jetzt eine allmähliche Literarisierung ihrer Produktion festzustellen, die sich vor allem in der Form der Bühnenanweisungen bemerkbar macht. Diese in der Regel knappen und präzisen Hinweise für Regisseur, Schauspieler, Bühnenbildner usw. werden in den Stücken des N.T. nicht selten zu relativ langen, künstlerisch durchkonzipierten Zwischentexten, die an deren Kunstcharakter teilhaben und in denen durchaus Informationen übermittelt werden, die für das Verständnis eines Stückes von Bedeutung sein können, aber nicht ohne weiteres aus dem dialo-

---

225 Ders., Introducción al teatro de Jerónimo López Mozo, in: Estreno 1 (1975), S.16.

226 Vgl. A. Miralles, a.a.O., S.156f.

227 J. López Mozo, Postdictadura y teatro, S.7.

228 A. Miralles, a.a.O., S.157.

gisierten Text hervorgehen. Diese Tendenz zeigt sich in den Stücken Miguel Romero Esteos[229] wie auch bei Angel García Pintado, Jerónimo López Mozo und anderen.[230] In den Zwischentexten seines Stückes "Anarchia 36" z.B. bietet López Mozo dem Leser eine Reihe historischer Fakten und Daten, die für das Verständnis der Spielhandlung unentbehrlich, einem potentiellen Theaterpublikum aber nicht direkt zugänglich sind.[231]

Hier soll jedoch bezweifelt werden, dass die bei den jungen Dramatikern festzustellende Hinwendung zur Literarisierung ihrer Texte unbedingt im Widerspruch zu ihrem Konzept des offenen Textes steht. Schon Valle-Inclán war die eindrucksvolle ästhetische Komposition langer Zwischentexte zum Vorwurf gemacht worden, seine Stücke wurden lange als unspielbares Lesetheater verworfen, weil er keine Texte zur mechanischen szenischen Reproduktion vorgelegt, sondern den Theaterschaffenden für die Aufführung ein ungewöhnlich hohes Mass an Phantasie abverlangt hatte. Das N.T.E. kann ebensowenig als Lesetheater betrachtet werden, denn seine Stücke sind auch mit ästhetisch durchgeformten Zwischentexten weiterhin als Vorschläge und Vorlagen zur Erarbeitung einer endgültigen Fassung durch die aufführende Gruppe gedacht. In Zusammenhang mit dem Entwurf offener Texte stellt nun

---

[229] Entsprechende Hinweise finden sich bei: Waltraud Ohlert, Spanisches Protesttheater bei Miguel Romero Esteo (Dipl.Arbeit), Germersheim 1978, S.31f.- Klaus Pörtl, Systemkritik im spanischen Protesttheater, S.383.

[230] A. Miralles, a.a.O., S.156f.

[231] Vgl. auch J. López Mozo, "El caserón", Ms.1972 sowie die hier vorgelegten Interpretationen (Kap. 5.2.3.4./5.).- Miralles Hinweis (a.a.O., S.157) auf López Mozos "Improvisación madrileña" (Veröffentlichg. eines Fragments in: Revolatura 1/Okt.1976, S.20-23), in dem die Zwischentexte insgesamt breiteren Raum einnehmen als die Dialoge, beruht allerdings auf einem Irrtum; denn "Improvisación madrileña" stellt nach Angaben des Autors kein Theaterstück dar, sondern den Versuch einer Synthese von Bühnentext und erzählender Prosa.

der Einbezug der Zwischentexte in die ästhetische und inhaltliche Gesamtkonzeption weniger einen Widerspruch, als vielmehr eine Bereicherung dar. Denn die Gewährung kreativer Freiheit bei der Inszenierung wird zum Anspruch und zur Herausforderung an Phantasie und Vorstellungskraft der Interpretierenden, die einen individuellen Weg finden müssen, den Inhalt der Zwischentexte mit sprachlichen oder anderen Mitteln an ihr Publikum weiterzugeben. Dass die Möglichkeit dazu besteht, beweisen nicht zuletzt die durchaus zufriedenstellenden Aufführungen von Stücken Valle-Incláns, die mittlerweile auf den Bühnen zu sehen sind.

Ein letztes Problem als - vielleicht indirekte - Folge der Zensur stellt die zu wenig differenzierte Einschätzung des N.T.E., seiner Autoren bzw. ihrer Stücke, dar. Die Aufführungsverbote zu Zeiten der Diktatur hatten zur Folge, dass zwar - z.B. aufgrund von Preisverleihungen oder heimlichen, nicht autorisierten Aufführungen - die Namen der zahlreichen neuen Autoren in theaterinteressierten Kreisen bekannt wurden, ihr künstlerisches Werk aber weitgehend unbekannt blieb. Der Wert der wenigen zustandegekommenen Aufführungen wurde von den wenigen eingeweihten Zuschauern möglicherweise eher nach der in den Stücken implizierten antifranquistischen Haltung bemessen als nach ihrer ästhetischen Bedeutung; gelegentlich wird ein fast exotischer Reiz der verbotenen Stücke angedeutet.[232] Dadurch kam es gewissermassen zu einer Mythifizierung des N.T. als antifaschistisches Untergrund-Theater, ohne dass eine - allerdings auch unmögliche - qualitative Auslese unter den verschiedenen Dramatikern und den einzelnen Stücken stattgefunden

---

[232] Vgl. L. García Lorenzo, in: Teatro español actual, S.17.

hätte. Viele Autoren wurden allein aufgrund von Zensurverboten bekannt und dem N.T. zugerechnet, denn ihre Stücke konnten ihren ästhetischen Wert nicht unter Beweis stellen.[233]

Als sich Mitte der siebziger Jahre erste Aufführungen von Stücken junger Autoren in kommerziellen Theatern als Fehlschläge erwiesen, verkehrte sich die Begeisterung für ein bis dahin im Grunde unbekanntes Theater, ungeachtet früherer Erfolge in Zusammenarbeit mit unabhängigen Theatergruppen, in ihr Gegenteil. Ausgehend von einzelnen Misserfolgen zog die Kritik nun die ästhetische Qualität des gesamten N.T.E. in Zweifel. Anlässlich der Premiere eines Stückes von M. Martínez Mediero las man in einer nicht unterzeichneten Kritik in "Cuadernos para el Diálogo"[234]:

> Sin la torpeza de la censura, que imaginaba política donde no había más que caos mental, autores como Mediero y bastantes otros 'nuevos dramaturgos', no habrían podido colgarse el cartel de 'malditos' o 'prohibidos' y los espectadores se habrían dado cuenta antes de la mediocridad de sus supuestas farsas políticas.

Aus demselben Anlass zweifelte José Antonio Gabriel y Galán in der Zeitschrift "Fotogramas" vom 5.12.1975 "seriamente de las capacidades de algunos autores encerrados en las catacumbas del silencio"[235]. Beide Kritiken werden mit einer solchen Verallgemeinerung aber weder der gesamten Produktion Martínez Medieros, geschweige denn allen Autoren des N.T.E. gerecht.[236] Sicher trifft ihr Urteil für viele Stücke und Autoren zu, aber genauso wie die undifferenzierte Mythifizierung

---

[233] Vgl. Adolfo Prego, in: Teatro español actual, S.48.- Auch: A. Miralles, a.a.O., S.91.

[234] A. Miralles, a.a.O.; zit. ohne weit. Ang.

[235] Zit. ebd.

[236] Zur Mythifizierung des N.T.E. vgl. auch: F. Nieva, in: Teatro español actual, S.271f.

des N.T. nicht zu vertreten war, kann auch seine generelle Verurteilung nicht gerechtfertigt werden. Erst die Zeit wird jedoch zeigen, ob die franquistische Zensur durch ihre Folgen auch nach der Aufhebung ihrer gesetzlichen Grundlagen noch jene Autoren auf Dauer zum Schweigen verurteilt, die sich tatsächlich um ästhetische Erneuerung und die Entwicklung eines kritischen spanischen Theaters verdient gemacht haben.

Das N.T.E., entstanden im Endstadium der Franco-Diktatur als kultureller Beitrag zum Widerstand gegen den Franquismus, vermittelt zweifellos nicht das Bild einer homogenen Gruppe, geschweige denn einer Generation von Nachwuchsdramatikern, als die es vielfach verstanden wurde und auch lange verstanden werden wollte. Die Rückschau lässt jedoch zwei wichtige gemeinsame Merkmale erkennen, die das Zusammenfassen der jungen Autoren unter diesem Sammelbegriff rechtfertigen: Gemeinsames Hauptthema ihrer Stücke ist die Kritik an der politischen und gesellschaftlichen Situation Spaniens, die allerdings aus dem einseitigen historischen Bezug des Franquismus herausgelöst wird, um in der Verallgemeinerung als Kritik repressiver, am Kapitalismus orientierter westlicher Gesellschaftsformen überhaupt zu fungieren. Gleichzeitig zeigen sich die Dramatiker des N.T. bemüht, durch das Experiment mit ausserspanischen zeitgenössischen Theatertechniken wie auch mit den Errungenschaften des fortschrittlichen spanischen Vorkriegstheaters eine ästhetische Form zu kreieren, die der Grundsätzlichkeit ihrer Systemkritik einen adäquaten szenischen Ausdruck verleihen soll.

Die Annäherung des N.T. an die Entwicklungen des modernen Welttheaters bringt für das spanische Theater vor allem die Aufwertung der nicht-sprachlichen Elemente bei der Inszenierung wie auch die Tendenz zu einem stärkeren Einbezug des Publikums in die Theaterarbeit mit sich. Besonders die gezielte Berücksichtigung der Publikumsbedürfnisse und das Eingehen auf seine Reaktionen von der Bühne aus entsprechen dabei den Absichten des N.T.; denn sie kommen dem Wunsch der meisten neuen Autoren entgegen, möglichst direkt Einfluss zu nehmen auf den Prozess gesellschaftlicher Meinungs- und Bewusstseinsbildung und damit beizutragen zur Liberalisierung und Demokratisierung der spanischen Gesellschaft. Dass dieser Wunsch weitgehend unerfüllt bleiben musste und das N.T.E. im Franquismus kaum wirksam werden durfte, lag vor allem an den kontinuierlichen Verboten seiner Aufführung durch die Zensur, die dafür sorgte, dass ein regimekritisches Theater über den Rahmen eingeweihter Theaterkenner hinaus keinerlei Breitenwirkung erzielen konnte.

Wenngleich nun das N.T.E. als wenig erfolgreicher Versuch angesehen werden muss, sich dem kulturellen Diktat des Franquismus und dem durch diesen begünstigten, kommerziellen Theater zu widersetzen, so kann ihm doch nicht das vielleicht wegweisende Verdienst abgesprochen werden, durch die Annäherung an das T.I. und die sich daraus entwickelnde Zusammenarbeit zur Schaffung einer Alternative zum profitorientierten, kapitalistischen Theaterbetrieb in Spanien nicht unwesentlich beigetragen zu haben. Denn die enge Kooperation zwischen Dramatiker und unabhängiger Theatergruppe weist einem erneuerungswilligen und entwicklungsfähigen Theaterschaffen jene Perspektive, die ihm das kommerzielle spanische Theater vorenthält. Darüber hinaus setzen die einzelnen Modelle der Zusammenarbeit überkommenen Arbeitsstrukturen, dem extrem arbeitsteiligen Verfahren des Kapitalismus, ein gemeinschaftliches Schaffen entgegen und helfen, indem sie jene überwinden, der Entfremdung des Menschen von dem Produkt seiner Arbeit und von sich selbst entgegenzuwirken. Daher müssen N.T. und T.I. nicht nur als theaterinterne, sondern gleichzeitig als soziale Alternative erkannt werden.

4. JERONIMO LOPEZ MOZO UND LUIS MATILLA - VERSUCH EINER STANDORTBESTIMMUNG ZWEIER AUTOREN INNERHALB DES "NUEVO TEATRO ESPAÑOL"

Unter Theater- und Literaturhistorikern, die sich mit der Untersuchung des N.T.E. befasst haben, besteht vielfach Uneinigkeit über künstlerischen Rang und Bedeutung der einzelnen Dramatiker. Was die literarische Qualität der Produktion Luis Matillas und López Mozos anbetrifft, stimmen sie jedoch weitgehend überein. Als Jerónimo López Mozo 1970 aufgrund seines Stückes "Matadero solemne" mit dem "Premio Arniches" ausgezeichnet wurde, nachdem sich die Jury lange nicht zwischen diesem Stück und Matillas "Ejercicios en la red" hatte entscheiden können, bezeichnete man den Autor unter Berufung auf Ricard Salvat und José Monleón als "uno de los más firmes valores de la escena actual."[1] Und Luis Matilla wird erst kürzlich noch von Fernando Lázaro Carreter, Mitglied der "Real Academia Española", anlässlich der Aufführung seiner "Ejercicios para equilibristas"[2] im Jahre 1980 die hohe ästhetische Qualität seiner Stücke bescheinigt, die wegen ihres kritischen Gehalts und einer ungewohnten Ästhetik erst lange nach dem Ende der Franco-Diktatur aufgeführt würden. "A la vista de sus 'Ejercicios para equilibristas'," schreibt Lázaro, "está claro que importa mucho a nuestro teatro la urgente recuperación de las obras que el propio autor siga considerando válidas."[3]

---

[1] Rodríguez Martín, "Matadero solemne" de Jerónimo López Mozo - Premio Arniches 70, in: Primera Página - Diario de la mañana (Alicante) v. 9.6.1970.

[2] Unter diesem gemeinsamen Titel wurden die neu überarbeiteten Stücke "El observador" (Erstfassg. v. 1967) und "El habitáculo" (Erstfassg. v. 1969) im "Centro Dramático Nacional" aufgeführt. Veröffentlichg. der Neufassungen in: Pip 14 - Textos (2.Zykl.) (Mai/Juni 1980).

[3] F. Lázaro Carreter, Ejercicios para equilibristas

4.1. Anmerkungen zur Biographie

Jerónimo López Mozo wird 1942 in Gerona geboren.[4] Nach Erlangung der naturwissenschaftlich orientierten Hochschulreife lässt er sich zum Agraringenieur ausbilden und übt diesen Beruf bei einem Unternehmen aus, das Bohrungen zum Auffinden unterirdischer Wasserreservoirs durchführt. Da diese Beschäftigung lange Jahre mit ausgedehnten Reisen verbunden ist, lernt López Mozo die spanische Geographie sehr gut kennen und macht sich mit den vielschichtigen sozialen Problemen vertraut, die er in seinem literarischen Werk verarbeitet. Seine relativ unabhängige Tätigkeit erlaubt es ihm, sich die Arbeitszeit so einzuteilen, dass ihm an Nachmittagen und Abenden viel Zeit für die schriftstellerische Arbeit und sein autodidaktisches Literaturstudium verbleibt.

Der in Madrid lebende Autor beginnt schon früh, Kurzgeschichten, Märchen und andere literarische Kurzformen zu verfassen, wendet sich aber in den sechziger Jahren zunehmend dem Theater zu. Um 1963 beginnt er, eigene Theaterstücke zu schreiben, um sich schliesslich fast nur noch dieser Gattung zu widmen. Entscheidend für diesen Entschluss ist die Aufführung seines Stückes "Los novios o la teoría de los números combinatorios" durch das "T.U." von Sevilla im Jahre 1965. Sein Werk von der Bühne herab der Konfrontation mit dem Zuschauer ausgesetzt zu sehen, zeigt ihm, dass das Theater einen wesentlich direkteren Kontakt zum Publikum ermöglicht als andere literarische Gattungen. Nach diesem Zeitpunkt entste-

---

(I) y (II), in: Gaceta Ilustrada Nr. 1237 v. 22.6.1980 u. Nr. 1238 v. 29.6.1980. Nachdruck in: Pip 15 - Revista (2.Zykl.) (Juli/Aug.1980), S.48-50.

[4] Sofern nicht anders vermerkt, entstammen alle biographischen Angaben persönlichen Gesprächen mit den beiden Autoren.

hen - neben zahlreichen theoretischen Veröffentlichungen - nur zwei nicht für das Theater geschriebene literarische Arbeiten des Autors: die Erzählung "El cazador"[5] und der Roman "Improvisación madrileña".[6] Allerdings sind auch diese von der theaterorientierten Tätigkeit López Mozos beeinflusst; sie dürfen nicht als reine Erzählformen gewertet werden, sondern stellen vielmehr den Versuch einer Synthese erzählerischer und dramatischer Elemente und Techniken dar.

Während López Mozos berufliche und schriftstellerische Tätigkeit unterschiedlichen Interessensphären zuzurechnen sind, stellt man bei Matilla eine stärkere Affinität zwischen beiden Ebenen fest.[7] Luis Matilla wird 1939 noch während des Bürgerkriegs in San Sebastián geboren. Ende der fünfziger Jahre beginnt er in Madrid ein Jurastudium, beendet dieses jedoch nicht, sondern entschliesst sich, statt dessen Soziologie zu studieren. Aber das Institut, an dem unter anderen Tierno Galván und Aranguren unterrichten, wird geschlossen, bevor Matilla sein Studium zu Ende führen kann. Während dieser Zeit schreibt er bereits Kurzgeschichten und Novellen und ist Mitglied einer Theatergruppe der juristischen Fakultät sowie verschiedener Kammerspielgruppen in Madrid. Seit 1966 schreibt er Texte für das Theater.

Nach der Schliessung des soziologischen Instituts immatrikuliert sich Matilla an der "Escuela Oficial de Cinematografía", die er aber nach zwei Jahren gegen seinen Willen verlassen muss: "las excesivas corrientes de aire reinantes en el edificio, me ponen en la calle al segundo año," kommentiert er diesen Vorfall.[8] Zwei Jahre

---

[5] Unveröfftl. Ms. 1973.

[6] Unveröfftl. Ms. 1976.- Abdruck eines Textauszugs in: Revolatura 1 (Okt.1976), S.20-23.

[7] Zur Biographie Matillas vgl. auch: A.C. Isasi Angulo, a.a.O., S.295f., sowie: L. Matilla, Para una biografía, in: PA 123/124 (Aug./Sept.1970), S.73.

[8] L. Matilla, Para una biografía.

lang ist er Mitarbeiter der Tageszeitung "Madrid", bis er aufgrund seines kurzen Studiums an der Filmhochschule die Gelegenheit erhält, als Regieassistent bei ausländischen Filmproduktionen unter den Regisseuren Ken Annakin, Robert Parrish und Richard Lester mitzuarbeiten. 1973 wird er leitender Angestellter eines Verlages, der sich mit der Entwicklung neuer Unterrichtsmethoden auf der Grundlage audio-visueller Kommunikationsmittel befasst und pädagogisches Filmmaterial für Schulen, Jugendfilme und -zeitschriften produziert und herausgibt. Seit 1978 arbeitet Matilla wieder als freiberuflicher Mitarbeiter in Redaktionsteams von pädagogischen und Theaterzeitschriften und widmet sich in erster Linie der Schriftstellerei.

Die pädagogische Orientierung Matillas in beruflicher Hinsicht steht in engem Zusammenhang mit seinem Interesse am Theater für Kinder, das sich kontinuierlich durch seine dramatische Produktion verfolgen lässt. Der Autor geht davon aus, dass tiefgreifende gesellschaftliche Veränderungen nur durch eine Umerziehung des einzelnen eingeleitet werden können, die zum frühstmöglichen Zeitpunkt einsetzen sollte. Mit seinem Kindertheater will er hierzu einen Beitrag leisten, indem er schon die jüngsten Nachfolgegenerationen bewusstseinsbildend zu beeinflussen sucht.[9]

---

[9] Zu Matillas Interesse am Theater für Kinder vgl. u.a. seine Artikel: Teatro Infantil: la larga historia de una frustración, in: El País v. 2.4.1978, S.XI.- La política del desprecio, in: Pip 11 - Revista (2.Zykl.) (Nov./Dez.1979), S.2-5.- Wenngleich Matillas Tendenz zum Kindertheater eine wichtige Linie in seiner dramatischen Produktion darstellt, vor allem, wenn man die Zeit nach 1975 mitberücksichtigt, so bleibt sie hier doch weitgehend ausgeklammert. Denn einerseits müsste diese Theaterrichtung aufgrund ihrer spezifischen Bedeutung unter anderen gattungsgeschichtlichen Gesichtspunkten Gegenstand einer gesonderten Untersuchung sein, und andererseits ist diese Tendenz bei Matilla nicht repräsentativ für das gesamte "Nuevo Teatro Español".

López Mozo und Matilla beginnen früh, ihre individuelle schriftstellerische Tätigkeit durch die Arbeit im Kollektiv zu ergänzen. Hatte Matilla bereits während seiner Mitgliedschaft in Universitätstheater und anderen Ensembles Einsicht in die Möglichkeiten der Gruppenarbeit nehmen können, so stellt für López Mozo die Arbeit im Autoren-Kollektiv des "Centro Dramático 1" im Jahre 1968 eine erste Erfahrung gemeinschaftlichen kreativen Arbeitens dar.[10] Zwar wird das Projekt, gemeinsam einen Text über das "Siglo de Oro" zu verfassen, nicht zu Ende geführt, weil das Zentrum seine Tore schliessen muss, aber der Autor erkennt, dass die Arbeit in der Gruppe gegenüber der Einsamkeit individuellen Schaffens den Kontakt zu anderen vermittelt und die Isolation des einzelnen überbrücken hilft. So begrüssen es beide Autoren, als sich ihnen 1970 die Gelegenheit bietet, zusammen mit Angel García Pintado und Miguel Arrieta für dessen Theatergruppe "Canon" gemeinsam einen Bühnentext zu schreiben. "La gota estéril", Resultat dieser Zusammenarbeit, wird jedoch von der Zensur nur für Einzelaufführungen zugelassen und kann deshalb von der Gruppe nicht aufgeführt werden, da der Aufwand einer langen Probenzeit durch Einzelaufführungen nicht aufgewogen würde und die entstandenen Kosten nicht wieder eingespielt werden könnten.

Für Matilla und López Mozo wird die Gemeinschaftsarbeit zum festen Bestandteil ihres künstlerischen Schaffens. Als das "T.U. de Murcia" 1971 junge Dramatiker aufruft, einzelne Szenen über ein vorgegebenes Thema, die Rückkehr Fernando VII. nach Spanien im Jahre 1814, zu schreiben, welche die Textgrundlage für das Schauspiel "El Fernando" bilden sollen, gehören beide zu den acht Autoren, die sich an dem Projekt beteiligen. Von diesem Zeitpunkt an entwickelt sich eine rege Zusammenarbeit

---

[10] Vgl. hierzu u.z. Folgenden: J. López Mozo, Colectivo de autores, S.34.

zwischen dem "T.U. de Murcia" und dem Autoren-Team Matilla-López Mozo, deren erstes Ergebnis die Aufführung von "Parece cosa de brujas" im Herbst 1973 ist. Beide sind weiterhin mitbeteiligt an der Erstellung des Textes für die 1975 aufgeführte "Primera crónica cuatrera del exilio y gloria de Mío Cid" und verfassen zur gleichen Zeit in enger Zusammenarbeit mit der Gruppe "Los fabricantes de héroes se reunen a comer".[11] 1978 schreiben sie für das aus dem "T.U. de Murcia" hervorgegangene "Teatro del Matadero" das Stück "Como reses (Memoria de un matadero)"[12], für das sie 1979 mit dem "Premio Arniches" ausgezeichnet werden. Die beiden bislang letzten Stücke wurden zwar bis zur Premierenreife geprobt, kamen aber bisher aus diversen Gründen nicht zur Aufführung.

Neben ihrer gemeinsamen lockeren Bindung an das "T.U. de Murcia" arbeiten beide Autoren individuell auch mit anderen Theatergruppen zusammen. López Mozo gibt als wichtigste die Kooperation mit dem "Teatro Estudio Lebrijano" im Jahre 1972 an, deren Ergebnis, ein "Espectáculo sobre Andalucía",allerdings aufgrund gruppeninterner Probleme nicht aufgeführt wurde, sowie 1974 die Eingliederung in das Arbeitskollektiv "Bojiganga" zur Erarbeitung der Gruppenkreation "Por venir".[13] Matilla ist von 1971 bis 1974 Mitglied der Gruppe "Tábano", die er auf drei Auslandstourneen durch Europa und einer durch Lateinamerika begleitet.[14] In diese Zeit fällt ausserdem die Erarbeitung eines weiteren gemeinsamen Textes beider Auto-

---

[11] Von dieser Kollektivproduktion zeugt: J.A. Aliaga/C. Oliva, El proceso de creación de "Los fabricantes de héroes se reunen a comer", de Matilla y López Mozo, Murcia 1978.

[12] Veröffentl. Madrid 1980.

[13] In einem Brief v. 5.1.1981.

[14] Vgl. hierzu: L. Matilla, Cuaderno de viajes: la emigración y Latinoamérica, dos descubrimientos, in: Eq. Pipirijaina (Hg.), Tábano, S.19-30.

ren zusammen mit Juan Margallo, einem der Gründungsmitglieder "Tábanos", dessen Aufführung jedoch am Zensurverbot scheiterte.[15] 1975 integriert sich Matilla mit dem Ziel, einen kollektiven Text über "La maravillosa historia de Alicia y los intrépidos y muy esforzados Caballeros de la Tabla Redonda" zu erstellen, in die Gruppe "Ditirambo".[16] Auch dieser Text wird von der Zensur verboten. Von 1976 bis 1977 ist Matilla am Kollektiv "El Búho" beteiligt, wo er unter anderem an der Textbearbeitung und Adaptation von Sastres "La sangre y la ceniza"[17] mitwirkt. Mit "El Búho" führt Matilla eine weitere Lateinamerika-Tournee durch. 1980/81 schliesslich arbeitet er mit dem "Teatro Inutensilios Varios" an der Inszenierung eines Theaterstücks für Kinder.

4.2. Theaterverständnis und gesellschaftliches Bewusstsein

Die umfangreichen und intensiven Kontakte López Mozos und Matillas zu den unabhängigen Theatergruppen entsprechen dem Kunstverständnis beider Autoren, aufgrund dessen sie die Vermarktung des Theaters als Konsumprodukt durch das kommerzielle Theater ablehnen. Die Zusammenarbeit mit dem nicht-kommerziellen Theater und die Kollektivproduktion bedeuten für sie "el paso más importante que se ha dado en el proceso de ruptura con el teatro burgués."[18] Die Bereitschaft, sich in den Dienst des T.I. zu stellen - Pérez Coterillo spricht von "el servicial

---

[15] "Los conquistadores", unveröfftl. Ms. 1973.

[16] S. hierzu: Luis Matilla y el Grupo Ditirambo, La maravillosa historia ..., Madrid 1978.

[17] Veröffentl. in: Pip 1 - Textos (2.Zykl.) (Okt. 1976).

[18] J. López Mozo, Teatro de barrio y campesino (Conferencia), S.10.- Entsprechend auch: L. Matilla, Aclarando una prohibición a la Escuela "Adriá Gual", in: Yor 48 (Mai-Juni 1971), S.66.

oficio de la dramaturgia que Luis Matilla y Jerónimo López Mozo prestan a los grupos que solicitan su colaboración"[19] -, entspringt nicht zuletzt ihrem Weitblick bezüglich der Entwicklung des unabhängigen Theaters, der sie die spätere Professionalisierung des T.I., die Gründung eigener Theatersäle sowie die Integration von Autoren in Gruppenkollektive schon früh voraussehen lässt.[20]

López Mozo bezeichnet das künstlerische Schaffen im Kollektiv als "la forma que más se adecua a un arte que como el teatro corresponde realizar a un grupo de individuos", darüber hinaus aber auch als "respuesta política a una forma de hacer de raíces capitalistas en las que predomina la distribución jerárquica del trabajo."[21] Entsprechend stellt Matilla die Haltung jener Autoren in Frage, die durch ausschliesslich individuelle Arbeit persönlichen Ruhm anstreben, und fordert mehr Bereitschaft, individuelle Positionen aufzugeben und sich für die gemeinsame Sache zu engagieren.[22] Dabei sieht er die Verbindung zwischen Autoren und Gruppen nicht nur als wünschenswerten Schritt im Hinblick auf die Möglichkeit des Publikumskontakts, sondern ebenso als solidarische Form des Widerstands gegen die politische Unterdrückung der Kultur und des künstlerischen Schaffens.[23] "El trabajo colectivo," schreibt Matilla[24],

---

[19] In: Teatro español actual, S.255.- Vgl. auch L. Matilla, in: Encuesta a los ocho autores de EL FERNANDO, S.15.

[20] Vgl. A. Miralles, Nuevo Teatro Español, S.59.- Auch die Stellungnahme López Mozos in: Encuesta: Teatro en España, 1969, in: PA 115 (Dez.1969), S.9f.

[21] J. López Mozo, in: 5 preguntas a los autores que estrenaron, in: PA 170/171 (Juli/Aug.1974), S.17.- Zit. auch bei A. Miralles, a.a.O., S.107.

[22] L. Matilla, Autor, grupo y construcción colectiva, in: Pip 1 - Revista (1.Zykl.) (März 1974), S.3f.

[23] Vgl. Julia Arroyo, Luis Matilla tiene ciertas esperanzas en el futuro (Interview), in: Ya v. 15.6.1974, S.29.

[24] L. Matilla, Nuestros primeros pasos en creación

> tiene una doble dimensión que desborda el propio trabajo técnico para constituirse en una forma de lucha distinta a contraponer dentro de un sistema que aguarda respuestas individuales y para cuya neutralización se encuentra perfectamente preparado dados sus años de práctica.

Zudem stellt die Zusammenarbeit zwischen Autor und Gruppe in einem durch Zensurverbote für den einzelnen frustrierenden Arbeitsklima einen grösseren Anreiz für die kreative Arbeit dar, da sie in stärkerem Masse sowohl auf die Überwindung des Zensurhindernisses als auch auf die Aufführung abzielt. So stellt López Mozo fest[25]: "Entre hacer una obra y guardarla en el cajón; y hacerla para intentar representarla un grupo, hay un abismo."

Die völlige Integration des Dramatikers in die Gruppe stellt im Rahmen gemeinschaftlicher Arbeitsmodelle schliesslich eine Steigerung des Stellenwerts kollektiver Arbeit dar, da der Autor als ein weiteres am kreativen Prozess beteiligtes Element miteinbezogen wird: "el teatro colectivo alcanza pleno significado cuando el autor o autores forman parte del grupo como miembros de él y no como meros colaboradores."[26] Matilla sieht eine wichtige Aufgabe des in ein Arbeitskollektiv integrierten Autors darin, bei der Texterstellung die diversen Beiträge zu koordinieren und alle Gruppenmitglieder zur aktiven Teilnahme am kreativen Schaffensprozess anzuregen.[27] Darüber hinaus liegt es aufgrund seiner schriftstellerischen Fähigkeit bei ihm, in der Endfassung des

---

colectiva, in: Muestra - Organo oficial de la Primera Muestra Mundial de Teatro Experimental, Puerto Rico 1973, S.7.- Sinngemäss auch: Ders., Autor, grupo y construcción colectiva, S.3.

[25] A. García Pintado, Matilla-López Mozo; saltando en las hogueras (Interview), S.19.

[26] J. López Mozo, Teatro de barrio, teatro campesino (Apuntes), S.69.

[27] Vgl. L. Matilla, Autor, grupo y construcción colectiva, S.4.- Ders., Nuestros primeros pasos, S.7.

Textes für stärkere stilistische und thematische Kohärenz und ein höheres ästhetisches Niveau zu sorgen, als sie gemeinhin den ohne Autorenbeteiligung erarbeiteten Texten von Gruppenproduktionen eigen sind.[28]

Beide Autoren wollen jedoch nicht die individuelle Form schriftstellerischer Tätigkeit abschaffen. Ihr Bekenntnis zur Arbeit im Kollektiv bedeutet nicht die Negation der individuellen Arbeitsweise, auf die der Dramatiker spätestens in dem Augenblick zurückgreifen muss, in dem sein persönliches Interesse sich nicht mehr mit den Absichten der Gruppe deckt. Es kann sich somit nicht darum handeln, eine Form des Arbeitens durch eine andere zu ersetzen; vielmehr werden beide Formen als gegenseitige Ergänzung verstanden und auch parallel praktiziert.[29] Matilla verfasst z.B. seine Stücke "Los chicos del violón"[30] und "La espera"[31], während er Mitglied von "Tábano" ist, und seine für Kindertheater geschriebenen "El gigante"[32] und "Juguemos a las verdades"[33] parallel zu seiner Mitgliedschaft in der Gruppe "El Búho".

Die Hinwendung zur Arbeit im Gruppenkollektiv nimmt jedoch auch auf die individuell verfassten Stücke unverkennbaren Einfluss, insofern als dass sich eine Entwicklung vom "texto de autor" hin zur "propuesta abierta", zum offenen Text, abzeichnet.[34] Bieten López Mozos erste

---

[28] Vgl. J.A. Aliaga/C. Oliva, a.a.O., S.7f.

[29] S. hierzu u.a.: L. Matilla, El largo camino hacia un teatro colectivo, in: L. Matilla y el Grupo Ditirambo, a.a.O., S.9.- Ders., Autor, grupo y construcción colectiva, S.3.- J. López Mozo, Colectivo de autores, S.35.- A. García Pintado, a.a.O., S.18f.

[30] Unveröfftl. Ms. 1971.

[31] Unveröfftl. Ms. 1973.

[32] Veröfftl. Barcelona 1980.

[33] Unveröfftl. Ms. 1977.

[34] L. Matilla, in: A.C. Isasi Angulo, Diálogos, S.296.- Vgl. auch J. López Mozo, Las Relaciones Autor-Grupo, in: Pip 5 - Revista (1.Zykl.) (Juli 1974), S.7.

Stücke wie "Los novios ..." oder "El testamento" den aufführenden Gruppen noch kaum die Möglichkeit eigener Textbearbeitungen, so sind "Matadero solemne" oder die Happenings ausdrücklich auf die kreative Mitarbeit der Gruppenmitglieder hin angelegt. Anlässlich der Veröffentlichung seines Happenings "Negro en quince tiempos" schreibt der Autor[35]:

> Es un guión en el que se insinúan unas situaciones que deben dar pie a sus intérpretes para crear su propio espectáculo. Tienen, pues, plena libertad para desarrollar cada situación, alejarse y retornar a ella, orientar su actuación en el sentido que el comportamiento del espectador aconseje ... Siempre, por supuesto, teniendo presente la intención del guión y basando su trabajo en él. Al hablar de intención no me refiero a la que le da su autor, sino a la que le suponen los intérpretes, pues hasta para esto gozan de total libertad.

In Luis Matillas dramatischer Produktion tritt die Tendenz zum offenen Text nicht so deutlich hervor wie bei López Mozo. Vielleicht zeichnet sie sich ab in "Los chicos del violón", das nach Art einer Collage aus verschiedenen, nur lose zueinander in Bezug stehenden Sketches zusammengefügt ist. Mit Sicherheit lässt sie sich erkennen in dem Stück für Kinder "Juguemos a las verdades", in dem von der aktiven Teilnahme der Kinder und dem gezielten Eingehen auf ihre Beiträge ausgegangen wird und das man als Happening für Kinder bezeichnen könnte. Hauptsächlich zeigt sich die Tendenz zum offenen Text bei Matilla aber in seiner Haltung gegenüber den Gruppen, in der Bereitschaft, seine schriftstellerische Fähigkeit voll in den Dienst kollektiver Arbeit zu stellen. In einem Brief schreibt er 1972[36]: "Cada vez me resisto más a realizar textos de autor; quiero por el contrario produ-

---

[35] J. López Mozo, El Happening "Negro en quince tiempos", in: PA 106 (März 1969), S.15. Abdruck des Happenings, ebenda, S.16-17.- Vgl. auch: A.C. Isasi Angulo, a.a.O., S.337.

[36] Brief an A.C. Isasi Angulo v. 1.4.1972.

cir unas propuestas escénicas que puedan ser completadas por todos los miembros que intervienen en el espectáculo."

Was die Erlaubnis der freien Bearbeitung individuell verfasster Texte durch die Gruppen anbetrifft, zeigt sich Matilla allerdings skeptisch und knüpft diese an bestimmte Bedingungen[37]: "Sólo conociéndose la capacidad del grupo, su rigor de trabajo y el concreto plan de recreación a [sic] adaptación del original, puede un autor abandonarse a un trabajo de dramaturgia ajena sobre texto propio." Und auch López Mozo sieht sich aufgrund von Beispielen leichtfertiger und oberflächlicher Bearbeitung genötigt, in Annäherung an den Standpunkt A. Sastres[38] die den Gruppen ursprünglich zugestandene, völlige Freiheit wieder einzuschränken[39]:

> En general, el derecho a modificar un texto ajeno sólo puede admitirse cuando se dan las siguientes circunstancias:
> 1. Que el grupo esté intelectualmente preparado para hacerlo.
> 2. Que no existan divergencias ideológicas entre grupo y autor.
> 3. Que la estructura del texto permita trabajar sobre él con comodidad.
> 4. Que en los casos en que el autor esté vivo se cuente con su previo consentimiento y se le tenga puntualmente informado de las variaciones introducidas.

Denn die Erfahrung lehrt die jungen Autoren, "que algunos grupos utilizan la obra de un autor, pero rechazan su colaboración personal e incluso desprecian su trabajo."[40]

---

[37] L. Matilla, El largo camino, S.6.

[38] Vgl. S. 184 dieser Arbeit.

[39] J. López Mozo, Teatro de barrio, teatro campesino (Apuntes), S.60f.

[40] Ebd., S.62.

Als hauptsächliche Hindernisse bei dem Versuch der Annäherung und Zusammenarbeit zwischen N.T.E. und T.I. betrachtet Matilla denn auch zwei extreme Haltungen: "el excesivo respeto o el extremo desprecio a la labor del autor".[41] Wird das eine Extrem nicht dem offenen Textkonzept der jungen Autoren gerecht, so muss das andere als Mangel an Respekt und Anerkennung gegenüber der künstlerischen Anstrengung des individuell schaffenden Dramatikers gewertet werden.

Genauso wie einzelne Gruppen aus eigener Erfahrung bestätigen, dass López Mozo und Matilla bei Kollektivproduktionen nicht unwesentlich zur Hebung des ästhetischen Gesamteindrucks beigetragen haben[42], zeigt sich, dass auch Befürchtungen, ihre offenen Texte könnten aufgrund ihrer Konzeption als blosse Vorschläge und Entwürfe ästhetisch wenig anspruchsvoll sein, unbegründet sind. Sowohl Ruiz Ramóns Einschätzung der Theaterstücke López Mozos als "obras importantes"[43] wie auch die Reaktionen auf die Aufführung von Matillas "Ejercicios para equilibristas" können als Belege hierfür dienen. So nennt César Oliva den Autor der "Ejercicios ..." einen "autor literario poco literario"[44] - "literario" aufgrund der Qualität des Bühnentextes, "poco literario", weil sich Matilla nicht nur auf seinen Text konzentriert, sondern in gleichem Masse auch die Ästhetik des szenischen Effekts untersucht: "Más que suceder lo habitual en el teatro, que es poner imágenes a las palabras, Matilla pone palabras a las imágenes."[45] Daher ergibt sich der

---

[41] L. Matilla, Autor, grupo y construcción colectiva, S.4.

[42] So z.B. das "T.U. de Murcia".- Vgl. J.A. Aliaga/ C. Oliva, a.a.O., S.7f.

[43] F. Ruiz Ramón, Historia, S.545ff., insbes. S.548.

[44] C. Oliva, En torno a la propuesta de EJERCICIOS PARA EQUILIBRISTAS, in: Pip 14 - Textos (2.Zykl.) (Mai-Juni 1980), S.7.

[45] Ebd., S.8.

ausgesprochen funktionale Charakter seiner "dramatischen Literatur", die auf jegliche unnötigen Verzierungen verzichtet.[46]

Aber es ist nicht nur der durch langjährige Zusammenarbeit im "T.U. de Murcia" mit Matilla eng befreundete Oliva, der die Qualitäten des Autors hervorhebt, auch F. Lázaro Carreter schreibt[47]:

> Matilla revela una concepción del teatro totalmente renovadora. Lo que ahora se llama espacio escénico, el decorado, la utilería, el sonido, el vestuario, no son elementos coadyuvantes a la comprensión del texto, sino parte constitutiva de él, con la misma jerarquía que los diálogos y los gestos de los actores.

Lázaro beschreibt hier letzten Endes das, was das offene Textkonzept der jungen Autoren ausmacht und zu dem sich auch López Mozo bekennt, wenn er in Zusammenfassung seiner Positionen feststellt[48]: "No soy de los que creen que un texto, si es bueno, se salva por si solo." Es ist die Absage an den dramatischen Text als wichtigstes bzw. einzig wichtiges Element der Inszenierung und die Aufwertung der nicht-verbalen szenischen Ausdrucksmittel; es ist das Bekenntnis zum Schauspiel als Totalität, das eine der wichtigsten Neuerungen im Rahmen des N.T.E. darstellt.[49]

Für das Theater zu schreiben, bedeutet für die jungen Autoren, auf ihre Weise zum Widerstand gegen den Franquismus und zum Kampf gegen Unterdrückung schlechthin beizutragen. Schon 1967 beschreibt López Mozo den seinen Vorstellungen entsprechenden Typ des Dramatikers

---

[46] Angel Fernández-Santos, "Ejercicios para equilibristas", de Luis Matilla - ¡Teatro!, in: Diario 16 v. 17.5.1980.

[47] F. Lázaro Carreter, a.a.O., S.48.

[48] J. López Mozo, I Muestra de Teatro Latinoamericano en España, in: Pip 14 - Revista (2.Zykl.) (Mai-Juni 1980), S.63.

[49] Vgl. F. Ruiz Ramón, a.a.O., S.529.

als einen sozial und politisch engagierten Bundesgenossen der Schwächsten[50]: "Su concepto de la libertad humana y el compromiso que ha contraído con su sociedad le colocan al lado del hombre y le enfrentan con el gigante, sea este el poder político, el militar o el económico." Gleichzeitig weist er jedoch hin auf die Gefahr, sich aufgrund der politischen Zielsetzung in Abhängigkeit zu begeben, und fordert politische Reinheit[51] für den Dramatiker. Er dürfe nicht zum unkritischen Sprachrohr irgendeiner Ideologie oder politischen Richtung werden, sondern müsse sich sein persönliches Kriterium bewahren[52].

López Mozos Forderung nach politischer Reinheit und Unabhängigkeit wird nicht zuletzt bedeutsam in bezug auf die Haltung der jungen Autoren gegenüber Zensur und Selbstzensur. Die Selbstzensur bedingungslos zu akzeptieren und damit immer stärkere und entstellendere Verschlüsselungen der eigenen kritischen Aussage in Kauf zu nehmen, würde bedeuten, sich in die Abhängigkeit des aufgrund seiner Unterdrückungspraxis angeklagten Systems zu begeben, das hierdurch anerkannt und dem das eigene Kriterium untergeordnet würde. Diese Überlegungen veranlassen beide Autoren dazu, sich gegen Selbstzensurmassnahmen in den in individueller Arbeit verfassten Theaterstücken auszusprechen. López Mozo schreibt[53]: "Considero que la libertad de expresión es un derecho que me pertenece como individuo y que cualquier concesión en este terreno me produciría más daño que el que me causa el saber que estoy condenado al ostracismo."

---

[50] J. López Mozo, El dramaturgo y su compromiso, in: Yor 25 (1967), S.17.

[51] Ebd., S.12.

[52] Ebd., S.17.

[53] In: 5 preguntas a los autores que estrenaron, S.16.

Matilla sieht zudem hinter der Zensurpraxis gegenüber dem N.T. die Absicht, die Stücke der jungen Autoren durch den indirekten Zwang zur Verschlüsselung zu einem nur noch intellektuellen Eliten verständlichen Theater werden zu lassen, dessen Wirkungsmöglichkeit auf diese Weise von selbst drastisch eingeschränkt würde. Er leitet daraus für den Dramatiker des N.T. die Verpflichtung ab, "de hacer cada vez un teatro lo más claro y abierto posible."[54] In seinen Stücken versucht er, durch die Kombination von Elementen aus Alltagssprache, Werbung und traditionellen sprachlichen Umgangsformen einen unkomplizierten, kurzen und dynamischen Ausdruck zu erzielen, der ihm den Zugang zu allen Publikumsschichten erleichtern soll.[55]

Entsprechend zieht López Mozo die Konsequenz für seine dramatische Produktion[56]: "Cuando escribo trato de olvidar que existe la censura y que nuestro teatro, por diversas razones, está condenado a ser conocido por un reducido grupo de personas." Zwar gibt er zu, in seinen ersten Stücken sehr darauf bedacht gewesen zu sein, Probleme mit der Zensur zu vermeiden, um eine Aufführung nicht zu gefährden, seit "Collage Occidental" (1967!) aber habe er "con cualquier tipo de autocensura" gebrochen.[57] Ob es ihm jedoch gelungen ist, diesen Vorsatz tatsächlich zu verwirklichen, muss in Frage gestellt werden. Als Tendenz ist der Verzicht auf Selbstzensur im Werk López Mozos - wie auch bei Matilla - sicher festzustellen. Trotzdem belegen Stücke wie "El retorno" (1968), "Ceremonia Nupcial" (1970) oder "El caserón" (1972), dass es dem Autor nicht gänzlich gelungen ist, die - vermut-

---

[54] L. Matilla, in: A. García Pintado, a.a.O., S.18.

[55] Vgl. Ramón Pouplana, "Yorick" promociona: Luis Matilla, in: Yor 41-42 (Juli-Aug.1970), S.55.

[56] In einer Umfrage in: Mundo v. 5.9.1970, S.36.

[57] J. López Mozo, in: A.C. Isasi Angulo, Diálogos, S.333.

lich unbewusste - Berücksichtigung der Zensur bei seinem künstlerischen Schaffen auszuschalten. Überhaupt darf man vermuten, dass zwar die Möglichkeit besteht, direkte Zensureinflüsse - im Sinne des bewussten Anerkennens der vorgegebenen Norm - weitgehend einzuschränken, nicht aber die im politischen und gesellschaftlichen Klima angelegten mittelbaren Einflüsse vollständig auszuschliessen, die in ihrer Gesamtheit kaum erkannt werden können und den Autor wie die ganze Bevölkerung konditionieren.

Die gesellschaftliche Aufgabe des Dramatikers beschreibt López Mozo als "mostrar una serie de hechos a la consideración pública, con el fin de que cada cual tome conciencia de ellos y contribuya a modificarlos en la medida en que le corresponda."[58] Und auch Matilla fordert auf, ein Theater zu schreiben "que fuera reflejo de las realidades y al mismo tiempo de los condicionamientos de la sociedad en que nos sentimos inmersos o aprisionados", und fügt hinzu: "cualquier hombre que desee ser útil, debe mirar a los lados para asegurarse de que su trabajo es válido a alguien."[59] Beide Autoren deuten so gleichermassen den Wunsch nach Effektivität ihrer Theaterarbeit an, einer Effektivität, die einerseits durch die Zensur geschmälert wird, deren grundsätzlichere Einschränkung aber andererseits im Wesen des Theaters selbst liegt. Dem Wunsch der Dramatiker, möglichst direkt an der Umgestaltung gesellschaftlicher und politischer Strukturen mitzuarbeiten, steht der Umstand entgegen, dass ihre künstlerische Aussage nicht unmittelbar und kurzfristig wirksam werden kann, sondern allenfalls zur Einleitung von Bewusstseinsbildungsprozessen beiträgt, die längerfristig zu Veränderungen führen können.

---

[58] J. López Mozo, Notas sobre mi obra, in: Yor 21 (Jan.1967), S.10.

[59] In: A.C. Isasi Angulo, a.a.O., S.297.

In seiner Abhandlung zum "Teatro de barrio, teatro campesino" nimmt López Mozo ausführlich zu diesem Problem Stellung[60]:

> en el teatro raramente se alcanzan logros rápidos o asombrosos. Lo más a que se puede aspirar en el plano político es a despertar la conciencia de las gentes. Si ello se consigue, el teatro habrá cumplido su función, porque a partir de entonces otros serán los medios de que se han de servir para satisfacer sus aspiraciones.

Politisches Engagement soll also keineswegs aus dem Theater verdrängt werden, aber es wird davor gewarnt, die politische Agitation als überwiegendes oder einziges Ziel künstlerischer Arbeit misszuverstehen[61]: "Hoy un teatro apolítico carece de sentido. Pero la política no es todo el teatro, sino un elemento más junto al artístico." Ganz im Sinne der gesellschaftlichen Effektivität des Künstlers dürfe bei aller Dringlichkeit eines gegenwartsbezogenen Theaters nicht seine ästhetische Qualität - als notwendiger Bestandteil jeglicher Kunst - ausser acht gelassen werden, denn ihre Vernachlässigung würde die Reduzierung des Theaters zu einem ausserkünstlerischen Phänomen bedeuten und seine bewusstseinsbildende Funktion zerstören.[62] Die Überzeugungskraft des politischen Agitationstheaters schätzt López Mozo sehr gering ein[63]:

> la eficacia del teatro absolutamente político [...] con frecuencia es nula, puesto que por lo general va dirigido a personas que están previamente de acuerdo con su contenido y a las que, por tanto, es innecesario convencer. Si no es éste el caso, el

---

[60] J. López Mozo, Teatro de barrio, teatro campesino (Apuntes), S.80.- Vgl. auch: ders., in: M.A. Medina, a.a.O., S.108.

[61] J. López Mozo, a.a.O., S.79.

[62] Ebd., S.128f.- Vgl. auch: A. Sastre, La revolución y la crítica, S.59-64.

[63] J. López Mozo, a.a.O., S.78f.

espectador que asista a una representación carente de valores artísticos y entienda que tratan de hacer con él una labor de proselitismo político, difícilmente acudirá a una nueva representación.

Überpolitisierung lässt ein Theaterstück nicht selten zum Pamphlet geraten, einen Umstand, den López Mozo für gegeben erachtet, "cuando en una obra de contenido político se elude el análisis profundo de la situación, la cual queda reducida, por ausencia de discusión, a la simple exposición de unos hechos y a su utilización propagandística por parte del grupo o autor."[64] Dabei mag er das aufgrund seines unmittelbaren Gegenwartsbezugs nur kurzlebige Pamphlet jedoch nicht generell verurteilen[65]:

> hay que distinguir entre el panfleto concebido involuntariamente como consecuencia de la ineptitud de sus autores [...] y el panfleto como objetivo concreto del grupo para denunciar determinada situación o actuación política y que evidentemente sólo debe constituir un recurso excepcional.

Noch 1980 verteidigt er anlässlich der Aufführung einer mexikanischen Theatergruppe im Festival von Sitges ein dem Pamphlet nahestehendes "teatro de urgencia": "ante determinados estados de cosas es preferible [...] retrasarse en el camino del arte que en el camino de la justicia"[66], und entschuldigt den mangelhaften ästhetischen Ausdruck vieler unabhängiger Theatergruppen vor 1975 mit der dringlichen Situation im Franquismus.[67] Matilla vertritt ähnliche Standpunkte.[68]

---

[64] Ebd., S.81.

[65] Ebd.

[66] J. López Mozo, Lo mejor, el público, S.31f.

[67] Ders., Teatro de barrio y campesino (Conferencia), S.8f.

[68] Vgl. L. Matilla, Levantar la veda, in: Pip 6/7 - Revista (1.Zykl.) (Aug./Sept.1974), S.27.- In persönlichen Gesprächen mit den Autoren(1973)hoben beide ihre Absicht hervor, vor allem für den Moment, für die Bedürfnisse eines konkreten Publikums in einer konkreten Situation, und weniger für den Nachruhm zu schreiben.

López Mozo muss sich nun jedoch eine gewisse Ambivalenz und Widersprüchlichkeit seiner Haltung vorwerfen lassen. Erkennt und akzeptiert er einerseits, dass das Theater keine unmittelbare gesellschaftliche Wirkung haben, sondern lediglich zur Bildung eines kritischen Bewusstseins beitragen kann, so darf er andererseits nicht mangelnde ästhetische Qualität durch die Unmittelbarkeit des gesellschaftlichen Bezugs und die Dringlichkeit der Stellungnahme rechtfertigen. Mit der Vernachlässigung des künstlerischen Wertes reduziert sich die Effektivität des Theaters, d.h. die Möglichkeit, über das Theater in gesellschaftliche Veränderungsprozesse einzugreifen, und während man einem pamphletären "teatro de urgencia" in freieren Arbeitsbedingungen noch eine katalysierende Funktion unter Gleichgesinnten zuerkennen mag, bleibt ihm in einem System der Unterdrückung wie dem Franquismus, das der unmittelbaren künstlerischen Reaktion auf aktuelle Ereignisse den Riegel der Zensur vorgeschoben hatte, nicht einmal dieses Verdienst. Der Hinweis auf die dringliche Situation im Franquismus und auf die Absicht, möglichst direkte Stellungnahmen abzugeben, vermag vielleicht, mangelnde ästhetische Sorgfalt zu erklären, darf sie aber nicht entschuldigen.

Die mögliche Effektivität des Theaters hängt nicht zuletzt von seiner Rezeption ab und damit von dem Publikum, an das es gerichtet ist bzw. das es erreichen kann. Die Suche vieler Autoren des N.T. nach dem Kontakt zu einem neuen, breiteren Publikum zeigt, dass dieses Problem erkannt und dass seine Lösung als eine Aufgabe des N.T.E. in Angriff genommen wurde. Matilla, als einer derjenigen Autoren, die sich intensiv mit dem Publikumsproblem beschäftigt haben, schreibt hierzu[69]:

---

[69] L. Matilla, Algunas desordenadas notas, in: PA 123-124 (Aug.-Sept.1970), S.74.- Zit. auch bei: F. Ruiz Ramón, Historia, S.541f.- Vgl. auch L. Matilla, in: 5 preguntas a los autores que estrenaron, S.19.

> No podemos continuar haciendo un teatro para élites culturales [...] ¿qué sentido tiene escribir teatro para una sociedad conformista que lentamente ha ido perdiendo su sentido crítico positivo y que en ningún momento va a necesitar de autores que vengan a poner en cuestión unas verdades tras las cuales se atrincheran [sic] con una desesperación tal, que consigue poner en evidencia la endeblez de sus postulados? Es totalmente necesario ir en busca del público del futuro allí donde éste se encuentre.

Zwar war auch behördlicherseits erkannt worden, dass es nötig wäre, Theater und Kultur allgemein einem breiteren Publikum zugänglich zu machen, und man glaubte mit den Sommertourneen der "Festivales de España" seiner staatlichen Pflicht Genüge zu tun. Aber die jungen Autoren verwarfen die offiziellen Initiativen sowohl aufgrund deren Halbherzigkeit als auch wegen des dort zur Schau getragenen "paternalismo populista"[70], der die staatliche Bevormundung einer vermeintlich unmündigen Bevölkerung über das Theater fortsetzte, und stellten ihnen die Forderung nach einem wirklichen "teatro popular" entgegen. Der Begriff "teatro popular" blieb allerdings trotz zahlreicher Definitionsversuche wenig konkret, und seine Bedeutung wurde in Spanien nie eindeutig festgelegt.[71] Deshalb distanzierten sich die Autoren des N.T. sehr bald wieder von dieser Bezeichnung, nicht aber von ihrer Absicht, die Grundlagen für ein "teatro más próximo a las comunidades auténticamente populares" zu schaffen[72], obwohl sich auch hier wieder das Problem ergibt, was unter "auténticamente popular" zu verstehen sei.

Nach seiner Meinung über die Bedeutung des Begriffs "popular" befragt, antwortet López Mozo[73]: "Yo no haría distinciones entre lo popular y lo no popular", und for-

---

[70] M. Pérez Coterillo, in: Teatro español actual, S.249.

[71] Vgl. u.a. J. Lopez Mozo, Teatro de barrio, teatro campesino (Apuntes), S.9f.

[72] L. Matilla, in: M.A. Medina, a.a.O., S.90.

[73] In: A. García Pintado, a.a.O., S.20.

muliert an anderer Stelle[74]: "Creo que el teatro debe servir a unos intereses y de este modo será popular en la medida en que se plantee un interés público." Veranschaulichen lässt sich diese Auffassung durch die Aktivitäten des "Living Theatre" in Brasilien oder die des kalifornischen "Teatro Campesino"[75] wie auch in Spanien durch die Arbeit des "Teatro Estudio Lebrijano", das sich als eine der ersten Gruppen bereits in den sechziger Jahren u.a. mit López Mozos "Los sedientos" ein eigenes Publikum unter Bauern und Landarbeitern erschliesst: "Estos han podido ver," kommentiert Ruiz Ramón[76], "que el teatro que el grupo les propone no es un simple pasatiempo con el que algunos señoritos entretienen sus ocios, sino un teatro que se dirige a ellos" und in dem ihre Probleme thematisiert werden.

Matilla sieht ausserhalb der kommerziellen Theaterstruktur grundsätzlich zwei Möglichkeiten zur Durchsetzung eines volksnäheren Theaters[77]: Eine bestünde darin, dass Gruppen und Autoren die traditionellen Theatersäle verlassen, um dort ein neues Publikum zu suchen, wo nur ein geringes oder überhaupt kein kulturelles Angebot existiert. Hierbei könnten neue Ausdrucksformen entwickelt und erprobt werden, welche die Kommunikation mit diesem Publikum begünstigen. Die andere Möglichkeit würde einen weitergehenden Schritt bedeuten und entspräche der Forderung, zur Entstehung eines Theaters aus der entsprechenden Bevölkerungsschicht selbst beizutragen, das sich mit der speziellen Problematik dieser Klasse auseinandersetzt.

---

[74] In: M.A. Medina, a.a.O., S.108.

[75] Vgl. hierzu: Ricard Salvat, El teatro de los años 70. Diccionario de urgencia, Barcelona 1974, S.62ff.

[76] F. Ruiz Ramón, a.a.O., S.473f.

[77] In: M.A. Medina, a.a.O., S.90.

Die erste Möglichkeit erwies sich - von einigen Ausnahmen abgesehen - als wenig erfolgversprechend. Zu oft krankte die Haltung der Wanderspielgruppen an demselben Paternalismus, den man den offiziellen Massnahmen vorwarf und der sich hier in einem häufig naiven Lehrtheater offenbarte, in welchem sich das aus intellektueller Überheblichkeit geformte Bild von kulturell wenig vorgebildeten Zuschauern als "individuos cuya edad mental no ha pasado de la infancia"[78] widerspiegelte. Die Kritik liess nicht auf sich warten[79], und Gruppen wie "Los Goliardos" zogen sich mit dem Hinweis: "No es posible el 'teatro popular'" auf den bequemeren Standpunkt zurück, das existierende Theaterpublikum werde allein vom Bürgertum gestellt und diesem müsse man deshalb destruktive Kritik vorexerzieren.[80]

In der Tat muss es den unabhängigen Gruppen schwerfallen, ihren experimentellen Anspruch der Stilforschung mit der Erschliessung neuer Publikumsschichten zu vereinbaren.[81] Deshalb setzt sich mehr und mehr die Auffassung durch, man müsse die kulturell unterprivilegierten Zielgruppen dazu veranlassen, ihr eigenes Theater zu machen. "El teatro para los que habitan barrios y pueblos sólo es capaz de hacerlo el propio proletariado y el campesinado," schreibt López Mozo[82], und Matilla erkennt[83]: "el auténtico teatro popular tiene que salir de la propia clase." Was Matilla aufgrund seiner Erfahrungen

---

[78] J. López Mozo, Teatro de barrio, teatro campesino (Apuntes), S.8.

[79] Vgl. u.a. J.M. Rodríguez Méndez, La incultura teatral, S.193ff.

[80] Los Goliardos, ¿Qué son los Goliardos?, oh. weit. Ang. zit. b. F. Ruiz Ramón, a.a.O., S.465f.

[81] Vgl. J. López Mozo, a.a.O., S.7.

[82] Ebd.

[83] In: A. García Pintado, a.a.O., S.20.- Vgl. auch: M.A. Medina, a.a.O., S.457.

mit dem Kindertheater feststellt[84]: "es impensable un teatro que partiendo del adulto intentara llegar al niño sin ser éste su auténtico inspirador", lässt sich entsprechend auf die Erschliessung erwachsener Publika übertragen. Der Autor sieht somit seine Aufgabe und die aller Theaterschaffenden darin, das jeweilige Klassenpublikum mit einem Theater vertraut zu machen, das von ihm nachvollzogen und wiederholt werden kann, um auf diese Weise ein wirkliches "teatro popular" zu begründen[85] im Sinne eines "teatro hecho con el pueblo y desde el pueblo para el pueblo".[86]

Mit Voraussetzungen und Möglichkeiten eines solchen aus dem Volk entstehenden Theaters beschäftigt sich López Mozo in seinem 1974 fertiggestellten, aber erst 1976 veröffentlichten Aufsatz "Teatro de barrio, teatro campesino (Apuntes)", den er nicht zuletzt als Wegweiser und praktische Anleitung für diejenigen verstanden wissen will, die sich für die Gründung von Theatergruppen der hier vorgestellten Art interessieren. Er behandelt dabei die in ländlichen Zonen zu bildenden und städtische Vorortgruppen gemeinsam, weil er davon ausgeht, dass sowohl die Landbevölkerung als auch die der Vorstädte ein "abismo social, económico y cultural"[87] von den Bewohnern der inneren Stadtbezirke trennt. Gehören diese der Bourgeoisie und dem alten Mittelstand an, so setze sich die Bevölkerung der Vorstädte aus einem sich bildenden neuen Mittelstand und vor allem einem Proletariat zusammen, das überwiegend im Verlauf der durch die Industrialisierung der sechziger und beginnenden siebziger Jahre

---

[84] L. Matilla, Nuestros primeros pasos, S.7.

[85] Ders., in einem pers. Gespräch, 1974.

[86] F. Ruiz Ramón, a.a.O., S.472, bezgl. der Arbeit des "T.E. Lebrijano".- Vgl. entsprechend J. López Mozo, Teatro de barrio y campesino (Conferencia).

[87] Ders., Teatro de barrio, teatro campesino (Apuntes), S.15.

hervorgerufenen Migration vom Land in die Stadt in den städtischen Industriegebieten ansässig wurde. Land- wie Industriearbeiter gehören gleichermassen zu den unterprivilegierten Klassen, die sich ihre Rechte erkämpfen müssen, "entre los que no es el menos importante la posesión de la cultura."[88]

Schon die Entstehung des T.I. hatte einen Bruch mit dem kommerziellen Theater bedeutet, wenngleich zwischen beiden auch weiterhin Berührungspunkte existierten, wie die Herkunft der Ensemblemitglieder und des Publikums vorwiegend aus den höheren Gesellschaftsschichten. Das "teatro de barrio y campesino" vollzieht für López Mozo jedoch einen viel tiefer gehenden Bruch, da es mit dem kommerziellen Theater nur im Publikumsbereich noch minimale Überschneidungen zeigt, und stellt somit eine konsequente Weiterführung der Bestrebungen dar, alternative Möglichkeiten zur Struktur des offiziellen spanischen Theaters zu schaffen.[89] Seine wichtigsten Merkmale fasst der Autor wie folgt zusammen[90]:

> - Sus miembros son habitantes del barrio o pueblo, pertenecientes a las clases trabajadoras, ya sean empleados, obreros o campesinos.
> - No son profesionales del teatro. Esta es una actividad que generalmente desarrollan al margen de la suya habitual, durante las horas libres. Esta circunstancia, sin embargo, puede variar.
> - No persigue objetivos económicos.
> - Las representaciones se dan en locales ubicados en el barrio o pueblo, pues los destinatarios primeros y principales son sus propios convecinos, por lo que no es necesario plantearse la búsqueda de nuevos públicos , ni la de un lenguaje capaz de comunicar al grupo con los espectadores, puesto que ambos emplean el mismo.
> - Nunca estará en contradicción con los intereses de su público, toda vez que los de éste son los mismos de los que lo realizan.

---

[88] Ebd.

[89] Ebd., S.12ff.

[90] Ders., Teatro de barrio y campesino (Conferencia), S.6.- Entsprechend auch ders., Teatro de barrio, teatro campesino (Apuntes), S.11.

- No aspira a llegar con su trabajo a esferas geográficas o sociales distintas a las suyas habituales, sino todo lo más a intercambiar sus experiencias con las de grupos similares.
- Su pertenencia, en fin, al teatro independiente está justificada porque no actúa para la clase dominante y porque mantiene independencia económica e ideológica.

Es unterscheidet sich allerdings von anderen Gruppen des T.I. grundlegend darin, dass seine Mitglieder und sein Publikum derselben Gemeinschaft angehören, dass hier nicht von irgendjemand Theater <u>für</u> eine bestimmte Bevölkerungsgruppe gemacht wird, sondern <u>von</u> ihr selbst.[91]

Zu López Mozos Charakterisierung des "teatro de barrio y campesino", deren einzelne Punkte gleichzeitig als Forderungen des Autors an Gruppen dieser Art zu verstehen sind, wäre lediglich anzumerken, dass eine - hier ausdrücklich in Betracht gezogene - Professionalisierung den Absichten dieses Theaters entgegenstehen könnte. Es wäre zu überlegen, inwieweit nicht durch die Professionalisierung die Gruppenmitglieder ihrem sozialen Umfeld entfremdet würden, da sie nicht mehr in vollem Umfang an allen Bereichen des täglichen Lebens teilhätten. Wenigstens im Arbeitsbereich ergäbe sich für die Gruppe eine qualitative Veränderung, und die soziale Identifikation zwischen den Aufführenden und ihrem Publikum wäre im engeren Sinne nicht mehr gewährleistet.

Als ideale Formel für das "teatro de barrio y campesino" betrachtet López Mozo das Arbeitskollektiv[92], denn es begünstigt das gegenseitige Voneinanderlernen und ist in der Lage, unzulängliche Fähigkeiten einzelner ohne grosse Schwierigkeiten auszugleichen. Jede Gruppe müsse allerdings einen eigenen, ihren Anforderungen gerechten Arbeitsmodus finden, weil sich aufgrund unterschiedlicher Voraussetzungen in den einzelnen Fällen

---

91 Vgl. ebd.

92 Hierzu u. z. Folgenden vgl. ebd., S.28f.

keine pauschal gültigen Regeln festsetzen lassen. Er warnt aber auch in diesem Zusammenhang vor allem davor, die künstlerische Qualität des Schauspiels zu vernachlässigen, und rät, von übereilten Aufführungen abzusehen, um sich nicht der Gefahr von "acusaciones de improvisación, confusión y mediocridad" auszusetzen.[93]

Als Vorläufer des "teatro de barrio y campesino" gibt López Mozo einerseits García Lorcas "La Barraca" aus der Zeit vor dem Bürgerkrieg an und andererseits die katalanische Gruppe "La Pipironda", die sich um 1960 um die Verbreitung des Theaters abseits der etablierten Kulturzentren und des üblichen Theaterpublikums bemühte.[94] Beide üben jedoch allein aufgrund der zeitlichen Distanz zum "teatro de barrio y campesino", dessen Anfänge in Spanien um 1970 anzusetzen sind[95], auf dieses keinen Einfluss aus.[96]

Die erste und gleichzeitig bekannteste spanische Gruppe dieser Art, das "Teatro Estudio Lebrijano", nimmt bereits Ende der sechziger Jahre ihre Arbeit in Lebrija auf und gibt den Anstoss zur Gründung von mehr als zwölf ähnlichen Gruppen in den umliegenden Ortschaften.[97] Während jedoch die Aktivitäten des "teatro campesino" weitgehend auf die Provinzen Sevilla und Cádiz beschränkt bleiben, existieren Belege für die Arbeit von "teatros de barrio" in Valladolid, Valencia, Madrid, Bilbao, Barcelona und anderen Städten mit Industrieansiedlungen.[98]

---

93 Ebd.

94 J. López Mozo, (Conferencia), S.4f.- Auch: ders., (Apuntes), S.19ff.

95 Ders., (Conferencia), S.1.

96 Ders., (Apuntes), S.20.

97 Ebd., S.22.

98 Ebd.- Auch: ders., (Conferencia), S.13.- So führte z.B. die Arbeitergruppe "Teloncillo" aus Valladolid L. Matillas "El adiós del mariscal" auf: vgl. J. López Mozo, (Apuntes), S.38.

1974 wird in Madrid eine "coordinadora de grupos de barrio" gegründet, die den Erfahrungsaustausch zwischen den einzelnen Gruppen wie auch eventuelle Gastspielreisen organisieren soll.[99]

Trotzdem zeigt sich López Mozo 1980 bei seinem Vortrag in Santander eher skeptisch, was den bisherigen Erfolg dieser Initiative anbetrifft, das Theater auf breiter Basis dem Volk als Mittel zum Ausdruck seiner Probleme und Ansichten zugänglich zu machen[100]: "apenas se puede hablar de logros, sino más bien de intenciones, de proyectos no siempre realizados." Zwar kommt dem Konzept des "teatro de barrio y campesino" die nach dem Ende der Franco-Diktatur einsetzende Tendenz des T.I. entgegen, sich zu stabilisieren, d.h. den Status der Gruppen als Wanderbühnen zugunsten der Gründung stehender Kleintheater weitgehend aufzugeben.[101] Denn diese festen Bühnen könnten in ähnlicher Weise wirken wie etwa das "T.E. Lebrijano", indem sie gezielt auf die Gründung von Laienspielgruppen in ihrem Umfeld hinarbeiten, und kämen so auf professioneller Ebene den Vorstellungen López Mozos sehr nahe. Der "Gayo Vallecano" etwa, mitbegründet von früheren Mitgliedern der Gruppe "Tábano" im Madrider Arbeiterstadtteil Vallecas, wurde unmittelbar nach seiner Gründung vor allem durch das Stammpublikum der unabhängigen Gruppen getragen, unternahm jedoch nach seiner Etablierung den erfolgreichen Versuch, zunehmend auch das ortsansässige Publikum anzusprechen.[102] Aber die Enttäuschung der an die Demokratisierung gestellten, allgemein zu hohen Erwartungen und der daraus sich er-

---

[99] Vgl. ders., (Conferencia), S.13.

[100] Ebd., S.1.

[101] Vgl. José Monleón, Por un teatro estable del País Valenciano, in: Triunfo 822 (28.Okt.1978), S.65-66.- Ders., Sevilla y su Teatro de Repertorio, in: Triunfo825, (18.Nov.1978), S.62-63.

[102] S.: Ders., Vallecas: Hacia un teatro de la comunidad, in: Triunfo 856 (23.Juni 1979), S.55.

gebende "desencanto" weiter Teile der Bevölkerung führten nicht nur zu wirtschaftlicher, sondern auch zu kultureller Stagnation.[103] In einem solchen Klima konnte sich auch das "teatro de barrio y campesino" nicht weiterentwickeln, und daher ergibt sich eine eher Pessimismus einflössende Erfolgsbilanz. Gleichwohl wird López Mozos Hoffnung auf eine günstigere Zukunftsperspektive genährt durch das Weiterbestehen und die Neugründung von Vorortsgruppen wie auch dadurch, dass einzelne Ensembles mittlerweile durch die Kommunen subventioniert und gefördert werden.[104]

4.3. Das stilistische Experiment

Eines der Hauptanliegen der Dramatiker des N.T.E. ist die ästhetische Erneuerung des spanischen Theaters. Diese Forderung der jungen Autoren gehorcht einer dreifachen Motivation:

1. will man den Rückstand des spanischen Theaters in seiner künstlerischen Entwicklung gegenüber der Avantgarde im europäischen und amerikanischen Ausland ausgleichen,
2. sucht man nach einer Form, welche die inhaltliche Systemkritik ermöglicht und die für den sozialkritischen Realismus fast unüberwindbare Hürde der Zensur umgehen hilft, ein Unterfangen, das allerdings weitgehend erfolglos bleibt, und
3. versucht man, ein ästhetisches Konzept zu entwickeln, das den Zugang zu einem noch zu erschliessenden, neuen Massenpublikum erleichtern soll und so nicht nur der ästhetischen, sondern darüber hinaus der Erneuerung der gesellschaftlichen Relevanz des spanischen Theaters dient.

---

[103] Vgl. J. López Mozo, (Conferencia), S.20.
[104] Vgl., ebd., S.22ff.

López Mozo und Matilla tragen in ihrer dramatischen Produktion intensiv zur ästhetischen Weiterentwicklung des Theaters in Spanien bei. Ihre Stil- und Formexperimente verfolgen dabei weitgehend die gemeinsamen Absichten, weichen jedoch in ihrem Verlauf erheblich voneinander ab.

Jerónimo López Mozo empfindet den Bruch mit der durch die "Generación Realista" vertretenen Ästhetik als Notwendigkeit, "no porque fuera malo ni atacable el realismo , sino porque el teatro en el mundo ha ido avanzando y aquello se quedó atrás."[105] Der Realismus bedeutet für ihn die Stagnation der ästhetischen Entwicklung, deren Wiederbelebung für die Erneuerung des spanischen Theaterpanoramas unerlässlich ist. Angesichts der unbestreitbaren Rückständigkeit erscheint es ihm sinnvoll, von den Errungenschaften und Entwicklungen des ausländischen Theaters auszugehen, um die dort gewonnenen Erkenntnisse zu nutzen und schneller den Anschluss an den allgemeinen Entwicklungsstand zu erreichen. Dabei imitiert er jedoch nicht wahllos die ausländischen Tendenzen, sondern sucht, sie den jeweiligen Erfordernissen des spanischen Theaters anzupassen.[106] Seine frühe dramatische Produktion sieht der Autor vor allem bestimmt durch das Interesse, die neuen Formen des Theaters und ihre Möglichkeiten kennenzulernen und sie zu assimilieren; "después siguió un período de búsqueda de mi propio estilo. Tal vez esa etapa no haya concluido," beschreibt er seine weitere Entwicklung.[107]

In der Tat ist López Mozo eines der besten Beispiele für die Experimentierfreudigkeit und Stilsuche der jungen Dramatiker. Während seine ersten Stücke wie "Los novios",

---

[105] J. López Mozo, in: M.A. Medina, a.a.O., S.108.

[106] J. López Mozo, A propósito de 'Matadero Solemne', in: PA 122 (Juli 1970), S.64.- Auch: ders., in: A.C. Isasi Angulo, a.a.O., S.333f.- Vgl. sinngemäss L. Matilla, ebd., S.308.

[107] In: A.C. Isasi Angulo, a.a.O., S.332.

"El testamento" oder "Moncho y Mimí" eindeutig dem Theater des Absurden nachempfunden sind, dessen Einfluss auch in seinem späteren Werk immer wieder zu erkennen ist, beginnt er nach und nach, auch mit anderen Theaterformen und -techniken zu experimentieren.[108] "Crap, fábrica de municiones" und "Anarchia 36" zum Beispiel weisen von der Technik her Einflüsse des epischen Theaters Bert Brechts auf. Von ihm übernimmt López Mozo unter anderem die Projektionstechnik und verschiedene Verfremdungseffekte, die er auch dem "teatro de barrio y campesino" weiterempfiehlt.[109] Ebenso in "Anarchia 36" wie in "Matadero solemne" finden sich Ansätze eines Dokumentartheaters in Anlehnung an Peter Weiss, "Collage occidental" erhält durch seine nur lose in Bezug gesetzten Einzelsketches die Form einer Kabarett-Revue[110], und mehrere Entwürfe für Happenings zeugen von dem Experiment mit dieser Theaterform. Darüber hinaus lässt sich der Autor durch Artauds "théâtre de la cruauté" inspirieren und bezieht im Zuge der Rückbesinnung auf die eigene, spanische Theatertradition auch Elemente der "farsa" und des "esperpento" Valle-Incláns in sein künstlerisches Schaffen mit ein.

Vor allem in den längeren Stücken versucht López Mozo, die verschiedenen ästhetischen Elemente zu einem neuen Stil zu verbinden. So verwendet er in "Crap, fábrica de municiones" neben Elementen des epischen auch solche des absurden Theaters, die er mit esperpentischen Zügen und kabarettartigen Song-Einlagen kombiniert. "Anarchia 36" zeigt sich vom epischen wie vom Dokumentar-

---

[108] Hierzu und zum Folgenden s.: A. Miralles, Una generación sin oportunidades, S.33.- Ders., Nuevo Teatro Español, S.52.- G.E. Wellwarth, Spanish Underground Drama, S.72.- F. Ruiz Ramón, Historia, S.545.

[109] S. J. López Mozo, Teatro de barrio, teatro campesino (Apuntes), S.44 u. 46.

[110] Vgl. hierzu auch López Mozos Stellungnahme zu "La gota estéril" in: ders., Colectivo de autores, S.34.

theater beeinflusst. Aber am eindrucksvollsten gelingt dem Autor die Kreation einer neuen stilistischen Einheit in "Matadero solemne". Hier vereint er Zeremonien im Sinne Artauds[111] mit dokumentarischem Theater und Elementen des Happenings zu einem Ganzen, das Ruiz Ramón als "un producto estético radicalmente original y nuevo" bezeichnet.[112]

Besondere Aufmerksamkeit gebührt dem Experiment mit der Form des Happenings, welches López Mozo nicht als unabhängige Theaterform begreift, sondern als ein zusätzliches dramatisches Element, das ihm in Hinblick auf die Erschliessung neuer Publikumsschichten nützlich erscheint. So schreibt er[113]:

> Borrar los límites que determinan el espacio destinado a los actores y el ocupado por el público y fundirlos es una de las ambiciones de quienes investigan en la búsqueda de nuevos espacios escénicos. [...] El teatro es diálogo y en ese diálogo el espectador tiene algo que decir.

Durch den Einbezug des Happenings als dramatisches Element in einige seiner Stücke gelingt es dem Autor, die Trennung zwischen Bühne und Zuschauerraum zu überbrücken, der Zuschauer kann in die Spielhandlung miteinbezogen werden, und der angestrebte, direktere Kontakt zum Publikum wird ermöglicht.

Das fortgesetzte Experimentieren mit den unterschiedlichsten Theaterformen mag seinen Grund nicht zuletzt in López Mozos Verständnis dessen finden, was Theater ist oder sein kann: "Para mí todo puede ser teatro. Un discurso, un artículo periodístico, cualquier cosa que pueda ser dicha o representada ante espectadores."[114]

---

[111] Vgl. Antonin Artaud, Le théâtre et son double, Paris 1938.

[112] F. Ruiz Ramón, a.a.O., S.548.

[113] J. López Mozo, Teatro de barrio, teatro campesino (Apuntes), S.99.

[114] Ders., in: A.C. Isasi Angulo, a.a.O., S.339.

Denn jedes dieser "Dinge" bedarf einer individuellen ästhetischen Form, um zu Theater zu werden. Neben dem bei López Mozo allerdings nur wenig ausgeprägten Anknüpfen an die Ästhetik des "esperpento" - spätestens seit "Crap, fábrica de municiones" - ist es eben seine Bereitschaft zum Experiment mit dem Ziel der Erneuerung, die einen nicht unwesentlichen Aspekt der dramatischen Tradition Valle-Incláns fortsetzt. Auch in Valles Werk zeigt sich "una constante voluntad de renovación formal y temática y una insobornable vocación de ruptura, también formal y temática, con las distintas dramaturgias coetáneas [...] Valle-Inclán ensaya distintas vías de invención teatral, no sucesivas ni excluyentes, sino paralelas y entrecruzadas."[115]

In seinem Überblick über die wichtigsten Dramatiker des N.T.E. schreibt Ruiz Ramón zu López Mozo und seinen dramatischen Experimenten entgegen allen Vorwürfen der Nachahmung[116]:

> Consideramos que la experimentación de esas nuevas formas, realizada con rigor y con talento, y motivada por necesidades estéticas válidas, y no por esnobismo de imitación de lo foráneo y de lo nuevo, es una empresa valiosa, máxime cuando da nacimiento a obras importantes, como es el caso de López Mozo,

und nennt ihn "uno de los ejemplos más patentes de la riqueza interior de un teatro a la búsqueda incesante de nuevas formas de expresión teatral".[117] G.E. Wellwarth hatte schon zuvor ähnlich geurteilt[118]:

> Jerónimo López Mozo has clearly shown himself [...] to be one of the foremost experimenters in contemporary Spanish drama, always searching for new themes and new techniques, and always developing

---

115 F. Ruiz Ramón, Historia, S.94.

116 Ebd., S.545.

117 Ebd.- S. auch: Ders., Introducción al teatro de Jerónimo López Mozo, in: Estreno 1 (Winter 1975), S.16.

118 G.E. Wellwarth, a.a.O., S.79.

> into a more and more competent playwright. He is a writer of whom it may well be said without the slightest irony that his eclecticism is his strength.

Während López Mozo noch versucht, durch das Experiment mit verschiedenen Stilrichtungen ein eigenes ästhetisches Konzept zu entwickeln, hat Matilla schon seinen persönlichen Stil gefunden. Wellwarth bezeichnet ihn deshalb als den reifsten unter den Autoren des N.T.E.[119] Die Gültigkeit dieses Urteils mag jedoch dahingestellt bleiben, denn Wellwarth verkennt dabei, dass gerade das Stilexperiment ein grundlegendes Merkmal des jungen spanischen Theaters ist. Fest steht ohne Zweifel, dass Matilla, der anfangs - wenn man von seinem stilistisch wie thematisch wenig homogenen Erstlingswerk "Una dulce invasión" absieht - genau wie López Mozo vom Theater des Absurden beeinflusst ist[120], bereits 1968 in "Funeral" in der Technik der "farsa" vertieft, die seine weitere dramatische Produktion massgeblich bestimmt. Neben kritischer Kohärenz betrachtet daher Monleón als charakteristisch für das Theater Luis Matillas eine stilistische Homogenität und "la afirmación de la farsa como vía de esperpéntica exploración de la realidad".[121]

Zu Recht sieht Monleón in der gezielten Verwendung dieser dramatischen Form, die als eine der häufigsten in den Stücken des N.T. vorkommt[122], ein Anknüpfen an den "esperpento" Valle-Incláns[123]: "Es el esperpento, lo que él [Matilla] llama farsa popular, la búsqueda de una poética que haga reir y duela al mismo tiempo, que [...] dé conciencia al espectador de la miseria eticosocial de

---

119 Ebd., S.105.

120 S. z.B. "El observador".

121 J. Monleón, Matilla y sus monstruos familiares, in: PA 123-124 (Aug.-Sept.1970), S.64.

122 Vgl. F. Ruiz Ramón, Historia, S.530.- In Anlehnung hieran auch: Ignacio Elizalde, Temas y tendencias del teatro actual, Madrid 1977, S.40.

123 J. Monleón, a.a.O., S.65.

su mundo." Hierin findet Matilla eine wenigstens vorläufige Antwort auf seine Frage nach den Möglichkeiten eines "teatro popular"; denn "la farsa y la sátira grotesca" erscheinen ihm als besonders geeignet, das Theater einem bisher desinteressierten Publikum näherzubringen.[124] Die vordergründige Komik als unterhaltendes Element ruft beim Zuschauer Lachen hervor, verdeckt jedoch nicht die dargestellte hintergründige Problematik, wodurch ihm sein eigenes Lachen verfehlt und unangebracht erscheint. Der ständige Widerspruch zwischen einer komischen Darstellung einerseits und der Tragik des Dargestellten andererseits erzeugt ein stillschweigendes Einvernehmen zwischen Bühne und Zuschauerraum, das die Kommunikation erleichtert und die Verständnisfähigkeit des Publikums steigern hilft. Der Widerspruch zwischen seinem Lachen und der Erkenntnis des tragischen Hintergrunds vermittelt dem Zuschauer einen Anstoss, sich gedanklich mit der dargebotenen Problematik auseinanderzusetzen.

In Stücken wie "El adiós del mariscal" gelingt es Matilla, dem vor allem anfangs in seinem Werk dominierenden hermetischen Symbolismus eine offenere ästhetische Richtung entgegenzustellen, mit der er seinem Ideal der "farsa popular" sehr nahe kommt:

> Estas farsas dramáticas son tragedias de inicio violento sostenidas por personajes guiñolescos. Escritas con mucha ironía y sarcasmo, desarrollan un fondo de crítica social. Tras las carcajadas y a través de grandes posibilidades plásticas permiten una aproximación directa del teatro a este público que se desinteresó por él.[125]

Hier versucht Matilla die Synthese dessen, was er als "farsa grotesca" und als "farsa patética" oder "dramá-

---

[124] Hierzu und zum Folgenden s.: L. Matilla, in: A.C. Isasi Angulo, a.a.O., S.300.

[125] Ramón Pouplana, a.a.O., S.56.- Vgl. auch J. Monleón, a.a.O., S.72.

tica" bezeichnet.[126] Dabei versteht er als "farsa grotesca" das Spiel marionettenartiger Charaktere, welche - ohne eigenes Innenleben - das Lächerliche des Dargestellten dokumentieren und fortgesetzt zwischen Spielhandlung und Realität vermitteln, indem sie den Zuschauer veranlassen, immer wieder gedankliche Sprünge von der Fiktion in die Wirklichkeit und zurück in die Fiktion vorzunehmen. Die "farsa dramática" oder "patética" verweist dagegen auf das Absurde unseres Lebens "en una sociedad tan absurda como la nuestra"[127] und gewinnt dadurch durchaus tragische Züge. Durch die Synthese beider Formen, bei welcher der grotesken Farce eine überwiegend formale Funktion zufällt, während die pathetische Farce überwiegend den Inhalt bestimmt, versucht der Autor - wie schon Valle-Inclán in seinen "esperpentos" -, ein ästhetisches Endprodukt zu schaffen, das weder ein unbeschwertes Lachen noch ein durch die Tragik des Dargestellten hervorgerufenes Mitleid zulässt, um den Zuschauer zum Nachdenken zu veranlassen. "Es precisamente la mezcla de lo grotesco con lo patético lo que engrandece la farsa."[128]

Luis Matilla und Jerónimo López Mozo repräsentieren den fortschrittlichsten und interessantesten Teil des N.T.E. Ihre Arbeit als Dramatiker - sowohl in der künstlerischen Produktion als auch in der Auseinandersetzung mit deren theoretischen Grundlagen und den Arbeitsbedingungen - vereint alle wichtigen Strömungen und Tendenzen, die für die Entwicklung des nicht-kommerziellen Theaters im letzten Jahrzehnt der Franco-Diktatur charakteristisch sind. Die Thematisierung des Franquismus und

---

[126] Vgl. L. Matilla, Alicia ante la hoguera, in: L. Matilla y el Grupo Ditirambo, a.a.O., S.15. Das Folgende stützt sich auf die Erklärungen Matillas in einem Brief vom 7. Januar 1981.

[127] L. Matilla, Brief v. 7.1.1981.

[128] Ebd.

die gleichzeitige Transzendierung dieses konkreten historischen Bezugs finden sich bei ihnen genauso wie das Stilexperiment, in dem sich beide ergänzen. Während bei López Mozo das Hauptgewicht in der Auseinandersetzung mit den Richtungen der ausserspanischen Theater-Avantgarde liegt, steht bei Matilla die Assimilierung und Fortsetzung der spanischen Vorkriegstradition Valle-Incláns im Vordergrund. Die Ablehnung des kommerziellen Theaters wie auch der Selbstzensur führt zu dem - in diesem Fall erfolgreichen - Versuch der Annäherung an das T.I., aus dem parallel zu der Entwicklung des Konzeptes offener Bühnentexte eine enge Zusammenarbeit zwischen Autoren und Gruppen erwächst. Das betonte, aktive Interesse an der Erschliessung neuer Publikumsschichten zeugt von ihrer Teilnahme an dem Kampf für die nicht zuletzt kulturelle Emanzipation der spanischen Bevölkerung und damit gegen die faschistische Unterdrückung, wodurch schliesslich das von ihnen vermittelte Arbeitsmodell nicht mehr nur als Alternative für ein zeitgemässes Theater, sondern darüber hinaus als Alternative zur Struktur der franquistischen Gesellschaft, als soziale Alternative erscheint.

Zudem lassen die künstlerischen Produkte Matillas und López Mozos nicht die nötige ästhetische Sorgfalt vermissen, deren Fehlen anderen Autoren des N.T. Vorwürfe wie die des Infantilismus und der dramatischen Willkür einbringt.[129] Ebensowenig machen sie sich des "mimetismo" schuldig, der unreflektierten Nachahmung avantgardistischer Theaterrichtungen um der Modernität willen. Ihre Stücke zeigen, dass Systemkritik und politisches Engagement nicht im Widerspruch stehen müssen zu dem Bemühen, auch hohe ästhetische Ansprüche zu verwirklichen. So lässt das Beispiel López Mozos und Matillas

129 So z.B. Ruiz Ramón bzgl. des Theaters von Manuel Martínez Mediero u. Angel García Pintado, in: Historia, S.538 bzw. 539.

die Möglichkeiten eines neuen spanischen Theaters erkennen, die allerdings bisher kaum zum Tragen kommen konnten. Zur Zeit der Franco-Diktatur wurde der grösste Teil ihres dramatischen Werkes durch die Zensur verboten bzw. nur für Einzelaufführungen freigegeben, was einem faktischen Zensurverbot sehr nahe kam. Aber auch nach dem Tode Francos und nach der Abschaffung der staatlichen Zensur finden ihre Stücke kaum den Weg zum Publikum.[130] Sechs Jahre nach Francos Ableben hat sich an der spanischen Theaterlandschaft nur wenig geändert. Es bleibt jedoch zu hoffen, dass im Rahmen einer allmählichen politischen und wirtschaftlichen Stabilisierung auch die Voraussetzungen für eine tiefgreifende Erneuerung des spanischen Theaters geschaffen werden.

---

[130] Vgl. die Übersicht auf den folgenden Seiten.

Übersicht über die dramatische Produktion Jerónimo López Mozos+

Autor(en)	Titel	verfasst im Jahre	veröfftl. Ort/Jahr	Uraufführung	ungefähre Zahl der Aufführungen in Spanien vor 1975	nach 1975	Angaben zur Zensur bis 1975 a	b	c	d	e	Preise und sonstige Auszeichnungen
J. López Mozo	Los novios o la teoría de los números combinatorios	1964	Barcelona 1967	Sevilla 1965	10						x	
	Los sedientos	1965	Las Palmas 1971	Sevilla 1967	15			x				
	La renuncia	1966	Barcelona 1967 Madrid 1969	Valladolid 1969	50				x			
	El testamento	1966	Madrid 1968 Engl.Übers.: USA 1970 u. Kan. 1976	Palma de Mallorca 1969	15			x				
	Moncho y Mimí	1967	Barcelona 1968 u. 1971	Sitges 1967	30						x	1. Preis des Th.festivals in Sitges 1967
	Collage occidental	1967		Madrid 1969	3			x				Premio Nacional para Autores Universitarios 1968
	Blanco en quince tiempos	1967					x					
	Negro en quince tiempos	1967	Madrid 1969	Cuenca 1970	4		x					1er accésit "La Boite" 1968
	Crap, fábrica de municiones	1968	Madrid 1973					x				
	El retorno	1968/69		Ibiza 1969	25					x		Mención honorífica Premio Teatro Agrupación Artística Aragonesa 1969
	Matadero solemne	1969						x				Premio Arniches 1970
	Guernica	1969	Cincinnati 1975 Madrid 1979	Madrid 1980		1		x				Buho de bronce Inst. Cult. VOX 1976

+ Nach Absprache mit dem Autor. Stand: 1981.- Angaben zur Zensur: a = nicht vorgelegt, b = verboten, c = autorisiert für Einzelaufführungen, d = autorisiert für Kammertheater, e = autorisiert ohne Einschränkung.

Autor(en)	Titel	verfasst im Jahre	veröfftl. Ort/Jahr	Uraufführung	ungefähre Zahl der Aufführungen in Spanien vor 1975	nach 1975	Angaben zur Zensur bis 1975 a	b	c	d	e	Preise und sonstige Auszeichnungen
	Ceremonia nupcial	1970					x					
	Maniquí	1970	Madrid 1971					x				
	Réquiem por los que nunca bajan y nunca suben	1970		Sevilla 1979		50	x					
	Anarchia 36	1970	Madrid 1978				x					Mención II.Concurso de T.Lat.am. "El Galpón" 1975
	¡Es la guerra!	1971						x				
	Espectáculo Andalucía	1972					x					
	El caserón	1972					x					
	Comedia de la olla romana en que cuece su arte la lozana	1977		Albacete 1977		25						
	En busca del sexo perdido	1979										
	Compostela	1980										
	La flor del mal	1980										
	Gemeinschaftsproduktionen:											
mit Matilla, García Pintado u.Arrieta	La gota estéril	1970							x			
mit 7 weiteren Autoren u.d. "T.U. de Murcia"	El Fernando	1972	Barcelona 1972 Madrid 1975	Sitges 1972	7				x			
mit Matilla u. Margallo	Los conquistadores	1973						x				

Autor(en)	Titel	verfasst im Jahre	veröfftl. Ort/Jahr	Uraufführung	ungefähre Zahl der Aufführungen in Spanien vor 1975	nach 1975	Angaben zur Zensur bis 1975 a	b	c	d	e	Preise und sonstige Auszeichnungen
mit Matilla u.d. "T.U. de Murcia"	Parece cosa de brujas	1973	Madrid 1974	Sitges 1973	10				x			
mit Matilla u.d. "T.U. de Murcia"	Los fabricantes de héroes se reúnen a comer	1975	Murcia 1978				x					
mit der Gruppe "Bojiganga"	Por venir	1975						x				
mit Matilla	Como reses (Memoria de un matadero)	1978/79	Madrid 1980									Premio Arniches 1979

Übersicht über die dramatische Produktion Luis Matillas+

Autor(en)	Titel	verfasst im Jahre	veröfftl. Ort/Jahr	Uraufführung	ungefähre Zahl der Aufführungen in Spanien vor 1975	nach 1975	Angaben zur Zensur bis 1975 a	b	c	d	e	Preise und sonstige Auszeichnungen
Luis Matilla	Una dulce invasión	1966					x					
	El observador	1967	Madrid 1969	Valladolid 1969	2				x			Premio Delfín, Alicante 1967
	El hombre de las cien manos (infantil)	1967	Madrid 1973	Madrid 1969	52						x	
	Funeral	1968	Las Palmas 1970	Lérida 1968	20				x			Premio Valores Humanos, Lérida 1968
	Una guerra en cada esquina	1968		Barcelona 1972	65						x	Premio Olimpíada de Humor, Valencia 1968
	La ventana	1968					x					
	Ejercicios en la red (Juegos de amanecer, El premio, El habitáculo)	1969					x					Mención Casa de las Américas, Cuba 1971
	El adiós del mariscal	1968/69	Madrid 1970 Paris 1973	Madrid 1970	40				x			Special Mention Lat. am.Theatre Festival, New York 1969
	El monumento erecto	1969					x					
	El piano	1970	Barcelona 1970	Madrid 1970	10				x			
	Post mortem	1970	Engl.Übers. USA 1974 u. Kan. 1976	Madrid 1970	1				x			
	Los chicos del violón	1971					x					
	La prima donna	1972					x					
	La espera	1973		Span. Fernsehen 1981		1	x					

+ Nach Absprache mit dem Autor. Stand: Dez.1981. Einige von Angaben in der Sekundärliteratur abweichende Jahreszahlen wurden durch Rücksprache mit dem Autor bestätigt.- Angaben zur Zensur: a = nicht vorgelegt, b = verboten, c = autorisiert für Einzelaufführungen, d = autorisiert für Kammerspiele, e = autorisiert ohne Einschränkung.

Autor(en)	Titel	verfasst im Jahre	veröfftl. Ort/Jahr	Uraufführung	ungefähre Zahl der Aufführungen in Spanien vor 1975	nach 1975	Angaben zur Zensur bis 1975 a	b	c	d	e	Preise und sonstige Auszeichnungen
	El gigante (infantil)	1976	Barcelona 1980									
	Juguemos a las verdades (infantil)	1977		Madrid 1978		120						
	Volar sin alas (infantil)	1978		Madrid 1981		60						
	La gran Cacería (La feria mágica)(infantil)	1979		Madrid 1979		20						
	Ejercicios para equilibristas (Neufassungen von: "El observador" u. "El habitáculo")	1980	Madrid 1980	Madrid 1980		55					ab 18 J.	
	El monumento erecto (Neufassung)	1980	Madrid 1980									
	<u>Gemeinschaftsproduktionen</u>:											
mit López Mozo, García Pintado u. Arrieta	La gota estéril	1970							x			
mit 7 weiteren Autoren u.d. "T.U. de Murcia"	El Fernando	1972	Barcelona 1972 Madrid 1975	Sitges 1972	7				x			
mit López Mozo u. Margallo	Los conquistadores	1973						x				
mit López Mozo u.d. "T.U. de Murcia"	Parece cosa de brujas	1973	Madrid 1974	Sitges 1973	10				x			

Autor(en)	Titel	verfasst im Jahre	veröfftl. Ort/Jahr	Uraufführung	ungefähre Zahl der Aufführungen in Spanien vor 1975	nach 1975	Angaben zur Zensur bis 1975 a	b	c	d	e	Preise und sonstige Auszeichnungen
mit López Mozo u.d. "T.U. de Murcia"	Los fabricantes de héroes se reúnen a comer	1975	Murcia 1978				x					
mit der Gruppe "Ditirambo"	La maravillosa historia de Alicia y los intrépidos y muy esforzados Caballeros de la Tabla Redonda	1975	Madrid 1978					x				
mit López Mozo	Como reses (Memoria de un matadero)	1978/79	Madrid 1980									Premio Arniches 1979

5. DIE DRAMATISCHE PRODUKTION LUIS MATILLAS UND JERONIMO LOPEZ MOZOS

Die dramatische Produktion Luis Matillas und Jerónimo López Mozos steht im Zeichen des stilistischen Experiments, durch das man einerseits zur Erneuerung des spanischen Theaters und andererseits zur Erschliessung neuer Publikumsschichten beizutragen versucht. Bei Matilla lassen sich zwei Richtungen unterscheiden: Die erste bestimmen Stücke wie "El observador", "Ejercicios en la red" oder "Post mortem"; charakteristisch für sie ist "un lenguaje visual, de enorme violencia plástica y de sugerentes y agresivos contenidos"[1], nicht selten erkennt man in ihnen Elemente des absurden Theaters. Die andere befindet sich mit Stücken wie "Una dulce invasión" und vor allem "El adiós del mariscal" auf der Linie der Farce.[2] Während die zweite Tendenz in Matillas Theater sich dem Publikumsverständnis schnell öffnet und den Zugang zur dargebotenen Thematik ohne übermässige Interpretationsmühen erlaubt, zeichnet sich die erste aus durch einen

> simbolismo más o menos hermético, empeñadas [las obras] en la creación de atmósferas ahogadas, de personajes casi surreales. Es un teatro que, ciertamente, tiene sus claves interpretativas, pero que impone, antes que el discurso crítico o las argumentaciones razonadas, una imagen dolorida y asfixiante de la realidad. Es un teatro hecho con elementos de pesadilla [...][3]

Die hier überwiegende, alptraumhafte Symbolik begünstigt eine emotionale Wirkung auf den Zuschauer, kann sich seinem rationalen Verständnis aber nur durch die kompli-

---

[1] Biografía (oh.Vf.ang.), in: Pip 14 - Textos (2.Zykl.) (Mai/Juni 1980), S.9.

[2] Ebd.

[3] J. Monleón, a.a.O., S.66.

zierte Aufschlüsselung der symbolischen Elemente eröffnen, durch die Rekonstruktion eines nicht immer ohne weiteres erkennbaren Bezugssystems.

Auch die an der Farce orientierte Richtung beschreibt alptraumhafte Situationen. Ohne sich jedoch hinter hermetischem Symbolismus zu verschanzen, führt der Autor seinem Publikum hier in ständiger Überspitzung eine Realität vor Augen, deren absurde Implikationen er anprangert, indem er sich über sie lustig macht.[4] Die Introvertiertheit des hermetischen Symbolismus wird hier abgelöst durch eine nach aussen gerichtete, an Sarkasmus grenzende Ironie, durch ein aggressives Lachen[5], das den direkteren Kontakt mit dem Publikum erleichtert und die Voraussetzung schafft für die angestrebte "complicidad" zwischen Bühne und Zuschauerraum, durch welche das Publikum befähigt wird, zwischen den - gesprochenen - Zeilen zu lesen und zu verstehen.

Matilla erkennt die Existenz beider Tendenzen in seinem dramatischen Werk an. Er stimmt mit seinen Kritikern jedoch nicht unbedingt überein, wenn es um die Zuordnung der einzelnen Stücke geht. So zählt Matilla "Funeral" zu jenen Stücken, die seinem publikumsoffeneren Theater entsprechen, während Ruiz Ramón und Monleón es dem hermetischen Symbolismus zuordnen.[6] Mag auf seiten des Autors ein eventueller Widerspruch zwischen der künstlerischen Absicht und dem tatsächlichen Resultat seiner Arbeit als möglicher Grund für die Uneinigkeit unterstellt werden, so sieht sich der Literaturhistoriker bei der Klassifizierung vor dem Problem, dass eine strikte Trennung beider Tendenzen im Theater Matillas nicht

---

[4] Vgl. ebd., S.70ff.

[5] Ebd., S.70.

[6] Vgl.: L. Matilla, in: A.C. Isasi Angulo, a.a.O., S.301.- F. Ruiz Ramón, a.a.O., S.543f.- J. Monleón, a.a.O., S.66ff.

gegeben ist. Im Einzelfall dominiert zwar in aller Regel eine der beiden Richtungen, schliesst aber Elemente der anderen nicht völlig aus.[7] "Post mortem", z.B., wird - vor allem im ersten Teil - weitgehend durch hermetischen Symbolismus bestimmt, zum Ende des Stückes hin gewinnt jedoch die offenere, weniger verschlüsselte Kritik zunehmend an Bedeutung. Im Grenzfall muss so notgedrungen der subjektive Eindruck über die Zuordnung entscheiden.

Als besonders charakteristisch für Matillas hermetischen Symbolismus kann die Trilogie "Ejercicios en la red" gelten und daraus besonders der erste Einakter, "Juegos de amanecer"; "El adiós del mariscal" ist das repräsentativste Beispiel für die offenere Tendenz. Nur selten treten die einzelnen Richtungen so klar und unverfälscht hervor wie in diesen Stücken. Beide bezeichnet Monleón als die gelungensten Arbeiten des Autors.[8]

Auch im Theater Jerónimo López Mozos lässt sich eine stark symbolhaltige Richtung feststellen, die sich zwar nicht in dem Masse wie bei Matilla durch hermetische Verschlossenheit charakterisiert, die aber ebenfalls einer anderen gegenübersteht, in welcher der Autor seine Aussage mit direkteren und weniger missverständlichen Formulierungen publikumsoffener zu gestalten sucht. Starke symbolische Verschlüsselung der Inhalte ist bei López Mozo vor allem an das Experiment mit Elementen des Theaters des Absurden gekoppelt, mit dessen Ästhetik er sich überwiegend in seinen kurzen Stücken auseinandersetzt. So wird die Tendenz des Symbolismus nur hier bestimmend.[9] In seinen längeren Stücken befasst sich der Autor mit verschiedenen Stilrichtungen und Techniken und versucht durch die experimentelle Synthese unterschiedlicher Ele-

---

[7] Vgl. J. Monleón, a.a.O., S.68.

[8] Ebd., S.72.

[9] Die einzige Ausnahme stellt das an einem poetischen Realismus orientierte frühe Stück "Los sedientos" (1965) dar, in dem keine symbolische Verschlüsselung der Aussage vorgenommen wird.

mente einen eigenen dramatischen Stil zu entwickeln. Dabei verfolgt er nicht zuletzt die Absicht, sein Theater dem Verständnis eines breiten Publikums zu öffnen, bei welchem nicht unbedingt die Bereitschaft vorausgesetzt werden kann, komplizierte Dechiffrierungsversuche zu unternehmen, noch die intellektuelle Vorbildung, die es erst hierzu befähigen würde. Die Gruppe der fünf Happenings, die zu López Mozos Produktion gehören, kann man als Zwischenstadium betrachten, denn hier experimentiert der Autor mit einer Technik, deren primäres Ziel der enge Kontakt zwischen Darstellern und Zuschauern und die Einbeziehung des Publikums in den Handlungsablauf darstellt. **Die Integration dieses Elements in einige seiner langen** Stücke trägt nicht unwesentlich zu einer für das Publikum zugänglicheren Problemdarstellung bei.

Zwar liegt auch in López Mozos dramatischem Werk keine strenge Trennung zwischen den einzelnen Tendenzen vor: es finden sich sowohl in den langen Stücken symbolhaltige Verschlüsselungen, wie sich auch in den kurzen, neben den symbolträchtigen Elementen des absurden Theaters, mitunter Ansätze anderer ästhetischer Richtungen - meist der Farce - abzeichnen.[10] Aber trotzdem lässt sich eine Zuordnung der Stücke zu den beiden grundlegenden Tendenzen im Theater López Mozos, mit Ausnahme der Happenings, die eine eigene Gruppe bilden, leichter und eindeutiger vornehmen als im Falle Matillas. Da bei López Mozo Stilelemente des Theaters des Absurden, verbunden mit einem starken Symbolismus, nur in seinen kurzen Stücken von ausschlaggebender Bedeutung sind, während die langen Stücke im Zeichen des stilistischen Experiments und einer offenen Problemstellung stehen, erscheint eine Einteilung seiner dramatischen Produktion in kurze Stücke, Happenings und lange Stücke sinnvoll.

---

[10] So z.B. in "Ceremonia Nupcial" (1970).

Die Resultate der Zusammenarbeit beider Dramatiker, sowohl mit anderen Autoren als auch mit Theatergruppen, zeichnen sich weitgehend durch offene und direkte Inhaltsdarstellung und Kritik aus. Sie befinden sich somit auf einer Linie mit der publikumsoffeneren Tendenz im Theater beider Autoren und entsprechen dem Bedürfnis der beteiligten Gruppen, ein potentiell vorhandenes, neues Theaterpublikum zu erschliessen.

5.1. Allgemeiner Überblick

5.1.1. Die Stücke Luis Matillas[11]

a) hermetischer Symbolismus:

Das am stärksten durch Elemente des Theaters des Absurden geprägte Stück Matillas, der Einakter EL OBSERVADOR (1967)[12], entwirft die Situation des Individuums in einem Staat totaler Überwachung. Aufgrund eines unbestimmten Verstosses gegen die Einschränkung des Rechtes auf Meinungsfreiheit wird ein Ehepaar Tag und Nacht von einem Agenten aus nächster Nähe beschattet und dadurch bis in die intimsten Lebensbereiche seiner Privatsphäre beraubt. Der Autor klagt hier jedoch nicht nur die totalitäre Unterdrückung an, sondern ebenso die resignierte Haltung der Betroffenen, die sich in ihr Schicksal fügen, ohne einen gemeinsamen Versuch zu unternehmen, sich der Überwachung zu widersetzen.[13]

In seiner Trilogie EJERCICIOS EN LA RED (1969), in welcher die Einakter JUEGOS DE AMANECER, EL PREMIO und EL HABITACULO[13] zusammengefasst sind, beschreibt Matilla

---

[11] Matillas Theater für Kinder bleibt hier unberücksichtigt.

[12] Jahresangaben in Klammern beziehen sich hier auf das Entstehungsjahr.

[13] Eine gegenüber dem Original leicht veränderte Neufassung datiert von 1980.

die Haltung dreier Generationen gegenüber einer repressiven Gesellschaftsordnung und einer lebensfeindlichen Umwelt. Vor dem Hintergrund der Erkenntnis zweier Greise, dass ihr Wunsch nach Veränderungen zu spät kommt, und des Beispiels eines etwa vierzigjährigen Brautpaars, das aufgrund seiner Anpassungsbereitschaft scheitert, zeichnet sich die Hoffnung des Autors auf die Jugend ab, die hier als einzige in der Lage zu sein scheint, sich aktiv für die Umgestaltung der gesellschaftlichen Realität einzusetzen. Freilich enden die EJERCICIOS nicht in euphorischer Revolutionsstimmung; die Aussicht des jungen Pärchens auf Erfolg bleibt ungewiss.

EL PIANO (1970) erinnert in seiner Thematik an den Künstler-Exodus nach dem spanischen Bürgerkrieg und vermittelt ein Bild von der Situation des Künstlers in einem System, in dem das Recht auf freie Meinungsäusserung verweigert wird. Der letzte verbleibende Pianist darf selbst in einem fast leeren Konzertsaal nicht mehr spielen. Als sein Flügel versiegelt wird, entzieht er sich der Verzweiflung durch das resignierte Vertrauen in eine bessere Zukunft. Deutlich zeigen sich die Folgen der Unterdrükkung künstlerischen Schaffens, die sich für den Künstler in Armut und Frustration, in der Unmöglichkeit, von seiner Kunst zu leben, auswirkt, für die Bevölkerung aber in kultureller Entwöhnung und dem Verlust der Sensibilität. Matilla beschreibt in diesem kurzen Stück jene soziopolitischen Voraussetzungen, unter denen ein Grossteil seines dramatischen Werks entstanden ist.

In POST MORTEM (1970), dem einzigen im eigentlichen Sinn langen Stück Matillas, das der hermetisch-symbolischen Richtung seiner Produktion angehört, entwirft der Autor die Vision einer Gesellschaft, die sich selbst langsam zu Grabe trägt und verantwortliches Denken und Entscheidungen ihrer politischen Führung überlässt, um in vorgegebenen Normen dahinzuvegetieren. In einem durch imperialistische Eingriffe in einen riesigen Friedhof verwandelten Staat, versuchen zwei junge Leute vergeblich, sich den gesellschaftlichen Regeln zu widersetzen. Sie werden kriminalisiert und gejagt. Während man das Mädchen als gegen ihren Willen Verführte wieder in den Schoss der Gesellschaft aufnimmt, wird der Junge als unbelehrbar liquidiert.

Normenhörigkeit wird auch in dem Einakter LA ESPERA (1973) thematisiert. In den Gesprächen eines jungen Paares, das am Bett der toten Mutter auf den Arzt wartet, zeigt sich, dass beider liberales und progressives Äussere nicht ihre Verwurzelung in eben jenen gesellschaftlichen Vorurteilen und Normen zu verbergen vermag, die sie gerade als Einschränkung ihrer persönlichen Freiheit empfinden. Denjenigen, der sich von gesellschaftlichen Zwängen befreit, was ihnen nicht gelingt, halten sie für entartet, während sie ihn gleichzeitig um seine Freiheit beneiden.

b) extrovertierte Farce:

Bereits UNA DULCE INVASION (1966) mit seiner offenen, wenig verschlüsselten Kritik zeigt erste Ansätze der extrovertierten Richtung im Theater Luis Matillas. Das ansonsten stilistisch wenig homogene, lange dramatische Erstlingswerk setzt sich mit der Verführung einer Gesellschaft durch inhaltlose, falsche Ideale auseinander, mit deren Hilfe das gesellschaftliche Verhalten im Sinne der Obrigkeit gesteuert wird.

Auch in LA VENTANA (1968), einem kurzen Stück über die sexuelle Repression, klingt die Tendenz zur Farce an. Am Beispiel der Entdeckung, Denunziation und Verhaftung zweier Lesbierinnen entlarvt der Autor die Scheinheiligkeit einer Gesellschaft, die ihre eigenen, von ihr selbst als abartig und pervers deklarierten Neigungen hinter einer doppelbödigen Sexualmoral versteckt, um denjenigen zu bestrafen, der den Schein dieser Moral nicht zu wahren weiss.

Aber erst in dem Einakter FUNERAL (1968) kommen die Elemente der Farce wirklich zum Tragen. Drei professionelle Grabredner - etwa sechzig, vierzig und dreiundzwanzig Jahre alt - treffen beim Sarg eines gefallenen Soldaten ein. Während der älteste in seiner Grabrede den Krieg als ruhmreichen, heroischen Akt besingt, spricht der Vierzigjährige von der notwendigen Verteidigung der Zivilbevölkerung. Allein der jüngste setzt sich mit der Persönlichkeit des Toten, mit seiner Angst vor dem Tod und vor dem Töten auseinander. Anfangs von den anderen verhöhnt, arrangiert er sich schliesslich und betrinkt sich mit ihnen auf dem Sarg. Die Frage einer jungen Frau nach der Beerdigung ihres Mannes beantworten die drei nur noch mit grölendem Lachen. Die in die Jugend gesetzte Hoffnung wird in diesem Stück enttäuscht.

UNA GUERRA EN CADA ESQUINA (1968) behandelt das Thema Krieg unter dem Aspekt des Leidens der Zivilbevölkerung. Drei Prostituierte, die um das Überleben kämpfen und dabei zugrunde gehen, sind allein - als Angehörige einer sozialen Randgruppe - noch humaner Regungen fähig, nicht aber die das System stützende Gesellschaft, deren zügelloser Militarismus zum Selbstzweck geworden ist.

Das beste und dramatisch überzeugendste der zur extrovertierten Farce hin orientierten Stücke Matillas ist zweifellos EL ADIOS DEL MARISCAL (1968/69). In einer wohlausgewogenen Mischung von beissender Kritik, frechem Humor und einer guten Portion Situationskomik entlarvt der Autor den Widerspruch zwischen der offiziellen Wahrheit der Staatspropaganda und der tatsächlichen Realität. Der Tod des Marschalls, unter dubiosen Umständen im Beisein einer Prostituierten, soll vor der Öffentlichkeit als Heldentod, der Verstorbene selbst als tugendhafter Familienvater mythifiziert werden. Demonstrieren will man die Gültigkeit der verfochtenen Ideale und Moral, um das auf sie gestützte System zu erhalten. Der Autor stellt jedoch den wahren Charakter dieser Idealvorstellungen bloss als hohle Ideologie.

In EL MONUMENTO ERECTO (1969) klagt der Autor in seiner Darstellung der Ereignisse um ein pyramidenförmiges Kriegerdenkmal, das aus den Leichen gefallener Soldaten besteht, die Sinnlosigkeit von Kriegen und die Absurdität kriegerischen Heldentums an. In der Schlussszene wird das Monument als Symbol einer militaristischen Ordnung von einem achtjährigen Jungen in die Luft gesprengt, worin sich wiederum die Hoffnung zeigt, die Matilla in die Folgegenerationen setzt.[14]

LOS CHICOS DEL VIOLON (1971) ist eine revueähnliche Szenenfolge, in welcher die Missstände der modernen westlichen Gesellschaft angeprangert werden. Über Erscheinungsformen wie den Kapitalismus, Korruption, Opportunismus oder die Kommerzialisierung anti-kapitalistischer Bewegungen entwirft der Autor das Bild einer rückgratlosen, allein an materiellem Profit orientierten Gesellschaft, der nur an der Erhaltung ihrer Privilegien auf Kosten anderer liegt und der soziales Engagement fremd ist.

Ferner gehört zur offeneren Richtung in Matillas Theater LA PRIMA DONNA (1972), ein Experiment ohne Worte, das mit zeitgenössischer Musik unterlegt ist. Es kann als Farce über den Snobismus in Künstlerkreisen und ihrem Umfeld verstanden werden.

5.1.2. Die Stücke Jerónimo López Mozos

a) kurze Stücke - die Symbolik des Absurden

LOS NOVIOS O LA TEORIA DE LOS NUMEROS COMBINATORIOS (1964) stellt mit der Darstellung einer an Langeweile und Kommunikationsmangel krankenden, veränderungsfeindlichen Gesellschaft die Frage nach dem Sinn menschlichen Seins.

---

[14] Dieses kurze Stück schwankt zwischen hermetischem Symbolismus und extrovertierter Direktheit. Die Zuordnung zur zweiten Tendenz im Theater Matillas erfolgt aus dem Eindruck, dass die symbolischen Elemente im Gesamtbild des Stückes nicht überwiegen.- In seiner Neufassung von 1980 ändert der Autor den Schluss: Die Sprengung des Denkmals bleibt erfolglos. Die in der Erstfassung implizierte Hoffnung auf Veränderungen zeigt sich hier enttäuscht.

"La teoría", das Normensystem dieser Gesellschaft, orientiert sich allein an materiellen Werten und trägt damit wesentlich zur Entfremdung der Menschen voneinander bei. Nur aus der Intensivierung zwischenmenschlicher Beziehungen könnte aber der gesuchte Sinn des Lebens gewonnen werden. Es zeichnet sich ab, dass das Brautpaar, die Hauptpersonen des Stückes, entgegen allen Hoffnungen auch in der Ehe nur neue Langeweile und Sinnlosigkeit finden wird.

In LA RENUNCIA (1966) beschliesst ein jungverheiratetes Paar, keine Kinder in eine lebensfeindliche Welt zu setzen. Aus Angst vor den gesellschaftlichen Normvorstellungen ist es jedoch nicht bereit, diesen Entschluss auch vor anderen zu vertreten. Ausgehend von dieser Situation geisselt der Autor die allzu angepasste Haltung des einzelnen, der seine Unzufriedenheit mit der gesellschaftlichen Norm mit Resignation beantwortet, statt durch seinen öffentlichen Protest die herrschenden Normen in Frage zu stellen.

In EL TESTAMENTO (1966) will ein greises Ehepaar kurz vor dem Tod sein ideologisches Vermächtnis einer glorifizierten faschistischen Vergangenheit an den Enkel weitergeben, um beider Lebenswerk zu erhalten. Aber der Enkel weigert sich, die ererbten Anachronismen weiter zu übermitteln, und zerstört nach dem Tod seiner Grosseltern das Testament. López Mozo schrieb dieses Stück in der Absicht, die vorher unabhängig voneinander entstandenen LOS NOVIOS und LA RENUNCIA zu einer Trilogie unter dem Titel "Las generaciones" zu ergänzen[15], denn alle drei handeln von der Haltung verschiedener Generationen gegenüber den bestehenden Normen. Durch das Zufügen des dritten Stückes eröffnet der Autor eine Perspektive, die

---

[15] S. J. López Mozo, Notas sobre mi obra, in: Yor 21 (1967), S.10.

einen Neubeginn, frei von Repression durch eine lebensfeindliche Ideologie, erhoffen lässt, denn der Erbe zieht mit seiner Tat einen Schlussstrich unter die Vergangenheit.

MONCHO Y MIMI (1967) thematisiert die Einsamkeit des Menschen und seine Unfähigkeit zur Kommunikation. Die beiden männlichen Hauptpersonen leben, völlig isoliert von ihrer Umwelt, in einem Raum ohne Ausgang. Als einer von beiden die Möglichkeit entdeckt, sich über ein bisher unbeachtetes Telephon mit der Aussenwelt in Verbindung zu setzen, und mit einer weiblichen Gott-Figur Kontakt aufnimmt, kommt es zum Streit, denn er verweigert seinem Gefährten den Zugang zu seinem neuen Wissen. Im Laufe der Auseinandersetzung wird der Wissende von dem Unwissenden erschlagen. Der Autor bezieht in die Thematik seines Stückes schwere Kritik an Kirche und Religion mit ein. Er setzt den beiden Akten Bibelsprüche voran, mit deren Hilfe er eine Parallele zur biblischen Geschichte von Kain und Abel herstellt. Indem er jedoch neue Akzente setzt, zeigt er, dass im Grunde der Getötete verwerflich gehandelt hat, während der andere um sein Recht kämpfte. Religion stellt sich hier als Machtinstrument der Unterdrückung dar, denn der Überlebende wird von der Gott-Figur zu ewiger Einsamkeit verdammt.

In EL RETORNO (1968/69) beschreibt López Mozo den Leidensweg eines jungen Mannes, der nicht bereit ist, sein Wissen um Ungerechtigkeit und Elend, Grausamkeit und Krieg in der Welt zu verdrängen, und deshalb versucht, für seinen Lebensweg einen neuen Ausgangspunkt zu finden, von dem aus es ihm möglich sei, sich für eine bessere Welt einzusetzen. In der Öffentlichkeit trifft er jedoch auf Unverständnis und muss feststellen, dass die Gesellschaft seinen Nonkonformismus mit Ablehnung bestraft. Das Bedürfnis nach menschlichem Kontakt lässt ihn seine Ideen wieder der gesellschaftlichen Norm anpassen, wodurch die Absicht des persönlichen Engagements zur Alibi-Funktion des Konformismus degradiert wird.

Thema ist das Dilemma des Andersdenkenden in einer verrohenden Umwelt, dessen Bedürfnisse nach sozialer Geborgenheit und nach persönlichem Einsatz im Widerspruch zueinander stehen.

CEREMONIA NUPCIAL (1970), eine völlig neue Version von LA RENUNCIA, hat mit der Erstfassung nur noch den Entschluss eines jungverheirateten Paares zur Kinderlosigkeit gemein. Hiervon ausgehend zeichnet der Autor die Situation von Mann und Frau in einem am "machismo" orientierten Gesellschaftssystem nach, aus der sich für beide die Notwendigkeit der Emanzipation ergibt. Während es der Frau hier gelingt, sich von dem Zwang der traditionellen Frauenrolle zu befreien, erscheint der Mann als Opfer der sich selbst auferlegten Norm. Auch stilistisch unterscheidet sich die Zweitversion erheblich von der streng im Stil des absurden Theaters gehaltenen Urfassung: die Tendenz zum farcenhaften "Esperpentismo" ist hier unverkennbar.

Sie klingt auch in REQUIEM POR LOS QUE NUNCA BAJAN Y NUNCA SUBEN (1970) an, in dem die Geschichte eines kleinen Beamten erzählt wird, der an den Problemen in seiner Familie und am Arbeitsplatz zugrunde geht.

Ferner gehört zu den kurzen Stücken López Mozos LOS SEDIENTOS (1965), das als einziges nicht durch Elemente des Theaters des Absurden beeinflusst wird. Stilistisch eine poetische Variante des Realismus, behandelt das Stück die Wasserknappheit in Südspanien, durch die sich ein andalusisches Dorf in seiner Existenz bedroht sieht. Der Autor klagt sowohl das Desinteresse der Behörden an der Lösung des Problems an wie auch die zum Fatalismus tendierende Resignation vieler Betroffener.

b) die Happenings:

BLANCO EN QUINCE TIEMPOS und NEGRO EN QUINCE TIEMPOS (1967) stellen Experimente in Form und Technik des Happening dar. Sie sind inhaltliche Leitfäden, die kaum gesprochenen Text enthalten und nur als Grundideen für die konkrete dramatische Ausarbeitung verstanden werden wollen. Dementsprechend wird auch die Thematik nur ansatzweise skizziert und liesse sich in BLANCO als Kritik eines übertriebenen Moralismus, in NEGRO als die Frustration des Menschen bei der vergeblichen Suche nach dem Sinn seines Lebens umschreiben.

GUERNICA (1969) ist demgegenüber sehr viel konkreter festgelegt. Vor dem Hintergrund des gleichnamigen Gemäldes von Pablo Picasso lässt der Autor die Zerstörung der baskischen Stadt während des spanischen Bürgerkrieges nacherleben, um mit einem allgemeinen, an das Publikum gerichteten pazifistischen Appell zu schliessen.

MANIQUI (1970) stellt zwar wiederum einen Handlungsleitfaden mit wenig gesprochenem Text dar, seine Aussage aber ist deutlich herausgearbeitet. Beschrieben wird die geschichtliche Folge von Tyranneien - vom Feudalsystem bis zum Kapitalismus -, um schliesslich der Hoffnung Ausdruck zu verleihen, die Unterdrückten mögen sich gegen die Unterdrücker auflehnen: Der Autor lässt sie den letzten Diktator zum Selbstmord treiben.

EL CASERON (1972) - wie GUERNICA ein sehr detaillierter Entwurf - behandelt in stark verschlüsselter Form die politische Situation Spaniens und die regierungsinternen Machtkämpfe im Endstadium des Franquismus. Symbolisiert durch ein verfallendes Museum, wird das franquistische System durch Renovierungsversuche und oppositionelle Angriffe unterminiert. Der Ausgang des offen ausbrechenden Kampfes um Erhaltung oder Vernichtung des Bestehenden bleibt jedoch ungewiss; ihn soll das Publikum durch seine aktive Parteinahme entscheiden.

c) die langen Stücke - das stilistische Experiment:

COLLAGE OCCIDENTAL (1967), das erste lange Stück des Autors, steht noch sehr unter dem Einfluss der kurzen Form. Die einzelnen Szenen sind von der ästhetischen Qualität her sehr ungleich und weisen die verschiedensten Stilelemente auf: vom Theater des Absurden bis zur esperpentischen Verzerrung. Die in ihnen angesprochenen, unterschiedlichen Problemkreise erhalten nur dadurch einen Zusammenhang, dass sie den letzten Tagebuchaufzeichnungen der zentralen Figur des Selbstmörders entsprechen, der an seiner Umwelt zerbricht, und somit die Motive für seinen Selbstmord widerspiegeln. Der Autor erweckt zwar Verständnis für den Entschluss der Hauptperson, verleiht aber gleichzeitig seiner Auffassung Ausdruck, dass Selbstmord keine Lösung sozialer und politischer Probleme weder des einzelnen noch der Gemeinschaft darstellen kann.

In CRAP, FABRICA DE MUNICIONES (1968) beschreibt López Mozo unter Hervorhebung der für die Rüstungsindustrie konjunkturfördernden Wirkung des Krieges satirisch die Wechselbeziehungen zwischen Wirtschaft und Politik. Krieg wird hier skrupellos als Massnahme zur Profitsteigerung eingesetzt, und ein Ende dieser Praxis scheint nicht abzusehen, solange nicht die Leidtragenden aller Kriege die Initiative ergreifen und die Verantwortlichen richten, wie es der Autor in einem Akt poetischer Gerechtigkeit am Ende seines Stückes vorschlägt. Neben Elementen der Farce liegen technische Einflüsse des epischen Theaters vor.

MATADERO SOLEMNE (1969), in dem sich Elemente des Happening, des Dokumentartheaters Peter Weiss', des epischen Theaters Brechts und der Valle-Inclánschen Ästhetik des "esperpento" zu einem neuen, eigenwilligen Stil vereinen, gilt als gelungenstes Beispiel des stilistischen Experiments López Mozos. Er beleuchtet von verschiedenen Seiten - auch in Hinblick auf die spezifisch spanische Situation - das Thema der Todesstrafe, um diese zu verurteilen, da sie einerseits die Gefahr nicht wieder gut zu machenden Unrechts beinhaltet und andererseits als politisches Machtmittel zur Aufrechterhaltung eines Status quo missbraucht werden kann. Gegen die in der Forderung nach der Todesstrafe widergespiegelte Entmenschlichung lässt der Autor die Hauptfigur des Stückes protestieren und versucht, das Publikum für Gewaltlosigkeit und Pazifismus zu gewinnen.

In ANARCHIA 36 (1970) wird unter Verwendung von Techniken des epischen und des Dokumentartheaters die Vergangenheit des spanischen Bürgerkriegs aufgearbeitet. Dabei geht es dem Autor weniger um die überblickartige Darstellung des gesamten Kriegsgeschehens, als vielmehr um den Teilaspekt der Auseinandersetzungen zwischen Kommunistischer Partei und Anarchisten. Die hieraus folgende Kräftespaltung im republikanischen Lager macht er mitverantwortlich für die Niederlage der Republik und für die daraus folgende Unterdrückung der linksorientierten Gruppierungen nach dem Sieg der Faschisten. Sein Stück möchte López Mozo verstanden wissen als einen Beitrag zur Vereinigung der Linken gegen den gemeinsamen Feind.

ES LA GUERRA (1971) ist eine Satire über Krieg und Ideologie, in welcher der Autor die Realität bis ins Groteske überspitzt und esperpentische wie auch pikareske Elemente einarbeitet. Entgegen der ideologischen Verführung zum soldatischen Heldentum, stellt er den Krieg als Machtexhibitionismus und als grosses kommerzielles Ereignis bloss und entlarvt auf diese Weise die Glorifizierung des Todes für das Vaterland als Farce, mit der das Volk betrogen wird.

An Francisco Delicados "La lozana andaluza" (1524) lehnt sich López Mozos COMEDIA DE LA OLLA ROMANA EN QUE CUECE SU ARTE LA LOZANA (1977) an. Unter Einbezug anderer Texte jener Zeit wird die Milieuschilderung des Originals in seiner Bühnenfassung zu einer kritischen Betrachtung des sozialen Gefüges, die vor allem die Scheinheiligkeit der kirchlichen Institutionen blossstellen will.

Ferner gehören zu López Mozos individueller dramatischer Produktion ein vorläufiger Textentwurf für das "Teatro Estudio Lebrijano", ESPECTACULO ANDALUCIA (1972), über den Kampf der andalusischen Landarbeiter und Bauern gegen den Grossgrundbesitz sowie drei Manuskripte neueren Datums[16]: EN BUSCA DEL SEXO PERDIDO (1979), humoristisch-erotisches Stück, vergleicht das Geschlechtsleben verschiedener Epochen; COMPOSTELA (1980) versteht sich als Pamphlet zum Übergang von der franquistischen Diktatur zur parlamentarischen Demokratie; und LA FLOR DEL MAL (1980) ist ein Experiment über das fast gleichnamige Werk Baudelaires, "Les fleurs du mal".

5.1.3. Die Gemeinschaftsproduktionen

LA GOTA ESTERIL (1970), entstanden in Zusammenarbeit von López Mozo und Matilla mit Angel García Pintado und Miguel Arrieta, dem Leiter der Theatergruppe "Canon", verbindet Kabarett-, Zirkus- und Slapstick-Elemente zu einer Art musikalischer Revue. In der Szenenfolge werden politische und gesellschaftliche Probleme und Widersprüche aufgezeigt, die als Symptome einer dahinsiechenden Welt zu deuten sind.

EL FERNANDO (1972), wohl das aussergewöhnlichste Beispiel für die kollektive Erarbeitung eines Schauspiels in der jüngeren Theatergeschichte Spaniens, wurde auf Anregung und unter der Koordination von César Oliva und dem "T.U. de Murcia" von acht Autoren verfasst: neben López Mozo und Matilla zeichnen José Arias Velasco, Angel García Pintado, Manuel Martínez Mediero, Manuel Pérez Casaux, Luis Riaza und Germán Ubillos für den Text verantwortlich. Thema ist der Konflikt zwischen den liberalen Anhängern der "Cortes de Cádiz" und den Absolutisten

---

[16] Diese drei Mss. haben dem Vf. bisher nicht vorgelegen. Die diesbezgl. Angaben gehen auf den Autor zurück.

nach der Rückkehr Fernandos VII. aus dem französischen Exil im Jahre 1814. Die überspitzte, farcenhafte Darstellung eines ideologisch zwischen Traditionalisten und Liberalen gespaltenen Spanien sprengt jedoch diesen konkreten historischen Bezug, um auf die Parallele der spanischen Gegenwart des Franquismus zu verweisen.

Ebenso auf Anregung des "T.U. de Murcia" verfassten López Mozo und Matilla PARECE COSA DE BRUJAS (1973), das sich stilistisch als Fortsetzung des schon die Konzeption von EL FERNANDO bestimmenden Experiments mit esperpentischen Darstellungsformen versteht und ebenfalls ein historisches Thema aufgreift: Am Beispiel der Inquisition wird dargestellt, wie ein zerfallendes Macht- und Herrschaftssystem mit allen erdenklichen Mitteln um seine Erhaltung kämpft. Die Autoren zeigen, dass die vorgebliche Verteidigung ideeller Werte durch die Herrschenden - hier der Religion - nichts anderes als die Aufrechterhaltung der bestehenden Machtstrukturen verfolgt.

Zusammen mit Juan Margallo fertigten beide Autoren ein vorläufiges Manuskript für die Farce LOS CONQUISTADORES (1973) an. Zwei Schelme bereiten in der Zeit der Entdeckungsreisen nach Amerika betrügerisch ihre Überfahrt in die neue Welt vor, wo sie sich bereichern wollen. Das Stück kann als Satire auf den Widerspruch zwischen Mythos und Realität der Motivationen der spanischen Eroberer betrachtet werden.

Wieder in Zusammenarbeit mit dem "T.U. de Murcia" entstand LOS FABRICANTES DE HEROES SE REUNEN A COMER (1975). Stilistisch ein weiteres esperpentisches Experiment, beschreibt das Stück Leben und Wirken des Fabrikanten Cósimo, dessen Geschäft die Meinungs- und Verhaltensmanipulation der Gesellschaft durch Mythen und Ideologien ist, die er mit Hilfe von Comic-Gestalten verbreitet. Der Tod des Patriarchen Cósimo erhielt durch das Ableben Francos am 20.11.1975 einen derart starken Realitätsbezug, dass die Beantragung einer Zensurgenehmigung für das bereits bis zur Bühnenreife geprobte Stück nicht ratsam erschien.

Luis Matilla und die Gruppe "Ditirambo" erarbeiteten gemeinsam LA MARAVILLOSA HISTORIA DE ALICIA Y LOS INTREPIDOS Y MUY ESFORZADOS CABALLEROS DE LA TABLA REDONDA (1975). Geschrieben vor Francos Tod und später leicht aktualisiert, beschreibt das Stück den Tod des Königs Arturo und das Problem seiner Nachfolge, welches beinahe einen Machtkampf unter den sämtlich als Kandidaten verfügbaren Rittern der Tafelrunde heraufbeschwört. Eine Lösung scheint gefunden, als man die aussenstehende Alicia zur Marionetten-Königin macht, die nach den Entscheidungen der Ritter regieren soll. Über das Nachfolgeproblem lässt sich leicht der Bezug zur Situation des Franquismus herstellen, stilistisch aber erinnert dieses Stück aufgrund starker Verschlüsselungen, die kaum die Rekonstruktion der beabsichtigten Aussage erlauben, eher an den hermetischen Symbolismus im Theater Matillas als an die publikumsoffenere Richtung der extrovertierten Farce.

POR VENIR (1975) entstammt der Zusammenarbeit von López Mozo mit der Gruppe "Bojiganga". Thema ist die Rückkehr jener Spanier, die aus politischen Gründen lange Jahre im Exil gelebt haben; reflektiert wird ihre Verunsicherung angesichts der Tatsache, dass sich die Diktatur, der Grund für ihr Exil, auch bei ihrer Rückkehr noch behauptet und den Sinn ihres Lebens im Ausland in Frage stellt.[17]

Die bislang letzte gemeinschaftliche Textproduktion der Autoren López Mozo und Matilla ist das im Auftrag des aus dem "T.U. de Murcia" hervorgegangenen "Teatro del Matadero" geschriebene COMO RESES (MEMORIA DE UN MATADERO) (1978/79). Am Beispiel der Arbeiter in einem Schlachthof wird die Entwicklung der spanischen Arbeiterbewegung vom Marokko-Krieg (1909) bis zum Ende des Bürgerkriegs (1939)

---

[17] Ms. hat dem Vf. nicht vorgelegen. Die Angaben entsprechen der Einschätzung des Autors.

nachgezeichnet. Die politischen Ereignisse dieses Zeitraums wie die Diktatur Primo de Riveras oder der Untergang der Monarchie und die Proklamation der Republik erscheinen dabei in ihrer das heutige Spanien mitbestimmenden Bedeutung. Den Autoren liegt daran, ein selbstkritisches Bild der eigenen Geschichte zu entwerfen.

5.2. Die Thematik im Theater Matillas und López Mozos

5.2.1. Überblick über die wichtigsten Themenkreise

> Matilla construye su teatro en torno a unas pocas imágenes obsesivas mediante las cuales la realidad queda convertida en una mala pesadilla. Pesadilla de la que somos, a la vez, autores y víctimas en razón de nuestra propia incapacidad para objetivarla, al haber convertido la alienación, en cualquiera de sus múltiples formas, en sustancia personal, en fundamento y norma de vida, tanto individual como colectiva.[18]

Diese Charakterisierung der grundlegenden Thematik im Theater Luis Matillas lässt sich entsprechend auf die dramatische Produktion Jerónimo López Mozos ausweiten, denn auch er entwirft in vielen seiner Stücke - wie etwa in COLLAGE OCCIDENTAL oder EL RETORNO - ein alptraumhaftes Bild von der gesellschaftlichen Realität. Bei beiden erscheint die institutionalisierte Gesellschaft als unterdrückt und gefangen in ihren eigenen Normvorstellungen und Traditionen, die ohne Kritik übernommen und als zeitlose Werte propagiert werden. Dabei zeigt sich jedoch, dass das bestehende Normensystem nicht selten nur das äusserliche Erscheinungsbild bestimmt, sich aber von der tatsächlichen gesellschaftlichen Realität erheblich unterscheidet. Neben der Darstellung unterschiedlicher Einzelaspekte einer repressiven Gesellschaftsordnung wird vor allem dieser Widerspruch zwischen

[18] F. Ruiz Ramón, Historia, S.542.

gesellschaftlichem Schein und Sein thematisiert, d.h. die Doppelbödigkeit der herrschenden Norm- und Moralvorstellungen sowie die für das Individuum aus dieser gespaltenen Situation erwachsenden Konsequenzen.

In der normierten Gesellschaft wird der Konformismus, die Erfüllung der Norm, zum Ideal erhoben, die Wahrung des Scheins dem Ausdruck des eigentlichen menschlichen Seins übergeordnet, und dem auf diese Weise sich selbst entfremdeten Individuum erscheint es wichtiger, sich äusserlich den gesellschaftlichen Erwartungen anzupassen, als sein wahres Empfinden zu offenbaren und zu vertreten. Das jungverheiratete Paar aus LA RENUNCIA zieht es beispielsweise vor, seinen Entschluss zur Kinderlosigkeit zu verbergen, aus Angst, in eine Aussenseiterposition gedrängt zu werden. Es sind gerade die eifrigsten Moralisten, die in LA VENTANA bei sich selbst kaum jene sexuellen Neigungen verbergen können, die sie bei anderen als abartig und pervers verurteilen. Die Witwe aus EL ADIOS DEL MARISCAL versteht es, den Schein eines glücklichen und erfüllten Familienlebens so lange zu wahren, bis sie, endlich allein mit dem toten Marschall und der Prostituierten, in deren Armen er starb, ihrem Hass und ihrer Frustration freien Lauf lässt.

Matilla verbindet die Darstellung dieser in ihren eigenen Konventionen gefangenen und erstarrten Gesellschaft häufig mit dem Todesmotiv. FUNERAL geht aus von der Grundsituation eines Soldatenbegräbnisses, LA ESPERA von der Totenwache eines Pärchens am Bett der verstorbenen Mutter, und POST MORTEM beschreibt die Flucht zweier junger Leute vor einer allmächtigen Bestattungsindustrie. In den drei Einaktern der EJERCICIOS EN LA RED erscheint der Tod als notwendige Konsequenz einer veränderungsunfähigen und menschenfeindlichen Umwelt, und EL ADIOS DEL MARISCAL wählt als zentrale Idee den Tod eines hohen Offiziers.

Bereits Wellwarth sieht das Todesmotiv bei Matilla im gesellschaftspolitischen Zusammenhang[19]: "Technological progress plus mindless obedience to calcified traditions equals dehumanization equals death." Durch die Gleichsetzung mit bedingungsloser Fortschrittsgläubigkeit einerseits und unreflektierter Normenhörigkeit andererseits wird der Tod zum Symbol für die Selbstzerstörung der Gesellschaft, die der Autor gleichzeitig als Urheber und als Opfer eines chronischen geistigen Sterbens empfindet, das ihr nur noch erlaubt, in veränderungsfeindlicher Erstarrung dahinzuvegetieren.

Theoretisch bietet sich dem einzelnen die Alternative, sich diesem System der Unterdrückung durch die Norm anzupassen oder sich ihm zu widersetzen. Aber die Gesellschaft besitzt eine Reihe von Machtmitteln, die sie gegen den Andersdenkenden einsetzt, um dessen ablehnende Haltung zu korrigieren. Von der Unterbindung der Kommunikation (EL OBSERVADOR) über Liebesentzug (EL RETORNO) reichen die Massnahmen bis zur Kriminalisierung des Abweichlers (POST MORTEM), d.h. bis zum Ausstoss aus der Gesellschaft. Gibt der einzelne nicht freiwillig seine Ablehnung auf, so wird er mit Gewalt zur Anpassung an die herrschende Norm gezwungen oder als Ausgestossener zu völliger Isolation verurteilt, womit seine Kritik gesellschaftlich weitgehend irrelevant wird.

Einsamkeit und Isolation - eines der Hauptthemen von MONCHO Y MIMI - sind auch die Hauptprobleme der Protagonisten von COLLAGE OCCIDENTAL und EL RETORNO, denn ohne Kommunikation und zwischenmenschliche Beziehungen können beide nicht leben. Während der eine aus Verzweiflung Selbstmord begeht, versucht der andere, einen Mittelweg zu beschreiten, auf dem er glaubt, seine nonkonformistischen Ideen verwirklichen zu können, ohne dafür von seinen Mitmenschen zur Rechenschaft gezogen und ausgestossen zu werden. Aber es zeigt sich, dass das

---

19 G.E. Wellwarth, Spanish Underground Drama, S.102.

taktische Balancieren zwischen Ablehnung und Anpassung die Verfälschung der ursprünglichen Ideen und Absichten begünstigt. In EL RETORNO überdauern sie lediglich als lächerliches Alibi einer vollständigen Anpassung an die profitorientierte Konsumgesellschaft.

Auch in ihren Generations-Trilogien setzen sich Matilla und López Mozo mit der Haltung des einzelnen gegenüber dem System auseinander. Sie vergleichen hier das Verhalten verschiedener Generationen, das von veränderungsfeindlicher Befürwortung des Bestehenden über unkritische Akzeptierung bis zur kompromisslosen Ablehnung durch die jüngste Generation reicht. Verzweiflung und Pessimismus als Quintessenz, wie sie A. Miralles vielen Stücken des "N.T.E." vorwirft[20], lassen sich so bei Matilla und López Mozo nur bedingt feststellen. Sieht man ab von Stücken wie MONCHO Y MIMI oder EL OBSERVADOR, die sich in der Tat durch die Darstellung ausweglos erscheinender Situationen charakterisieren, findet sich im Theater beider Autoren fast immer ein - wenn auch oft weit entfernter - Funke Hoffnung, der auf die Möglichkeit einer günstigeren Zukunftsperspektive hinweist.[21] Dabei wird häufig grosses Vertrauen in die Jugend gesetzt. Beide Trilogien enden mit der Rebellion gegen das Bestehende seitens der Jugend, der allein hier die Fähigkeit zugestanden wird, sich konsequent für den Bruch mit überkommenen Normvorstellungen und für die Veränderung des Systems einzusetzen. In CEREMONIA NUPCIAL gelingt es wenigstens der Braut, sich von dem traditionellen Rollenverständnis zu befreien, und in EL MONUMENTO ERECTO (Erstfassung) ist es gar ein Achtjähriger, der das Symbol der bestehenden Ordnung in die Luft sprengt. Selbst Stücke wie FUNERAL oder COLLAGE OCCIDEN-

---

[20] A. Miralles, Nuevo Teatro Español: una alternativa social, S.185.

[21] Vgl. Ramón Pouplana, "Yorick" promociona: Luis Matilla, S.55.

TAL, die in eher pessimistischem Tenor mit der freiwilligen Anpassung des Andersdenkenden bzw. mit seinem Selbstmord enden, erwecken schon dadurch Hoffnung auf die Jugend, dass sie den allmählichen Wechsel der Denkmodelle signalisieren. Zwar kommt die neue Denkungsart hier noch nicht zum Zuge, in ihrer Existenz und Entwicklung zeichnet sich jedoch durchaus schon die Aussicht auf einen gesellschaftlichen Wandel ab.

Bei aller Auseinandersetzung mit dem Verhalten einzelner gegenüber der politischen und gesellschaftlichen Ordnung handelt es sich im Theater Matillas und López Mozos jedoch nicht um Charakter-Dramen. Die agierenden Figuren besitzen kaum individuelle Persönlichkeitsmerkmale, sondern müssen als Stellvertreter bestimmter Klassen oder gesellschaftlicher Gruppen und in diesem Sinne als Typen aufgefasst werden.[22] Eine psychologische Vertiefung wird nicht vorgenommen, weil man keine Konflikte einzelner Persönlichkeiten, sondern Konflikte zwischen gesellschaftlichen Gruppierungen darstellen will, weil nicht der einzelne das grundlegende Thema ist, sondern die Situation, in der er sich befindet[23] und mit ihm die gesamte spanische Gesellschaft. Das Theater López Mozos und Matillas ist Situations-Theater.

Die Situation, die beide Autoren in fast allen Stücken thematisieren, stellt eines der grossen verbindenden Themen des gesamten N.T.E. dar: es ist die Situation des Franquismus, mit deren Analyse man einen Beitrag zur Korrektur eines falschen Gegenwarts- und Realitätsbewusstseins leisten will. Die wichtigsten Teilaspekte dieses Themas, die bei López Mozo und Matilla

---

[22] Vgl. A.C. Isasi Angulo, Diálogos, S.296.

[23] Vgl. A. García Pintado, Matilla-López Mozo; saltando en las hogueras, S.19. Ferner: L.T. Valdivieso, Una aproximación semiológica al teatro clandestino español, S.261.

zum Tragen kommen, sind die ausgeprägt paternalistische Orientierung der Franco-Diktatur, Kirche, Massenmedien und Militär als Stützen des Regimes sowie die regimeinternen Auseinandersetzungen um die Macht und das Problem der Nachfolge.

Franco hatte es verstanden, sich den Mythos einer nationalen Vaterfigur zu schaffen. Indem er das über Jahrhunderte als kleinste gesellschaftliche Einheit verinnerlichte Modell der Familie und die im Katholizismus verankerte Moraltugend des Gehorsams auf die Struktur des Staates übertrug, gelang es ihm, seine Autorität zu stärken, denn er konnte sich auf jenen Gehorsam und Respekt stützen, der Familienoberhäuptern traditionsgemäss entgegengebracht wird. Andererseits wird dem Patriarchen kaum eine Rechtfertigung für seine Entscheidungen abverlangt, und so war eine günstige Voraussetzung für Manipulation und Unterdrückung geschaffen. Paternalismus und patriarchalischer Führungsstil klingen in den Stücken beider Autoren immer wieder an: Ob es sich nun um ein greises Ehepaar (EL TESTAMENTO) oder einen Grossindustriellen (CRAP oder LOS FABRICANTES DE HEROES), um einen Hauswirt (EL HABITACULO) oder den Agenten eines Bestattungsunternehmens (POST MORTEM) handelt, sie alle verfolgen dieselbe Absicht, den anderen die eigenen Ansichten und Vorstellungen aufzuzwingen.

Die Institution Kirche als Stütze des Franquismus spielt in diesem Zusammenhang der Meinungsmanipulation eine wichtige Rolle. Über die Kanzel und den Schulunterricht ist sie aufgrund ihres besonderen Autoritätsanspruchs, der weithin akzeptiert wird, in der Lage, die Bevölkerung den totalitären Erfordernissen entsprechend zu indoktrinieren. Ihre Parteinahme für die Unterdrückung thematisieren Stücke wie MONCHO Y MIMI oder PARECE COSA DE BRUJAS.

Aber das Regime ist zur Manipulation der öffentlichen Meinung nicht auf die Kirche angewiesen, denn mit den staatlich kontrollierten Massenmedien verfügt es selbst über mächtige Instrumente zur Konditionierung der Bevölkerung. Über unterschwellige Propaganda in Presse, Rundfunk und Fernsehen fällt es nicht schwer, eine unbequeme Realität zu verschleiern oder sogar in ihr Gegenteil zu verfälschen, wie es in EL ADIOS DEL MARISCAL oder POST MORTEM geschieht.

Zeigt die ideologische Indoktrination jedoch nicht die erhoffte Wirkung, so stehen dem Regime sehr viel direktere Machtmittel zur Verfügung. Polizei, Justiz - hier sei nur an die Thematisierung der Todesstrafe in MATADERO SOLEMNE erinnert - und vor allem das Militär verschaffen dem System dort Geltung, wo seine Anschauungen und Ansichten nicht geteilt werden. Das Militär, das auch im postfranquistischen Spanien gewissermassen als Staat im Staate ein unberechenbarer, weil grossenteils noch franquistisch orientierter Machtfaktor bleibt, findet im Theater Matillas und López Mozos vor allem über die Darstellung franquistischer Feindbildideologie und des Mythos von kriegerischem Heldentum Aufnahme (z.B. ES LA GUERRA oder UNA DULCE INVASION). Traditionelles Soldatentum als Inbegriff eines unkritischen und bedingungslosen Gehorsams und der Selbstaufgabe für ein schlecht verstandenes Gemeinwohl wird entgegen seiner Mythifizierung durch das Regime als erstrebenswertes Verhaltensideal in seiner Fragwürdigkeit dargestellt.

Vor allem das letzte Jahrzehnt der Diktatur Francos stand unter dem Zeichen eines regime-internen Kampfes um die Machtpositionen zwischen Falangisten und am Opus Dei orientierten Technokraten. Das Hauptthema von EL CASERON klingt auch in LA MARAVILLOSA HISTORIA DE ALICIA an, tritt hier aber hinter einen anderen Aspekt zurück, der allerdings in demselben Zusammenhang steht: die politische Nachfolge und Machtübernahme nach Francos Tod. Das Nachfolgeproblem findet bei den Autoren des N.T. als mehr oder weniger zentrales Thema immer wieder Beachtung. Denn neben der Hoffnung auf eine Demokratisierung Spaniens nach Franco stand immer die nicht unberechtigte

Befürchtung, das System faschistischer Unterdrückung könnte unter neuer Regie auch über das Ende des Diktators hinaus weiterbestehen. Während EL TESTAMENTO mit der Zerstörung des Vermächtnisses einer alten Ordnung schliesst und so einen Neubeginn signalisiert, wird dieser in CRAP zumindest in Frage gestellt und ein Überleben des Systems als möglich in Betracht gezogen. EL HABITACULO stellt schliesslich in aller Deutlichkeit die Auswechselbarkeit einzelner Persönlichkeiten dar, ohne dass das System notwendigerweise ins Schwanken geriete, und auch in EL ADIOS DEL MARISCAL ändert sich nach dem Tode des Marschalls nichts Grundsätzliches. Die Autoren verleihen auf diese Weise ihrer Skepsis Ausdruck gegenüber einer unsicheren Zukunft.

Um so sicherer ist die unmittelbar vorfranquistische Vergangenheit - der spanische Bürgerkrieg -, die einen weiteren, allerdings sehr reduzierten Themenkreis im Theater López Mozos bildet. Im Sinne einer Bewältigung der jüngsten spanischen Geschichte setzt sich der Autor mit der Zerstörung der baskischen Stadt Gernika und mit den Machtkämpfen innerhalb des republikanischen Lagers zwischen Stalinisten und Anarchisten während des Bürgerkriegs auseinander. Während das Happening GUERNICA seinen konkreten historischen Bezug zum Anlass für einen allgemeinen Protest gegen die Leiden der Zivilbevölkerungen und den Krieg schlechthin nimmt, versucht ANARCHIA 36, aus Vergangenem eine für die Situation des Franquismus wichtige Lehre zu ziehen und zur Bildung einer vereinten antifaschistischen Opposition beizutragen.

Wenn man Stücke von López Mozo, Matilla und des N.T.E. überhaupt auf ihre Aussage hin interpretiert, muss man davon ausgehen, dass in jedem Stück wenigstens zwei Bedeutungsebenen vorhanden sind: die erste beinhaltet die fiktive Bühnenhandlung, auf der anderen erscheint diese Bühnenhandlung als symbolisch verschlüsselte Darstellung der konkreten Situation Spaniens zur Zeit des

Franquismus. Während die erste Ebene dem Publikum unmittelbar zugänglich ist, muss die zweite erst erschlossen werden, indem aufgrund von im Handlungsablauf versteckten Andeutungen durch Analogieschluss eine Beziehung zwischen dem Bühnengeschehen und der historischen Realität hergestellt wird. Der konkrete historische Bezug der Spielhandlung auf die spanische Gegenwart ist zwar nicht immer von primärer Bedeutung für das Verständnis des Stückes, auf irgendeine Weise ist er jedoch in aller Regel gegeben.

Valdivieso betrachtet diese beiden Ebenen, die den Begriffspaaren "denotación/connotación (Hjelmslev); estructura superficial/estructura profunda (Chomsky); o desde un punto de vista freudiano, feno-texto/geno-texto (Kristeva)" entsprächen, als zwei Gesichter derselben Realität[24]: "es a través de la cara visible de esta realidad, el discurso lingüístico, que el espectador tiene que descifrar y aprehender la otra realidad, una realidad translingüística, el mensaje poético." Darüber hinaus erscheint es allerdings sinnvoll, innerhalb der Tiefenstruktur wiederum zwei Teilebenen zu unterscheiden. Die eine reflektiert, wie es Valdivieso auch richtig darstellt, den Bezug zur spanischen Realität; die andere versucht jedoch - unter Beibehaltung der jeweiligen Konfliktsituation -, von den konkreten Verhältnissen des Franquismus zu abstrahieren, um wiederum auf die Ebene der Bühnenhandlung hinzudeuten und so eine Aussage von allgemeinerer Gültigkeit zu formulieren, welche sowohl den geographischen Rahmen Spaniens als auch die zeitliche Begrenzung durch die Franco-Diktatur sprengt.

---

[24] L.T. Valdivieso, a.a.O., S.296.- Vf. bezieht sich in diesem Zusammenhang auf: Louis Hjelmslev, Prolegomena to a Theory of Language, Madison (The University of Wisconsin Press) 1961.- Noam Chomsky, Current Issues in Linguistic Theory, London 1969.- Julia Kristeva, Sémanalyse: Conditions d'une sémiotique scientifique, in: Semiotica, Vol.V, 4(1972), S.324-347.

> Despite the fact that López Mozo's job as a traveling salesman takes him all over Spain and gives him ample opportunity to collect material for an essentially indigenous Spanish drama, he writes primarily in a supranational vein.[25]

Diese Feststellung Wellwarths zeigt, dass es nicht schwerfällt, von der Bühnenhandlung direkt auf die allgemeingültige Aussage zu schliessen, denn Wellwarth erkennt zwar den Bezug des N.T.E. auf die spanische Gegenwart an, misst diesem im Theater López Mozos aber keine besondere Bedeutung bei. Die folgenden Interpretationen einzelner Stücke sollen dagegen veranschaulichen, wie sehr die hier im Überblick ihrer wichtigsten Aspekte dargestellte Thematik doch auf die von beiden Autoren gelebte, spanische Gegenwart zurückgeführt werden kann. Durch den Versuch, Spielgeschehen und -situationen auf konkrete Beispiele aus der Realität des Franquismus zu beziehen, um das Verhältnis zwischen Fiktion und Realität zu verdeutlichen, darf allerdings nicht der Eindruck entstehen, die hier untersuchten Stücke spiegelten auf mechanische Weise reale Gegebenheiten wider. Vielmehr interpretieren sie die Realität; und genauso wie die Autoren ins Extrem übersteigerte Formen der Darstellung wählen, um ihre Aussage eindringlicher zu gestalten, werden zur Veranschaulichung des Realitätsbezugs besonders wichtige Beispiele herangezogen, die als paradigmatisch wie auch symptomatisch für die Situation des franquistischen Spanien gelten können.[26] Dass die Möglichkeit besteht, auch zu anderen als den hier gewählten Beispielen einen Bezug herzustellen, wird dabei keinesfalls ausgeschlossen.

---

[25] G.E. Wellwarth, Spanish Underground Drama, S.71.

[26] Vgl. hierzu: A. Sastre, Anatomía del realismo, S.74. Unter Bezug auf Valle-Incláns "esperpento" stellt Sastre die deformierende Übertreibung von Missständen als ein Verfahren dar, diese auf besonders eindringliche Weise erkennbar zu machen: "Lo real esperpéntico es artísticamente esperpentizado: de tal modo que lo feo, al ser presentado como monstruoso, se hace inteligible."

5.2.2. Interpretationen ausgewählter Stücke Luis Matillas

5.2.2.1. "El observador" (1967) - Die Unterdrückung der Meinungsfreiheit im Überwachungsstaat

"El observador"[27] ist das zweite Schauspiel Luis Matillas. In der absurd-grotesken Spielsituation lässt sich die Inspiration durch das Theater des Absurden nicht leugnen. Ort der Handlung des Drei-Personen-Stückes ist ein Schlafzimmer, dessen karge Einrichtung aus einem Ehebett, einem Stuhl, einem Telefon und einem Garderobenständer besteht.

SIE und ER, ein etwa vierzigjähriges Ehepaar, unterhalten sich. Während SIE ihrem Mann Vorwürfe macht, ER habe durch seine Tat die gegenwärtige Situation herbeigeführt, versucht ER, sich zu rechtfertigen, aber SIE versteht ihn nicht. Das Publikum erfährt nicht genau, welches Vergehen der Mann begangen hat, es erhält im Laufe des Stückes lediglich relativ vage Andeutungen über den Sachverhalt. Man gewinnt den Eindruck, dass es sich um ein Meinungs- oder Gesinnungsdelikt handeln muss, aufgrund dessen ER eine wenigstens dreijährige Haftstrafe absitzen musste und auch nach seiner Entlassung noch von dem OBSERVADOR genauestens beobachtet wird. Die Situation, in der sich die Eheleute befinden, wird durch den OBSERVADOR bestimmt, der selbst in ihre intimste Privatsphäre eindringt. Während sie zu Bett gehen, setzt sich der stumme Beobachter auf den neben das Bett gerückten Stuhl, um die beiden nicht aus den Augen zu verlieren. Die Versuche des Mannes, sich telefonisch mit der "brigada de observación"(S.77) in Verbindung zu setzen, um gegen diese Art der Observierung zu protestieren, bleiben er-

---

[27] Luis Matilla, El observador, in: J. López Mozo/ A. García Pintado/L. Matilla, Variaciones para una cama sola, Madrid 1969, S.67-87. Seitenangaben im Text beziehen sich im folgenden auf diese Ausgabe.

folglos, die Leitung ist besetzt. Als ER wenig später zur Toilette geht, um wenigstens ein paar Minuten unbeobachtet denken zu können, wird ER dort von dem OBSERVADOR eingeschlossen. Während ER, seine lauteren Absichten beteuernd, versucht, den Beobachter dazu zu bewegen, ihn freizulassen, nähert sich dieser der im Bett liegenden Frau und zieht ihr langsam die Decke weg. Als der Vorhang fällt, hört man die verzweifelten Schreie des Eingeschlossenen: "¡No lo volveré a hacer, le prometo que no lo volveré a hacer nunca más, nunca más!"(S.87).

Die Handlung des Stückes ist auf ein Minimum reduziert; man kann hier eigentlich kaum von der Darstellung einer Handlung sprechen, sondern eher von der Darstellung einer Situation - wie sie auch die Konzeption des Theaters des Absurden beinhaltet.[28] Nicht eine fiktive Spielhandlung bildet das Thema, sondern die Situation, in der sich - wie der Zuschauer erfährt - nicht nur dieses Ehepaar befindet (S.75).

Wellwarth schreibt:

> El observador is a satire on official interference with privacy - the sort of interference which wiretapping, eavesdropping, mail censorship, and sleek, polite men questioning neighbors and fellow-workers have made familiar to people all over the world in recent years.[29]

Zwar erscheint der Begriff Satire hier unangebracht, denn es handelt sich um die ins Absurde übersteigerte Darstellung einer tragisch erscheinenden Situation, die nicht den der Satire eigenen Humor bzw. Sarkasmus enthält. Auch der OBSERVADOR bietet keinen Ansatzpunkt für irgendeine Art von Lächerlichkeit, nicht zuletzt, da er ein stummer Beobachter ist. Aber Wellwarth deutet richtig an, dass die Anklage dieser Situation durch Matilla historischen Bezug hat, der sogar über die spezifisch spanischen Gegebenheiten hinausgeht.

---

[28] Vgl. Martin Esslin, Das Theater des Absurden, Reinbek b. Hambg. 1965, S.312.

[29] G.E. Wellwarth, Spanish Underground Drama, S.105.

Im Mittelpunkt der Aussage steht die Anklage der Unterdrückung und Kontrolle menschlicher Freiheiten bis hin zur Gedankenfreiheit durch einen totalitären Staat, der - verkörpert durch den OBSERVADOR - die Gesinnungsschnüffelei bis zum Exzess betreibt, um die Privatsphäre des Menschen - und insbesondere des Regimegegners - letzten Endes auszulöschen. Bereits in seinem ersten Stück, "Una dulce invasión"[30], stellt Matilla die weitgehende Eliminierung der Privatsphäre einer Zivilbevölkerung im Krieg dar, deren Häuser immer wieder durch wechselnde feindliche Kampfgruppen besetzt werden. Und auch in seinen späteren Stücken klingt das Thema der staatlichen Kontrolle über das Individuum wiederholt an: In "El piano"[31] behandelt der Autor die Kontrolle des Künstlers durch den Zensurapparat, und in "Post mortem"[32] geht es um die Überwachung normgerechten Verhaltens; die Abweichung von der Norm wird als schweres Vergehen geahndet.

Der Umstand, dass dieses Thema in abgewandelter Form immer wieder in den Stücken erscheint, erklärt sich aus einem engen Bezug der Aussage zur spanischen Realität. Matilla bezieht sich in seiner stark zugespitzten Darstellung zunächst auf nichts anderes als die realen Zustände im franquistischen Spanien. Die hier erwähnte "brigada de observación" findet ihr historisches Gegenstück in der "Brigada Político Social", der spanischen Geheimpolizei, deren Spitzeltätigkeit nicht zuletzt das jahrzehntelange Überdauern des Franquismus ermöglichte. Ihre Aufgabe war, jegliche regimefeindliche Aktivität aufzudecken, was ihr durch ein dichtes Informantennetz weitgehend möglich war. Die Infiltrierung ihrer V-Männer

---

[30] Unveröfftl. Ms., 1966.

[31] Entstanden 1969. Veröfftl. in: Yor 41/42 (Juli/Aug.1970), S.57-68.

[32] Unveröfftl. Ms., 1970.

- im Volksmund "sociales" genannt - in unzählige Institutionen, insbesondere Universitäten, führte über ein Klima der Angst und des Misstrauens zur "imposibilidad práctica de emitir ideas políticas contrarias a las oficiales."[33]

Auch der Umstand, dass das Ehepaar keine Möglichkeit hat, gegen eine derartige Behandlung zu protestieren, und ER ohnehin der Meinung ist, ein solcher Protest sei sinnlos, kommt nicht von ungefähr. Proteste gegen die polizeiliche Folter und andere Unterdrückungsmassnahmen waren gemeinhin wenig erfolgreich, und die Bevölkerung sah sich relativ machtlos dem staatlichen Unterdrückungsapparat ausgeliefert. In diesem Zusammenhang schreibt Tamames: "Los malos tratos e incluso la tortura, fueron frecuentes, como lo demuestran las numerosas denuncias presentadas, casi siempre con escasos resultados."[34] Diese Ohnmacht gegenüber dem Regime zeigt sich deutlich in der Haltung des Paares aus "El observador" gegenüber dem sie beobachtenden Geheimpolizisten, dessen Observierung durchaus als psychische Folter gewertet werden muss.

Die hier dargestellte Methode hat das Ziel, den Regimegegner einzuschüchtern und von der übrigen Gesellschaft zu isolieren; er soll als unnormal abqualifiziert werden. Als SIE ihrem Mann vorwirft: "Estás obsesionado. Perdiste la normalidad"(S.74), zeigt diese Taktik bereits erste Früchte. Scheint dieser Vorwurf auf den ersten Blick auch unbedeutend, so enthält er doch eine Anspielung auf die ideologische Rechtfertigung des Franco-Regimes bezüglich der Verfolgung seiner Gegner.

Diese Rechtfertigung lieferte u.a. der Psychiater Marco Merenciano in einem 1942 in Valencia gehaltenen Vortrag, in dem er emotionsgeladenen Antikommunismus und

---

[33] Ramón Tamames, La República. La Era de Franco, S.373.

[34] Ebd.

nach eigenen Bedürfnissen interpretierten Katholizismus mit seinen psychiatrischen Erkenntnissen in Einklang zu bringen suchte.[35] Er betrachtete seine Ausführungen als Beitrag zur Entwicklung einer "higiene mental en España" und entwickelte darin die folgende Theorie über den Zusammenhang von Ressentiments und Marxismus:

> 1.º, el resentimiento es producto de fracasos repetidos en la vida y resulta de la autointoxicación de la represión de sentimientos de injusticia y venganza. 2.º, el resentimiento es un estilo de vida [...]. 3.º, ello trae como consecuencia una posición hostil ante la vida, sobre todo ante los valores vitales y espirituales. 4.º, el resentimiento implica - a veces es la cobertura de altruismo, filantropía o amor a la humanidad - un odio a Dios, odio a la patria y odio a sí mismo. 5.º, el resentido lleva una conducta psicopática [...]

Den beabsichtigten Bezug zum Marxismus stellt Merenciano nun her, indem er Suggestivfragen stellt, die er sich selbst beantwortet:

> ¿Es que históricamente existe algo que sea expresión más exacta del resentimiento que el marxismo? ¿Es que el marxismo no viene exactamente enmarcado en esos tres odios que son el propio individuo, la patria y Dios? [...] el marxismo, más que un producto de Marx, es una escoria de la sociedad [...] en todo resentido existe siempre un marxista auténtico, aunque no esté encuadrado en las filas del socialismo; los resentidos son bombas de dinamita esparcidas y ocultas en la sociedad y que un día u otro explotan [...] no importa siquiera el que muchos resentidos ignoren que son auténticos marxistas, nos basta con saberlo nosotros, para poner remedio a ese mal.

Durch die Gleichsetzung von Marxismus und anlagebedingter Geisteskrankheit will Merenciano den Antikommunismus des Franco-Regimes sowie die Verfolgung der Kommunisten - bzw. Psychopathen -, vor denen die Gesellschaft geschützt

---

[35] Veröfftl. in: Marco Merenciano, Ensayos Médicos y Literarios, Madrid 1958. Zit. nach: Carlos Castilla del Pino, La psiquiatría española (1939-1975), in: La cultura bajo el franquismo, S.79-102. Die folgenden Zitate S.83f.

werden müsse, rechtfertigen. Darüber hinaus aber stempelt er jeden als verfolgungswürdigen Marxisten ab, der sich in irgendeiner Weise nicht systemkonform verhält. Wer gegen die bestehende - faschistische - Ordnung verstösst, gilt als Feind der Gesellschaft und muss als solcher von ihr isoliert werden. Die Entscheidung darüber, was als staatsfeindlich zu gelten hat, verbleibt dem willkürlichen Ermessen. Der Mann in Matillas Stück scheint ein Opfer solcher Willkür zu sein. Nicht einmal seine Frau weiss genau, was ER getan hat bzw. wessen ER beschuldigt wird. Verunsichert durch die Anwesenheit des OBSERVADOR fragt SIE ihren Mann:

> ELLA.- (Con temor.) ¿Desde dónde crees que él observará?
> EL.- No lo sé.
> ELLA.- Lo tenías que saber. La observación dependerá de lo que hayas hecho. Tú tienes que saber lo que hiciste, ¿no? (S.75)

Obwohl ER ihrer Vermutung hier recht gibt, scheint aber auch ER sich nicht endgültig über sein angebliches Verbrechen im klaren zu sein.

Das franquistische Regime hat sich in der Öffentlichkeit immer gerne als Hüter von Gesetz und Ordnung produziert und stellte die von ihm vertretene Ordnung als einzig mögliche Alternative zum Chaos des spanischen Bürgerkriegs hin, dessen Erinnerung einem grossen Teil der Bevölkerung noch gegenwärtig war.[36] Indem es die Periode äusserlichen Friedens unter Francos Herrschaft zum Mythos erhob und die Angst vor einem neuen Krieg schürte, gelang es, das zu erzeugen, was vielfach "miedo a la libertad" genannt wurde.[37] Auf diese Weise war das Regime in der Lage, die Bevölkerung dazu zu erpressen, die Unterdrückungspraktiken und den Verlust an Freiheit als geringeres Übel anzusehen als das angeblich drohende

---

[36] Vgl. A. Miralles, Nuevo Teatro Español, S.163.

[37] Vgl. Las ideologías en la España de hoy (coloquio), Madrid 1972, S.155ff.

Chaos. Daraus mag sich die politische Entwicklung der spanischen Mittelklasse erklären, die vor und im Bürgerkrieg vorwiegend pro-republikanisch war, von 1945 bis Ende der fünfziger Jahre aber als "casi masivamente prorégimen" eingestuft werden muss.[38] Auch in den sechziger Jahren zeichnet sie sich vor allem durch eine konservative Haltung aus, da sie den nach langen Jahren der Entbehrung endlich erreichten Lebensstandard in keinem Fall aufs Spiel setzen möchte.[39]

Diese Haltung der Bevölkerung spiegelt sich auch in "El observador" wider. Zwar wird Ende der sechziger Jahre, also in der Zeit, zu der dieses Stück entstand, bereits registriert, dass die Angst vor der Freiheit zunehmend an Bedeutung für das gesellschaftliche Verhalten verliert[40], was auf das Heranwachsen jüngerer Generationen ohne unmittelbare Kriegserinnerung zurückzuführen ist. Aber dadurch, dass Matilla das Alter des Ehepaars auf etwa vierzig Jahre festlegt (S.71), reflektiert er das Verhalten einer Generation, die zum Zeitpunkt des Kriegsausbruchs ungefähr neun Jahre alt war, also alt genug, um wenigstens emotional das Kriegschaos miterlebt und nicht vergessen zu haben.

Entsprechend lassen die Reaktionen der Frau, geprägt von der Angst vor dem Risiko einer Veränderung und von einem furchtsamen Respekt vor der Obrigkeit, welche die bestehende Ordnung zum Wohl der Gesellschaft zu sichern vorgibt, keinen Zweifel daran, dass SIE das Verhalten ihres Mannes nicht billigt und vor allem die Nachteile bewertet, die sein Vergehen für SIE mit sich bringt:

---

[38] R. Tamames, a.a.O., S.351.

[39] Ebd., S.377.

[40] Vgl.: Las ideologías, S.156f.

ELLA.- ... Sabes que no intento reprocharte nada, pero vivíamos tan felices...

....

Las otras mujeres...
EL.- Sólo piensan en vivir.
ELLA.- ¿Existe algo más importante?

Wenig später sagt SIE es noch deutlicher:

ELLA.- Yo no habría hecho lo que tú hiciste. (S.72f.)

Da SIE aber gar nicht genau weiss, was ER getan hat, bedeutet ihre Aussage, dass SIE generell nichts tun würde, was als regimefeindlich gelten könnte. SIE stellt sich auf seiten des Regimes und vertritt dessen Standpunkt, als SIE ihren Mann als fanatisch und nicht normal bezeichnet (S.74). Für SIE trägt einzig und allein ER die Verantwortung für die Anwesenheit des OBSERVADOR; der Gedanke, ER könne - wie SIE - ein hilfloses Opfer des staatlichen Unterdrückungsapparates sein, kommt ihr nicht.

Indem SIE ihrem Mann gegenüber in gewisser Weise den Standpunkt des Regimes einnimmt, neigt SIE dazu, die Überwachungsmassnahmen zu rechtfertigen, wenngleich SIE gegen die Beschneidung ihrer eigenen persönlichen Freiheiten protestiert. SIE bittet ihn, sich zu erkundigen, ob die Observierung nicht auf einem Irrtum beruht:

ELLA.- Tienes que llamar a la brigada de observación. Es fácil que todo sea un error.
EL.- No, no lo es. Ellos se guían por normas como ésta.
ELLA.- Llama, llama de todas formas. Así nos quedaremos más tranquilos. (S.77)

Diese letzten Worte implizieren letzten Endes, dass SIE bereit ist, den Einbruch in ihre Privatsphäre hinzunehmen, sofern es sich nicht um einen Irrtum handelt. In diesem Sinne ist auch zu verstehen, dass SIE ihrem Mann vorschlägt, sich an die Gegenwart des Beobachters zu gewöhnen (S.80). Da SIE keine Möglichkeit sieht, die staatlichen Sicherheitsmassnahmen abzuwenden, nimmt SIE sie schliesslich hin und zeigt keinen Widerstand mehr, als der OBSERVADOR ihr die Bettdecke wegzieht. Matilla beschreibt ihr Verhalten in der Regieanweisung: "ELLA acepta su acción con un gesto de total abandono." (S.87) Der OBSERVADOR hat somit erreicht, dass die Repression als weitgehend unabwendbar, sogar als gesellschaftlich notwendig und damit als gerechtfertigt akzeptiert wird: "La violación de la intimidad queda convertida en norma, no ya impuesta, sino interiorizada por la conciencia"[41], wie es Ruiz Ramón in bezug auf "El observador" ausdrückt.

Um die regimefreundliche Haltung weiter Teile der Bevölkerung und damit den Bestand des Systems nicht zu gefährden, war es im franquistischen Spanien notwendig, denjenigen, der sich nicht freiwillig fügen wollte, dazu zu zwingen, sich dieser Ordnung anzupassen, oder ihn zu isolieren. Viele der zahlreichen Beispiele, die das Franco-Regime für die gewaltsame Entmündigung seiner Untertanen im Sinne einer fragwürdigen Ordnung geliefert hat, betreffen daher besonders potentielle Regime-Gegner: Arbeiter, die während des Bürgerkriegs auf republikanischer Seite gekämpft hatten, mussten grösstenteils den Militärdienst wiederholen[42]; es bestand eine allgemeine Zensur, welche die Öffentlichkeit gegen jegliche unliebsamen, kritischen Äusserungen abschirmen konnte; es galt das absolute Parteienverbot - "Movimiento Nacional" ausgenommen -, das Franco folgendermassen rechtfertigte: "Para qué los partidos, si contamos con un Estado fuerte, basado en un Ejército unido y en unas fuerzas de orden público disciplinadas y eficaces?"[43]; die endgültigste Massnahme gegen Antifaschisten war schliesslich die Todesstrafe. Noch am 27. September 1975, also kurz vor Francos Tod, wurden an fünf aktiven Mitgliedern der verbotenen Untergrundorganisationen FRAP und ETA die Todesurteile vollstreckt.[44] Die starken internationalen Pro-

---

41 F. Ruiz Ramón, Historia, S.543.

42 Vgl. Tamames, a.a.O., S.610.

43 Ebd., S.375.

44 Vgl. ebd., S.589.

teste gegen die Hinrichtungen bezeichnete Franco am 1. Oktober als eine "conspiración masónica izquierdista en la clase política, en contubernio con la subversión comunista-terrorista en lo social"[45] und versuchte so, die als solche dargestellte Einmischung des Auslands in innerspanische Angelegenheiten zu pro-franquistischer Staatspropaganda auszunutzen.

Der Mann aus "El observador" ist als Gegner des Regimes solchen Unterdrückungspraktiken ausgesetzt. ER hat drei Jahre im Gefängnis verbracht und wird danach ständig aus nächster Nähe beobachtet. Da die Haft vermutlich nicht den erwünschten Gesinnungswandel herbeigeführt hat, soll jetzt durch die Observierung seine totale Isolierung von der Umwelt erreicht werden: man will ihm jegliche Möglichkeit zur Kommunikation, auch im privaten Bereich, nehmen. In diesem Sinne ist das Verhalten des OBSERVADOR am Schluss des Stückes zu verstehen, als er den Mann im Badezimmer einschliesst und sich dessen Frau zuwendet: es handelt sich hier in erster Linie nicht um einen sexuellen Akt, sondern vielmehr um eine symbolische Handlung, durch die dem Mann die letzte Person, mit der ER noch kommunizieren konnte, genommen wird. Nicht umsonst ist der OBSERVADOR ein stummer Beobachter.

Man gewinnt den Eindruck, dass der Wille des Mannes gebrochen werden soll. Die fatalistische Resignation, die aus seinen Äusserungen und seinem Verhalten spricht und ihn somit für das Regime im Grunde ungefährlich macht, ist nämlich schon von Beginn des Stückes an erkennbar. Das Regime hat also eigentlich schon erreicht, was es wollte: der Widerstand gegen das System ist gebrochen, die Repression wird, wenn nicht befürwortet, so doch aus Angst vor einer möglichen Verschärfung der Massnahmen als unabwendbar akzeptiert. Aber dieser Erfolg scheint

---

[45] Ebd., S.590. Aus Francos Ansprache auf der faschistischen Kundgebung vom 1.10.1975 auf der Plaza de Oriente in Madrid.

noch nicht auszureichen. Es deutet sich die Absicht an, den Gegner durch fortgesetzte Intensivierung der Unterdrückung zur Verzweiflung und zum Wahnsinn zu treiben. Erste Resultate in dieser Richtung zeichnen sich am Ende des Stückes ab, als der Eingeschlossene vergeblich um seine Freilassung bittet, immer wieder beteuert, ER werde sich niemals mehr etwas zuschulden kommen lassen, und schliesslich nur noch einen Schrei ausstösst, "en el que se quiebra la voz." (S.87)

Diese kompromisslose, unnötige Härte des Vorgehens macht deutlich, wie gross die Angst des Regimes vor einem möglichen oppositionellen Verhalten einzelner ist, das auf grössere Teile der Bevölkerung übergreifen könnte. Diese Angst des Franquismus hat einer der prominentesten Vertreter der intellektuellen Opposition in Spanien, Alfonso Sastre, in aller Härte zu spüren bekommen. Sein Fall kann als paradigmatisch für die von Matilla dargestellte Situation gelten; denn wenngleich die staatliche Unterdrückungs- und Diffamationskampagne gegen ihn hauptsächlich erst nach dem Entstehen des vorliegenden Stückes eingesetzt hat, so beweist das Beispiel Sastre doch die Richtigkeit der Darstellung Matillas.

Aufgrund seiner Teilnahme an der "Jornada Nacional contra la represión", 1966 in Madrid, wird Sastre eine Geldstrafe in Höhe von 50.000 Peseten (damals ca. 2.500 DM) auferlegt; da er nicht zahlt, wird er vorübergehend in Carabanchel inhaftiert. Die vorher schon zur Genüge behinderten Aufführungen seiner Stücke werden jetzt noch schwieriger, Publikationsverbote häufen sich, Sastre soll totgeschwiegen werden. Seine Fassung des "Marat-Sade" von Weiss darf nur unter Pseudonym aufgeführt werden. Es wird still um Alfonso Sastre. Erst 1970, als sein Buch "La revolución y la crítica de la cultura" erscheint, erregen sich wieder die Gemüter. Jetzt zeigt sich, dass die Isolierungstaktik des Regimes erfolgreich gewesen ist; denn Sastre wird nun auch von der eher als linksliberal einzustufenden Presse angegriffen. Seine polemisch-kritischen Attacken gegen Theaterkritik, Opportunismus, Zensur usw. werden als kontrareformistisch bezeichnet und gar als beleidigte Reaktion eines nicht mehr aktuellen, ehemaligen Protagonisten der spanischen Theaterszene abqualifiziert. Aber das Regime gibt sich noch nicht zufrieden. Im September 1974 wird seine Frau, Eva Forest, unter dem Verdacht verhaftet, in das Attentat der "calle del Correo" vom 14. September verwickelt zu sein. Am 3. Oktober verhaftet man auch ihn; er wird als Terrorist angeklagt und inhaftiert. Als Beweismittel gibt die Polizei an, in seiner Wohnung mehrere Schreibmaschinen und für Personen bestimmte Verstecke gefunden zu haben. Dass im Hause eines Schriftstellers Schreibmaschinen gefunden werden, dürfte bei weitem kein hinreichendes Indiz für terroristische Aktivitäten sein, und das Vorhandensein von Verstecken rechtfertigt Sastre mit dem Hinweis auf häufige rechtsextremistische Morddrohungen, um die sich die Polizei nie gekümmert habe; sie dienten zu seiner eigenen Sicherheit. Im Mai 1975 wird er gegen eine Kaution von 100.000 Peseten vorläufig freigelassen, die Anklage des Terrorismus ist inzwischen zur Beschuldigung der "asociación ilícita" abgeändert worden. Da dem Schriftsteller weiterhin der Zutritt zu seiner amtlich versiegelten Madrider Wohnung verwehrt wird und sich die Morddrohungen gegen ihn häufen, entschliesst er sich Anfang 1976, ins französische Exil nach Bordeaux zu gehen.[46]

Die Parallelität zwischen den von Sastre gezogenen Konsequenzen und der in "El observador" deutlich gewordenen Resignation vor dem übermächtigen Repressionsapparat des Staates, zu welcher der Regimegegner durch kontinuierliche Verschärfung der Unterdrückungsmassnahmen getrieben wird, ist unverkennbar. Selbst 1978, ein

---

[46] Zur Biographie Alfonso Sastres s.: A. Fernández Torres/J. Maqua/M. Pérez Coterillo, El tiempo de Alfonso Sastre. Cronología, in: Pip 1 - Textos (2.Zykl.)(Okt. 1976), S.3-29.

Jahr nach dem offiziellen Ende der franquistischen und post-franquistischen Diktatur, hält sich der mittlerweile nach Spanien zurückgekehrte Schriftsteller noch versteckt. Mit ihm Kontakt aufzunehmen ist nur über wenige Personen seines Vertrauens möglich, denen sein Aufenthaltsort bekannt ist. An der Wirksamkeit der hier dargestellten Unterdrückung von nicht systemkonformer Meinung durch das herrschende Regime kann nicht gezweifelt werden, wenn die Wirkung dieser Unterdrückung selbst nach einer politischen Liberalisierung Spaniens noch spürbar ist.

"El observador" findet zwar seinen konkreten Bezug in der Realität des spanischen Faschismus, aber die hier formulierte Anklage behält ihre Gültigkeit auch über diese spezifische Situation hinaus, wie die internationalen politischen Ereignisse lehren. Zeichnet sich nicht vielerorts die Tendenz zum immer tieferen Eindringen des Staates in die Privatsphäre des Individuums, d.h. zur verschärften Kontrolle des einzelnen durch den Staat ab? Vielleicht hat es Matilla dieser relativen Allgemeingültigkeit seiner Aussage zu verdanken, dass "El observador" von der Zensur nicht mit dem totalen Verbot belegt, sondern wenigstens zur "representación única" freigegeben wurde. Ein weiterer Grund für die Einschränkung des Aufführungsverbots mag in der hermetischen Geschlossenheit der absurd-abstrakten Darstellungsform liegen, die es dem Zuschauer ohnehin erschwert, das volle Ausmass und die Härte der Anklage sowie den konkreten historischen Bezug zu durchschauen.

Es wäre allerdings falsch, diese Vermutung mit einem endgültigen Urteil über das Stück zu verbinden und es vielleicht als Intellektuellentheater abzutun, solange keine wirklichen Erfahrungswerte über die Rezeption durch ein breites Publikum vorliegen. Die Aufführung einer leicht veränderten und aktualisierten Fassung[47] im Jahre 1980 wurde von der Kritik immerhin sehr lobend hervorgehoben.[48] Ausserdem sei - ohne die Absicht einer Gleichsetzung - auf den spontanen Applaus hingewiesen, den die Insassen des Zuchthauses von San Quentin, Kalifornien, im November 1957 der Aufführung von Becketts "Warten auf Godot" zollten[49], während man diesem Stück in üblichen Theaterkreisen nur wenig Verständnis entgegenbrachte.

5.2.2.2. "El adiós del mariscal" (1968/69) - Die ideologische Verfälschung der Wahrheit

In "El adiós del mariscal"[50] befasst sich Matilla mit dem Widerspruch zwischen offizieller Wahrheit und realen Ereignissen. Er entlarvt die offizielle Wahrheit als eine Darstellung, die das tatsächliche Geschehen verfälscht, um es mit der herrschenden Ideologie in Einklang zu bringen. Hat Matilla bereits in seinem frühen Stück "Una dulce invasión" (1966) am Beispiel des Krieges die Widersprüchlichkeit zwischen offiziellem Helden-Ideal und der Realität angeprangert, so zeigt er hier, wie die Herrschenden die Wahrheit manipulieren, um den Mythos ihrer Unfehlbarkeit und somit die bestehende Machtstruktur zu erhalten. Er entlarvt die Ideologie der Herrschenden als Instrument der Unterdrückung. Ruiz Ramón erkennt hier die Widerspiegelung des "proceso 'oficial' de enmas-

---

[47] Abdruck in: Pip 14 - Textos (2.Zykl.)(Mai-Juni 1980), S.21-39.

[48] S. vor allem die Kritik von F. Lázaro Carreter, Ejercicios para equilibristas (I) y (II), a.a.O.

[49] M. Esslin, a.a.O., S.10f.

[50] In leicht gekürzter Fassung veröfftl. in: PA 123-124 (Aug./Sept.1970), S.77-83.

caramiento de la realidad y la creación de mitos destinados al consumo público, el juego grotesco de la negación de la realidad y la construcción de una nueva falsa."[51]

Das Ereignis, das den Anlass für die eigentliche Handlung bietet, der Tod des Marschalls, hat bereits vor Beginn des Stückes stattgefunden, aber erst kurz bevor der Adjutant des Verstorbenen zum üblichen Zeremoniell des Weckens erscheint, bemerkt die nicht mehr junge Prostituierte, mit welcher der Marschall seine letzte Nacht verbracht hat, dass dieser tot ist. Der Adjutant informiert den BRIGADIER, der seinerseits telefonisch die Witwe des Marschalls verständigt. In ihrer Gegenwart bemüht man sich, eine Dokumentation über das vorgeblich ruhmreiche und hochmoralische Leben des Toten zusammenzustellen, zu welcher sie persönliche Informationen beisteuern soll, die allerdings - ungeachtet des Wahrheitsgehalts - entsprechend den propagierten Idealvorstellungen abgeändert werden. Erst als BRIGADIER und AYUDANTE gegangen sind und die Witwe mit der Prostituierten, die über den gesamten Handlungsverlauf auf der Bühne bleibt, allein ist, offenbart sie ihren Hass gegenüber dem Toten; sie verlässt seinen Leichnam "con un gesto en el que se adivina el eterno abandono del cuerpo del MARISCAL." (S.83)[52]

Matillas Stück darf als Beispiel für eine Konstante gelten, die nach Alberto Miralles charakteristisch für einen grossen Teil der Produktion des spanischen "Nuevo Teatro" ist: "la obsesión franquista".[53] Verweist schon die Verfälschung der Wahrheit auf die Gepflogenheiten des franquistischen Systems, so kann schliesslich Franco

---

[51] F. Ruiz Ramón, Historia, S.544.- S. auch Valdivieso, a.a.O., S.269f.

[52] Die Seitenzahlen in runden Klammern beziehen sich auf die Fassung in PA.

[53] Alberto Miralles, Nuevo Teatro Español, S.155ff.

selbst als Schlüsselfigur für den MARISCAL angesehen werden. Schon am Anfang des Stückes findet sich eine entsprechende Anspielung: In dem Glauben, der Marschall verlange einen Bauchtanz von ihr, beklagt sich die Prostituierte:

> MUJER.- Me podía haber tocado uno que no conociera a las de Africa.[54]

Der Marschall muss also einen Teil seiner Vergangenheit in Afrika verbracht haben, so wie Franco von 1921 bis 1925 in Marokko stationiert war, von wo aus er auch im Juli 1936 den Angriff gegen die Republik führen liess.[55] Auch die Tatsache, dass diese Textstelle des Originalmanuskripts in der veröffentlichten Fassung samt Bauchtanzszene gestrichen wurde, deutet darauf hin, dass es sich tatsächlich um eine Anspielung auf Franco handelt, die aus Zensurgründen nicht veröffentlicht werden sollte. In der Auseinandersetzung mit dem Tod des Marschalls mag dann der sehnliche Wunsch nach dem Tode Francos anklingen, durch den man sich eine Besserung der politischen Verhältnisse erhoffte, eine Hoffnung, die auch López Mozo in "El testamento"[56] klar ausgedrückt hat, als er den Enkel das faschistische Testament seiner Grosseltern verbrennen lässt.

Unter Berücksichtigung der von Miralles aufgezeigten Gesamttendenz des N.T.E. belegen die bisher angeführten Anhaltspunkte schon ausreichend die These, es handle sich bei dem toten Marschall um den spanischen "Caudillo". Aber eine weitere Parallele verstärkt diesen Eindruck: in der von den Offizieren in Matillas Stück vermittelten Ideologie spiegelt sich der paternalistisch-patriarchalische Führungsstil Francos wider.

---

[54] Ms. S.2.

[55] R. Tamames, La República, S.233f.- Vgl. auch B. Schütze, Rekonstruktion der Freiheit, S.56.

[56] Veröfftl. in: A. Jiménez Romero/M. Angel Rellán/ J. López Mozo, Teatro, Madrid 1968, S.79-110.

Francos Paternalismus zielte auf die totale Bevormundung der spanischen Bevölkerung ab. In den meisten seiner öffentlichen Ansprachen produzierte er sich als Vater der Nation[57], der selbst in seinem ideologischen Testament seinen unmündigen Kindern noch gute Ratschläge für die Zukunft erteilen zu müssen glaubte:

> No olvidéis que los enemigos de España y de la civilización cristiana están alertas. Velad también vosotros, y para ello deponed, frente a los supremos intereses de la Patria y del pueblo español toda vida personal. [...] Mantened la unidad de las tierras de España, exaltando la rica multiplicidad de sus regiones como fuente de la fortaleza de la unidad de la Patria.[58]

Mit erhobenem Zeigefinger stellte er sich zum letzten Mal als die Vaterfigur dar, die in weiser Voraussicht vier Jahrzehnte lang das spanische Volk gemassregelt hatte. Matilla greift diesen Aspekt auf, als BRIGADIER, AYUDANTE und die Witwe für die Dokumentation über das Leben des Verstorbenen, entgegen jeglichem besseren Wissen, das Bild eines perfekten Familienvaters entwerfen wollen, um die angeblich beispielhafte Lebensweise der herrschenden Klasse zu propagieren.

Der Autor setzt sich in diesem Stück mit der Problematik einer dubiosen offiziellen Wahrheit auseinander, die mit den realen Gegebenheiten bzw. Ereignissen kaum noch etwas gemein hat, sie vielmehr zugunsten der herrschenden Ideologie verschleiert und sogar verfälscht. Diese offizielle Wahrheit wird durch die Einwände der Prostituierten, die - wie zeitweise auch die Witwe - eine entmythifizierende Funktion ausübt, als hohle Ideologie eines sich selbst mythifizierenden Systems entlarvt, das von BRIGADIER und AYUDANTE repräsentiert wird. Stellt die Prostituierte ihren auf das praktische Leben bezogenen Realitätssinn ständig den leeren Phrasen der Militärs entgegen, so bezieht die Witwe eine weniger

---

57 A. Miralles, a.a.O., S.161.

58 In: Tamames, a.a.O., S.592.

eindeutige Mittelposition: Zwar trägt auch sie dazu bei, den ideologischen Verfälschungen der beiden Männer die Realität entgegenzusetzen, aber schliesslich beteiligt sie sich doch - wenn auch eher gezwungenermassen - an der Fertigstellung einer mythengerechten Dokumentation über Leben und Wirken ihres verstorbenen Mannes.

Die Kontrastierung von falschem Idealismus und nüchternem Realismus setzt in dem Augenblick ein, als der Adjutant beim Wecken den Tod des Marschalls feststellt und mit pathetischen Gemeinplätzen reagiert:

> AYUDANTE.- No, no es posible, no puede ser cierto. En lo mejor de su carrera. A él quedaba tanto camino por recorrer. Tantas victorias por alcanzar, tantas palabras hermosas que pronunciar.

Der nüchterne Kommentar der Prostituierten:

> MUJER.- Pues a mí sólo me movió los ojos.(S.78)

Von dieser Stelle an bis zum Schluss des Stückes lässt der Autor das militärische Pathos immer wieder durch die Einwände der Prostituierten und später auch durch die Reaktionen der Witwe entmythifizieren, wobei er sich mitunter auch einer gelungenen Sprachkomik bedient, um die hohle Ideologie der Militärs lächerlich zu machen.

Als z.B. der Adjutant versucht, die Prostituierte zu überreden, das Zimmer des Toten klammheimlich zu verlassen, um das Andenken des Marschalls nicht zu beschmutzen, d.h. um die wahren Umstände seines Todes zu verschleiern, weigert sich diese zu gehen, da sie ihr Honorar für die Nacht noch nicht erhalten hat. Der Adjutant bedrängt sie weiter:

> AYUDANTE. (Asombrado.)-¿Pero de verdad no se da cuenta de su situación? (Señalando la cama.) Usted estaba con él cuando ...
> MUJER. (Despectiva.)- Lo mismo le podía haber pasado estando con usted.
> AYUDANTE. (Ofendido.)- Las relaciones entre el mariscal y yo están fuera de cualquier duda.
> MUJER. (Con intención.)- Las mías también.(S.79)

Was hier komisch und lächerlich wirkt, ist nicht die Feststellung der Frau, der Marschall hätte genausogut in Gegenwart des Adjutanten sterben können, sondern dessen Reaktion auf diese Feststellung. Der Adjutant glaubt, in den Worten der Prostituierten eine Anspielung auf ein mögliches homosexuelles Verhältnis zu hören, und macht sich - aufgrund dieses Missverständnisses - durch das beleidigte Zurückweisen des vermeintlichen Vorwurfs selbst lächerlich. An anderer Stelle - die Witwe ist bereits eingetroffen - möchte der BRIGADIER diese mit feierlichen Worten über den Heldentod ihres Mannes informieren:

> BRIGADIER. (Ampuloso.)- Señora, ¡la gloria fue testigo de su muerte!

worauf die Prostituierte einwendet:

> MUJER. (Tímidamente.)- Me llamo Tina.(S.81)

Dieses Wortspiel, bei dem der Vorname 'Gloria' mit der Bedeutung 'gloria'=Ruhm verwechselt wird, durchbricht wirkungsvoll das falsche Pathos des BRIGADIERS. Es verdeutlicht die Leere seiner Phrasen, indem es sie aus der Sprachkomik eines naiven Missverständnisses heraus ins Lächerliche zieht.

Hat der Adjutant anfangs nur versucht, die Wahrheit zu verschleiern, als er die Prostituierte unbemerkt aus dem Zimmer des Toten bringen wollte, so setzt die regelrechte Verfälschung der Wahrheit in dem Moment ein, als der BRIGADIER hinzukommt. Denn jetzt kann man die Prostituierte nicht mehr kurzerhand verschwinden lassen und ernennt sie deshalb zur Repräsentantin des trauernden Volkes (S.79/80). Die Anwesenheit einer Hure im Zimmer eines gerade verstorbenen Staatsmannes liesse sich kaum zufriedenstellend erklären, wenn man berücksichtigt, dass sein historisches Gegenstück zu Lebzeiten ein erklärtermassen katholisches Spanien mit all seinen moralistischen Ansprüchen repräsentierte und sich als "Caudillo por la gracia de Dios"[59] bezeichnen liess. Der BRIGADIER akzeptiert die offensichtlich falsche Erklärung des Adjutanten und lässt die vermeintliche Vertreterin des Volkes sogar zur Vertreterin der Jugend avancieren:

> BRIGADIER.- [...] Es aleccionador que sea precisamente la juventud, la primera en rendir su postrer homenaje a uno de los hombres gracias a los cuales esos jóvenes hoy existen. (Ampuloso.) Obra de ellos es esta tierra, este aire y este cielo claro y resplandeciente, envidia de tantos pueblos que cegados por las pasiones, jamás serán capaces de construir una obra semejante con la que justificar su paso por la historia.[60]

Indem der BRIGADIER die Machthaber gewissermassen als Schöpfer des spanischen Lebensraums darstellt, erhebt er sie auf eine Stufe mit Gott, und das verweist auf die Realität des Franquismus. Franco hat sich zwar nie selbst als Gott bezeichnet, aber er war doch immer bemüht, sich in bezug auf seine Herrschaft als besonderen Günstling in die Nähe Gottes zu rücken, was schon die Aufschrift auf den Münzen der Franco-Ära verdeutlicht. Noch 1971 bezog er sich in einer Ansprache mit dieser Absicht auf den spanischen Bürgerkrieg, der nach der offiziellen Ideologie als Kreuzzug gegen die Feinde Spaniens und des Christentums hingestellt wurde: "En los meses de nuestra Cruzada de Liberación, se repitió el hecho de que los combates decisivos de la guerra, se resolvían decididamente en los días en que se celebraban las mayores festividades de la Iglesia."[61] Zweifellos wollte Franco hier, wie Miralles aufzeigt, ein Wunder, die Hilfe Gottes andeuten.

---

[59] Aufschrift auf spanischen Münzen aus der Franco-Zeit.

[60] Ms., S.11. Diese Szene entfällt in der veröfftl. Fassung.

[61] Zit. von A. Miralles, a.a.O., S.172.

Auch der Entschluss des BRIGADIERS, die Prostituierte als Repräsentantin der Jugend anzusehen, kommt nicht von ungefähr. Die grösste Sorge der Franquisten war der Fortbestand des Systems, der nach dem Tode Francos ohne die Unterstützung der Jugend kaum zu gewährleisten war. So wird die vermeintliche Anwesenheit der Jugend am Totenbett des Marschalls gewissermassen als Selbstbestätigung angesehen, um später vor der Öffentlichkeit als Anerkennung des Regimes durch die Jugend ausgewertet werden zu können. Diese Anerkennung wäre in der Realität ohne Zweifel willkommen gewesen, denn schon 1955 hatte Franco in seiner Weihnachtsansprache die gefährliche Situation beklagt, in der sich die spanische Jugend befinde und die Anfang 1956 zu studentischen Unruhen vor allem in Madrid und Barcelona führte.[62] Ganz in diesem Sinne setzt der BRIGADIER seine Rede mit Ermahnungen und Forderungen für die Zukunft fort:

> BRIGADIER.- [...] De vosotros esperamos ... (Breve pausa.) ... esperamos la entrega, la perseverancia en el trabajo y el esfuerzo continuado, para que un día, quiera Dios que sea lo más lejano posible, se produzca el triste relevo. Pero cuando esos momentos difíciles lleguen para vosotros, tenéis nuestra promesa de que no os abandonaremos. Desde nuestra dolorosa ancianidad, seguiremos orientando esa natural inexperiencia que sólo lograréis superar tras largos años de entrega a la patria.[63]

Matilla spiegelt hier die Angst wider, mit der die Machthaber des spanischen Faschismus einer früher oder später unvermeidlichen Übergabe der Macht an eine jüngere Generation entgegensahen; gleichzeitig drückt er jedoch auch die eigene Angst und die vieler anderer fortschrittlicher Intellektueller aus, der Tod Francos werde unter Umständen nicht zu der ersehnten politischen Ver-

---

62 Vgl. Tamames, a.a.O., S.473f.

63 Ms., S.12.

änderung in Spanien führen. In dieser Befürchtung dürfte einer der Hauptgründe dafür liegen, dass der Machtwechsel nach dem Tode des Diktators seit dem Ende der sechziger Jahre in mehr oder weniger verschlüsselter Form zum zentralen Thema vieler Theaterstücke geworden ist. Miralles schreibt: "la muerte de Franco, prevista con excesiva antelación, hizo coincidir durante ¡diez años! a no pocos autores - nuevos y de los otros - en una auténtica neurosis obsesiva por la sucesión del poder, temiendo que se heredase a sí mismo."[64]

Wurde diese Befürchtung auch zur Besessenheit, so war sie keinesfalls unbegründet. Hatte doch Franco selbst beharrlich versucht, die Weichen für eine Machtübergabe in seinem Sinne zu stellen, als er z.B. das bis dahin von ihm wahrgenommene Amt des Regierungspräsidenten im Juni 1973 seinem langjährigen Vertrauten Carrero Blanco übertrug, der allerdings schon am 20. Dezember desselben Jahres einem Attentat zum Opfer fallen sollte. Für den Fall politischer Unruhen beim Tode Francos war das Regime bestens gerüstet. Es existierte der Plan für eine Operation "Lucero", deren Durchführung die militärische Besetzung Madrids bedeutet hätte, um die Ordnung im Sinne des Regimes wiederherzustellen und aufrechtzuerhalten.[65]

Der BRIGADIER möchte zweifellos das System erhalten und die Nachfolge des Marschalls antreten. Er befürchtet, dass der Tod der Symbolfigur des Systems in der Öffentlichkeit zu der irrigen Annahme führen könnte, auch die von ihr symbolisierte Herrschaftsstruktur sei damit ungültig geworden (S.80). Er will für die Öffentlichkeit ein idealisierendes Bild des Marschalls entwerfen, um sich gleichzeitig selbst als neue Symbolfigur zu präsentieren. Aus diesem Grund mythifiziert er das Leben des Marschalls in einer wahrheitsfremden Dokumentation; denn

---

[64] A. Miralles, a.a.O., S.49f.

[65] Ebd., S.166f.

er mythifiziert hier letztlich nicht nur den Marschall, sondern das gesamte System und damit auch sich selbst. Es geht nicht darum, die Bevölkerung über die Wahrheit aufzuklären, sondern eine neue Wahrheit zu konstruieren: "la historia que ellos esperan escuchar y que nosotros hemos de ofrecerles", wie es der BRIGADIER ausdrückt (S.81). Das bedeutet aber nichts anderes als eine Darstellung, die dem Mythos um den Marschall gerecht wird und den Betrug der Bevölkerung fortsetzt.

Matilla behandelt in seinem Stück die Situation Spaniens während der Diktatur Francos. Bezieht er sich mit dem Tod des Marschalls auf den ersehnten Tod des Caudillo, so spiegelt sich in seiner Darstellung der Verschleierung von Tatsachen zugunsten einer unrichtigen offiziellen Wahrheit eine Konstante des franquistischen Systems wider. Nur einige von zahlreichen Beispielen mögen diese These belegen:

Im Juli 1945 wurde der "Fuero de los Españoles" verabschiedet. Da sich diese Verfassungsgebung positiv auf die für Spanien ungünstige Stimmung im Ausland auswirken sollte, gestand man der Bevölkerung einige persönliche Freiheiten zu und stellte dieses Zugeständnis als Tendenz einer politischen Liberalisierung hin. In der Praxis wurden die Freiheiten aber durch Zusatzklauseln weitestgehend wieder eingeschränkt.[66]

Ebenfalls 1945 begnadigte Franco Gefangene aus dem Bürgerkrieg, die sich aufgrund von "delitos de rebelión militar" in Haft befanden. Mit dieser Formulierung stellte er in der Öffentlichkeit diejenigen als Rebellen hin, die im republikanischen Lager gekämpft hatten, obwohl er selbst die wahren faschistischen Rebellen angeführt hatte.[67]

---

[66] Vgl. Tamames, a.a.O., S.447ff.

[67] Ebd., S.370f.

Auch in der Arbeitsgesetzgebung tritt der Widerspruch zwischen offiziell propagierter Wahrheit und der Realität klar hervor. Wurde 1947 die Arbeitnehmer-Mitbestimmung durch Betriebsräte in Firmen mit mehr als fünfzig Beschäftigten dekretiert und 1962 Arbeitnehmer-Vertretungen in den Verwaltungsräten von Aktiengesellschaften mit einem Kapital von mehr als 300 Millionen Peseten eingerichtet, so wurde gleichzeitig der Aktionsspielraum im Rahmen dieser offiziell existierenden Mitbestimmung durch das verpflichtende Prinzip der "armonía laboral" stark eingeschränkt. Darüber hinaus standen diese Gremien unter dem Einfluss der faschistisch gesteuerten vertikalen Einheitsgewerkschaft, der auch die Arbeitgeber angehörten und die die Interessen der Regierung vertrat.[68]

Schliesslich lässt sich ebenfalls das Pressegesetz Fraga Iribarnes (1966) in die Reihe dieser Beispiele eingliedern. Es versprach eine weitgehende Liberalisierung der Pressezensur, rief aber praktisch nur eine Veränderung der Unterdrückungsmechanismen hervor. Überhaupt lässt sich die offizielle Verfälschung und Verschleierung von Tatsachen am eindrucksvollsten an der Situation der Presse im franquistischen Spanien dokumentieren. Das Pressegesetz von 1938 sicherte dem Regime folgende Funktionen:

I) La regulación del número y extensión de las publicaciones periódicas.
II) La intervención en la designación del personal directivo.
III) La reglamentación de la profesión de periodistas.
IV) La vigilancia de la actividad de la prensa.
V) La censura previa, mientras no se dispusiera su supresión.[69]

---

[68] S. ebd., S.441.

[69] Ebd., S.564.

Die Ausübung dieser Funktionen bedeutete die totale Kontrolle durch die Regierung, welche die gesamte Presse gleichschaltete und zum Parteiorgan degradierte. In dieser Massnahme hatte der Franquismus das geeignete Mittel gefunden, seiner offiziellen Wahrheit ein breites Publikum zu verschaffen.

Dementsprechend wurde auch der Bewegungsfreiraum der journalistischen Berichterstattung eingeschränkt. In den Veröffentlichungen durfte nichts Negatives über Spanien berichtet werden, die Redaktionen erhielten ihre Informationen ausschliesslich über die staatliche Nachrichten-Agentur "Efe-Cifra" und waren verpflichtet, Texte zu veröffentlichen, die ihnen direkt vom Ministerium für Information und Tourismus zugeleitet wurden. Ausserdem gab die Zensurbehörde konkrete Anweisungen über Umfang und erwünschte Art der Berichterstattung, wenn es sich um Ereignisse handelte, die der Regierung politisch relevant erschienen. Tamames zitiert aus einer solchen Anweisung, die die Berichte anlässlich des Todes Ortega y Gassets (1883-1955) betrifft:

> Cada periódico puede publicar hasta tres artículos sobre el fallecimiento de Ortega y Gasset: una biografía y dos comentarios. Todos los artículos sobre la filosofía del escritor han de poner de relieve sus errores en materia religiosa. Podrán publicarse fotografías de la cámara mortuoria en la primera página, de la mascarilla o del cadáver, pero no fotografías de Ortega en vida.[70]

Mit Hilfe solcher Praktiken war es dem Regime möglich, den Ereignissen die Wichtigkeit zu geben, die man ihnen beimessen wollte, um sie nicht in der Relevanz erscheinen zu lassen die ihnen tatsächlich zukam. Wurden Tatsachen, deren Kenntnis in der Öffentlichkeit negative Folgen für das Regime hätte auslösen können, herunterge-

---

[70] Ebd.- S. auch weit. Beisp. in: G. Dueñas, La ley de prensa de Manuel Fraga, S.13f.

spielt oder ganz verschwiegen, so konnte Positives wie Belangloses zum grossen Erfolg der Regierung aufgebauscht werden. Die Manipulation der Wahrheit - und damit der Öffentlichkeit - war perfekt.[71]

Obwohl das Pressegesetz von 1938, verabschiedet während des Bürgerkrieges, im Grunde ein Notstandsgesetz war, überdauerte es den "Fuero de los Españoles" (1945) und strafte die dort enthaltene Erklärung des Rechts auf freie Meinungsäusserung Lügen. Aber auch Fragas Gesetz, welches das erste Pressegesetz des Franco-Faschismus im Jahre 1966 ablöste, sollte nicht die erhofften Verbesserungen bringen. An der Situation der Presse änderte sich wenig, das Recht der freien Meinungsäusserung bestand weiterhin nur in der Theorie. Hatte auch Fraga in seiner Ansprache zur Verabschiedung des neuen Pressegesetzes festgestellt, es beinhalte "una libertad real, sin partidas de la porra, sin duelos ni desafíos, sin trusts o monopolios, sin libertinaje y sin abusos", so stellte schon der folgende Satz seiner Erklärung diese Freiheit wieder in Frage: "Será una libertad para mantener limpia a España, no para mancharla, ni menos destruirla."[72] Die Entscheidung darüber, was als Beschmutzung oder Zerstörung Spaniens anzusehen war, lag bei den Vertretern des Regimes und gründete sich so weiterhin auf die faschistische Ideologie.

Zwar bestand kein derart direkter Einfluss der Regierung auf die Presse mehr wie vor 1966, aber er war doch nicht weniger effektiv. Wenn die "censura previa" durch die Einrichtung des "depósito legal" abgelöst wurde, so handelte es sich im Grunde nur um eine neue Namensgebung; die Kontrolle der Presseveröffentlichungen vor ihrer Auslieferung war nach wie vor gewährleistet. Die Verpflichtung zum Abdruck von Regierungstexten be-

---

[71] Vgl. die Presseberichterstattg. über die Streikwelle im Frühj. 1962, in: G. Dueñas, a.a.O., S.46ff.

[72] R. Tamames, a.a.O., S.566.

stand weiterhin, und der Verlust der Möglichkeit, direkte Anweisungen über die Art der Darstellung gewisser Ereignisse zu geben, wurde durch andere Massnahmen ausgeglichen, wie z.B. Beschlagnahmungen ganzer Auflagen, Strafanzeigen, Gerichtsverfahren und hohe Geldstrafen im Falle unliebsamer Äusserungen. Darüber hinaus konnten Redaktionen vorübergehend oder - wie im Falle der Tageszeitung "Madrid" im Jahre 1971 - endgültig geschlossen werden. Ereignisse, über die keine öffentliche Berichterstattung erwünscht war, wurden nach dem Gesetz 9/1968 vom 5. April zur Geheimsache - "Secreto Oficial" - erklärt.[73]

Von allen diesen Beispielen aus der jüngsten spanischen Vergangenheit zeigt vor allem das letzte nur allzu deutlich, dass Matilla die Manipulation der Wahrheit durch das Franco-Regime durchaus treffend skizziert. Denn seine scheinbar übersteigerte Darstellung geht nur unwesentlich - wenn überhaupt - über vergleichbare reale Vorkommnisse hinaus. Durch den Entwurf einer komisch übertriebenen Ausgangssituation zieht der Autor jedoch die Verfälschung der Wahrheit ins Lächerliche und entmythifiziert so die dahinterstehenden Absichten und Idealvorstellungen. Mit den Mitteln der Farce gelingt es ihm, im künstlerischen Rahmen eine geschichtlich belegbare Farce von angeblicher Liberalisierung und ideologisch verfärbter, offizieller Wahrheit blosszustellen. Stilistisch knüpft er hier an die "farsa" und den "esperpento" Valle-Incláns an und damit an die Tradition des spanischen Vorkriegstheaters, auf die sich viele der jungen Dramatiker zurückbesinnen.

"El adiós del mariscal" zählt zweifellos zu den besten Stücken Matillas und dürfte zu den wichtigsten Werken des N.T.E. überhaupt gehören. Die strenge Konzep-

---

[73] Zur weiteren Information siehe Ramón Tamames, a.a.O., Kap.15.5.1.3.: La Ley de Prensa de 1966 y sus efectos, S.566ff.; sowie die Dokumentation von G. Dueñas.

tion des Textes und seine Ausarbeitung bis ins kleinste Detail lassen an der dramatischen Effektivität des Stükkes keinerlei Zweifel zu. Für sich spricht, dass "El adiós del mariscal" bis 1975 trotz Beschränkung der Zensurgenehmigung auf Einzelaufführungen rund vierzigmal von verschiedenen Theatergruppen aufgeführt wurde.

5.2.2.3. "Ejercicios en la red" (1969) - Die Generationsbedingtheit gesellschaftlichen Verhaltens

Die drei Einakter der Trilogie "Ejercicios en la red"[74] - "Juegos de amanecer", "El premio" und "El habitáculo" - stellen Ereignisse aus dem Leben verschiedener koexistierender Generationen dar und veranschaulichen deren unterschiedliches gesellschaftliches Verhalten. Die Figuren der ersten beiden Stücke sind zwei Ehepaare - in "Juegos de amanecer" schon in sehr fortgeschrittenem Alter, in "El premio" etwa vierzig Jahre alt -, während die Hauptpersonen des letzten Stückes ein jugendliches, noch nicht verheiratetes Paar sind, das aber eine gemeinsame Wohnung sucht. Aufgrund dieser Zusammenstellung liegt der Gedanke nahe, in Matillas "Ejercicios" eine Trilogie der Generationen zu sehen.

---

74 L. Matilla, Ejercicios en la red, bisher unveröfftl. Ms. 1969.- Lediglich "El habitáculo" wurde in einer überarbeiteten Fassung veröfftl. in: Pip 14 - Textos (2.Zykl.) (Mai-Juni 1980), S.41-57, und zusammen mit einer Neubearbeitung von "El observador" unter dem gemeinsamen Titel "Ejercicios para equilibristas" im "Centro Dramático Nacional" in Madrid aufgeführt. Alle Seitenang. i. Text in rd. Klammern beziehen sich jedoch auf das Ms. von 1969. Die Angabe des Entstehungsjahrs der Trilogie als 1971 bei Ruiz Ramón, Historia, S.543, erweist sich nach Rücksprache mit dem Autor als falsch.- Die bei Wellwarth, Spanish Underground Drama, S.106, erwähnten "Ejercicios para amantes" stimmen mit der hier behandelten Trilogie nur im ersten Stück, den "Juegos de amanecer", überein, enthalten im weiteren aber die Stücke "Semillas de romboedros", welches Matilla nicht mehr in sein Werkverzeichnis aufgenommen sehen will, und "El monumento erecto".

Auch López Mozo hatte 1967 von der Möglichkeit gesprochen, seine Stücke "Los novios", "La renuncia" und "El testamento" zu einer Generationen-Trilogie zusammenzufassen.[75] Aber während López Mozos Stücke vom Bedeutungsgehalt her in sich geschlossene Einheiten bilden, lässt sich die eigentliche gesellschafts- bzw. systemkritische Bedeutung der Trilogie Matillas erst durch den Bezug der einzelnen Stücke aufeinander erschliessen. Betrachtet man die drei Einakter isoliert voneinander, so ergeben sich für die ersten beiden nur recht allgemeine und wenig tiefgründige Inhalte: Die beiden Alten der "Juegos de amanecer" träumen davon, ihre Jugend zurückzuerlangen, und müssen feststellen, dass sie dazu nicht mehr in der Lage sind; das Ehepaar aus "El premio" scheitert an der modernen Technik. Lediglich "El habitáculo" erfährt, herausgelöst aus dem Kontext der Trilogie, keinen Bedeutungsverlust: weiterhin handelt es sich um zwei Jugendliche, die sich gegen die Unterdrückung des Menschen, seiner Freiheit und seiner Rechte auflehnen, und um eine Situation, die gewisse Parallelen zur spanischen Gegenwart aufweist. Eben in "El habitáculo" findet sich deshalb der Schlüssel zur Interpretation der gesamten Trilogie. Eine kurze Betrachtung der Einzelinhalte mag das veranschaulichen.

Die beiden Figuren der "Juegos de amanecer", nur als ER und SIE bezeichnet, bereiten sich auf eine Party zu zweit vor, die sie für den Abend geplant haben. Aus ihrem Gespräch während der Vorbereitungen geht hervor, dass sie ihren Lebensstil ändern wollen, um sich einer schnell wachsenden Gruppe von Jugendlichen anzuschliessen, deren bunte Kleidung, Sorglosigkeit, sexuelle Freiheit und Unabhängigkeit sie bewundern. In ihrem Äusseren versuchen sie diesen Idealvorstellungen zu entsprechen, indem sie sich in Kleidung, Make-up und Haartracht an den

---

75 S.: J. López Mozo, Notas sobre mi obra, S.10.

letzten Errungenschaften einer Moderichtung orientieren, die es verstanden hat, die Hippie-Bewegung kommerziell zu nutzen. Von der angestrebten, neuen Lebensweise erhoffen sie sich eine in ihrem bisherigen Leben nicht erlangte Befriedigung, haben jedoch Angst, den Anschluss an dieses neue Leben nicht zu finden. Deshalb stimulieren sie sich im Laufe des Abends mit Drogen und tanzen bei ohrenbetäubend lauter Musik, wobei sie allerdings relativ schnell ermüden. In diesem Augenblick beginnt der Zuschauer zu zweifeln, ob es sich hier eigentlich um junge Leute handelt, und er sieht seine Zweifel gerechtfertigt, als das zunehmend durch die Fenster eindringende Tageslicht das Halbdunkel der Szene erhellt: Auf der Bühne erkennt er ein greises Ehepaar, dessen Versuch, sich zu verjüngen, fehlgeschlagen ist.

Das etwa vierzigjährige, jungverheiratete Paar aus "El premio" - ebenso einfach ER und SIE genannt - bemüht sich laut Bühnenanweisung vergebens, jugendlich zu erscheinen (S.20). Die Brautleute haben eine für das traditionelle Spanien typische, jahrelange Verlobungszeit hinter sich und haben sich nur deshalb endlich zur Heirat entschlossen, weil sie ein Haus gewonnen haben, das für sie eine Art Existenzgrundlage schafft. Das neue Eigenheim, offenbar als Modellhaus für zukünftiges Einheitswohnen konzipiert, ist Gegenstand der Begeisterung des Brautpaars, dem Zuschauer aber stellt es sich als monströses, schlechthin unbewohnbares Gebilde aus metallischen Streben und Platten dar. Schon das Betreten der Metallstruktur erweist sich als erste grosse Schwierigkeit, da sich weder eine Tür noch ein anderer sinnvoller Zugang finden. Als es beiden schliesslich doch gelingt, in das Innere des Gebildes vorzudringen, scheiden sich die Gemüter darüber, ob man - wie ER vorschlägt - sofort die Hochzeitsnacht zelebrieren oder - wie SIE es wünscht - zunächst die Räumlichkeiten wohnlich gestalten soll. SIE kann sich durchsetzen und IHN überreden, die elektrischen Sicherungen zu suchen, damit man wenigstens

Licht hat. Bei der Suche zwischen den Metallstreben verliert ER den Halt und stürzt ins Leere, um in der Schlinge seiner Krawatte, die sich zwischen den Streben verfangen hat, zu ersticken. SIE beobachtet seinen Tod völlig unbeteiligt und setzt ihre häusliche Beschäftigung fort, ohne sich um ihren Mann zu kümmern.

Weder in "Juegos de amanecer" noch in "El premio" finden sich zunächst erkennbare Anspielungen auf die spanische Gegenwart des Franquismus.

Die beiden Hauptpersonen des letzten Stückes der Trilogie, das junge, unverheiratete Paar, erhalten die Bezeichnungen MUCHACHO und CHICA. Sie wollen zusammen leben und sind deshalb auf der Suche nach einer gemeinsamen Wohnung. Der Junge besichtigt gerade ihm angebotene Räumlichkeiten, die ihn jedoch nicht sehr begeistern, da es sich um eine Bedürfnisanstalt handelt, die zwar für die Öffentlichkeit geschlossen wurde, von deren ursprünglicher Bestimmung aber ein Klosettbecken und ein Durcheinander von Abflussrohren zeugen. Trotzdem gelingt es dem Vermieter, der - für den Zuschauer unsichtbar - nur von einer Klappe in der Decke aus spricht, den Jungen mit dem Versprechen, einige Umbauten vornehmen zu lassen, dazu zu überreden, die Räume zu mieten. Während dieser auf seine Freundin wartet, versucht er, die neue Wohnung so gut wie möglich herzurichten, um ihren wahren Zustand zu verbergen. Aber die anfängliche Begeisterung des Mädchens verfliegt bald nach ihrer Ankunft, als das immer lautere Dröhnen der Abflussrohre jegliche Täuschungsversuche zunichte macht. Man entsinnt sich des Versprechens des Hauseigentümers; dieser will jedoch plötzlich von Umbauten und Renovierungsarbeiten nichts mehr wissen und verweist auf den prekären Zustand des alten Gemäuers, dessen Fortbestand durch die geforderten Massnahmen gefährdet würde. Da der Vermieter sich darüber hinaus weigert, den Mietvertrag rückgängig zu machen, sieht der Junge in seiner Verzweiflung nur noch einen Ausweg: Unter dem Vorwand, ein Abflussrohr sei undicht, lockt er den Vermieter herunter und erschlägt ihn. Aber der Tod des Hauseigentümers löst nicht das Problem, denn im nächsten Augenblick öffnet sich wieder die Klappe in der Decke, und ein anderer Mann stellt sich als Stellvertreter des angeblich verreisten Vermieters vor. Der Junge, der schon im Begriff war, mit seiner Freundin den Ort des Geschehens zu verlassen, muss erkennen, dass seine Tat die ursprüngliche Situation nicht verändert hat und der Hausbesitzer auswechselbar ist. Mit der an seine Freundin gerichteten Erklärung: "Si nos vamos volverá a alquilar esto a otros" (S.52) fasst er den Entschluss, den begonnenen Kampf gegen jene, die hier im wortwörtlichen Sinn "oben sind" (S.51), konsequent weiterzuführen.

Dass die Bedeutung des Dargestellten über den Inhalt der Spielhandlung, die ins Extrem überspitzte Auseinandersetzung zwischen Mieter und Vermieter, hinausgeht, zeigt sich spätestens am Ende des Stückes. Denn der Hinweis auf die Auswechselbarkeit des Hausbesitzers stellt einen klaren und direkten Bezug zur spanischen Realität Ende der sechziger Jahre her. Einerseits verarbeitet der Autor hier ein im Franco-Spanien nie völlig verstummtes - aber auch nie verifiziertes - Gerücht von den Doppelgängern des Generals, demzufolge der 1975 verstorbene Staatschef längst nicht mehr derselbe Franco gewesen sei wie derjenige, der sich im spanischen Bürgerkrieg zum Diktator aufgeschwungen hatte. Andererseits wird hier die vielzitierte Angst progressiver Kreise widergespiegelt, das System könne sich nach Francos Tod an sich selbst weitervererben und eine Demokratisierung auch weiterhin wirksam verhindern.[76]

Aber nicht nur am Ende, sondern auch an anderen Stellen verweisen zahlreiche Anspielungen auf diesen konkreten historischen Bezug. In den Worten des Vermie-

---

76 S. z.B. A. Miralles, Nuevo Teatro Español, S.50.

ters z.B. lässt sich eben jener Paternalismus wiedererkennen, "que ha estado dirigiendo la nación, apoyándose en el falaz criterio de la 'minoría de edad' del pueblo español."[77] Anfangs, als der Vermieter den Jungen überredet, die Räume zu mieten, wirkt seine Väterlichkeit noch wohlwollend-jovial; als aber die jungen Mieter nachdrücklich auf Verbesserungen des Wohnungszustands drängen, zeigt sich der im Paternalismus enthaltene Charakter der Bevormundung:

> MUCHACHO.- (COMENZANDO A EXALTARSE) Iban a hacer mejoras.
> VOZ HOMBRE.- Las haremos, no duden de que las haremos; pero para eso deberán confiar plenamente en nosotros. (S.47)

Die weiteren Erklärungen des Vermieters deuten dabei auf die innenpolitische Lage im franquistischen Spanien hin. Einmal klingt in ihnen die Taktik des Regimes an, die aufbegehrende Bevölkerung mit immer neuen Versprechungen, die jedoch nie erfüllt wurden, hinzuhalten; dann finden sich Anspielungen auf den Bürgerkrieg und die Feindbildideologie des Franquismus. Auch der Hinweis auf die fortgesetzten Versuche des Regimes, das System um jeden Preis zu erhalten, fehlt nicht: "Hace algún tiempo temimos un derrumbamiento. Por eso apuntalamos las fachadas con toda energía. [...] La casa está rodeada por gruesas planchas de hierro."(S.39) Es wird deutlich, dass das Gebäude - wie in López Mozos "El caserón"[78] - symbolisch für den franquistischen Staat und seinen Gefängnischarakter steht. Letzte mögliche Zweifel an der Zulässigkeit einer solchen Interpretation werden ausgeräumt, als der Hausbesitzer definitiv seiner Erneuerungsfeindlichkeit Ausdruck verleiht:

---

[77] Ebd., S.161.

[78] J. López Mozo, "El caserón", Ms. 1972.- S. Kap. 5.2.3.4. der vorliegenden Arbeit.

VOZ HOMBRE.- Me temo que no va a ser posible acceder a sus peticiones. Perforar el tabique para hacer una ventana al exterior, puede poner en peligro toda la estructura del edificio, tengan en cuenta que aunque resista tiene algunos años. [...]
MUCHACHO.- Pero usted dijo que teníamos derecho a pedir mejoras.
VOZ HOMBRE.- (DOMINANDO) Siempre que con ellas no fueran a atentar contra la integridad del edificio. (S.46f.)

Wenn Matilla den Hausbesitzer argumentieren lässt, dass ein Fenster nach draussen die gesamte Struktur des Gebäudes gefährden könnte, so drückt er damit aus, dass der Ausblick des spanischen Volkes auf die soziale und politische Realität des europäischen Auslands das ideologische Gebäude des Franquismus ins Wanken hätte bringen können und deshalb dem Regime nicht erwünscht war. Tatsächlich war Franco immer darauf bedacht, ein seinen Intentionen entsprechendes Bild vom spanienfeindlichen Europa zu entwerfen, selbst noch zu einem Zeitpunkt, zu dem es bereits äusserst fraglich war, ob ein derartiges Feindbild von der Mehrheit der spanischen Bevölkerung noch akzeptiert würde.[79] Demgemäss wurde der grossen Masse der Spanier wirkliche Information über ausserspanische Regierungs- und Gesellschaftsformen - sozusagen das Fenster nach draussen - vorenthalten. Der letzte Satz des Vermieters ist gar - zum Zweck noch grösserer Klarheit über seine Identität - der Sprache spanischer Gesetzestexte entliehen: "atentar contra la integridad del edificio" (S.47) entspricht sowohl vom Sinn als auch vom Vokabular her der vielfach gegen Regimegegner vorgebrachten Anklage, sie hätten sich vergangen "contra la integridad del Gobierno" oder "del Estado español".[80]

---

79 S. hierzu Francos Rede vom 1.10.1975 auf der Plaza de Oriente anlässlich der europäischen Proteste auf die Hinrichtung von fünf Regimegegnern am 27.9.1975. In: R. Tamames, a.a.O., S.590.

80 Vgl. auch die "Normas de Censura Cinematográfica" vom 9.2.1963, insbes. Absatz 17, im B.O.E. vom 8.März 1963.

Nachdem nun das faschistische Spanien und seine Protagonisten als konkrete historische Bezugspunkte dieses Stückes erscheinen, stellt sich die Frage nach dem Zusammenhang mit den beiden ersten Stücken der Trilogie. Berücksichtigt man, dass jedes Stück eine andere Generation präsentiert, die sich mit ihrer Umwelt und den gesellschaftlichen Gegebenheiten auseinandersetzen muss, so fällt es nicht schwer, als verbindenden Leitfaden die Darstellung der unterschiedlichen Haltungen verschiedener Generationen zu erkennen gegenüber dem franquistischen Regime und der Gesellschaftsordnung, auf die es sich stützt.

Betrachten wir die ersten Stücke nochmals unter diesem Aspekt, so ergibt sich, dass das alte Ehepaar aus den "Juegos de amanecer" stellvertretend für eine Generation steht, die den spanischen Bürgerkrieg miterlebt hat und welche Ende der sechziger Jahre die Machtpositionen im Staate fast ausschliesslich behauptete. Der Verjüngungswunsch dieser Generation erscheint jetzt in einer ganz anderen, viel konkreteren Bedeutung, nämlich als Bestreben zur Erhaltung ihrer Machtposition und damit letzten Endes des Systems.

Versuche von Verjüngungskuren lassen sich im Spanien der sechziger Jahre an verschiedenen Beispielen aufzeigen. Als nämlich der Widerspruch zwischen repressivem politischem und vergleichsweise liberalem Wirtschaftssystem immer deutlicher wurde und zu Unruhen führte, stellten sich verschiedene Machtgruppen die Aufgabe, das politische System zu aktualisieren, um es erhalten zu können[81], was innerhalb des Machtblocks häufig zu Spannungen führte. Aber die Beispiele zeigen, dass es sich bei allen diesen Versuchen um kaum mehr als eine plastische Chirurgie handelte: dem alten Regime sollte

---

[81] Vgl. Román Gubern, Cine y comunicación de masas, S.193.- José Monleón, Presente y futuro del teatro español, S.250f.

lediglich eine neue Maske aufgesetzt werden. Weder die vorgeblich liberale Pressegesetzgebung Fraga Iribarnes (1966) änderte effektiv etwas an der bestehenden Meinungsunfreiheit, noch stellte der angeblich ideologiefreie technokratische Lösungsversuch des Opus Dei die Prinzipien des Franquismus in Frage.[82] Franco selbst versuchte, seinem Regime mit der "Ley Organica de Estado" (1966) eine vom Volk befürwortete gesetzliche Grundlage zu verschaffen und ihm so ein weniger totalitäres Aussehen zu verleihen. Aber an den praktisch unbegrenzten Befugnissen des Caudillo änderte auch diese Schein-Verfassung nichts.[83]

Eine solche Verfahrensweise der Änderung von Äusserlichkeiten, die zur Verschleierung von Machtstrukturen und damit ihrer Erhaltung dienen soll, findet sich in "Juegos de amanecer". Die beiden Alten gestehen sich ein, dass sie einer Generation angehören, die keine Zukunft mehr hat (S.11), und dass sie sich verjüngen wollen, um auch weiterhin ihre gesellschaftliche Position behaupten zu können (S.16). Aber ihr Versuch, so zu werden und so zu leben wie die Jugend,beschränkt sich auf Äusserlichkeiten wie Kleidung, Haartracht und Drogenkonsum, eine geistige bzw. ideologische Erneuerung schliesst er nicht mit ein. Das alte Ehepaar steht somit für die herrschende Klasse, die ihre Macht um jeden Preis erhalten will, was freilich nicht gelingt, genausowenig wie es dem Franquismus gelungen ist, nach Francos Tod in der Machtposition zu überleben.

Die zweite Generation, mit der wir es in Matillas Trilogie zu tun haben - das Alter des jungverheirateten Paares aus "El premio" wird mit ungefähr vierzig Jahren angegeben -, wurde wenige Jahre vor oder schon im Bürgerkrieg geboren, bekam aber in jedem Fall noch seine

---

82 Vgl. J. Monleón, a.a.O., S.251.

83 Vgl. R. Tamames, a.a.O., S.454ff.

Auswirkungen zu spüren. Diese Generation konnte sich in den sechziger Jahren etablieren und durfte - nach jahrzehntelangen wirtschaftlichen Einschränkungen - am Wirtschaftswachstum teilhaben. Für sie kann gelten, was Tamames allgemein über die spanische Bevölkerung in den sechziger Jahren feststellt[84]:

> La motorización y otros aspectos del consumismo contribuyeron [...] a que fueran muchos los que prefirieran quedarse por completo al margen de cualquier peligrosa actividad política que podía arriesgar su ascenso individual en el camino a un difícil pre-bienestar.

Es handelt sich um eine politisch desinteressierte Konsumgesellschaft, deren Grundmotivation Konsumstreben und Karrierebewusstsein sind. Nach einer im Informe FOESSA 1970 veröffentlichten Umfrage gaben 74 % der Befragten auf die Frage nach der für sie wichtigsten gesellschaftlichen Motivation an: "Ganar dinero; tener más cosas". Auf die Frage nach der zweitwichtigsten Motivation antworteten 66 % der Befragten:"Tener más influencia, mandar más".[85]

Das Paar aus "El premio" besitzt alle Merkmale dieser Bevölkerungsgruppe, deren hauptsächliches Streben auf die Aneignung von materiellem Besitz und auf die Beherrschung bzw. Unterdrückung anderer gerichtet ist. Einerseits befindet es sich, nachdem es ein Haus gewonnen hat, auf dem direkten Weg zu jenem von Tamames genannten Vor-Wohlstand. Andererseits ist die Generation, zu der das Paar gehört, aufgrund ihres Alters im Begriff, die Machtpositionen zu übernehmen; das Risiko, alles durch individuelles politisches Engagement aufs Spiel zu setzen, erscheint somit doppelt gross. Auch wenn gelegentlich die Frage aufgeworfen wird, ob man sich bezüglich der Einrichtung des Hauses unbedingt nach den erhaltenen An-

---

[84] R. Tamames, a.a.O., S.377.

[85] Ebd., S.361.

weisungen zu richten habe (S.30ff.), vertritt das Paar doch einen unkritischen Konformismus und gehört zur sogenannten schweigenden Mehrheit, die im Zweifelsfall das herrschende Regime mitträgt.

Von Anfang an, schon als sie an dem Wettkampf für Brautpaare teilnehmen, passen sie sich dem gesellschaftlichen Karrieredenken an, und besonders SIE ist einem starken Konsumbedürfnis unterworfen, das sich offenbart, als SIE beginnt, die Einrichtung und Ausstattung ihres neuen Hauses zu bemängeln (S.30ff). Dieses Konsumbedürfnis wird in "El premio" in einen engen Zusammenhang mit dem Wunsch nach mehr Einfluss und Macht gestellt. Grösserer Einfluss bedeutet geringere Bevormundung, und SIE glaubt, durch den Gewinn des Hauses weitgehend von der Bevormundung durch andere befreit worden zu sein. Deshalb ist SIE nicht bereit, sich bezüglich der Einrichtung dem Diktat der Wahlkampfveranstalter zu beugen, sondern will selbst über die Gestaltung ihrer Wohnung entscheiden, d.h. SIE will selbst mehr Einfluss haben. Dabei erkennt SIE jedoch nicht, dass dieser vermeintliche Zuwachs an persönlichem Einfluss lediglich zu einer neuen Art der Bevormundung führt: zur Bevormundung durch kommerziellen Konsumanreiz. Das Streben nach grösserer Konsumfähigkeit stellt sich hier als Ersatzbefriedigung des Wunsches nach mehr Einfluss bzw. mehr Macht dar.

Auch in der Beziehung zwischen den Ehepartnern wird die als zweitwichtigste angeführte Motivation - "tener más influencia, mandar más" - deutlich. Ihr nur kurzes Zusammenleben wird nicht von dem Versuch bestimmt, miteinander auszukommen, es geht ausschliesslich darum, sich gegen den anderen durchzusetzen. Am anschaulichsten zeigt sich dies in ihrem Streit über die Art und Weise, wie man die Hochzeitsnacht verbringen solle, und in der unbeteiligten Reaktion der Frau auf seinen Tod. Behauptet SIE dort, desinteressiert an der zwischenmenschlichen Beziehung, ihren Standpunkt, so verhält SIE sich beim Tod ihres Mannes wie eine Unbeteiligte, die allein auf ihren neuen Besitz fixiert ist:

> ELLA.- Es una preciosa casa a pesar de todo. Nunca pude hacer lo que quise en una casa. Ahora todo será diferente, absolutamente diferente. (S.35)

Ist das Interesse des alten Ehepaars in "Juegos de amanecer" darauf ausgerichtet, durch äusserliche Veränderungen seine Machtpositionen, also das bestehende System, zu erhalten, so zeigt sich in "El premio" vor allem das Streben nach materiellem Besitz und gesellschaftlicher Etablierung, welches menschliche Regungen und Gefühle weitgehend verdrängt. In beiden Fällen ist nicht zu erwarten, dass der Versuch gemacht wird, das politische und gesellschaftliche Gefüge zu verändern. Deshalb setzt Matilla, wie im letzten Stück seiner Trilogie deutlich wird, grosse Hoffnung in die junge Generation, die allein er für fähig hält, systemverändernd zu wirken. Schon durch die Benennung der Personen wird eine Differenzierung vorgenommen: Während die Ehepaare der ersten beiden Stücke ganz allgemein als ER und SIE bezeichnet werden, benennt der Autor die Jugendlichen in "El habitáculo" als MUCHACHO und CHICA. Zwar sind auch diese Bezeichnungen sehr allgemein gehalten, unterscheiden sich aber von den anderen durch ihre altersspezifische Festlegung, welche die Jugend in ihrer Bedeutung hervorhebt und betont.

Matillas Hoffnung auf die jüngeren Generationen stützt sich dabei auf die gesellschaftliche Entwicklung Spaniens. Denn neben allgemeinem Wirtschaftswachstum und allmählicher Umstrukturierung der sozialen Kräfte erachtet Monleón zwei weitere Faktoren als wichtig für die gegen Ende der sechziger Jahre verstärkt einsetzende Veränderung des gesellschaftlichen Bewusstseins[86]:

---

[86] J. Monleón, Presente y futuro, S.253.

de un lado, la irrupción en la vida española de una serie de generaciones desligadas de la experiencia y la normativa de la Guerra Civil, y, de otro, los procesos mundiales de la sociedad, la lucha incesante de todos los pueblos por su liberación económica y política.

Wenngleich die sozialen Unruhen im Ausland einen nicht zu unterschätzenden Einfluss auf die innerspanischen Entwicklungen ausgeübt haben mögen, so dürfte dieser hier doch eine weit geringere Rolle gespielt haben als das langsame Heranwachsen von Nachkriegsgenerationen, die nicht mehr so empfänglich für den Mythos vom dreissigjährigen Frieden unter Franco waren wie jene Generationen, die den Bürgerkrieg zumindest noch als Kinder miterlebt hatten. Erst hierdurch konnte die vielzitierte "Furcht vor der Freiheit" bzw. vor einem neuen Krieg, die in der Bevölkerung durch die Gegenüberstellung von Bürgerkriegselend und vergleichsweise ruhigem Leben unter Francos Diktat immer wieder geschürt wurde, an Bedeutung verlieren und die Bereitschaft, das Risiko einer Veränderung einzugehen, wachsen.[87]

Diese Bereitschaft drückte sich zunehmend in den Streikbewegungen der sechziger Jahre aus. Anfang 1969 sah sich Franco schliesslich veranlasst, aufgrund von solidarischen Arbeiter- und Studentendemonstrationen für zwei Monate den Ausnahmezustand über das Land zu verhängen.[88] Bereits seit Mitte der fünfziger Jahre hatten sich die Universitäten immer mehr zu Zentren antifranquistischer Gesinnung entwickelt[89], aber nach den Ereignissen vom Januar 1969 - über universitäre Belange

---

[87] Vgl.: Las ideologías en la España de hoy (coloquio), S.155ff.

[88] S. R. Tamames, a.a.O., S.488.

[89] Ebd., S.556f.

hinaus wurde das gesamte politische System angegriffen - gelang es dem Regime kaum mehr, die in Universität und Arbeitsbereich entstandene Unruhe unter Kontrolle zu bringen.[90]

Wenn Matilla in seiner Trilogie die jüngste der drei Generationen dazu ausersieht, seine Hoffnungen zu erfüllen, und sie die Vernichtung des bestehenden Systems der Unterdrückung in Angriff nehmen lässt, lehnt er somit an die historischen Gegebenheiten an. Das Ende des letzten Stückes stellt die Versinnbildlichung einer konsequenten Opposition gegen totalitäre Unterdrückung im allgemeinen und gegen den spanischen Faschismus im besonderen dar.

Die 1971 mit einer "Mención" der "Casa de las Américas" gewürdigte Trilogie zeugt jedoch über die Bezogenheit auf den Franquismus hinaus von der aussergewöhnlichen Fähigkeit Matillas, seine Kritik an der konkreten spanischen Situation in eine Form zu bringen, die auch den Bezug auf ausserspanische Gegebenheiten ermöglicht. Durch Abstraktion gelingt es ihm, in seinen "Ejercicios" eine weitgehend allgemeingültige Aussage über die generationsbedingte Haltung gegenüber dem Bestehenden zu formulieren.

5.2.2.4. "Post mortem" (1970) - Das chronische Sterben einer entmündigten Gesellschaft

Der Tod bzw. die ihn begleitenden Umstände und Situationen spielen in vielen Stücken Luis Matillas eine wichtige Rolle. In "Post mortem"[91] aber wird die Todessymbolik zum tragenden Element der gesamten Handlung.

---

[90] Ebd., S.488.

[91] L. Matilla, Post mortem, unveröfftl. Ms. (1970). Seitenzahlen in rd. Klammern beziehen sich auf das Manuskript.

Der Autor entwirft hier in zwei Akten die umfassende Vision einer durch Bestattungsunternehmen symbolisierten Totengräbergesellschaft, die im Begriff ist, sich selbst zu Grabe zu tragen.

Während sich bei Ruiz Ramón kaum mehr als eine knappe Inhaltsangabe des Stückes findet[92], erkennt Wellwarth im Ansatz die symbolische Bedeutung des Todes bei Matilla und gibt gleichzeitig einen Hinweis zur Entstehung von "Post mortem"[93]:

> Once again Matilla uses death as a symbol of the established order. The inspiration for the play came from Jessica Midford's exposé of the undertaking business in The American Way of Death, which demonstrated that the success of that most superfluous of all businesses was based on society's worship of death. By using a funeral parlor as the principal setting of his play Matilla simultaneously symbolizes the lifelessness of established society and its elevation of death to the level of an ideal.

Matilla selbst sieht die häufige Wiederkehr des Todesmotivs in seinen Stücken als Ausdruck einer "muerte mental", die er in der spanischen Gesellschaft miterlebt[94]:

> Este sentido de muerte es un sentido de acabar no realmente como cuerpos que se pudren, sino como pensamientos que se acaban. A mí me parece que este sentido de mortandad es el gran sentido de mortandad de la sociedad española, de hombres que jamás pondrán en cuestión ya su vida y que con 40, 50, 60 años han empezado a morir y no se recuperarán. Es una muerte crónica mucho antes de la física definitiva.

Von diesem chronischen Tod des Geistes, von dem sich das alte Ehepaar in "Juegos de amanecer" vergeblich zu be-

---

[92] F. Ruiz Ramón, Historia, S.543f.

[93] G.E. Wellwarth, Spanish Underground Drama, S.100.

[94] Aus einem auf Tonband aufgezeichneten Gespräch mit dem Verfasser im Juni 1974.

freien sucht und der sich auch in dem symbolischen Tod des Mannes in "El premio" wiedererkennen lässt, ist die Gesellschaft befallen, die Matilla in "Post mortem" beschreibt.

Die drei Personen des Stückes - ein Junge, ein Mädchen und ein Mann, der im Laufe der Handlung mehrere Rollen interpretiert - treffen im ersten Teil des Stückes in den Sälen eines Bestattungsunternehmens zusammen. Junge und Mädchen warten in verschiedenen Räumen unter Musikberieselung und einschläfernder Klimatisierung auf die Aufbahrung ihrer Eltern - seines Vaters und ihrer Mutter -, die gerade erst verstorben sind, und werden von dem Mann, der hier als Repräsentant des Bestattungsinstituts auftritt, betreut.

Während der Junge den im Dienst eines zweifelhaften Totenkults stehenden Pomp des Bestattungsinstituts von Anfang an ablehnt und seinem toten Vater lieber ein einfaches Begräbnis zuteil werden lassen möchte, wie dieser es sich gewünscht hatte, sieht das Mädchen zunächst keinen Grund, sich nicht entsprechend der gesellschaftlichen Norm zu verhalten. Auch sie fühlt sich allerdings nicht sonderlich wohl in dem ihr zugeteilten Warteraum, und so begegnen sich die beiden Trauernden bei dem Versuch, einen Ausweg aus der Geist und Körper lähmenden Umgebung zu finden. Als sie zufällig die bei den Aufbahrungsvorbereitungen verstümmelte Leiche ihrer Mutter entdecken, gelingt es dem Jungen, das Mädchen dazu zu überreden, gemeinsam die Körper ihrer Eltern wieder mitzunehmen, um sie ohne würdelosen Pomp selbst zu beerdigen.

Der zweite Teil zeigt die Suche der beiden nach einer geeigneten Grabstätte für ihre Eltern, eine Suche, die gleichzeitig zur Flucht vor den Schergen des Bestattungsinstituts wird, die den erwiesenen Verstoss gegen die Regeln der Gesellschaft ahnden wollen. Auf ihrem mühsamen Weg mit den in eine grosse Kiste und den Koffer eines Kontrabasses gepackten Leichen treffen die beiden einen früher in nationalsozialistischen Konzentrationslagern tätig gewesenen Feuerbestatter, der ihnen vergeblich seine Dienste anbietet, und den Agenten eines anderen Bestattungsunternehmens, der ihnen zu verstehen gibt, dass sie das gesuchte Stück freier Erde nicht finden können, weil in kurzer Zeit das ganze Land in einen immensen Friedhof verwandelt sein werde. Beide resignieren schliesslich und versuchen im Schatten der Kisten, ihre Frustration durch die Befriedigung sexueller Bedürfnisse zu überwinden.

Gleichzeitig findet im Fernsehen eine Direktübertragung der Treibjagd auf die vermeintlichen Kriminellen statt. Als der Fernseh-Reporter jedoch die beiden hinter den Kisten in ihrer Umarmung entdeckt, wird die Übertragung aus vorgeblich moralischen Gründen unterbrochen. Dass die Unterbrechung andere Gründe hatte, zeigt sich als der Vertreter des ersten Bestattungsinstituts wenig später öffentlich mitteilt, der Junge sei an Herzversagen gestorben; parallel zu dieser Erklärung sieht der Zuschauer, wie derselbe Mann den Jungen ermordet, indem er die schwere Kiste, hinter der er liegt, auf ihn stürzt. Nachdem der Hauptübeltäter beseitigt ist, wird das Mädchen als unschuldig Verführte wieder in die Gesellschaft aufgenommen und kann die beruhigenden Dienste des Bestattungsinstituts in vollem Umfang in Anspruch nehmen.

Matilla entwirft seine Vision einer todgeweihten Gesellschaft, indem er die Symptome des chronischen Todes aufzeigt, an dem diese Gesellschaft krankt. Den Ausgangspunkt für seine Anklage bildet die kommerzielle Werbung, die hier durch das Bestattungsunternehmen betrieben wird. Die Werbesprüche "Sólo compartiendo su dolor con nosotros podra encontrar el sosiego que su alma precisa" und "Nuestra casa es el único tránsito posible hacia la eternidad" (S.5) erinnern in ihrem Exklusivitätsanspruch unweigerlich an die mit sprachlich nicht vertretbaren, aber durchaus konsumentenwirksamen Superlativen angereicherte Reklame für zahlreiche Konsumprodukte. Es liegt im Profitinteresse der Werbung, wenn der Konsument zum Selbstbetrug angeregt wird, indem man ihm suggeriert, er könne dem Lebenden angetanes Unrecht durch ein schönes und damit teures Begräbnis wiedergutmachen (S.10), oder indem die einschneidende und endgültige Bedeutung des Todes durch eine lebensnahe Aufbahrung des konservierten Leichnams beschönigt, d.h. verschleiert wird (S.7). Entsprechend der grundsätzlichen Forderung, man solle dem Toten geben, was man dem Lebenden vorenthalten habe, findet hier die Kommerzialisierung des schlechten Gewissens statt.

Die angebotene Verschleierung bzw. Verfälschung der Realität hat natürlich ihren Preis, aber nicht nur auf materieller, sondern ebenso auf ideeller Ebene. Die Werbung versucht, zum Zwecke grösseren Konsumanreizes künstliche Bedürfnisse zu schaffen, und die Beschönigung des Todes ist als ein solches künstliches Bedürfnis zu werten. Akzeptiert man aber das Angebot der Werbung, so nimmt man gleichzeitig den Versuch der Eliminierung natürlicher menschlicher Gefühle in Kauf, die wie eine Krankheit behandelt werden (S.9), und damit des Menschlichen im allgemeinen. Vor allem die Fähigkeit des Menschen nachzudenken,soll beseitigt werden, denn nur Denken und Überlegen können zu Kritik führen. Eine kritische Einstellung aber würde sich schwerlich mit der Beschneidung des freien Entschlusses durch propagandistische Suggestion abfinden. Aus diesem Grund fordert der Bestattungsagent das Mädchen auf: "Procure no pensar en nada, es la única forma de lograr el reposo total" (S.34). Ihre Auffassung, man lebe besser, wenn man weniger denkt (S.24), zeigt, dass die vorgenommene Manipulation bei ihr bereits erfolgreich ist. Denken bedeutet Realitätserkenntnis, und man möchte Unruhe und Besorgnis, die aus dieser Erkenntnis erwachsen können, vermeiden.

Es ist in der Tat viel bequemer - wie das Mädchen andeutet (S.17) -, die Gewohnheiten zu akzeptieren, um dem Gruppenzwang zu folgen und sich der gesellschaftlich auferlegten Norm anzupassen, selbst wenn diese Norm als einengend und erdrückend empfunden wird: "esa terrible normalidad que ellos inventaron y dentro de la cual nos encontramos aprisionados ... casi inmóviles, casi ciegos, casi muertos" (S.31). Dieses von dem Jungen als solches empfundene Fast-tot-sein, die Ablehnung des Denkens und der daraus folgende Zustand der Stagnation einer Gesellschaft, entspricht dem, was Matilla als "muerte mental" bezeichnet.

Um die Bevormundung des einzelnen durchzusetzen, muss Meinungsmanipulation betrieben werden. Hierzu bedient sich das System hinsichtlich seiner Profit-Interessen der kommerziellen Werbung, aber auch die Massenmedien sind wesentlich an der Erzeugung normgerechter Ansichten und Anschauungen beteiligt. Sie sind in der Lage, vorgefertigte Meinungen in überzeugender Form darzustellen und zu vermitteln, mit dem Ziel, die individuelle Meinungsbildung zu verhindern. Matilla wählt die Beispiele der Presse und vor allem des Fernsehens, um in "Post mortem" die zielgerichtete Beeinflussung der öffentlichen Meinung zu veranschaulichen.

In Presse und Fernsehen wird die Tat der beiden jungen Leute kriminalisiert und als Entführung hingestellt. Keinesfalls erörtert man mögliche Gründe für ihr Vorgehen, sondern vermeidet bewusst die öffentliche Auseinandersetzung mit ihren Motivationen, damit ein eventuelles Verständnis in der Bevölkerung von vornherein ausgeschlossen werden kann. Reproduziert werden lediglich die Meinungen führender Persönlichkeiten des gesellschaftlichen Systems, welche die Tat der Jugendlichen allesamt strengstens verurteilen und deren Kommentare als einzig gültige Wahrheit vermittelt werden (S.56). Tausende von Zuschriften an die Redaktionen und die Fernsehanstalt, in denen sich die Bevölkerung von den vermeintlichen Verbrechern distanziert, zeugen von dem Erfolg der Meinungsmanipulation. Es zeigt sich überdeutlich, dass die hier dargestellten Massenmedien nicht im Dienste einer wirklichkeitstreuen Information stehen, sondern ideologische Interessen verfolgen.

In dem Augenblick, in dem Meinungsmanipulation allein nicht mehr die gewünschten Ergebnisse erzielt und sich Widerstand gegen das etablierte Normensystem abzeichnet, reagiert das System mit massiver Repression. Die Ermordung des Jungen am Ende des Stückes und die gleichzeitige öffentliche Bekanntgabe, er sei an einem Herzanfall gestorben, setzen einerseits konsequent die Verschleierung der Wirklichkeit fort, spiegeln jedoch andererseits die absolute Unterdrückung des Andersdenkenden wider.

Die Folge der Repression ist weitverbreitete Resignation. Auch der Opponent, der sich gegen diese systemerhaltende Resignation wehren will, hält in "Post mortem" dem dauernden Druck des Konformismus nicht stand. Ähnlich wie in "El observador" erreichen die Repressionsmechanismen hier ihr Ziel, den Widerstand gegen das System zu brechen. Die so produzierte Willenlosigkeit bietet eine neue Grundlage für weitere Bevormundung.

Neben zielgerichteter Bevormundung und Unterdrükkung der Bevölkerung, die ohnehin schon auf die Situation im franquistischen Spanien verweisen, findet sich in "Post mortem" eine Reihe weiterer Anspielungen, die darauf hindeuten, dass sich Matillas Vision eines Totengräberstaates auf die zu Anfang zitierte "mortandad de la sociedad española" bezieht. Bei dem im Stück mehrfach erwähnten Frieden, der einerseits dem Mädchen deshalb zuteil werden soll, weil es sich in die Obhut des Beerdigungsinstituts begeben, d.h. sich angepasst und normgerecht verhalten hat (S.4), und den es andererseits gegen mögliche Opponenten zu verteidigen gilt (S.27), handelt es sich mit Sicherheit auch hier um einen Hinweis auf den von franquistischen Ideologen vielgerühmten, langjährigen Frieden unter Franco, mit dem man die Unterdrückung eines Volkes vor der Öffentlichkeit rechtfertigen zu können glaubte. Auch die Äusserungen von Vertretern des Militärs und der Kirche in Verteidigung der Bestattungsideologie stellen den Bezug zur spanischen Realität her. Neben Industrie und Wirtschaft, die in "Post mortem" durch das Bestattungsinstitut versinnbildlicht werden, bezeichnet Tamames Militär und Kirche als wichtigste Stützen der Franco-Diktatur.[95] Entsprechend finden sich in den Worten des Offiziers Anklänge an faschistisches Gedankengut, als er den Nonkonformismus des Jungen als "un malsano intento de tergiversar principios de valor inmutable" (S.19) verurteilt. Sein Bekenntnis zu Prinzipien von unveränderlichem Wert erinnert unweigerlich an die falangistischen Grundideen, die den Menschen als "portador de valores eternos" und Spanien als "unidad de destino en lo universal" darstellen.[96]

Ebenso finden die Symptome des chronischen Todes, an dem die von Matilla beschriebene Gesellschaft krankt, ihre Parallelen in der politischen und gesellschaftlichen Realität Spaniens. Nimmt z.B. die kommerzielle Werbung des Bestattungsinstituts in "Post mortem" durch die Beschönigung des Todes eine Verfälschung der realen Gegebenheiten vor, so ist eine vergleichbare Realitätsverschleierung auch im von Franco regierten Spanien festzustellen. Von der franquistischen Geschichtsverfälschung, welche die Verteidiger der Republik im Bürgerkrieg als Rebellen hinstellte[97], bis hin zu den angeblichen Libe-

---

[95] R. Tamames, a.a.O., S.332.

[96] Ebd., S.453f.

[97] Ebd., S.370f.

ralisierungsversuchen eines sogenannten "aperturismo" seit Mitte der sechziger Jahre versuchte man, der spanischen Bevölkerung eine Realität vorzugaukeln, die zwar den Interessen des Regimes gerecht wurde, aber in keiner Weise den wirklichen Umständen entsprach. Wie in "Post mortem" wurde in der spanischen Wirklichkeit die öffentliche Meinung durch die Massenmedien, insbesondere durch Presse und Fernsehen, manipuliert, welche für die Verbreitung faschistischer Wahrheiten und Ideologie sorgten. Im "Decálogo del Periodista" der "Federación de Asociaciones de la Prensa" von 1955 wurde die Presse eindeutig auf die Funktion eines Sprachorgans des Regimes festgelegt, das nicht eine objektive Berichterstattung, sondern propagandistische Zwecke verfolgte[98]:

> Como españoles de fé católica y defensores de los principios del Glorioso Movimiento Nacional, tenemos el deber de servir esta verdad religiosa y esta verdad política con fervor, en nuestra tarea de información y orientación ...

In diesem Sinne charakterisiert Tamames auch das spanische Fernsehen als "mejor aliado del franquismo" seit 1957, dem Jahr, in welchem die Sendeanstalt ihren Betrieb aufnahm[99]:

> en materia de libertad de expresion y de medios de comunicación de masas, fue [...] un excelente discípulo de los métodos de Goebbels, todo ello mezclado con un reverdecer de las viejas tradiciones de la Inquisición.

Der zunehmende Einfluss des Fernsehens, d.h. die zunehmende Möglichkeit der regimekonformen Indoktrination über das Fernsehen, lässt sich an Daten aus dem "World Radio and TV Handbook" ablesen. Danach wuchs die Zahl der in Spanien existierenden Fernsehapparate von etwa 1000 im Jahre 1955, also noch vor Inbetriebnahme der staatlichen Sendeanstalt, bis 1977 auf nahezu sieben

---

[98] Zit. ebd., S.565.

[99] Ebd., S.374.

Millionen. Das bedeutete einen ungefähren Durchschnitt von einem Apparat pro Familie.[100] Eine in den Jahren 1973 und 1974 durchgeführte Umfrage des "Instituto de la Opinión Pública" ergab, dass 75 % der spanischen Bevölkerung täglich und nur 4 % nie fernsahen.[101] Die Möglichkeit des Regimes, die öffentliche Meinung zu beeinflussen, waren unter diesem Aspekt optimal.

Darüber hinaus darf eine wichtige Entwicklung im franquistischen Spanien, der in Matillas Stück Rechnung getragen wird, nicht unerwähnt bleiben. Eines der charakteristischen Phänomene der letzten Jahre des Franquismus war "el proceso de desnacionalización", die zunehmende Investition ausländischen Kapitals in die spanischen Schlüsselindustrien.[102] Eben auf diesen Prozess der wirtschaftlichen Entnationalisierung spielt "Post mortem" an. Bereits zu Anfang des Stückes versucht der Leichenbestatter, die Vorhaltungen des Jungen mit den Worten zu entkräften: "Fueron ustedes quienes nos pidieron que viniéramos" (S.3), und verweist auf ein Abkommen, mit dem der 1953 zwischen Spanien und den USA geschlossene Pakt gemeint sein könnte, der Spanien ökonomische Unterstützung und die Lieferung von Kriegsmaterial zusicherte und gleichzeitig die Verpflichtung zur gegenseitigen Verteidigung einschloss, aufgrund welcher den USA die Errichtung von militärischen Stützpunkten in Spanien gestattet wurde.[103] Unter diesem Gesichtspunkt und unter Berücksichtigung der Tatsache, dass weite Industriezweige durch US-Kapital beherrscht wurden, gewinnen die Worte des Jungen eine konkrete Bedeutung, als er sich fragt:

---

[100] Nach: Román Gubern, Cine y comunicación de masas, S.197.

[101] Nach: Ya v. 9.8.1975. Zit. b. A. Amorós u.a., Análisis de cinco comedias, S.191.

[102] R. Tamames, a.a.O., S.347.

[103] Vgl. Eduardo Chamorro/Ignacio Fontes, Las bases norteamericanas en España, Barcelona 1976.

"¿Por qué tuvieron que comprar nuestro país?" (S.15) und klarstellt, dass er sich nicht verkaufen möchte (S.22). Hier tritt ein im N.T. häufig anklingender Antiamerikanismus zutage, der darauf zurückzuführen ist, dass man in der engen Bindung Spaniens an die Vereinigten Staaten ein Element der Stabilisierung des totalitären Regimes sah.[104]

Matilla beschränkt sich aber nicht auf den Wirtschafts-Imperialismus der USA, sondern bezieht auch andere Wirtschaftsmächte in seine Kritik ein. Die beiden Jugendlichen treffen auf der Suche nach geeigneten Grabstätten für ihre Eltern zunächst auf einen Feuerbestatter, der als ehemaliger Nationalsozialist im Krematorium eines Konzentrationslagers gearbeitet hat und als Vertreter des deutschen Kapitals verstanden werden kann. Wenig später sehen sie sich dem Agenten eines weiteren Bestattungsunternehmens gegenüber, der - ausgestattet mit Melone und Monokel - einen Engländer darstellen mag. Alle drei Bestattungsunternehmen sind an der Umwandlung des Landes in einen immensen Friedhof beteiligt.

Durch diese Einbeziehung ausländischer Kapitalgeber spielt Matilla nicht nur auf einen wichtigen Aspekt der spanischen Realität an - die weitgehende Abhängigkeit der spanischen Industrie und Wirtschaft von ausländischen Investoren -, sondern es gelingt ihm hierdurch ausserdem, seine Aussage zu verallgemeinern. Die Darstellung eines chronischen, geistigen Sterbens bezieht sich nicht mehr nur auf die Gesellschaft des Franquismus, sondern grossenteils auch auf die hier genannten und andere kapitalistische Staaten.

---

[104] Vgl. A. Miralles, Con cinco años de retraso, S.21.

5.2.3. Interpretationen ausgewählter Stücke Jerónimo López Mozos

5.2.3.1. "Moncho y Mimí" (1967) - Isolation, Unterdrückung und die Rolle der spanischen Kirche

"Moncho y Mimí" stellt López Mozos ersten grösseren Erfolg im Theater dar. Entstanden im Jahre 1967, gewann es in demselben Jahr den ersten Preis im "Festival de Teatro de Sitges", wo es allerdings in einer vom Text her stark gekürzten, die mimische Darstellung betonenden Fassung aufgeführt wurde, die nicht vorher mit dem Autor abgesprochen worden war.[105] Trotzdem wurde die Uraufführung am 13. Oktober 1967 von der Presse als herausragendes Ereignis gefeiert; es bestand weitgehende Übereinstimmung darin, dass dieses Stück als Beispiel anzusehen sei für die "avanzada línea de búsqueda de nuevas expresiones teatrales que hemos dado en llamar teatro de vanguardia y teatro del absurdo."[106] An anderer Stelle konnte man lesen: "'Moncho y Mimí' [...] está en la línea del mejor teatro."[107]

Francisco Ruiz Ramón würdigt dieses Stück in seiner "Historia del Teatro Español" allerdings nur mit wenigen Zeilen:

---

[105] Vgl. die vollst. Fassg. in: Comisión Organizadora Festival de Teatro de Sitges (Hg.), Festival de Teatro de Sitges 1967-1970, Barcelona 1971, S.9-67. (Seitenangaben im Text beziehen sich auf diese vollständige Fassung), und die gekürzte - aufgeführte - Fassg. in: Yor 26 (1968).

[106] Julio Manegat, Del blanco a la angustia, pasando por el ballet, in: El Noticiero Universal (Barcelona) v. 16.10.1967.

[107] Vidiel, Brillante Festival de Teatro de Sitges, in: Hoja de Lunes (Barcelona) v. 16.10.1967.

> El primer intento de asimilación del teatro del absurdo por parte de López Mozo , siguiendo muy cerca la línea beckettiana, es Moncho y Mimí (1967), en donde dos personajes, fuera de todo tiempo y espacio concretos, encerrados en una habitación sin puertas ni ventanas, improvisan juegos crueles o infantiles que tienen mucho de desesperada masturbación espiritual, sin romper el círculo infernal de su soledad y su incomunicación o empavoreciéndose cuando simulan romperlo.[108]

Als sicher darf gelten, dass es dem Autor hier gelungen ist, die Tendenz des Theaters des Absurden zu assimilieren. Aber es handelt sich nicht, wie Ruiz Ramón irrtümlich annimmt, um den ersten Versuch dieser Art. Bereits 1964 setzt sich López Mozo in seinem ersten Stück, "Los novios o la teoría de los números combinatorios" mit Form und Inhalt des absurden Theaters auseinander und führt die Erprobung dieser Stilrichtung über "La renuncia" (1966) und "El testamento" (1966) fort, um mit "Moncho y Mimí" das vollendetste und überzeugendste Resultat seines Experimentierens mit der Ästhetik des Absurden zu liefern. Vor allem in "Los novios" und in "Moncho y Mimí" tritt dabei auf einer ersten Bedeutungsebene die dem Theater des Absurden eigentümliche Frage nach dem Sinn der menschlichen Existenz und nach dem Ursprung allen Seins zutage.

Der Handlungsablauf dieses trotz seiner zwei Akte eher als kurz einzustufenden Stückes lässt sich mit wenigen Sätzen umreissen: Zwei Männer, MONCHO und MIMI, leben, solange sie zurückdenken können, zusammen in einem Raum mit hohen, für sie unüberwindlichen Wänden, der keinen Ausgang und keine Decke besitzt. Die Ausstattung des Raumes ist ausgesprochen karg: eine Trennwand, hinter der sich der Abort befindet, und ein Telefon samt Bedienungsanleitung. Das Leben der beiden ist von äusserster Langeweile geprägt und von der Unfähigkeit, mit anderen zu kommunizieren, bis MIMI die Nützlichkeit

---

[108] F. Ruiz Ramón, Historia, S.545.

des Telefons entdeckt, die ihnen bisher verborgen geblieben war. MIMI hat jetzt Verbindung zur Aussenwelt und zwar zu einer Frau, die er später als Gott-Wesen erkennt. MONCHO will er an diesem Kontakt nicht teilhaben lassen, da er glaubt, er habe das Recht, die Frau für sich allein beanspruchen zu können. Der Interessenkonflikt der beiden Gefährten spitzt sich bis zur gewalttätigen Auseinandersetzung zu, in der MIMI schliesslich von MONCHO mit dem Telefon erschlagen wird. Für diese Tat soll MONCHO büssen: das Gott-Wesen verdammt ihn zum ewigen Herumirren in seinem nun noch trostloseren Lebensraum.

Die Einsamkeit des Menschen und sein Mangel an Kommunikation bilden das allgemeine Grundthema von "Moncho y Mimí". Dabei wird besonders auf die Isolierung und Inkommunikation des Menschen in der Grossstadt hingewiesen, denn die beiden Männer sind eingeschlossen zwischen hohen, grauen Mauern und können den Himmel nur als kleines, blaues Rechteck hoch über sich erkennen. Der Vergleich mit der Situation des Menschen, der in riesigen Wohnsilos leben muss - wie etwa in Berlins Märkischem Viertel -, bietet sich an, zumal die Isolierung des einzelnen in aus unzähligen Wohnblöcken bestehenden Satellitenstädten im Spanien der sechziger Jahre - in denen dieses Stück entstand - geradezu symptomatisch war. Im Rahmen des schnellen Wirtschaftswachstums in diesem Zeitraum fand eine starke Abwanderung der Landbevölkerung in die Industriezentren statt. Während der Anteil der Landarbeiter an der aktiven Bevölkerung 1960 noch 39,7 % war, so ging er bis 1975 um fast die Hälfte auf 21,46 % zurück.[109] Aus dem rapiden Bevölkerungsanstieg in den Grossstädten ergab sich eine unerträgliche Wohnungsknappheit, die man mit dem Bau eben solcher Betonwohnburgen lindern wollte, wie sie das Ge-

---

[109] Hierzu u. zum Folgenden: R. Tamames, a.a.O., S.382f.

fängnis von MONCHO und MIMI symbolisiert. Da in Neubaugebieten dieser Art Menschen aus sehr unterschiedlichen regionalen, kulturellen und gesellschaftlichen Bereichen wahllos zusammengewürfelt werden und zudem, aufgrund der extremen Wohndichte, die Überschaubarkeit des nachbarschaftlichen Bereichs nicht mehr gegeben ist, kommt es hier in besonders starkem Masse zu Inkommunikation und Vereinsamung.[110]

Über das Kommunikationsproblem lässt sich ein weiterer Bezug zur spanischen Gegenwart herstellen. Als die beiden Männer versuchen, den Sinn ihres Daseins zu ergründen, taucht die Frage auf, ob es ausser ihnen nicht noch andere Menschen geben könnte, die in ähnlichen Verhältnissen leben, und MONCHO vermutet in dem im Boden verschwindenden Telefonkabel eine mögliche Verbindung nach aussen. Als MIMI schliesslich - nicht zuletzt aufgrund der Überlegungen seines Gefährten - die Funktion des Telefons und damit den Kontakt zur Aussenwelt entdeckt, möchte er sein neues Wissen jedoch vor MONCHO verbergen, um diesen nicht an dem Nutzen seiner Entdekkung - in diesem konkreten Fall an der Liebe zu der Frau am anderen Ende des Telefons - beteiligen zu müssen. Als MONCHO trotzdem bemerkt, dass MIMI eine Verbindung nach draussen gefunden hat, und mit dem Hinweis auf die Gleichberechtigung beider die ihm vorenthaltenen Informationen verlangt, spricht MIMI ihm jegliches Recht dazu ab (S.53). Er wird zum Unterdrücker seines Gefährten. Ihm ist klar geworden, dass Kommunikation notwendige Voraussetzung für Information ist, Information zum Wissen - und damit zur Bewusstseinsbildung - führt und dass Wissen letzten Endes Macht bedeutet. MIMI hat die Absicht, diese Macht gegen MONCHO auszuspielen, und schon deshalb muss er ihn daran hindern zu erfahren, dass auch

---

[110] Zur eingehenden Information über Ursachen und Folgen der Inkommunikation im Spanien der Gegenwart vgl.: C. Castilla del Pino, La incomunicación, Barcelona [5]1972.

die Frau die Ansicht vertritt, alle Menschen seien gleich (S.35). "No podemos desear las cosas que no conocemos" (S.39), hatte MONCHO selbst gesagt, und nun verfährt MIMI nach diesem Grundsatz, um die eigene privilegierte Position zu behaupten.

In der Polarisierung des Verhältnisses zwischen MIMI als Unterdrücker und MONCHO als Unterdrücktem spiegelt sich die grundlegende Machtstruktur des franquistischen Spanien wider, das der Masse des Volkes die Möglichkeit der Bewusstseinsbildung durch Information weitestgehend vorenthielt, um die Privilegien der Herrschenden nicht zu schmälern. Das gesamte faschistische Erziehungs- und Bildungssystem zeichnete sich durch eine ausgesprochene Diskriminierung der unteren Gesellschaftsschichten - und damit der überwiegenden Mehrheit der spanischen Bevölkerung - aus[111]: Ihnen standen in den vierziger Jahren lediglich schlecht ausgerüstete, staatliche oder überhaupt keine Schulen zur Verfügung, während private - meist kirchliche - Volksschulen, Gymnasien und Hochschulen praktisch nur den mittleren und oberen Schichten offenstanden, da sich die unteren Gesellschaftsschichten keine hohen Schulgeldzahlungen leisten konnten. So bildete man aus Mittel- und Oberklasse eine standesbewusste und von vornherein systemkonform indoktrinierte Elite heran, während die unteren Klassen bewusst auf einem niedrigen Bildungs- und Bewusstseinsstand gehalten wurden.[112] In den folgenden Jahren - vor allem unter dem Erziehungsminister Ruiz Jiménez (1951-1956) - besserte sich die Situation zwar geringfügig, aber Ende der fünfziger Jahre wurde immer noch ein Defizit von etwa 25.000 Volksschulen angegeben. Schliesslich zeigte sich das Desinteresse des Regimes an

[111] Jordi Mones i Pujol-Busquets, Pedagogía, in: La cultura bajo el franquismo, S.222.

[112] Hierzu u. zum Folgenden: R. Tamames, a.a.O., S.551ff.

der Heranbildung einer informierten, mündigen Bevölkerung deutlicher denn je, als 1969 der damalige Erziehungsminister Villar Palasí in seinem "Libro blanco" die Hauptprobleme des spanischen Bildungssystems darlegte, und man feststellen konnte, dass sich auch in den Jahren allgemeinen wirtschaftlichen Aufschwungs an der Bildungssituation nur wenig geändert hatte: Unter anderem beklagte der Minister die unzureichende Erfüllung der Schulpflicht (1967 nahmen nur 88,7 % der Sechsjährigen und 37,8 % der Dreizehnjährigen am Schulunterricht teil) und die immer noch bestehenden Klassenunterschiede innerhalb des Schulsystems[113]:

> En 1964, para un coeficiente general del 2,2 para la población en la enseñanza superior, los coeficientes para los hijos de obreros agrícolas y de los "empleados-trabajadores manuales" eran del 0,2 por 100, en tanto que llegaba al 83 por ciento para los hijos de profesionales liberales.

Für den Dramatiker López Mozo besitzt diese in seinem Stück dargestellte Verhinderung von Kommunikation und Information einen noch spezielleren Realitätsbezug: es geht um das Problem der Kommunikation des Künstlers mit dem Publikum angesichts einer faschistischen Zensur, welche die Kritik des Bestehenden zu unterdrücken sucht und daher dem systemkritischen Künstler den Kontakt zum Publikum verwehrt. In diesem Bedeutungszusammenhang entspricht die Frage MONCHOS, ob es nicht möglich sei, dass es noch andere Menschen gibt, die in einer ähnlichen Situation leben und denen ebenfalls ein Telefon zur Verfügung steht (S.24), der Frage des jungen Autors nach der Existenz eines Theaterpublikums, das sich seiner Gesellschafts- und Systemkritik gegenüber aufgeschlossen zeigen würde.

Das Telefon ist einziges Mittel der Kommunikation im Stück - kann somit stellvertretend für die Gesamtheit der Kommunikationsmedien stehen -, aber die Information

---

113 Ebd., S.558.

zur Anwendung dieses Mediums fehlt den beiden Männern zunächst, da sie die Bedienungsanleitung unter dem Apparat bisher nicht gefunden haben. Und eben hieraus entsteht die Parallele zwischen der Kommunikationssituation in "Moncho y Mimí" und der des spanischen Theaterschriftstellers; denn wenn die beiden Eingeschlossenen nicht mit der Aussenwelt in Verbindung treten können, weil sie nicht wissen, wie das Telefon zu gebrauchen ist, so bleibt der spanische Dramatiker in Ungewissheit über seine Möglichkeiten, sich einem Publikum mitzuteilen, weil er in aller Regel nicht den genauen Inhalt der Zensurnormen kennt. Erst 1963 wurden die Zensurnormen für Druck- und Filmerzeugnisse und 1964 für das Theater schriftlich fixiert - vorher gab es nur interne Anweisungen für die Zensurgremien -, aber auch nach diesem Zeitpunkt war es kaum möglich, den Gesetzestext einzusehen.[114] So wie die Bedienungsanleitung die Anwendung des Telefons als Kommunikationsmittel erklärt, legten die Zensurnormen die Grenzen fest, innerhalb derer die Kommunikation zwischen Autor und Publikum stattfinden durfte. Die Unkenntnis der Zensurnormen bedeutete deshalb für den Dramatiker die Unkenntnis des ihm zur Verfügung stehenden Spielraums und damit die Unfähigkeit, das Theater innerhalb der gegebenen Grenzen so weit wie möglich als Kommunikationsmedium zu nutzen.

Wie schon mit Bezug auf das Bildungssystem angedeutet, hat die katholische Kirche Spaniens zumindest bis Mitte der sechziger Jahre nicht unwesentlich zur Unterdrückung der Bevölkerung beigetragen. Über ihre praktisch für Mittel- und Oberklasse reservierten Schulen beeinflusste sie entscheidend die Bildung einer gesellschaftlichen Elite, die später die Schlüsselpositionen

---

[114] Vgl. hierzu: 25 autores y la censura, in: PA 165 (Febr.1974), und: 14 autores y la censura, in: PA 166 (März 1974).

der offiziellen spanischen Politik besetzen sollte.[115] Durch Indoktrination über Kanzel und Massenmedien sowie über die Institutionalisierung zwischenmenschlicher Beziehungen - beispielsweise in der Familie - erreichte die Kirche, dass das gesellschaftspolitische Konzept des spanischen Katholizismus in der Bevölkerung - bewusst oder unbewusst - auf breiter Basis akzeptiert wurde. Politisch wichtige Elemente dieser Konzeption waren dabei "el respeto al orden establecido y la resignación frente a la injusticia"[116], die beide schon in der Familienstruktur vermittelt und eingeübt wurden. Unter diesem Aspekt kann die Kirche mit Recht als "poder legitimador" des Franquismus[117] angesehen werden, denn sie verbreitete jene Ideologie, auf die der spanische Faschismus seine Herrschaft stützte.

Tamames bezeichnet die weitgehende Identifizierung der katholischen Hierarchie mit dem Regierungsblock als "teocratización" der Machtstrukturen.[118] In der Tat wurde schon 1939 die Verquickung von Faschismus und Kirche beklagt, die während des Bürgerkriegs extreme Formen angenommen hatte. Der Kardinal Vidal i Barraquer, Erzbischof von Tarragona und Primas von Spanien, schrieb darüber in einem Bericht an den Papst, der erst kurz zuvor die faschistischen Bürgerkriegs-Sieger gesegnet hatte[119]:

---

[115] R. Tamames, a.a.O., S.551.

[116] Ebd., S.342.

[117] Ebd.- Zur Rolle der spanischen katholischen Kirche im Franquismus s. auch: E. Miret Magdalena, La Iglesia franquista, in: Tiempo de Historia (Especial) - 1939-1979: 40 años de España, 6.Jg., Nr. 62 (Jan.1980), S.72-91.- Karlheinz Barck, Der spanische Klerus, in: Werner Krauss, Spanien 1900-1965, München 1972, S.169-184.

[118] R. Tamames, a.a.O., S.571.- S. auch: A. Miralles, Nuevo Teatro Español, S.178.

[119] Bericht v. 12.6.1939, zit. b. José M. González Ruiz, Religión, in: La cultura bajo el franquismo, S.179.

> Ello dificulta el acercamiento a la Iglesia de personas indiferentes y apartadas de la religión porque a través de los obispos y del clero la juzgan identificada con el partido dominante [...] y con la clase rica.

Zwanzig Jahre später prangerte die "Nationale Union junger fortschrittlicher Priester" in einem Flugblatt denselben anhaltenden Missstand als "'sklavische Identifizierung' der Kirche mit dem Regime" an.[120] Mittlerweile hatte man die Bindung der kirchlichen an die staatlichen Interessen sogar in einem Abkommen absegnen lassen: Der Pakt zwischen Spanien und dem Vatikan von 1953 sicherte Franco das Recht auf eine entscheidende Beteiligung an der Ernennung von Bischöfen in Spanien zu. War ein Bischofsstuhl zu besetzen, konnte Franco dem Papst sechs Kandidaten vorschlagen, von denen einer zum Bischof ernannt werden musste.[121] Er war also in der Lage, direkten Einfluss auf die Zusammensetzung der kirchlichen Hierarchie zu nehmen, und konnte diese seinen Machtbedürfnissen anpassen.

Diese Rolle der katholischen Kirche als Stütze des Franquismus und als reaktionäres Machtinstrument der Unterdrückung blosszustellen, scheint neben der Darstellung des Kommunikationsproblems das Hauptanliegen López Mozos in "Moncho y Mimí" zu sein. Deshalb stellt er den Bezug zu Religion und Kirche schon von Anfang an her, indem er den Akten und Bildern seines Stückes Bibelzitate voransetzt, die der Geschichte von Kain und Abel entnommen sind. Hierdurch vorbereitet, fällt es nicht schwer, die Parallele zwischen der biblischen Geschichte und dem Geschehen in "Moncho y Mimí" zu erkennen.

In beiden Fällen entsteht ein Konflikt, der zur Tötung eines der Beteiligten durch den anderen führt, und auch Art und Ursache der Konflikte sind durchaus ver-

---

120 B. Schütze, Rekonstruktion der Freiheit, S.111.
121 R. Tamames, a.a.O., S.523.

gleichbar. Kain erschlägt seinen Bruder Abel, weil dessen Opferfeuer den Rauch zum Himmel aufsteigen lässt, während ihm selbst dieses Glück nicht beschieden ist. Wertet man das Aufsteigen des Rauches, wie es die Bibel tut, als Gunstbeweis Gottes, der es zulässt, dass Abel mit ihm in Verbindung tritt, und damit als einen speziellen Akt der Kommunikation, so wird der Bezug zum Konflikt zwischen MONCHO und MIMI klar; denn MIMI gelingt es, über das Telefon mit einer Frau zu kommunizieren, MONCHO bleibt dieser Kontakt verwehrt. Ausserdem erweist sich die Frau aufgrund ihrer Aussagen als Gott-Figur, deren göttliche Identität endgültig konkretisiert wird, als sie sich in einem Telefongespräch schliesslich als Ursprung und Schöpferin allen Seins darstellt (S.46).

Zwischen den beiden ansonsten weitgehend parallel verlaufenden Handlungssträngen lässt sich jedoch auch ein wesentlicher Unterschied feststellen: Während die Bibel und die Bibelinterpretation der Kirche keinen Zweifel daran lassen, dass Kain seinen Bruder aus Neid tötet, stellt López Mozo die Motive MONCHOS und die Umstände, die zu MIMIS Tod führen, unter einem anderen Blickwinkel dar. Aus MIMIS Worten geht hervor, dass er die Liebe der Frau allein besitzen will, um aus diesem Privileg Macht über seinen unwissenden Gefährten und alle anderen Unwissenden zu gewinnen (S.49) und um gewissermassen vom Unterdrückten zum Unterdrücker aufzusteigen.[122] Im Gegensatz zur biblischen Geschichte erscheint hier nicht der Tötende, sondern der Getötete als Schuldiger, der aus egoistischer Eigensucht handelt und jede Solidarität mit seinem Gefährten vergisst, während sich die Tat MONCHOS als ungewollter Ausgang des Versuchs, seine Gleichberechtigung durchzusetzen, darstellt - und damit fast als Akt der Notwehr.

---

[122] Diesen Drang zum sozialen Aufstieg von einer niederen (unterdrückten) Gesellschaftsklasse in eine höhere (privilegierte) analysiert C. Castilla del Pino, a.a.O., S.23ff.

Eben diesen Unterschied nutzt López Mozo, um den Missbrauch der Religion als Machtmittel der Herrschenden aufzudecken. Denn als der unterdrückte MONCHO seinen Unterdrücker im Streit mit dem Telefon erschlägt, verdammt ihn die Frau ungeachtet der besonderen Umstände zu ewiger Inkommunikation und ewigem Herumirren (S.65f.), obwohl sie vorher allen Menschen Gleichberechtigung und speziell auch MONCHO das Recht zugestanden hatte, sie kennenzulernen (S.35). Indem der Autor sich die Frau auf die Seite der Unterdrücker stellen lässt, entlarvt er den Grundsatz der Gleichberechtigung aller Menschen als hohle Phrase, die nur auf die herrschende Klasse Anwendung findet. Die Bibeldarstellung wird hier in Frage gestellt, um die bibelinterpretierende Kirche, die sich als Stellvertreterin Gottes in dieser Welt versteht, als konservatives Machtinstrument der Unterdrückung blosszustellen, das zwar den Aufstieg einzelner in die Oberschicht zulässt, nicht aber den Widerstand der Minderprivilegierten gegen die Unterdrücker toleriert.

Der Bezug zur spanischen Realität ist unverkennbar, zumal auch die Grundhaltungen der beiden Figuren gegensätzlich angelegt sind und jenen Kräften entsprechen, deren Auseinandersetzung im spanischen Bürgerkrieg ihren vorläufigen Höhepunkt erreicht hat. Wie das folgende Textfragment zeigt, in dem López Mozo vorsichtig die Frage nach einem möglichen politischen Wandel stellt, ist MIMI im ersten Akt als konservativ einzustufen, während MONCHO eher liberal und aufgeschlossen erscheint:

> MONCHO.- [...] No hay demasiadas posibilidades de cambio.
> MIMI.- Desde luego.
> MONCHO.- Continuaremos teniendo frío como siempre. El techo seguirá cambiando de color: unas veces azul, otras gris.
> MIMI.- Nunca nos ha ocurrido nada extraordinario. ¿Crees que es posible que suframos una transformación importante?

MONCHO.- No es fácil.
MIMI.- (Concluyente) Ni necesario.
MONCHO.- Eso nunca se sabe.
MIMI.- ¡Claro que sí! Nos aburrimos, pero somos felices. Yo soy feliz. [...] Lo mejor es que no varíe. (S.16f.)

Im zweiten Akt verschärft sich dieser Gegensatz, als der konservative MIMI, durch Wissen mächtig, zum Unterdrükker des aufgeschlossenen, aber unwissenden MONCHO wird.

In der Verteidigung ihrer Interessen steht entsprechend die Kompromisslosigkeit MIMIS gegen die Kompromissbereitschaft MONCHOS. Als dieser auf seinem Recht besteht, auch Kontakt mit der Frau aufnehmen zu dürfen, weist ihn MIMI zurecht: "Cada uno tiene sus puntos de vista y tú no pareces muy dispuesto a reconsiderar los tuyos" (S.52). Eine Änderung seiner eigenen Einstellung erscheint ihm inakzeptabel. MONCHO hingegen will dem Gefährten nicht seine Rechte streitig machen, sondern diese lediglich auch für sich beanspruchen dürfen, und so fordert er nur "un poco de buena voluntad por parte de los dos" (S.56).

Ein ähnlicher Gegensatz zwischen Kompromisslosigkeit und Kompromissbereitschaft lässt sich in dem Verhältnis zwischen franquistischer Regierung und demokratischer Opposition erkennen, welches den traditionellen Gegensatz zwischen Konservativen und Liberalen fortsetzt. Das Beispiel des Kongresses der "Europabewegung", vom 7. - 8. Juni 1962 in München, vermag die Grundhaltungen beider Seiten zu verdeutlichen. Die spanische Delegation, die sich aus Mitgliedern verschiedener oppositioneller Parteien zusammensetzte, erwirkte unter Führung von Gil Robles und Salvador de Madariaga eine Resolution, welche forderte, Spanien nicht in die EWG aufzunehmen, solange die Diktatur nicht durch ein demokratisches System abgelöst würde. Vielleicht notgedrungen kompromissbereit, verlangte die spanische Opposition keine direkte Machtübergabe, sondern lediglich die Beteiligung aller gesellschaftlichen und politischen Kräfte an der Regierungsbildung. Um so kompromissloser war die Reaktion des Regimes, das die spanischen Kongressteilnehmer vor die Alternative des Exils oder einer zweijährigen Verbannung stellte und so keinen Zweifel daran liess, dass man nicht die Absicht h gte, auch nur einen kleinen Teil seiner Rechte bzw. Privilegien aufzugeben.[123]

Die in "Moncho y Mimí" dargestellte Unterdrückung des Unwissenden durch den aufgrund seines Wissens Mächtigen, die ihre Parallele in der Unterdrückung einer schlecht informierten Bevölkerung durch eine kleine Schicht Privilegierter findet, lässt sich zwar mit Beispielen aus der jüngsten spanischen Geschichte eindrucksvoll dokumentieren, ist aber keinesfalls ein ausschliesslich spanisches Phänomen. Vor allem in den Staaten der dritten Welt bieten sich zahlreiche Beispiele, die dem hier Dargestellten zumindest in Teilaspekten entsprechen. Man denke an Argentinien, Chile, Brasilien oder Südafrika und auch an das faschistische Portugal vor den Veränderungen vom 25. April 1974. Es zeigt sich, dass López Mozos Aussage über den konkreten historischen Bezug der spanischen Nachkriegszeit hinaus allgemeinere Gültigkeit besitzt; denn mit der Polarisierung der Gesellschaften in Herrschende und Unterdrückte stellt der Autor eine Situation dar, die als historisches Grundproblem aufgefasst werden darf.

---

[123] S. hierzu: R. Tamames, a.a.O., S.478.- Auch: G. Dueñas, a.a.O., S.51.

5.2.3.2. "Crap, fábrica de municiones" (1968) - Über die Wechselbeziehungen zwischen Krieg, Politik und Wirtschaft

"Crap, fábrica de municiones" wurde 1968 geschrieben und 1973 veröffentlicht[124], seine Aufführung jedoch durch ein Zensurverbot unmöglich gemacht. Wie der Autor selbst angibt[125], versucht er in diesem Stück, Techniken des Brechtschen Theaters in Anwendung zu bringen, über das man zwar in spanischen Theaterkreisen seit Mitte der sechziger Jahre zunehmend diskutierte[126], das aber dem spanischen Theaterpublikum weitgehend unbekannt blieb. Diesen Einfluss stellt auch Wellwarth fest[127]:

> The style is Brechtian, with songs and presentational scenes. [...] Stylistically the play is perhaps the best imitation of Brecht that we have. Philosophically it is extremely simplistic, but no more so than Brecht's own single-minded ideological approach.

Wellwarth zeigt hier jedoch, dass er über seine wohl weltanschaulich begründete Ablehnung des Brechtschen Theaters hinaus nur wenig mit dessen Stil und ästhetischen Voraussetzungen vertraut ist. "Crap" kann weder eine gute noch eine schlechte Brecht-Imitation sein, denn das Aufzeigen der bestehenden Gegensätze und Widersprüche sowie die Darstellung des konkreten Handlungsablaufs im Stück als nur eine von mehreren Möglichkeiten, die nicht zuletzt durch unterschiedliche kollektive und individuelle Verhaltensweisen mitbestimmt werden, fehlen, sind aber beide wesentliche Bestandteile Brechts epischen Theaters.

---

124 J. López Mozo, Crap, fábrica de municiones, Madrid 1973. Seitenangaben im Text beziehen sich auf diese Ausgabe.

125 In: A.C. Isasi Angulo, Diálogos, S.333.

126 Vgl. u.a.: Yor 20, PA 84 u. PA 86.

127 G.E. Wellwarth, Spanish Underground Drama, S.76f.

Auch López Mozo hätte sich geirrt, wenn er angenommen haben sollte, Brechtsche Ästhetik nachzuvollziehen. Aber seine Aussagen gehen längst nicht so weit: er bestätigt lediglich den Einfluss Brechts in seinem Stück, und das Vorhandensein einzelner Techniken des epischen Theaters - vorwiegend Projektionen und die Verwendung von Songs - ist offensichtlich. Nur lässt sich damit die Annahme, es handle sich um eine Imitation Brechtschen Theaters, nicht hinreichend belegen. Deshalb erscheint mir die Beurteilung Ruiz Ramóns richtiger, der hier auch andere Einflüsse erkennt[128]:

> En Crap, fábrica de municiones [...], López Mozo utiliza, combinándolos mediante bien calculadas gradaciones, el estilo brechtiano [mejor dicho: algunas técnicas brechtianas], el debate y los procedimientos de la farsa.

Besonders zutreffend ist der letzte Hinweis, denn in López Mozos Stück handelt es sich um eine satirische Darstellung der Beziehungen zwischen Krieg, Politik und Wirtschaft.

Im Mittelpunkt der Geschehnisse steht das Rüstungsimperium der Familie CRAP. Während der ersten Szenen wohnt der Zuschauer einer Jahresfeier in einer der CRAP-Fabriken bei, an welcher Arbeiter, Management und auch der Chef ALFREDO CRAP selbst teilnehmen. Die sozial gut situierten Arbeiter betrachten sich aufgrund ihrer Anstellung bei CRAP als Privilegierte und fühlen sich, fernab jeglichen Klassenbewusstseins, als Mitglieder einer grossen Familie, zu deren Wohlergehen jeder seinen Beitrag leisten muss. CRAP belohnt diesen Zugehörigkeitssinn mit seinem Dank an jene, "que con su esfuerzo, su entrega y su amor a la empresa hacen posible que la gigantesca máquina que movemos no se detenga jamás" (S.11). Dass der indirekt geforderte und auch von CRAP vorgespielte Familiensinn nur hohle Ideologie ist,

---

128 F. Ruiz Ramón, Historia, S.547.

zeigt sich, als man vom offiziellen zum inoffiziellen Teil der Feier übergeht: Weit entfernt davon, mit seinen Untergebenen feiern zu wollen, zieht sich CRAP mit seiner Kamarilla zurück, nachdem er einen symbolischen Schluck Bier zu sich genommen hat.

Entgegen der während des Festakts vorgeführten filmischen Darstellung einer traditionellen wirtschaftlichen Blüte steht das Unternehmen zum Zeitpunkt der Handlung vor grossen Problemen: Ein dauerhafter Friede droht auszubrechen, was für die Rüstungsindustrie - und damit für CRAP - den Zusammenbruch bedeuten würde. Die rechtzeitige Umstellung der Produktion in seinen Fabriken lehnt CRAP jedoch ab, denn der Krieg nimmt in seiner Weltanschauung einen notwendigen Platz ein, und so beschliesst er, einen neuen Krieg heraufzubeschwören, der alle Übel, von denen die Menschheit seiner Meinung nach bedroht wird, heilen soll.

CRAP begibt sich in ein Land der "Dritten Welt", in dem die Arbeiter einen Generalstreik vorbereiten und mit der Hilfe einer Gruppe von Untergrundkämpfern die Regierung stürzen wollen. Eben dieser schlecht ausgerüsteten Kampfgruppe spielt CRAP Waffen und Munition in die Hände. Gleichzeitig warnt er jedoch die Regierung vor den bevorstehenden Auseinandersetzungen und erhält auf diese Weise den Auftrag, die Armee umgehend mit Kriegsmaterial auszurüsten. Zugleich sichert er sich durch langfristige Lieferungsvereinbarungen Aufträge auf Jahre hinaus.

Die von CRAP aus reinem Profitinteresse provozierten Unruhen führen zu einem Bürgerkrieg, der in dem Augenblick zur Bedrohung für den Weltfrieden wird, als eine Grossmacht ihre Auslandsinteressen gefährdet sieht. So tritt das ein, was CRAP hervorzurufen bemüht war: ein neuer Weltkrieg bricht aus, und der Fortbestand der Rüstungsindustrie ist gesichert.

Allein der Ideologie des Profits verpflichtet, verkauft CRAP seine Vernichtungsmaschinerien an jeden Interessenten, ohne sich darum zu kümmern, welcher der kriegführenden Seiten er angehört. Vielleicht werden er und seine engsten Mitarbeiter auch aus diesem Grund nach Ende des Krieges von einem internationalen Gericht als Kriegsverbrecher zum Tode verurteilt; aber mit Sicherheit erfüllt dieses Urteil eine Alibi-Funktion: die ehemals kriegführenden Parteien sollen von jeder Mitschuld am Ausbruch des Krieges reingewaschen werden. Während nämlich Stimmen laut werden, es genüge nicht, den Kopf des Unternehmens unschädlich zu machen, man müsse auch die vernichtungbringenden Produktionsstätten zerstören, ziehen es die Richter vor, die Fabriken des Rüstungsimperiums untereinander zu verteilen. Der Verdacht liegt nahe, dass sie in eigener Regie das fortführen wollen, wofür sie CRAP und seine Mitarbeiter zum Tode verurteilt haben. Denn als die bis dahin maskierten Richter ihre Identität preisgeben, erkennt man, dass sich das Gericht aus CRAPS früheren Kunden zusammensetzt.

In einem Epilog drückt der Autor diesen Verdacht ganz unmissverständlich aus: "Los criminales de la última guerra han sido juzgados [...] Pero los jueces de ahora se preparan para ser los criminales de la próxima guerra" (S.81). Deshalb lässt er die Richter als Kriegsverbrecher von morgen in einem Akt poetischer Gerechtigkeit durch plötzlich auf die Bühne strömende Gruppen von Arbeitern, Studenten, Kriegsopfern und Flüchtlingen lynchen.

Diese letzte Szene bildet eine inhaltliche Einheit mit zwei weiteren kurzen Szenen des Stückes, in denen die Bürgerkriegsflüchtlinge von ihren Leiden berichten ("Coro de exilados", S.63f.) bzw. pantomimisch und durch Projektionen das Elend der Kriegsopfer dargestellt wird ("Coro de las víctimas de la guerra", S.76). Über die Bürgerkriegsflüchtlinge findet dabei eine Verallgemeinerung der Aussage statt, auf ihren Rücken zeigen sie die Namen verschiedenster Krisengebiete, von Ungarn über Korea und Vietnam bis zur Tschechoslowakei. In allen drei Szenen klingt eine pazifistische Absicht des Autors an und damit verbunden die Forderung nach Frieden.

Diese Forderung steht in "Crap" jedoch weitgehend leer und isoliert und tritt nicht - wie z.B. in "Matadero solemne" - in den Vordergrund, denn die genannten drei Szenen befinden sich ausserhalb des eigentlichen Handlungsablaufs. In keinem Augenblick wird durch Krieg verursachtes menschliches Leiden in den Verlauf der Handlung integriert, kann nicht integriert werden, weil die Handelnden nicht Wesen mit menschlichen Regungen sind, sondern lediglich Figuren, die Funktionen erfüllen. Die Handelnden **funktionieren: CRAP** etwa im Hinblick auf sein Unternehmen und dessen Profit, Präsident LINDON im Hinblick auf die ökonomischen Interessen seines Landes. Die Kriegsopfer schliesslich sind Funktionen des Krieges. Sie sind kaum mehr als Requisiten, was einerseits beabsichtigt sein mag, denn für CRAP sind sie in der Tat Requisiten, denen er keinerlei Bedeutung beimisst. Andererseits aber ist es unmöglich, menschliches Leid an Hand von Requisiten mitzuteilen, und eben deshalb muss das pazifistische Anliegen des Autors an Wirkung einbüssen.

Wie in allen seinen Stücken knüpft López Mozo auch in "Crap" ein komplexes Netz von Anspielungen, die sich hier allerdings weniger als sonst auf die spanische Realität des Franquismus, sondern auf einen allgemeineren Gegenstand beziehen: den Krieg. In diesem Kontext ist schon der Name des Protagonisten durchaus mit Bedacht gewählt: ALFREDO CRAP findet mit Sicherheit sein Vorbild in Alfred Krupp (1907-1967), und die Geschichte der CRAP-Dynastie dürfte der Geschichte des Krupp-Imperiums nachempfunden sein.[129] Abgesehen von einigen Abweichungen, die einzelne Jahreszahlen betreffen[130], wird diese Annahme durch eine Reihe von Parallelen zwischen realer und fiktiver Familiengeschichte bestätigt: CRAP wie Krupp sind beide vor allem durch Rüstungsgeschäfte zu ihrem Reichtum gekommen; der Firmengründer Friedrich Krupp (1787-1826) und CRAP I. wurden Ende des 18. Jahrhunderts geboren (S.11). Wie ALFREDO CRAP, der hier aufgrund seiner Verbrechen gegen Frieden und Menschheit vôn einem internationalen Gerichtshof zum Tode verurteilt wird, wurde Alfred Krupp nach dem Zweiten Weltkrieg von den Alliierten der Unterstützung Hitlers und der Mitschuld am Kriegsausbruch angeklagt. Zwar sprach man ihn von der Anklage, den Ausbruch des Krieges mitverantworten zu müssen, frei, verurteilte ihn jedoch zu einer zwölfjährigen Freiheitsstrafe. Nachdem er 1951 vorzeitig entlassen worden war, übernahm er wieder die Leitung seines von den Alliierten nicht beschlagnahmten Unternehmens. Wie im Stück blieben auch in der Realität die Produktionsstätten erhalten; während man jedoch hier den Eindruck

---

[129] Einen entsprechenden Hinweis gibt G.E. Wellwarth, a.a.O., S.76.- A. Miralles zitiert den Titel des Stückes als "Krapp, fábrica de municiones" (Nuevo Teatro Español, S.52). Möglicherweise hat der Autor ein ursprüngliches "Krapp" aus Zensurgründen in "Crap" umgewandelt.

[130] Alfred Krupp (geb.1812), Sohn des Firmengründers Friedrich (1787-1826), starb im Jahre 1887 und nicht - wie CRAP II. - 1871. Ebensowenig führte Gustav von Bohlen und Halbach, der nach seiner Eheschliessung mit Berta Krupp (1906) zur Weiterführung der Dynastie deren Nachnamen annahm und dessen Sohn Alfred den Konzern im Zweiten Weltkrieg leitete, das Unternehmen über die Jahrhundertwende in das 20. Jahrhundert, wie es für CRAP IV., den Vater unseres Protagonisten zutrifft (S.16), sondern übernahm die Firmenleitung erst 1906. (Nach: Stichwort "Krupp" in: Espasa-Calpe S.A. [Hg.], Diccionario Enciclopédico Abreviado, Madrid [7]1975. S. auch: Der grosse Brockhaus, Wiesbaden [16]1955.)

gewinnt, dass die ehemaligen CRAP-Betriebe auch weiterhin der Herstellung von Waffen und Munition dienen sollen, erklärte Alfred Krupp 1956, er wolle kein Kriegsmaterial mehr produzieren.

López Mozo erkennt in seinem Stück den entscheidenden Einfluss, den Industrie und Wirtschaft auf die Politik ausüben. Einen Arbeiter lässt er seinen Dienstherren - nicht ohne Stolz - folgendermassen charakterisieren: "El señor Crap es más importante que el Presidente de la Nación y un gesto suyo puede provocar la caída del Gobierno" (S.7). Während der Unruhen in jenem Land der "Dritten Welt", in dem CRAP den Ursprung eines neuen Weltkriegs entfacht, zeigt sich, dass der dortige Präsident lediglich eine Marionette der wirtschaftlichen Interessengruppen ist (S.50ff.). Und auch das Eingreifen der Grossmacht unter Präsident LINDON - zweifellos eine Anspielung auf die USA unter Lyndon B. Johnson (Präsident von 1963-1969) - in den Konflikt lässt sich nicht zuletzt auf den durch Wirtschaftsminister ROBERT überbrachten Protest der nationalen Rüstungsindustrie zurückführen, die durch die Zurückhaltung der politischen Führung ihre Profite geschmälert sieht (S.67).

Entsprechend dieser Auffassung der Beziehungen zwischen Politik und Wirtschaft behandelt der Autor das Thema Krieg vorwiegend unter dem wirtschaftlichen Aspekt. Für CRAP ist eine gesunde Wirtschaft ohne Krieg nicht denkbar; er betrachtet den Krieg gewissermassen als Wirtschaftskatalysator (S.21f.). Seiner Meinung nach würde ein längerer Frieden zur Anhäufung von Produktionsüberschüssen führen, und damit stiesse das Wirtschaftswachstum an seine Grenzen. Nur ein Krieg könne dem Abhilfe schaffen. Zur weiteren Rechtfertigung seiner den Krieg befürwortenden Haltung dient CRAP auch der Mythos von der fortschrittweisenden Wirkung des Krieges: "La Humanidad ha dado sus grandes pasos después de cada guerra" (S.22), gibt er zu bedenken, und überhaupt sei

Friede schädlich für Mensch und Gesellschaft: "La tranquilidad alimenta tumores malignos que hay que estirpar" (S.23). Dass für ihn zu diesen bösartigen Geschwüren auch der Pazifismus zählt, steht dabei ausser Frage; denn CRAP geht es beileibe nicht um den Fortschritt der Menschheit, und auch ihr wirtschaftliches Wohlergehen liegt ihm nur so weit am Herzen, wie er selbst davon profitieren kann. Als er feststellt: "Renunciar a la guerra es una forma de suicidio para la humanidad ... y para nosotros" (S.21), und als er in der Vorfreude über den noch anzuzettelnden Krieg frohlockt: "El polvorín volará para bien de la Humanidad y de la casa Crap" (S.28), lässt er daran keinen Zweifel. Auch die zynische Einbeziehung der Menschheit in den Kreis der Nutzniesser eines Krieges kann darüber nicht hinwegtäuschen.

Aber nicht nur CRAP betrachtet den Krieg als notwendig für die wirtschaftliche Entwicklung. MAC und ROBERT, Verteidigungs- und Wirtschaftsminister einer Grossmacht, teilen seine Ansicht, und es gelingt ihnen ohne grosse Schwierigkeiten, ihren Präsidenten LINDON von der Richtigkeit ihrer Auffassung zu überzeugen. Unterstützt durch die Klage der Rüstungsindustrie entwerfen die beiden das düstere Panorama eines dauerhaften Friedens, der durch Massenentlassungen gekennzeichnet wäre. Allein Aufrüstung und Krieg könnten die Nation davor bewahren (S.70):

> MAC.- Nuestra misión está clara:
> Hay que levantar la moral
> de nuestro poderoso Ejército,
> salvar la economía
> que empieza a resquebrajar
> y recuperar el prestigio
> y la hegemonía mundial.

Hier klingt ein Aspekt des Krieges an, der sich auf den ersten Blick von den bisher nachgezeichneten, wirtschaftlichen Beweggründen zu unterscheiden scheint: die Machtpolitik. Es geht um die Verteidigung der Vormachtstellung in der Welt, wenn man die militärische Unterstützung der Verbündeten und das eigene militärische Eingreifen erwägt, um die Sicherheit der Staatsangehörigen und nationalen Besitzungen im Ausland zu gewährleisten (S.68). Es geht um die Expansion des eigenen Einflussgebiets, wenn man sich aufgrund der eigenen Überlegenheit ausrechnet: "Luchemos y, cuando los demás caigan agotados, impongamos nuestra ley" (S.71). Aber die Verteidigung der eigenen Vormachtstellung schliesst vor allem auch die Sicherung der zur Verfügung stehenden Rohstoffquellen ein. ROBERT fragt seinen Präsidenten: "¿Ha pensado en la posibilidad de que las fuentes de materias primas se cierren para nosotros y los suministros vayan a otras potencias?" (S.68) Der Autor macht deutlich, dass Machtpolitik gleichfalls durch wirtschaftliche Interessen gesteuert wird, denen der Krieg auch hier in erster Linie dient. Macht bedeutet letzten Endes wirtschaftliche Macht.

López Mozo klagt in ironisch-satirischer Überspitzung der Geschehnisse eine Haltung an, die wirtschafts- und machtpolitische Interessen über alles stellt und dabei keinerlei Überlegungen der Menschlichkeit zulässt. Unter solchen Bedingungen stellt sich der Mensch nur noch als Komparse eines Systems dar, das auch einen Krieg nicht scheut, wenn es um die Sicherung von Profit und Einfluss, d.h. um die Sicherung wirtschaftlicher Macht, geht. Der Autor bezieht sich jedoch nicht auf einen bestimmten Konflikt, wenn auch einzelne Szenen Assoziationen mit konkreten Kriegsschauplätzen zulassen[131]; er meint vielmehr Krieg im allgemeinen, was die

---

[131] Das Ausbrechen eines Bürgerkriegs in einem Land der "Dritten Welt" könnte als vorsichtige Anspielung auf die spanische "Guerra Civil" interpretiert werden. Die Rechtfertigungsversuche der Mitarbeiter CRAPS während der Gerichtsverhandlung - "Cumplíamos órdenes", "Ignorábamos el alcance de lo que preparaba Crap", "Nunca estuvimos bien informados" (S.79) - erinnern an die Kriegsverbrecher-Prozesse nach dem Zweiten Weltkrieg. Die Namensähnlichkeit des Präsidenten LINDON mit Lyndon B. Johnson könnte eine Anspielung auf den Vietnam-Krieg beinhalten.

Szene "Coro de exilados" (S.63f.) verdeutlichen soll. Denn für die unmittelbar Betroffenen spielt die geographische Lage des Kriegsgebiets nur eine untergeordnete Rolle. Angesichts einer sich weltweit ausdehnenden Situation der Spannung zwischen den Grossmächten und ihren Verbündeten und angesichts atomarer Aufrüstung und der Propagierung der Neutronenbombe erscheint die Kritik López Mozos nur allzu berechtigt.

Obgleich in "Crap, fábrica de municiones" der Themenkomplex Krieg im Vordergrund steht, fehlen auch hier nicht Charakterisierungen und Angaben, die als Hinweise auf Gegebenheiten des Franquismus gedeutet werden können. Zwar räumt der Autor solchen Anspielungen hier nicht dieselbe zentrale Bedeutung ein, die sie in anderen Stücken erhalten, aber ihr Vorhandensein macht deutlich, dass er auch bei einer Themenstellung, die eindeutig den Rahmen des faschistischen Spanien sprengt, nicht auf Regimekritik verzichten wollte.

Schon ALFREDO CRAP vereinigt in seiner Person eine Reihe von Merkmalen, die es erlauben, einen direkten Bezug zur spanischen Realität herzustellen. Sein Verhalten charakterisiert sich durch einen ausgeprägten Paternalismus: Während der Jahresfeier verfolgt er von Anfang an die Absicht, sich seinen Arbeitern und Angestellten gegenüber als Vaterfigur zu produzieren. Aus diesem Grunde beschliesst er den vorgeführten Film mit den Worten (S.17): "Mi destino, el de la casa Crap y el vuestro están unidos. Esta es la empresa de todos antes que la de un solo hombre." Er möchte das Gefühl hervorrufen, alle gehörten einer einzigen, grossen Familie an, die zum gemeinschaftlichen Nutzen arbeitet: ein Mythos, der auch in der realen Arbeitswelt darauf abzielt, dem Arbeitnehmer die Tatsache zu verschleiern, dass er nach wie vor seine Arbeitskraft veräussert und dass diese dem Nutzen eines anderen dient. Dass es CRAP gelingt, seine

Absicht durchzusetzen, zeigt sich in den Lobreden der Arbeiter, die in der Firma CRAP "nuestra segunda madre" sehen (S.8).

Berücksichtigt man nun die von A. Miralles so genannte "obsesión franquista" des neuen spanischen Theaters[132], kann es nicht schwerfallen, in der Charakterisierung CRAPS Parallelen zur Realität des Franquismus zu erkennen. Paternalismus und patriarchalischer Führungsstil waren Konstanten der Franco-Diktatur und des gesamten franquistischen Machtgefüges.[133] Auch erinnert CRAPS Phrase von der gemeinsamen Zukunft der Firmenfamilie an den vielbeschworenen Mythos der politischen Einheit Spaniens[134], die sich in Funktion des patriarchalischen Führungsstils als extremer politischer wie kultureller Zentralismus niederschlug. Schliesslich pflegt CRAP ausgezeichnete Beziehungen gerade zu jenen Kreisen, die auch als die Stützen der Franco-Diktatur galten: zu Wirtschaft, Militär und Kirche (S.16).[135]

In diesem Zusammenhang kommt der Familien-Ideologie besondere Bedeutung zu: Sie spielt sowohl in CRAPS Unternehmen als auch im franquistischen Gesellschaftsbild eine wichtige Rolle. Nach falangistischer Ideologie, die zum grossen Teil in die "Ley de principios del Movimiento Nacional" vom 17.5.1958 einging, zählt die Familie zu den natürlichen Einheiten gesellschaftlichen Lebens.[136] Als kleinste gesellschaftliche Zelle bietet sie aufgrund ihrer traditionell vermittelten Struktur eine ideale Ausgangsbasis, auf welcher das hierarchische System der Dik-

---

132 A. Miralles, a.a.O., S.155ff.

133 S. ebd., S.161.

134 Man betrachte nur die Postulate der Falange, Spanien sei "una unidad de destino en lo universal" oder: "la unidad entre los hombres y las tierras de España es intangible". Zit. b. R. Tamames, a.a.O., S.453.

135 Ebd., S.332.

136 Ebd., S.453f.

tatur und das unterwürfige Verhalten gegenüber der als solche verstandenen Autorität bereits im frühesten Stadium der Kindheit erlernt und verinnerlicht werden können. Der Diktator kann dann als Vater der Nation akzeptiert werden, ohne dass die Notwendigkeit erkannt würde, seine autoritären Entscheidungen und Massnahmen zu hinterfragen.[137]

López Mozos Stück enthält weitere Andeutungen, die auf die Zeit der Franco-Diktatur hinweisen. Die Haltung CRAPS, der seine Vernichtungsmaschinen ohne ideologische Bedenken an jeden Interessenten verkauft, der sie bezahlen kann, muss zwangsläufig an einen Aspekt des nach 1957 und besonders in den sechziger Jahren stetig zunehmenden Einflusses des Opus Dei in Politik und Wirtschaft erinnern. Propagandistisch unterstützt von Parolen und Schlagwörtern wie "despolitización", "el crepúsculo de las ideologías" oder "el porvenir de la tecnocracia"[138], versuchte das Opus Dei, mit Hilfe angeblich ideologiefreier Technokratie den Widerspruch zwischen der relativen wirtschaftlichen Freiheit eines sich etablierenden Kapitalismus und der weiterhin bestehenden politischen Repression und Unfreiheit zu überbrücken. Man wollte die Förderung des wirtschaftlichen Entwicklungsprozesses mit der Erhaltung des politischen Systems verbinden. José Monleón bemerkt hierzu richtig[139]:

> El recurso a la tecnocracia quiso ser la solución aparentemente apolítica que asegurase la dirección eficaz del proceso económico sin mentar unos principios, legalmente vigentes, pero cada vez más ajenos a las nuevas realidades.

---

[137] Vgl. Carlos Moya, Familia e ideología política, in: Las ideologías en la España de hoy (coloquio), S.89f.

[138] Manuel Tuñón de Lara, El pensamiento español desde 1940, in: ders., Estudios de historia contemporánea, Barcelona 1977, S.262.

[139] J. Monleón, Presente y futuro del teatro español, S.251.

Jordi Mones geht mit der Technokratie noch schärfer ins Gericht, wenn er ihr vorwirft, sie unterbewerte oder ignoriere alles das, was nicht direkt mit dem Produktionsprozess in Zusammenhang stehe.[140] Diesen Vorwurf kann man auch CRAP machen, der bei seinen Geschäften die ideologischen Belange den wirtschaftlichen bedingungslos unterordnet. Für eine solche Höherbewertung der wirtschaftlichen Interessen gegenüber den ideellen Wertmassstäben steht im franquistischen Spanien die widersprüchliche Haltung gegenüber dem Ostblock: Während man Sozialismus und Kommunismus einerseits als Erzfeinde der westlichen Welt und des Christentums verteufelte,als dessen letzte grosse Bastion in Europa sich Spanien immerhin verstand, scheute man sich andererseits nicht, Handelsbeziehungen mit sozialistisch und kommunistisch regierten Staaten aufzunehmen und auszubauen, wofür wiederum vor allem Opus Dei-Politiker verantwortlich zeichneten.[141]

Sicher liessen sich in diesem Stück noch andere Anspielungen auf die Realität des Franquismus finden, aber die angeführten Beispiele belegen bereits zur Genüge, dass es dem Autor hier hervorragend gelungen ist, die Kritik an den sozialen und politischen Bedingungen in Spanien mit einer allgemeingültigen Problematik zu verbinden. Auch wenn der Handlungsverlauf bisweilen etwas zu glatt und eingleisig erscheinen mag, weil der Autor keinen glaubhaften Gegenpol zu CRAP in die eigentliche Handlung miteinbezogen hat, behält die Gesamtaussage des Stückes doch ihre Gültigkeit. Der Autor hat es verstanden, diese Aussage mit satirischen Mitteln eindrucksvoll zu gestalten.

---

[140] J. Mones i Pujol-Busquets, Pedagogía, in: La cultura bajo el franquismo, S.230.

[141] S.: R. Tamames, a.a.O., S.533f.

5.2.3.3. "El retorno" (1968/69) - Die Situation des intellektuellen Regimegegners in der Diktatur

López Mozos 1968 verfasstes und 1969 nochmals überarbeitetes Stück "El retorno"[142] wurde von der Zensur trotz seines kritischen Inhalts - vermutlich aufgrund eines Versehens[143] - für Kammertheater freigegeben und 1969/70 durch das "Teatro Universitario de Madrid" mit Erfolg bei Kritik und Publikum in Ibiza, Valencia, Sevilla und Madrid aufgeführt.[144] Stilistisch ist dieses Stück stark durch Elemente des absurden Theaters und durch die Richtung der "farsa" beeinflusst. Mit einem Minimum an Handlung wird eine absurd anmutende Situation dargestellt, an welcher die Hauptperson zerbricht. Eine Folge von kurzen, nahtlos ineinander übergehenden Spielszenen beschreibt den Leidensweg PIPOS von anfänglichem Nonkonformismus bis zur Anpassung an das Bestehende, zu der er sich durch die beiden anderen Personen des Stükkes, BRUNO und MOSCA, getrieben sieht, die im Laufe der Handlung in verschiedenen Rollen erscheinen und damit das gesellschaftliche Umfeld repräsentieren, in dem sich PIPO bewegt.

PIPO ist nicht in der Lage, seine Bestürzung über weltweit herrschende Unmenschlichkeit und Ungerechtigkeit zu unterdrücken; immer wieder kehren seine Gedanken zurück zu Beispielen der Menschenverachtung wie dem Abwurf der Atombombe über Hiroshima, dem Krieg in Vietnam, Rassendiskriminierung oder den Konzentrationslagern des

---

[142] J. López Mozo, El retorno, unveröfftl. Ms. 1968/69. Seitenangaben im Text beziehen sich auf das Ms.

[143] Dieselbe Ansicht vertritt G.E. Wellwarth, Spanish Underground Drama, S.72f.

[144] S. u.a.: E.L. Chavarrí, IV Festival de Teatro Universitario, in: Las Provincias (Valencia) v. 23.4.1970.- Arjona, El Teatro Universitario de Madrid, en el Lope de Vega, in: ABC (Sevilla) v. 12.5.1970.

Dritten Reichs. Sein Leben in einer Gesellschaft, die solchen Problemen mit Gleichgültigkeit begegnet, empfindet er als sinnlos, denn seine sensible Besorgnis kommt nicht an gegen die Oberflächlichkeit seiner Mitmenschen, deren soziales Bewusstsein sich in Unterhaltungen über belanglose Alltäglichkeiten erschöpft. Deshalb möchte er zum Ausgangspunkt seiner gesellschaftlichen Entwicklung zurückkehren - daher auch der Titel des Stückes - und einen anderen, besseren Weg einschlagen, um sich nicht mehr durch Gleichgültigkeit und Skrupellosigkeit mitschuldig zu machen an dem Leiden anderer. Bei seinen Bekannten findet er jedoch wenig Verständnis für seine Absicht, und als er fordert: "hay que denunciar los crímenes de la humanidad, porque son los crímenes de todos. No podemos quedar indiferentes ante la violencia, no podemos cerrar los ojos cuando vemos la inmoralidad" (S.6), wird er als Demagoge und Heuchler beschimpft.

BRUNO und MOSCA versuchen vergeblich, PIPO davon zu überzeugen, dass die Welt gut sei; während sie von ihrem Leben in einer perversen Gesellschaft schwärmen, die nur für den Augenblick lebt, in der das persönliche Nachdenken durch vorgefertigte Phrasen und Meinungen überflüssig wird und deren höchstes Ideal der totale Konsum ist, versucht PIPO, sich das Leben zu nehmen. Nach seiner Entlassung aus einem Sanatorium hat er sich verändert: "Duermo mucho. No leo nada. Pienso poco. Me río de todo", sagt er über sich selbst, aber auch: "Lloro solo. Trago la comida sin masticar. Estoy embrutecido." (S.20) Er ist froh, wieder bei seinen Freunden zu sein, und fühlt sich nicht mehr isoliert und allein gelassen. Für dieses Gefühl der Geborgenheit scheint er bereit, den Preis der Verrohung seiner Persönlichkeit zu zahlen. BRUNO und MOSCA halten seine vermeintliche Krankheit für geheilt (S.21):

BRUNO.- Pipo ha salido del manicomio completamente sano.
MOSCA.- Es capaz de reirse de los cojos y los mancos, de los ciegos y de los paralíticos ...
BRUNO.- Admite el soborno, justifica la corrupción, emplea la mentira y elimina a quien le entorpece.

PIPO ist wieder normal gemessen an den Massstäben einer kranken Gesellschaft, deren Krankheit er sich angepasst hat.

Vor die Wahl gestellt, entweder bei seinen Freunden zu bleiben und sich damit in das System zu integrieren oder als Ausgestossener zu versuchen, seine Ideale zu verwirklichen, entscheidet sich PIPO für die Gesellschaft, denn er glaubt, ohne die gewohnten sozialen Kontakte nicht leben zu können (S.23). Der durch das System aufgezwungene Teufelskreis wird so erkennbar: Zwar verzweifelt PIPO an den Widersprüchen zwischen seinem Anliegen und der gesellschaftlichen Realität, aber er fühlt sich ausserstande, isoliert und allein zu leben. Indem er sich jedoch dem gesellschaftlichen Verhalten anpasst, muss der Widerspruch zwischen seinen Idealvorstellungen und der von ihm gelebten Realität immer grösser werden - und damit auch seine Verzweiflung.

Um einen Ausgleich zu schaffen, versucht PIPO, eine gemeinsame Basis für seine gesellschaftliche Existenz und die gleichzeitige Verwirklichung seiner Ideale aufzubauen. Als Reiseveranstalter bietet er Urlaubs- und Besichtigungsfahrten zu Schauplätzen der Ungerechtigkeit und menschlichen Elends an, um der Menschlichkeit durch die Erinnerung an Greuel der Vergangenheit und Gegenwart und durch die daraus erhoffte Abschreckung einen Dienst zu erweisen. Aber seine Argumentation der Selbstrechtfertigung kann nicht darüber hinwegtäuschen, dass er der Versuchung des Selbstbetrugs erlegen ist. Die kommerzielle Nutzung der Darstellung von Grausamkeit und Not kann in einer konsumorientierten und denkunwilligen Gesellschaft kaum geschichtlicher Aufklärung und Bewusstseinsbildung dienen, sondern missbraucht

Greuel und Elend eher als abwechslungsreiche Unterhaltung für eine gelangweilte und sensationshungrige Bourgeoisie. PIPOS Haltung wird als Opportunismus entlarvt; er hat seine Ideale verraten, sein Interesse gilt nur noch dem persönlichen Wohlergehen.

Hinter der pessimistischen Grundtendenz dieses Stückes zeichnet sich dasselbe Dilemma des nicht systemkonformen Individuums ab, welches López Mozo schon in "La renuncia" anklingen liess: Stellt sich der einzelne gegen das System, so verhindert dieses durch seinen Ausstoss aus der Gesellschaft oder andere Repressionsmechanismen die Verwirklichung der individuellen Vorstellungen; passt sich der einzelne dem System an, nimmt er sich weitgehend selbst die Möglichkeit, seine Ideale zu verwirklichen. PIPO muss sich in einer Situation, in der oppositionelles Verhalten gegen das Bestehende mit Repression beantwortet wird, arrangieren. So ist das eigentliche Thema von "El retorno" weniger das Leben PIPOS, als vielmehr die Situation, in der er leben muss. Sind es in anderen Stücken des Autors einzelne Anspielungen und Parallelen, welche auf die realen spanischen Gegebenheiten verweisen, so ist es hier die gesamte durch Protest und Repression bestimmte Situation, die es erlaubt, einen Bezug zur spanischen Wirklichkeit herzustellen; denn die spanische Gesellschaft war zur Zeit des Franquismus in höchstem Masse ein Feld der Spannung zwischen Unterdrückung und Widerstand.

Schon die Machtergreifung des franquistischen Regimes hatte einen Sieg der massiven Repression über den republikanischen Widerstand dargestellt, die Konsolidierung des Systems stützte sich auf die radikale Unterdrückung der bürgerlichen Freiheiten. Film- und Pressezensur, Versammlungsverbot und das Verbot der politischen Vereinigung sind nur wenige aus einem langen Katalog von Repressionsmechanismen, deren Aufgabe es war, den Widerstand gegen das Regime im Keim zu ersticken. Trotzdem drückte sich die Unzufriedenheit der Bevölkerung in öffentlichen Aktionen aus: Seit 1951 versuchten die Arbeiter immer wieder, ihren Forderungen durch - verbotene - Streiks Nachdruck zu verleihen[145], und die Universitäten wurden seit den Studentenunruhen im Januar/Februar 1956 allmählich zu Zentren anti-franquistischer Gesinnung. Eine Umfrage unter den Madrider Universitätsstudenten ergab bereits im Dezember 1955, dass 90 % von ihnen den "Movimiento Nacional" ablehnten.[146] Eine entsprechende, über den universitären Bereich hinausgehende Befragung, die im Rahmen der Vorbereitung des "Informe FOESSA 1970" durchgeführt wurde[147], konnte die früheren Daten in etwa für die Gesamtbevölkerung bestätigen: 47 % aller Befragten bevorzugten als Staatsform die Republik, und nur 16 % sprachen sich für den Status quo aus; berücksichtigt man nur die Altersgruppe bis 35 Jahre, so steigt der Anteil der pro-republikanischen Stimmen sogar auf 59 %, während der pro-franquistische Anteil auf 9 % sinkt.[148]

Wie die Statistik vermuten lässt, waren Arbeiterstreiks und Studentenunruhen nur aufsehenerregende Ausformungen einer in grossen Bevölkerungsteilen latenten Haltung, die mit der Bildung eines anti-faschistischen Bewusstseins auch in der intellektuellen Entwicklung ihre Parallele fanden.[149] Notgedrungen - aufgrund der gegesetzlichen Einschränkungen - stellte sich der intellektuelle Widerstand zunächst als Tasten und Probieren innerhalb gegebener Grenzen dar; man musste herausfinden,

---

[145] Vgl. R. Tamames, a.a.O., S.358.

[146] Ebd., S.473f. u. S.557.

[147] Zit. ebd., S.362.

[148] Die restlichen Prozentanteile verteilen sich auf die Rubriken: Regentschaft, bourbonische, karlistische oder beliebige andere Monarchie.

[149] Vgl. zum Folgenden: M. Tuñón de Lara, El pensamiento español desde 1940, S.251ff.

wie weit man gehen durfte, ohne den Argwohn der Zensurbehörde zu erwecken. Cirici führt das Beispiel der Cartoonisten Escobar und Peñarroya an, die seit 1945 in ihren Bildgeschichten versteckt systemkritische Inhalte vermitteln konnten, bis diese 1957 von der Zensur erkannt und für die Zukunft entschärft wurden.[150] Auch die auf das Theater bezogene "posibilismo-imposibilismo"-Debatte, die in der Hauptsache zwischen Buero Vallejo und Sastre ausgetragen wurde[151], spiegelte das Bemühen wider, den noch bestehenden, minimalen Freiraum für Systemkritik voll auszunutzen. In der Position Sastres, der jegliche Rücksichtnahme auf die Einschränkungen des Regimes ablehnte, wurde allerdings schon der wachsende Unwille deutlich, sich mit den noch zugestandenen Freiräumen abzufinden, welcher den Widerstand gegen den Franquismus im Laufe der nächsten Jahre härtere Positionen einnehmen lassen sollte.

Zwei wichtige Strömungen in jener Zeit der zunehmenden Kritik gegen das Regime waren "un cristianismo que rompe los lazos con el Poder y con las clases dominantes", der u.a. von progressiven Professoren wie José Luis Aranguren verfochten wurde, und das Wiederaufleben des Marxismus, der sich - trotz jahrelanger Verfolgung - aufgrund von Kontakten zu Intellektuellen-Kreisen im Ausland erneuert hatte.[152] Der in der intellektuellen Entwicklung stetig zunehmende Einfluss von Liberalen, Neokantianern, progressiven Katholiken, Existentialisten, Marxisten usw., denen die Ablehnung der Diktatur gemeinsames Anliegen war, führte zur immer stärkeren Forderung nach politischer und - nicht zuletzt - auch kultureller Freiheit. Den Kontakt zur Öffentlichkeit stellten diese

---

[150] A. Cirici, La estética del franquismo, S.170f.

[151] S. die entsprechenden Beiträge in: PA 14, 15 u. 16 (1960)

[152] M. Tuñón de Lara, a.a.O., S.257f.

Gruppierungen vor allem über Zeitschriften wie "Cuadernos para el Diálogo" her, die seit 1963 unter der Leitung von Ruiz Giménez, dem ehemaligen Erziehungsminister, erschienen.

Das Regime stand solchen Entwicklungen, die an den Grundfesten des gesamten Systems rüttelten, nicht tatenlos gegenüber. Demonstrationen wurden mit Verhaftungen beantwortet, und zweimal, 1956 und 1969, wurde aufgrund von Studentenunruhen der Ausnahmezustand ausgerufen. Die vermeintlichen Verantwortlichen enthob man ihrer Ämter: 1956 musste der Erziehungsminister Ruiz Giménez zurücktreten[153], und als in den sechziger Jahren klar wurde, dass der Einfluss des Regimes an den Universitäten weiterhin abgenommen hatte, entliess man progressive Professoren wie Aranguren und Tierno Galván aus dem Universitätsdienst.[154]

Neben den zahlreichen Repressionsmassnahmen versuchte das Regime gleichzeitig, sein Image aufzubessern. Die Volksabstimmung über die "Ley Orgánica del Estado" am 14. Dezember 1966[155] sollte den Eindruck erwecken, das Regime handle mit der Zustimmung des Volkes, und die Verabschiedung der "Ley de Prensa e Imprenta" Fraga Iribarnes Anfang 1966 stellte das Ende einer bis dahin nie ausser Kraft getretenen Notstandsgesetzgebung aus der Zeit des Bürgerkriegs dar und liess auf eine Entschärfung der Zensur hoffen.[156] Die sogenannte "apertura" konnte aber genausowenig wie die angeblich ideologiefreie Technokratie des Opus Dei ihre Absicht verbergen, das System durch eine Reihe äusserlicher Reformen vor dem Zusammenbruch zu bewahren, ohne dabei seine Grund-

---

153 R. Tamames, a.a.O., S.474.

154 M. Tuñón de Lara, a.a.O., S.260f.

155 Vgl. R. Tamames, a.a.O., S.454ff.

156 G. Cisquella u.a., Diez años de represión cultural, S.14.

lagen anzutasten.[157] Systemstützende Ideologie wurde über die Opus Dei-Zeitschrift "Nuestro Tiempo", über "Atlántida" und andere periodische Veröffentlichungen verbreitet[158], die unter ungleich besseren Voraussetzungen arbeiten konnten als Ruiz Giménez' "Cuadernos para el Diálogo".

In dem hier umrissenen Spannungsfeld zwischen Repression und Widerstand befand sich auch der spanische Dramatiker. In einem ähnlichen Dilemma wie PIPO, musste er wählen zwischen dem Protest gegen den Franquismus und dem Wunsch, seine Stücke durch das Theaterpublikum anerkannt zu sehen, oder einen gangbaren Mittelweg finden. Die Anpassung an die gegebenen Umstände und damit die Produktion eines weitgehend kritiklosen Unterhaltungstheaters, wie es die Spielpläne im franquistischen Spanien weitgehend füllte[159], war fast unabdingbare Voraussetzung für die Anerkennung des Publikums, welche wiederum Voraussetzung für den finanziellen Erfolg ist; eine solche Haltung stand jedoch im krassen Gegensatz zu einem der Hauptanliegen der Dramatiker sowohl der "Generación Realista" als auch des "Nuevo Teatro Español": die als solche empfundene Notwendigkeit, den Protest gegen die Unterdrückung durch den Faschismus mitzuteilen.

Die Erfahrung lehrte andererseits, dass kompromissloser Protest nahezu unweigerlich ein Zensurverbot nach sich zog, also die mögliche Anerkennung durch das Publikum als Folge der Aufführung von vornherein ausschloss. Fast alle Dramatiker der "Generación Realista" und des neuen spanischen Theaters waren von diesen Verboten be-

---

[157] Vgl. ebd., S.20.- J. Monleón, Presente y futuro del teatro español, S.251.

[158] M. Tuñón de Lara, a.a.O., S.262f.

[159] Zur näheren Information s.: Francisco Alvaro, El espectador y la crítica (= Jährliche Zusammenfassg. der Theaterspielpläne und -kritiken seit 1958), Valladolid 1959-1970, Madrid seit 1971.

troffen, ihre Stücke blieben in den Schubladen liegen - teils von der Zensur verboten, teils ihr nicht einmal vorgelegt. Das bekannteste Beispiel dürfte der Fall Alfonso Sastres sein, der durch die Zensur praktisch völlig mundtot gemacht wurde.

Viele versuchten deshalb, einen Mittelweg zwischen Opposition und Anpassung zu beschreiten. Der direkt gegen das franquistische Regime gerichtete Protest musste zu diesem Zweck auf irgendeine Weise entschärft werden. Man ging dazu über, die auf den Franquismus bezogene Aussage zur Anklage der Unterdrückung schlechthin zu verallgemeinern, verlegte die Handlung aus der Gegenwart in die historische Vergangenheit oder verschlüsselte den Gegenwartsbezug der Aussage mit anderen Mitteln. Die verschiedenen Formen der Selbstzensur dienten immer demselben Ziel, sich - zumindest äusserlich - so weit den Zensurauflagen anzupassen, wie man es für notwendig hielt, um ein Zensurverbot umgehen zu können.

Dieser Mittelweg barg aber eine Reihe von Gefahren für den Dramatiker, und es wundert nicht, dass auf diesem Wege von vielen eigentlich nur einer den angestrebten Erfolg erlangt hat, ohne seine Haltung grundsätzlich zu ändern. Wenngleich auch Antonio Buero Vallejo, der nach dem Bürgerkrieg aufgrund seiner anti-faschistischen Einstellung lange inhaftiert war[160], auf Schwierigkeiten mit der Zensur zurückblicken kann[161] und im Zusammenhang mit der Aufführung seines Stückes "La doble historia del doctor Valmy" sogar Morddrohungen erhielt[162], dürfte er

---

160 S.: C. Blanco Aguinaga u.a., Historia social de la literatura española, Bd.3, S.211.

161 Vgl. P.W. O'Connor, Censorship in the Contemporary Spanish Theater and Antonio Buero Vallejo, in: Hispania, Vol.LII, Nr. 2 (Mai 1969).

162 A. Buero Vallejo, La doble historia del doctor Valmy-Mito, Madrid 1976.- Von Morddrohungen berichtet Buero in einem Schreiben vom 14.10.1976 an Martin Franzbach.

doch der einzige Dramatiker sein, der zu Zeiten des Franquismus von seinem Theaterschaffen leben konnte, ohne auf Protest und Anklage in seinen Stücken zu verzichten. Anderen gelangen ihre Werke durch die angewandten Verschlüsselungstechniken zu unverständlich - das trifft besonders für einige Vertreter des "Nuevo Teatro Español" zu -, oder ihre versteckte Absicht wurde von den Zensoren durchschaut und die Aufführung der Stücke verboten. Machte der Autor nun um des Erfolges willen weitere Zugeständnisse an die Zensur, so lief er Gefahr, nach und nach seine kritische Haltung vollständig einzubüssen. Ein extremes Beispiel dafür, wohin der Versuch des Balancierens zwischen Protest und Anpassung führen kann, ist Alfonso Paso (1926-1978).[163]

Paso, der 1945 noch zusammen mit Sastre und anderen aus Protest gegen das Theater-Establishment die Gruppe "Arte Nuevo" gegründet hatte, gewann bald den Eindruck, dass die Effektivität eines massiven Protests von aussen durch Zensurverbote weitgehend eingeschränkt würde. Deshalb suchte er im Laufe der fünfziger Jahre einen Mittelweg zwischen offenem Protest und Anpassung an die Wünsche eines konservativen Publikums und damit auch an die Normen der Zensur, um von innen heraus durch allmähliche Steigerung der Kritik verändernd wirken zu können. Sastre legte 1960 die Positionen Pasos dar[164]:

> Primero: la vida del teatro español se rige por un pacto de intereses establecidos. Segundo: sólo suscribiendo este pacto es posible la acción profesional, en la que reside toda eficacia. Tercero: el

---

[163] S. zum Folgenden: F. Ruiz Ramón, Historia, S.422-429.- J. Monleón, Alfonso Paso o la teoría del pacto, in: ders., Treinta años de teatro de la derecha, S.126-130.- Interview mit A. Paso, in: A.C. Isasi Angulo, Diálogos del Teatro Español, S.153-181.

[164] A. Sastre, Teatro imposible y pacto social, in: PA 14 (1960); zit. bei: J. Monleón, a.a.O., S.129.

rechazo del pacto conduce irremediablemente a la inoperancia social, a la esterilidad. Cuarto: una vez suscrito tal pacto, es posible la traición a sus cláusulas y, en suma, la acción progresiva.

Gleichzeitig stellte Sastre jedoch die Schlussfolgerung Pasos in Frage, es sei möglich, den Pakt von innen heraus zu verraten. Denn es war Paso zwar schnell gelungen, die Gunst des Publikums zu gewinnen - bis 1960 führte er nahezu dreissig eigene Stücke auf -, aber je grösser sein Erfolg wurde, um so grösser mussten auch die Zweifel an der Effektivität des von ihm eingeschlagenen Weges werden. Ruiz Ramón beschreibt die Gefahr, der sich Paso bei seinen Kompromissversuchen aussetzte[165]:

> El peligro de tal pacto está, naturalmente, en que en lugar de transformar el autor a su público, sea el público el que transforme al autor e, incluso, lo devore, no dejando en él resto alguno o, en el mejor de los casos, un resto muy exiguo e ineficaz de aquel revolucionario que empezó haciendo algunas concesiones y acaba concediendo todo.

Das Eintreten dieser Entwicklung für Paso stellte Monleón 1966 fest[166], womit er Sastres schon früher geäusserten Bedenken recht gab. In seiner Würdigung des Autors und seines dramatischen Werks schreibt Ruiz Ramón schliesslich[167]:

> Alfonso Paso ha sido dentro del teatro español cómico de la penúltima hora el más extraordinariamente dotado para escribir teatro. Resulta por ello doloroso [...] que haya elegido, en contra de su propio talento, hacer un teatro de limitadas significaciones, de contenido poco importante y de nivel elemental, renunciando a transformar revolucionariamente desde dentro el teatro público español actual. Su "pacto" fue una dimisión.

---

165 F. Ruiz Ramón, a.a.O., S.424.

166 J. Monleón, Alfonso Paso y su tragicomedia, in: El teatro de humor en España, Madrid 1966, S.247-268.

167 F. Ruiz Ramón, a.a.O., S.428.

Auch PIPOS Anpassung und seine Zugeständnisse an die gesellschaftliche Norm entsprechen einer "dimisión": der Absage an seine Ideale. Während López Mozo aber den Protagonisten seines Stückes sich immer tiefer in den bestehenden Widersprüchen verstricken lässt, zieht er selbst es vor, einen anderen Weg zu beschreiten. Zusammen mit Luis Matilla und Angel García Pintado gehört er zu jener Gruppe von Autoren des "Nuevo Teatro", die - gemäss der Warnung: "Tener demasiada prisa por alcanzar el éxito [...] puede llevar a pactos con el Gobierno"[168] - lieber auf die Erprobung ihrer Stücke vor einem Publikum verzichtet haben, als sich den Forderungen des Regimes zu beugen und die Glaubwürdigkeit ihres Protests aufs Spiel zu setzen. "El retorno" beinhaltet so nicht nur die Darstellung der allgemeinen Situation, in welcher sich der Regimegegner in Spanien bewähren musste, sondern ist gleichzeitig Reflexion des Autors über seine eigene Lage.

5.2.3.4. "El caserón" (1972) - Der Kampf um die Macht in einem zerbröckelnden System

Das bislang letzte Happening Jerónimo López Mozos, "El caserón"[169], entstand 1972. Es handelt sich hier allerdings nicht um ein Happening im ursprünglichen Sinne, denn die Handlung des Stückes ist sehr detailliert festgelegt und ausgearbeitet; die Bezeichnung "Happening" wird jedoch trotzdem durch die Möglichkeit der aktiven Parteinahme des Publikums gerechtfertigt, das entscheidenden Einfluss auf den Ausgang des Handlungsverlaufs nehmen kann. Das eigentliche Happening findet daher vor allem nach dem im Bühnentext festgelegten Geschehen statt.

---

168 A. Miralles, Nuevo Teatro Español, S.59.

169 J. López Mozo, El caserón, unveröfftl. Ms. 1972. Seitenangaben im Text beziehen sich auf das Ms.

Ein ehemals herrschaftliches Gebäude, "el caserón", das jetzt als Museum dient, wird von Angestellten und Aufsehern miserabel gepflegt und verwaltet und weist daher starke Verfallserscheinungen auf. Eine Interessengruppe, der Mitglieder einer "Comisión de Reformas Urbanas" und einer "Asociación para la pronta incorporación a la Comunidad de Propietarios de Edificios de Tres Pisos" angehören, hat sich das Ziel gesetzt, das Gebäude zu renovieren und um ein drittes Stockwerk zu erhöhen, um in die "Gemeinschaft der Besitzer dreistöckiger Gebäude" aufgenommen zu werden. Aber die Museumsangestellten und Aufseher widersetzen sich den angekündigten Neuerungen, und es kommt zur Auseinandersetzung, in welche bald ein Abrisskommando der "Demoledores de Edificios Ruinosos" sowie die Feuerwehr - als Vertreterin der Staatsgewalt - eingreifen und deren Ausgang weitgehend durch die Zuschauer mitbestimmt werden kann, die sich zur Zeit der Ereignisse als Museumsbesucher am Ort des Geschehens aufhalten.

Die so vorgegebene Handlung muss recht unverständlich erscheinen, solange man nicht den Bezug zur realen politischen Situation erkennt, die das Endstadium der Franco-Diktatur kennzeichnete. Das alte, verstaubte Gebäude symbolisiert in seinem Verfall die Dekadenz des franquistischen Staatsgebildes, dessen absehbarer Zusammenbruch seit Mitte der sechziger Jahre durch eine Vielzahl unterschiedlicher Versuche der Aktualisierung und Erneuerung verhindert oder zumindest aufgeschoben werden sollte. Zwar bietet das Stück nur wenige Anhaltspunkte für eine so ausgerichtete Interpretation, aber es finden sich doch einzelne Passagen, welche die Herstellung dieses Bezugs rechtfertigen.

Das Gebäude ist z.B. mit zahlreichen Verbotstafeln ausgestattet, was in einem Museum zunächst nichts Ungewöhnliches ist. Aber eine dieser Tafeln lautet: "Prohibido besarse y hacer otras cosas obscenas" (S.6). Dieses im Grunde lächerliche Verbot deutet auf den repressiven Moralismus des katholischen Franco-Regimes hin, welches schon das Küssen als Obszönität verurteilte[170], und stellt einen ersten Zusammenhang zwischen der fiktiven Handlung des Stückes und der spanischen Realität her. Immerhin wurden in Spanien Liebespaare zu Geldstrafen verurteilt, weil sie es gewagt hatten, sich auf offener Strasse zu küssen.

In der Beschreibung des Museums findet sich ein weiterer, allerdings weniger direkter Hinweis, der jedoch, nachdem ein erster Bezug zur spanischen Realität festgestellt worden ist, ohne grosse Schwierigkeit gedeutet werden kann. Hinsichtlich des prekären baulichen Zustands erfährt man, dass trotz schon vor Jahren vorgenommener Renovierungs- und Abstützungsarbeiten einige die Statik des Gebäudes bedrohende Mauerrisse nicht endgültig beseitigt werden konnten (S.4). Unschwer lassen sich die hier erwähnten Massnahmen in einen Sinnzusammenhang bringen mit jenen oberflächlichen Reformversuchen der spanischen Regierung in der zweiten Hälfte der sechziger Jahre, die eine äusserliche Liberalisierung vortäuschen sollten, allerdings kaum in der Lage waren, die allgemein weiterbestehende, faschistische Tendenz zu verschleiern. Gleichzeitig erscheinen die hier Besorgnis erregenden Spalten und Mauerrisse als Parallelen zu den belegbaren Aufspaltungstendenzen innerhalb des franquistischen Machtgefüges.

Der Autor stellt so die bestehenden, unzeitgemässen Machtstrukturen als baufälliges Museum dar; die Ideologie des Franco-Faschismus versinnbildlicht er durch das Prunkstück der Museumskollektion, ein lebendes Fabelunge-

---

[170] Vgl. hierzu: "Familia Cristiana", Sección _Un espacio para el diálogo_, Nr. 7 (April 1972/1. Monatshälfte); zit. bei: Alejandra Ferrándiz/Vicente Verdú, Noviazgo y matrimonio en la burguesía española, Madrid 1974, S.31.

heuer. Die Beschreibung des "ejemplar zoológico" auf einer Hinweistafel enthält eine Reihe von Anhaltspunkten, die auf seine symbolische Identität hindeuten (S.9):

> Ejemplar único en su especie. A pesar de su longevidad y proliferidad la despiadada persecución [...] en nuestro continente hace algunos años estuvo a punto de provocar su total desaparición. Gracias a importantes aportaciones económicas los esfuerzos por conservar la especie están dando buenos frutos, habiéndose obtenido hermosos ejemplares mediante cruces con otras especies semejantes. Sin embargo la importancia de este ejemplar radica en que es el único que posee en grado total de pureza las características que definen la especie.

Stand der Faschismus als spanische Staatsideologie nicht kurz vor dem Untergang, als das spanische Volk bei den Wahlen von 1936 für das Volksfrontbündnis stimmte? Wurde nicht nach dem Zweiten Weltkrieg zumindest versucht, den Faschismus in Deutschland und Italien so weit wie möglich auszurotten? Hier findet sich die Entsprechung zum beinahe völligen Aussterben der Fabeltiere "vor einigen Jahren". Aber es kam nicht zur völligen Ausrottung. Die Faschisten gewannen den spanischen Bürgerkrieg mit der Unterstützung deutschen und italienischen Militärs, und später - seit 1951 - trug nicht zuletzt US-Kapital dazu bei, die darniederliegende spanische Industrie wieder auf die Beine zu stellen.[171] Solche Massnahmen halfen dem Franco-Regime, seine Machtstrukturen auszubauen und zu festigen; denn ohne die Unterstützung von aussen wäre es ihm zumindest sehr schwer gefallen, die Macht in Spanien fast vierzig Jahre lang zu behaupten.

Weitere Unterstützung und Festigung erfuhr der spanische Faschismus durch das längst nicht mehr leugbare Wiederaufkeimen neo-faschistischer Bewegungen in den westlichen demokratischen Staaten oder die Errichtung

---

[171] S.: R. Tamames, a.a.O., S.424ff.

von Militärdiktaturen wie beispielsweise in Griechenland. Hierauf dürfte der Autor anspielen, als er von "Kreuzungen mit anderen ähnlichen Spezies" spricht. Er betont jedoch, dass es sich beim spanischen Regime um das einzige handle, das "in vollkommener Reinheit" die Charakteristika des Faschismus besitzt; dieser Hinweis erinnert an jenen ideologischen Grundsatz der Falange und Francos, demzufolge Spanien als letzte unbefleckte und moralisch einwandfreie Bastion des gesamten Abendlandes angesehen wurde.

Vor diesem Hintergrund erscheinen auch die einander bekämpfenden Gruppierungen - 1) Museumsangestellte und Aufseher, die über das Macht-Gebäude wachen sollen; 2) die Mitglieder jener Interessengruppe, die eine Renovierung bzw. Reformierung anstrebt; 3) das Abrisskommando der "Demoledores de Edificios Ruinosos" und 4) die Feuerwehr - als Interessengruppen im von Franco dirigierten Spanien. Für die durch den Autor festgelegte Handlung des Stückes besitzt die Feuerwehr, abgesehen von ihrer Funktion als Verkörperung der Staatsgewalt, allerdings nur geringe Bedeutung, denn sie greift erst am Schluss des Stückes in den Handlungsablauf ein, um seinen Ausgang mitzubestimmen, und ist vorher nicht präsent.

Die Angestellten und Aufseher des Museums, "Celadores y Empleados", zeichnen sich durch ein besonders hohes Mass an Inaktivität aus. Sie verbringen ihre Arbeitszeit fast ausschliesslich mit Essen und Schlafen, was den Verdacht erweckt, dass sie ihre privilegierten Positionen dazu missbrauchen, ihr Geld durch Nichtstun zu verdienen. Ihr passives Verhalten gibt berechtigten Grund zu der Annahme, dass sie wenig Interesse an der Änderung des Bestehenden haben. Dass Angestellte und Aufseher die Machthaber des spanischen Faschismus repräsentieren, stellt sich in dem Augenblick heraus, als sie sich - durch Reformversuche in ihrer uneingeschränkten

Macht bedroht - zur Verteidigung ihrer Privilegien gezwungen sehen und ein Manifest verfassen, dessen Sprache allein schon an offizielle Mitteilungen des Regimes erinnert. Unter anderem heisst es darin (S.14):

> Desde hace años venimos ocupándonos de la vigilancia y conservación del edificio sin que hasta la fecha se haya recibido ninguna queja sobre el desempeño de nuestro trabajo. [...] Nosotros, y sólo nosotros, tenemos el derecho a ostentar el control de este edificio y no toleraremos, utilizando la fuerza si fuera necesario, ninguna injerencia extraña.

Hier spiegelt sich der überhebliche Anspruch einer totalitären Alleinherrschaft wider, wie er das Franco-Regime kennzeichnete, ein Regime, das in arroganter Selbstzufriedenheit jegliche Kritik für unbegründet erklärte und sie einfach nicht zur Kenntnis nehmen wollte.

Während das faschistische Manifest aber einerseits durch die Feststellung des alleinigen Herrschaftsanspruchs einen Anschein von Selbstsicherheit zu erwecken versucht, so lässt es andererseits doch auch die Furcht der Herrschenden vor etwaigen reformistischen Veränderungen erkennen, die das gesamte System in Frage stellen könnten. Die Pfeiler des Systems dürften nicht einer "zweifelhaften Ästhetik" (S.15) zum Opfer fallen, mit der zweifellos auf eine äusserliche Demokratisierung angespielt wird, der ein traditionsbewusster Falangist nicht zustimmen konnte. "Celadores y Empleados" vertreten hier die Positionen jener sogenannten Integristen, die sich unter der späteren Bezeichnung "el bunker" immer wieder dem Ausbau liberaler Ansätze entgegenstellten und für die bedingungslose Aufrechterhaltung des Status quo plädierten.[172]

Aber die Erneuerungsabsichten der Reformbefürworter sind weit davon entfernt, Veränderungen grundsätzlicher Art herbeiführen zu wollen. Ihre Äusserungen bei der

---

[172] Vgl. R. Tamames, a.a.O., S.595f.

Museumsbegehung lassen keinen Zweifel daran, dass ihr angebliches Reforminteresse nicht auf tatsächliche Veränderungen abzielt, sondern vielmehr auf die weitgehende Verschleierung des realen Zustands, und damit auf die Erhaltung der bestehenden Machtstrukturen (S.11):

> Grietas en las paredes. [...] Con lo fácil que hubiera resultado disimularlas con un poco de yeso. [...] Un piso más y un buen lavado de cara es suficiente para solicitar la incorporación a la Comunidad de Propietarios de Edificios de Tres Pisos.

Es stellt sich die Frage nach der Bedeutung dieser "Comunidad de Propietarios de Edificios de Tres Pisos". Sie muss in einem Zusammenhang stehen mit der angestrebten Reformierung des Systems in Hinblick auf die Verbesserung seines Image, d.h. in Hinblick auf eine äusserliche Liberalisierung oder sogar eine vorsichtige Demokratisierung, die dem offenen Bekenntnis zum Faschismus abschwört. Grundlage jeder Demokratie ist die - unter Franco nie vollzogene - Anerkennung der Menschenrechte, und so könnten mit den drei Stockwerken die drei Grundrechte des Menschen auf Leben, Freiheit und Gleichheit gemeint sein. Das Interesse daran, sich dieser "Gemeinschaft der Besitzer dreistöckiger Gebäude" anzuschliessen, wäre dann gleichzusetzen mit dem Bestreben Spaniens, engere Beziehungen - vor allem wirtschaftlicher Art - mit den westlichen Demokratien aufzunehmen. Seit den sechziger Jahren hatte sich Spanien immer wieder um den Anschluss an die EWG bemüht[173]; die gelegentlichen Liberalisierungsversuche im Rahmen einer oberflächlichen "apertura" verfolgten nicht zuletzt auch diese Absicht.

Wie ihre das Gebäude verwaltenden Kontrahenten, haben auch die Reformbefürworter Angst vor dem Zusammenbruch des Systems. Anders als jene erkennen sie aber die drohende Gefahr; deshalb richtet der Vorsitzende der Interessengruppe einen Appell an Aufseher und Angestellte,

---

[173] S. hierzu: Ebd., S.539ff.

sie möchten dazu beitragen, das System zu erhalten (S.17). Dabei versucht er gleichzeitig, die aufgebrachten Museumsverwalter zu beschwichtigen; denn obwohl beide Gruppen im Grunde dasselbe Ziel verfolgen, nämlich die Erhaltung des Bestehenden, empfinden Angestellte und Aufseher die Reformbestrebungen der Interessengruppe als Bedrohung. Da "Celadores y Empleados", wie bereits festgestellt, die faschistischen Machthaber falangistischer Couleur repräsentieren, die nach dem Bürgerkrieg bis in die sechziger Jahre neben Militärs den Hauptanteil der Regierungsmitglieder stellten, und in einem System, das keine freien Wahlen kennt, die Ablösung der amtierenden Regierung durch eine aussenstehende Opposition, die zudem ähnliche Ziele wie jene verfolgt, kaum denkbar erscheint, kann es sich bei dem hier dargestellten Konflikt nur um eine Auseinandersetzung innerhalb des franquistischen Machtblocks handeln.

Interne Machtkämpfe kannte das spanische Regime seit dem Ende des Bürgerkriegs, als Franco, auf die Festigung seiner eigenen Machtposition bedacht, versuchte, den Einfluss der Altfalangisten zunehmend einzudämmen. Vor allem nachdem der Verlauf des Zweiten Weltkriegs den Fall der Achsenmächte voraussehen liess, konnte sich die Falange kaum mehr gegen den neuen Kurs Francos durchsetzen, der sich vom offenen Bekenntnis zum Faschismus distanzierte, um auf die internationale Anerkennung des spanischen Regimes hinzuarbeiten.[174] Zwar gingen später auch aus falangistischen und anderen Kreisen Bestrebungen hervor, das überkommene System zu erneuern: das im Ansatz liberale Pressegesetz Fraga Iribarnes (1966)[175] sowie die vorsichtigen Versuche der Öffnung unter Arias Navarro[176] gehören dazu. Aber es war vor allem das Opus Dei, das

---

[174] S. hierzu: ebd., S.512ff.

[175] S.: G. Dueñas, La ley de prensa de Manuel Fraga.

[176] José Oneto, Arias entre dos crisis 1973-1975.

sich für die Aktualisierung des Franquismus einsetzte und die Altfalangisten allmählich aus ihren noch behaupteten Machtpositionen verdrängte.[177] Es liegt daher nahe, in der die Restaurierung des Museums anstrebenden Interessengruppe das Opus Dei zu vermuten.

Seit deklarierte Mitglieder des Opus 1957 erstmalig mit der Leitung von Ministerien betraut wurden, nahm der Einfluss dieser Organisation in der Regierung kontinuierlich zu. Zählten 1957 nur zwei Angehörige des Opus zu den Kabinettsmitgliedern, so stellte es 1969 bereits elf von achtzehn Ministern.[178] Den Höhepunkt seiner Macht innerhalb der Regierung erreichte es, als 1973 Carrero Blanco, selbst Mitglied des Opus, zum Regierungspräsidenten ernannt wurde. Jetzt sah sich die Organisation der Verwirklichung der von ihr angestrebten Reformen sehr nahe; ihr Modell einer modernen Technokratie sollte wirtschaftliche Interessen in den Vordergrund rücken[179] und der zunehmenden Ablehnung franquistischer Ideologie mit dem Konzept einer scheinbaren ideologischen Unabhängigkeit begegnen. Propagandistische Mythen verkündeten "el crepúsculo de las ideologías" und "el porvenir de la tecnocracia".[180] Als aber Carrero Blanco im Dezember 1973 bei einem Attentat getötet wurde, nützte der neue, nicht Opus-freundliche Regierungspräsident Arias Navarro die Gelegenheit, den direkten Machteinfluss des Opus Dei in der Regierung fast völlig auszuschliessen.

Diesen Kampf um die Macht in einem mit immer stärkeren Zerfallserscheinungen kämpfenden System zwischen zwei im Grunde gleichgerichteten politischen Strömungen

---

[177] S. hierzu u.a.: J. Ynfante, La prodigiosa aventura del Opus Dei.

[178] R. Tamames, a.a.O., Kap.13.6. u. 13.9.

[179] Vgl. ebd., S.481.- J. Mones i Pujol-Busquets, Pedagogía, S.229.

[180] M. Tuñón de Lara, El pensamiento español desde 1940, S.262.

stellt die Auseinandersetzung zwischen Museumswächtern und der reformorientierten Interessengruppe dar. Als jedoch die Abrisskommandos der D.E.R. ("Demoledores de Edificios Ruinosos") in das Gebäude eindringen, die mit Hilfe von so minimalen Mitteln wie Stinkbomben und Knallkörpern die wenigen schon vollendeten Renovierungsarbeiten wieder zunichte machen und deren Oberflächlichkeit entlarven, vereinen sich die beiden Gruppen sofort gegen den gemeinsamen Feind, genauso wie die spanische Rechte immer eine gemeinsame Linie gegen die Linksopposition vertreten hatte.[181] Die Ankunft der durch die Feuerwehr verkörperten Staatsgewalt führt schliesslich zur gewalttätigen Eskalation, in der sich das rücksichtslose Vorgehen der spanischen Polizei gegen Demonstranten und jegliche nicht systemkonforme Gruppierungen widerspiegelt.

Es ist offensichtlich, dass die D.E.R. in der linken spanischen Opposition anzusiedeln sind; die von ihnen mitgeführten Spruchbänder lassen sogar eine gewisse Nähe zu anarchistischen Gruppen erkennen, denn ihre Forderungen, das Bestehende zu zerstören, um etwas völlig Neues aufzubauen (S.19f.), implizieren letzten Endes den Ruf nach der totalen Revolution. Indem der Autor hier der Anarchie nahestehende Gruppen auftreten lässt, um die Verschleierungstaktik der herrschenden Rechten blosszustellen, beweist er ihnen gegenüber eine gewisse Sympathie, die auch in seinem Bürgerkriegsstück "Anarchia 36" bei aller Kritik nicht fehlt.

---

[181] Wie schnell die rechten Gruppierungen in der Lage sind, sich zusammenzuschliessen, zeigt nicht zuletzt das Beispiel der "Alianza Popular", die Fraga Iribarne, der zwar nicht dem "bunker" zuzurechnen ist, aber immerhin doch falangistisch orientiert war, nach dem Tode Francos zusammen mit Opus Dei-Politikern gründete, die noch Ende der sechziger Jahre in den regierungsinternen Machtkämpfen seine erbittertsten Feinde waren. Vgl. hierzu: Amando de Miguel, La herencia del franquismo, Madrid 1976, S.248f.

Wie dieser offene innenpolitische Kampf entschieden wird, bleibt ungewiss; deshalb entschliesst sich der Autor, die vier bestehenden Möglichkeiten der Form des Happenings angemessen in einem Epilog durchzudiskutieren:

Erste Möglichkeit wäre der zwar wenig wahrscheinliche, dem Autor aber jedenfalls wünschenswert erscheinende Sieg der Linken, der die Zerschlagung des faschistischen Systems zur Folge hätte. López Mozo fordert hier aber als wichtige Bedingung für die Zerstörung des Bestehenden eine Zukunftsperspektive: Noch während der Abrissarbeiten müsste neben den Trümmern des alten Systems eine Tafel mit dem Grundriss des neu zu errichtenden Staatsgebäudes aufgestellt werden (S.23).

Die zweite Möglichkeit wäre der Sieg der Feuerwehr, d.h. der Polizei oder des Militärs, ein Sieg, der hohe Wahrscheinlichkeit besitzt, wenn man die Polizei und Militär zur Verfügung stehenden Mittel und die professionelle Vertrautheit mit ihrer Anwendung berücksichtigt, deren Effektivität sich in den häufigen, oft blutigen Auseinandersetzungen zwischen Polizei und Regimekritikern im franquistischen Spanien zur Genüge gezeigt hatte. Der Sieg der Staatsmacht könnte sowohl zur Errichtung einer Militärdiktatur führen - der Autor spricht symbolisch von der Einrichtung einer Feuerwache in dem bisherigen Museumsgebäude - als auch zur Wiederherstellung des früheren Zustands. In beiden Fällen wäre eine längerfristige Erhaltung des Systems jedoch nur unter der Voraussetzung möglich, dass das Gebäude nicht durch die gewalttätige Auseinandersetzung endgültig und irreparabel zerstört wurde. Fiele das Gebäude dem Kampf zum Opfer, so hätte man den Gegnern des Faschismus in die Hände gearbeitet.

Aber selbst für den Fall der Erhaltung des Machtsystems hält López Mozo eine Lösung bereit, um doch noch den Untergang des Regimes herbeiführen zu können, eine phantastisch anmutende Halluzination, die er selbst kaum ernst nehmen dürfte, die jedoch dokumentiert, wie sehr er und viele andere das Ende der Franco-Diktatur herbeisehnten: Einem Mitglied der D.E.R. müsste es gelingen, sich in die Siegesfeier der Faschisten einzuschleichen und das Fabelungeheuer durch Aufpumpen zum Platzen zu bringen. Die Explosion liesse das stark lädierte Gebäude in sich zusammenfallen, und die feiernden Sieger würden unter den Trümmern begraben. Sie würden zu Opfern ihres Systems und ihrer eigenen Politik (S.24).

An dieser Stelle muss allerdings angemerkt werden, dass der Autor sich in die Gefahr begibt, den politischen Gegner, die franquistische Rechte, zu unterschätzen. Seine Darstellung der verbleibenden zwei Lösungsmöglichkeiten scheint ebenso eher einer verständlichen Wunschvorstellung zu entspringen als der realistischen Einschätzung der spanischen Situation: Die dritte Lösung des Konflikts, der alleinige Sieg der altfaschistischen Machthaber, wird nur der Vollständigkeit halber aufgeführt. Der Autor hält ihn für völlig abwegig (S.24). Auch der Sieg der Reformfaschisten erscheint dem Autor unmöglich. Er hält die Technokraten des Opus Dei für unfähig, sich für ihre Ziele mit dem notwendigen Kampfgeist einzusetzen (S.25). Das Ergebnis der Auseinandersetzung hängt jedoch nicht zuletzt von dem Verhalten einer zahlenmässig bedeutenden Gruppe ab, die bisher noch nicht in Betracht gezogen wurde: das Publikum, das als Gruppe der Museumsbesucher unmittelbar mit den Ereignissen konfrontiert und in ihre Entwicklung einbezogen wird. Als Verkörperung des Volkes erhält das Publikum die Möglichkeit, über Zukunft und Schicksal des Regimes zu entscheiden. Man gewinnt den Eindruck, dass der Autor hofft, das spanische Volk werde sich nicht mehr lange seinen Unterdrückern beugen.

López Mozo spiegelt in "El caserón" mit künstlerischen Mitteln die politische Situation Spaniens im Endstadium des Franquismus wider. Vermutlich würde die Vermittlung seiner Aussage bei einer Aufführung des Stückes allerdings auf einige Schwierigkeiten stossen, da die starke symbolische Verschlüsselung des Inhalts ein nicht zu unterschätzendes Hindernis für das Verständnis eines unvorbereiteten Publikums darstellt. Auch die Inszenierung würde schon vor Probleme stellen, die zwar nicht unlösbar wären, aber ebensowenig vernachlässigt werden dürfen. Zunächst ergäbe sich die Schwierigkeit, ein geeignetes Gebäude zu finden, das im schlimmsten Fall - oder im günstigsten - völlig zerstört werden könnte, und damit eng verbunden das Problem der Wiederholbarkeit des Spektakels. Darüber hinaus muss die Gefahr berücksichtigt werden, die das Einstürzen eines wirklichen Gebäudes für Schauspieler wie Publikum beinhalten würde. Versucht man andererseits, sich die Inszenierung in einem Kulissentheater vorzustellen, so ergibt sich die Notwendigkeit einer vermutlich völlig neuen Konzeption des Stückes, die zwar zu einer praktikablen Aufführung führen könnte, aber angesichts der wiederholt darzustellenden Zerstörung wohl eine recht aufwendige und kostspielige Lösung wäre. Es drängt sich so die Frage auf, ob die gegebene Happeningvorlage sich nicht weit besser für die filmische Darstellung als für die Realisierung im Theater eignete. Dadurch gingen allerdings einige der grundlegenden Elemente des Happenings verloren: Verzichtet das Happening nämlich bewusst auf die Festlegung des Handlungsablaufs und zielt auf die unmittelbare Einflussnahme des Publikums ab, so kann der Film diese nicht ermöglichen und kommt ohne jene nicht aus.

Es handelt sich hier um das typische Produkt einer Dramatikergeneration, deren Produktion zum grössten Teil direkt oder indirekt mit dem Bann der Zensur belegt wurde, so dass der Aspekt der Aufführbarkeit - im Grunde wichtigstes Element des Theaters - sehr an Bedeutung verlor und unbewusst vernachlässigt wurde, weil die Kommunikation zwischen Autor und Publikum über das Theaterstück beinahe unmöglich erschien. "El caserón" darf jedoch trotz dieses recht schwerwiegenden Mangels nicht nur als eines der wichtigsten Stücke López Mozos gelten, sondern es ist aufgrund seiner stilistischen Besonderheit wie seiner Thematik ebenso von grosser Bedeutung für das gesamte dramatische Schaffen des "Nuevo Teatro Español". Inwieweit hier allerdings allgemeingültige Aspekte die Kommunikation auch noch ausserhalb der konkreten historischen Situation seines Entstehens mit einem nicht durch diese geprägten Publikum ermöglichen, muss in diesem Fall, der sehr betont den konkreten historischen Bezug zum Franquismus sucht, dahingestellt bleiben. Allein das Experiment einer Aufführung könnte hierüber Aufschluss verleihen.

5.2.3.5. "Guernica" (1969) und "Anarchia 36" (1970) - Ein Versuch der Vergangenheitsbewältigung

López Mozo behandelt in seinen Stücken "Guernica"[182] und "Anarchia 36"[183] ein Thema, das in seinen anderen Stücken höchstens in den Anspielungen auf den Bezug zur Realität gestreift wird. Zwar geht es auch hier um spanische Wirklichkeit, aber nicht um die von ihm selbst gelebte Wirklichkeit des Franquismus der fünfziger und sechziger Jahre, sondern um den spanischen Bürgerkrieg (1936-1939).

---

[182] J. López Mozo, Guernica, in: Estreno - Cuadernos del teatro español contemporáneo, Nº.1 (Jan.1975), S.19-31.- Ebenso veröfftl. in der Zeitschrift "Nueva Estafeta" (Aug.1979).

[183] Ders., Anarchia 36, in: Pip 6 - Textos (2.Zykl.) (Jan.-Febr.1978), S.10-59. Seitenangaben im Text beziehen sich auf diese Ausgabe.

Das Happening "Guernica" will, ausgehend von Picassos gleichnamigem Gemälde, dessen Figuren hier zum Leben erweckt werden, das Publikum die Zerstörung der baskischen Stadt am 26. April 1937 nacherleben lassen. Zu diesem Zweck wird der gesamte Zuschauerraum in die Inszenierung einbezogen; auf die ihn umgebenden Wände werden Filmaufnahmen von Bombardements an verschiedenen Kriegsschauplätzen projiziert, die das Publikum auf Drehsesseln beliebig verfolgen kann. Es handelt sich um einen Versuch der totalen Einbeziehung des Publikums in den dramatischen Ablauf: durch die Projektionen soll bei den Zuschauern der Eindruck erweckt werden, sie seien selbst einem Bombenangriff ausgesetzt. Gleichzeitig dienen die Aufnahmen von verschiedenen Kriegsschauplätzen der Verallgemeinerung der Kriegssituation, die Aussage des Stückes bleibt nicht auf den spanischen Bürgerkrieg beschränkt.

Trotz des massiven Einsatzes technischer Hilfsmittel ist "Guernica" ein poetisches Happening. Denn die Technik steht im Dienste einer durchaus poetischen - manchmal im Leseeindruck an die Grenzen des Pathetischen reichenden - Dramatisierung von Picassos Gemälde, die zusätzlich, durch die Integrierung entsprechender Gedichte von Neruda, Alberti und anderen, poetisch bereichert wird. Dabei verschmelzen dramatische, poetische und technische Elemente zu einem eindrucksvollen Ganzen.[184]

Der hier in Szene gesetzte Protest gegen den Krieg schlechthin will vor allem zeigen, dass es die Unschuldigen sind, die das Hauptleid eines Krieges zu tragen haben; er verurteilt den Kadavergehorsam der Soldaten, die sich nur ihren Befehlen verpflichtet fühlen, und entlarvt schliesslich kriegerisches Heldentum als falschen, gegen den Menschen und die Menschlichkeit gerich-

---

[184] F. Ruiz Ramón, Historia, S.546.

teten Idealismus. Ein Appell pazifistischer Solidarität beschliesst das Happening: Mit brennenden Kerzen, als Symbole der Wärme und Geborgenheit, treten die Schauspieler im verdunkelten Raum zwischen die Zuschauer, um jene Kerzen anzuzünden, die jeder einzelne zu Beginn des Stückes zusammen mit dem Programmheft auf seinem Platz gefunden hat.

> La obra, magníficamente escrita, es un hermoso poema dramático. Estamos seguros que, representada, constituiría un bello, profundo e impresionante espectáculo teatral. [...] el único "happening" poético que conozco, "happening" literariamente valioso como simple texto, original y eficaz como drama y auténtico como testimonio.[185]

So urteilt Ruiz Ramón über "Guernica"; sein sehr positives Urteil konnte bisher allerdings durch keine Aufführung verifiziert werden.[186] Aber zumindest was die dramatische Effektivität angeht, erscheinen Zweifel angebracht. Der Autor möchte eine kollektive Ablehnung des Krieges erreichen und eine pazifistische Grundhaltung bei seinem Publikum hervorrufen. Durch die Projektion von Kriegsaufnahmen mit all ihrer Grausamkeit und dem daraus folgenden Elend stellt er die Schrecken des Krieges dar, um einen Abschreckungserfolg zu erzielen. Aber eben dieser Abschreckungserfolg ist zweifelhaft. Sicher wird das Gefühl, einem Bombenangriff ausgesetzt zu sein, auf die eine oder andere Weise einen tiefen Eindruck im Publikum hinterlassen. Aber genauso sicher ist es, das wir - wie Wellwarth ausführt - kaum noch empfänglich

---

[185] Ebd.

[186] Im März 1980 fand im "Teatro María Guerrero" in Madrid unter Leitung von José Monleón zwar eine von der Kritik begrüsste "lectura escenificada" statt, die aber kaum mit einer wirklichen Inszenierung zu vergleichen sein und - nicht zuletzt aufgrund der nur einmaligen Darbietung vor einem Insider-Publikum - kaum irgendwelche gültigen Rückschlüsse erlauben dürfte. S. hierzu u.a.: Miguel Bayón, López Mozo: El testimonio de una etapa negra, in: Diario 16 vom 19. März 1980.

sind für durch Krieg verursachtes Leid: "We have been brutalized too much."[187] Durch Fernsehen und andere Massenmedien ist die Kriegsrealität für uns schon zu etwas beinahe Alltäglichem geworden, eine Übersättigung ist eingetreten, und tiefe Empfindungen wie Mitleid oder Abscheu werden kaum noch hervorgerufen.

Zu diesem Schluss musste auch López Mozo selbst kommen[188]:

> el hombre de hoy apenas reacciona ante la violencia y la injusticia que se produce lejos de su entorno, entre otras razones porque los medios modernos de comunicación le han saturado de escenas violentas y le han hecho insensible.

Bei einer Aufführung seines Stückes "El retorno" Ende der sechziger Jahre waren im Rahmen der Handlung Werbeprospekte eines von der Hauptfigur PIPO gegründeten Reisebüros unter den Zuschauern verteilt worden, in denen mit dem Ziel, Empörung hervorzurufen, Ausflugsreisen in das Kriegsgebiet Vietnam, die Veranstaltung von Safaris zur Jagd auf Neger und andere ähnliche Projekte angepriesen wurden. Die erwartete Reaktion blieb jedoch aus, das Publikum zeigte sich kaum berührt.[189] Die Aufführung des Happenings "Guernica" würde bezüglich der dramatischen Effektivität vermutlich mit einer ähnlichen Enttäuschung enden.

Anders als "Guernica", das sich weitgehend von dem konkreten historischen Bezug löst, um eine allgemeingültige Aussage zu treffen, bleibt "Anarchia 36" in starkem Masse in der spezifisch spanischen Bürgerkriegsthematik verhaftet. In einen Prolog und zwei Akte gegliedert, behandelt dieses Stück vor allem die Entwicklungen innerhalb des republikanischen Lagers, das durch den internen

---

[187] G.E. Wellwarth, Spanish Underground Drama, S.78.

[188] J. López Mozo, Teatro de barrio, teatro campesino (Apuntes), S.88f.

[189] Ebd., S.88.

Machtkampf zwischen moskautreuen Kommunisten und Anarchisten, denen sich zeitweise der POUM (Partido Obrero de Unificación Marxista) angeschlossen hatte, gespalten war. Die gelegentliche Darstellung des faschistischen Lagers dient nach Angaben des Autors lediglich als "telón de fondo a los acontecimientos que se desarrollaron en el banco republicano" und soll die Entwicklung des Bürgerkriegs bis zu seinem Ende vergegenwärtigen.[190] Einzelne Proklamationen faschistischer Führer und kirchlicher Würdenträger sind zum Teil wörtliche Übernahmen dokumentarischer Texte, Wiedergaben tatsächlich gehaltener Reden und Ansprachen.[191] Der Autor verbindet Elemente der historischen Chronik und des dokumentarischen Theaters mit der Brechtschen Projektionstechnik und lässt Einflüsse des Happenings anklingen, indem er das Publikum, wenn auch nicht in die Handlung, so doch in den szenischen Bereich miteinbezieht.[192]

In seinem Prolog stellt López Mozo abrissartig die historischen Ereignisse der Zweiten Republik (1931-1936) dar, deren Entwicklung schliesslich zum Aufstand der faschistischen Militärs am 18. Juli 1936 führte. Eine schematische Vorstellung der rivalisierenden Parteien und Gruppierungen vermittelt deren unterschiedliche Haltungen gegenüber der Republik, ihre wichtigsten Argumente und Programme.

Der erste Akt reicht zeitlich vom Ausbruch des Bürgerkriegs bis zum 20. November 1936, Zeitpunkt, zu dem sich die Front um Madrid stabilisiert. Beschrieben werden die erfolgreiche Verteidigung Madrids und die Zielsetzungen der Anarchisten, die den Bürgerkrieg nicht nur als anti-faschistischen Kampf, sondern auch als Gelegenheit zur Durchführung der von ihnen angestrebten Revolu-

---

[190] J. López Mozo, Fuentes bibliográficas, in: Pip 6 - Textos, S.9.

[191] Ebd.

[192] Vgl. F. Ruiz Ramón, a.a.O., S.549.

tion betrachten. Dieser Intention entspricht die Begründung des "Consejo de Defensa de Aragón" im Sommer 1936, der durch Massnahmen wie totale Kollektivierung und Abschaffung des Geldes den Bruch mit den herkömmlichen sozialen Strukturen und eine bessere Neuordnung erreichen will. Gleichzeitig steigt das öffentliche Ansehen der Kommunistischen Partei - und somit ihre Macht - aufgrund sowjet-russischer Waffenlieferungen für die Republik.

Der zweite Akt behandelt die Zeit nach dem 20. November 1936 bis zum Ende des Bürgerkriegs am 1. April 1939 und gibt - aus der Retrospektive des Autors - eine fiktive Vorausschau auf die spanische Realität des Franquismus. Die Kommunistische Partei ist bemüht, ihre Machtpositionen auszubauen und zu festigen. Aufgrund mangelnder Bereitschaft der Anarchisten, sich aktiv auf die Verteidigung der Republik zu konzentrieren, und - nicht zuletzt - durch den Regierungseinfluss der moskautreuen Kommunisten kommt es zu schweren Auseinandersetzungen mit Anarchisten und Mitgliedern des anti-stalinistischen POUM, die sich diesen angeschlossen haben, Auseinandersetzungen, die in den blutigen Ereignissen von Barcelona im Mai 1937 und in der Auflösung des anarchistischen "Consejo de Defensa de Aragón" am 11. August desselben Jahres gipfeln. Teilerfolge der republikanischen Armee in Aragón und am Ebro kommen zu spät; die faschistische Offensive im Norden ist erfolgreich. Bald bleibt auch in Katalonien nur noch die Flucht zur französischen Grenze, und die Einnahme Madrids lässt sich nicht mehr verhindern.

Die Ankündigung des Baus eines faschistischen Mahnmals im Valle de los Caídos sowie Massenerschiessungen republikanischer Gefangener bestimmen das Ende des Stükkes. Gleichzeitig wird der Text des authentischen Telegramms Papst Pius' XII. an Franco verlesen, in welchem jener zum Sieg der Faschisten gratuliert (S.59):

> Alzando nuestro corazón a Dios, damos sinceras gracias con su Excelencia por la Victoria de la Católica España.

Parallel zu der bis hierhin umrissenen, historisch-dokumentarischen Handlung verläuft ein fiktiver Handlungsstrang, in den fast ausschliesslich die Anarchisten einbezogen werden, deren revolutionäre Euphorie den Anlass für ihre massive Unterdrückung durch die kommunistisch beeinflusste republikanische Regierung liefert und die entweder bei den Auseinandersetzungen um die Macht innerhalb des republikanischen Lagers oder in faschistischer Gefangenschaft umkommen. Dieser fiktiven Komponente wird jedoch nicht dieselbe Bedeutung zugestanden wie der dokumentarischen: bezogen auf die Gesamtaussage des Autors, nimmt die fiktive Handlung nur geringen Raum ein und zeigt darüber hinaus keine überzeugende eigene Entwicklung. Sie besitzt eher illustrativen Charakter und veranschaulicht in nur lose miteinander verbundenen Szenen die Ereignisse an den verschiedenen Schauplätzen in Madrid, Barcelona, Aragón, Valencia und Burgos. Der fiktive Aspekt kann daher für die Untersuchung weitgehend vernachlässigt werden.

López Mozo unternimmt mit seinem Abstecher in die Thematik des spanischen Bürgerkriegs einen Versuch der Vergangenheitsbewältigung, für den er reichhaltiges Quellenmaterial aufgearbeitet hat. "Anarchia 36" sollte in diesem Sinne jedoch nicht als Chronik des Bürgerkriegs missverstanden werden.[193] Sicherlich sind hier Elemente der Chronik enthalten, insoweit als die chronologische Abfolge der Ereignisse eingehalten wird und im Hintergrund des dargestellten Geschehens erkennbar bleibt. Aber das Stück könnte als Chronik nur unvollständig sein, denn der Autor stellt fast ausschliesslich das republikanische Lager dar und setzt die historischen Fakten

---

[193] Vgl.: G.E. Wellwarth, a.a.O., S.79.- F. Ruiz Ramón, a.a.O., S.549.

vorwiegend in nicht dramatisierten Zwischentexten. Darüber hinaus finden sich historische Ungenauigkeiten bzw. Unvollständigkeiten, die einer Chronik nicht zukämen: So stimmt es nicht, dass die republikanische Regierung von dem Putsch am 18. Juli 1936 überrascht worden sei (S.20), vielmehr war das Bevorstehen eines Staatsstreichs der Militärs längst bekannt[194], wenn auch nicht sein genaues Datum; ebensowenig findet sich ein Hinweis auf die militärische Unterstützung der nationalen Truppen durch Hitler.

Das eigentliche Anliegen ist nicht die Chronik, sondern Vergangenheitsbewältigung im Sinne einer politischen Lehre, die López Mozo aus dem linksinternen Machtkampf im republikanischen Lager ziehen will. Thema von "Anarchia 36" ist somit weniger der gesamte Bürgerkrieg, als vielmehr ein Aspekt dieses weiten Themenkreises: die Auseinandersetzungen zwischen Anarchisten und stalinistisch orientierten Kommunisten, die eine wesentliche Schwächung der republikanischen Kampfkraft darstellten. Der Autor lässt den damaligen Präsidenten AZAÑA die Lage des noch republikanischen Spanien beschreiben, das durch Angriffe von aussen wie von innen erschüttert wird (S.42):

> El incendio de España ha empezado por el tejado y los españoles en vez de acudir a apagar el fuego todos juntos, se han dedicado a saquearse los unos a los otros y a llevarse cada cual lo que podía. El Estado es asaltado y se disputa por sus despojos. Clase contra clase, partido contra partido, región contra región, regiones contra el Estado ... Cada cual ha querido llevarse la mayor parte del queso, de un queso que tiene entre sus dientes el zorro enemigo. No ha sido posible establecer un lazo de unión entre todos. No hay una lucha por la causa común ...

---

[194] Vgl. z.B.: Hugh Thomas, La guerra civil española, Barcelona 1976 (Ausg. des "Círculo de Lectores"), S.228f.

Wie aus den Gesprächen der Anarchisten hervorgeht, wird ihr Verhalten durch das Verlangen nach totaler Revolution bestimmt, gleichzeitig aber auch durch die Angst, sie könnten den richtigen Zeitpunkt für ihre Revolution verpassen. Aus dieser Angst heraus können sie nicht umhin, ihre Kräfte zu teilen, um neben dem antifaschistischen Kampf, der sie als einziges mit dem republikanischen Lager verbindet, die anarchistische Revolution durchzuführen, deren Höhepunkt die Begründung des "Consejo de Defensa de Aragón" sein wird.

Dieselbe Angst ruft darüber hinaus einen Fanatismus hervor, der sich in mythifizierenden Worten von der "grandeza de la verdadera revolución" (S.23) widerspiegelt und jegliche rationale Überlegung vergessen lässt. Er entspricht der emotional-idealistischen Grundhaltung der Anarchisten, die sich vor allem gegen jegliche Kontrolle und Organisation richtet. Als die anarchistischen Führer endlich die engere Zusammenarbeit mit der republikanischen Regierung erwägen, wendet sich die Basis mit in erster Linie emotionalen Argumenten gegen die Forderung der Regierung, die anarchistischen Milizen zu disziplinieren und militärisch auszubilden: "He vivido en cuarteles," gibt einer der Anarchisten zu verstehen (S.29), "Allí aprendí a odiar a toda clase de jerarquías [...] Después de esas experiencias, cuando oigo hablar de militarización me siento débil."

Weit entfernt von jeder vernünftigen Einschätzung der Lage, muss die Ablehnung jeglicher Organisation in unkontrolliertem und ungeordnetem Vorgehen der Anarchisten resultieren; Kirchenplünderungen und -zerstörungen bieten dafür anschauliche Beispiele. Als OLIVER, einer der anarchistischen Führer, versucht, die Ausschreitungen zu stoppen, um zu verhindern, dass die Öffentlichkeit Anarchie mit Brandstiftung und Chaos identifiziert, verwirft man seine Vorhaltungen mit dem Hinweis auf die von der katholischen Kirche jahrhundertelang ausgeübte

Ungerechtigkeit und Unterdrückung (S.25). Sicher ist es auch in Hinblick auf den Bürgerkrieg richtig, dass die spanische Kirche als Institution nicht die Republik, sondern den Faschismus unterstützt hat, aber die wahllose Schändung und Zerstörung von Kirchen dürften dem anti-faschistischen Kampf - aufgrund der durch sie hervorgerufenen Ablehnung nicht nur bei der gläubigen Bevölkerung - mehr geschadet als der anarchistischen Revolution genützt haben. Die Zerstörung einzuschränken und Ruhe und Gelassenheit zu bewahren, wäre für die Anarchisten jedoch gleichbedeutend einem Pakt mit der Regierung.

Das Handeln der Anarchisten zeugt letzten Endes von ihrer Unfähigkeit, taktisch vorzugehen. Als OLIVER seinen Bundesgenossen den Appell der Regierung überbringt, die Revolution zunächst einmal aufzuschieben, um sich mit vereinten Kräften gegen den gemeinsamen Feind zu wenden, weil die anarchistische Revolution ohnehin nicht erfolgreich sein könne, wenn die Republik im Bürgerkrieg unterliegt, antwortet man ihm (S.29): "Y si la República gana, tampoco. La habremos salvado, pero nos recompensarán encarcelándonos. Si la revolución tiene posibilidades, las tiene ahora, no más tarde."

Die Uneinigkeit über das weitere Vorgehen führt zur Spaltung der anarchistischen Bewegung. Auf der einen Seite stehen die gemässigten Führer, die aus der Einsicht, keine andere Wahl zu haben, die Zusammenarbeit mit der Regierung befürworten; auf der anderen findet sich weiterhin die kompromisslose Haltung derer, die die Revolution um jeden Preis durchführen wollen. Für sie gilt jegliches Paktieren mit der Regierung als Verrat an der Revolution. Der Anarchismus führt sich so selbst ad absurdum; denn es zeigt sich, dass er aufgrund der inneren Spaltung, die als direkte Folge der idealistisch bedingten Zurückweisung jeglicher Organisation angesehen werden muss, funktionsunfähig wird (vgl. S.37). Der Misserfolg der gemässigten anarchistischen Führer zieht unweigerlich das massive Vorgehen der republikanischen Macht gegen die Anarchisten nach sich, und damit ihre vorläufige Zerschlagung.

Während die Anarchisten vor allem durch ihr Verlangen nach der Revolution motiviert sind, geht es der Kommunistischen Partei um die Verteidigung der Republik, deren Regierung sie mitträgt. Aus diesem Grund fordert sie die Konzentrierung aller Kraft auf den Kampf gegen die faschistischen Truppen. Eine weitere Erklärung für ihr massives Vorgehen gegen die Anarchisten und den POUM, der sich wiederholt als trotzkistisch dargestellt hatte[195], ergibt sich darüber hinaus aus dem Kurs der Kommunistischen Partei, der sich am Stalinismus der sowjetischen Schwesterpartei orientierte.

So weit kann die Darstellung der historischen Ereignisse durch den Autor akzeptiert werden, aber seine Erklärung für die Auseinandersetzungen zwischen moskautreuen Kommunisten und Anarchisten erscheint unvollständig (S.37):

> El enfrentamiento entre anarquistas y comunistas se explica si se considera la gran influencia de ambos en las masas obreras y lo opuesto de sus ideas sobre la guerra y la revolución. La disparidad de criterios sobre estos puntos invalidaba cualquier posibilidad de entendimiento a corto y largo plazo.

López Mozo versäumt es hier, auf den bereits traditionellen Konflikt zwischen Anarchisten und Stalinisten hinzuweisen, der den orthodoxen Kommunisten den Anarchismus als "utopisch-kleinbürgerliche, pseudorevolutionäre Ideo-

---

195 R. Tamames, La República, S.38.- Die Bezeichnung des POUM als trotzkistisch wird jedoch u.a. von einem seiner Führer, Joaquín Maurín, abgelehnt. S. hierzu: J. Maurín, Revolución y contrarrevolución en España, Paris 1966; zit. nach: K.v.Beyme, Vom Faschismus zur Entwicklungsdiktatur, S.90. In jedem Fall muss der POUM aber als anti-stalinistisch angesehen werden.

logie und Bewegung" erscheinen lässt[196] und noch auf die Auseinandersetzungen zwischen Marx und Bakunin während der I. Internationale zurückgeht.

Die Auflösung des anarchistischen "Consejo de Defensa de Aragón" erklärt sich somit nicht nur aus der Forderung nach Einigkeit im anti-faschistischen Kampf, sondern ebenso aus der ideologisch begründeten Ablehnung des Anarchismus durch die Kommunistische Partei. Der Verdacht, dass in diesem Zusammenhang auch bei den Stalinisten dem ideologischen Aspekt grosse Bedeutung beigemessen wurde, liegt nahe, wenn man berücksichtigt, dass die Auflösung des "Consejo", durch welche offiziell die Vereinigung der republikanischen Kräfte gegen den Faschismus erzwungen werden sollte[197], zunächst eine weitere Spaltung der Kräfte und damit eine Schwächung der Republik bedeutete. Der massive militärische Einsatz gegen die Anarchisten wäre im Kampf gegen die nationalen Truppen sinnvoller gewesen.

Zusammenfassend lässt sich - entsprechend der Darstellung in "Anarchia 36" - die Politik der Kommunistischen Partei im allgemeinen als pragmatisch-taktische, das anarchistische Vorgehen als utopisch-idealistisch charakterisieren. Da aber auf beiden Seiten ein Minimum an Kompromissbereitschaft fehlt, muss man zu dem Schluss kommen, dass sowohl der revolutionäre Fanatismus der Anarchisten als auch die Reaktion der Stalinisten die potentielle Kampfkraft der Republik gespalten und damit geschwächt haben.

---

[196] Stichwort 'Anarchismus', in: Georg Klaus u. Manfred Buhr, Marxistisch-leninistisches Wörterbuch der Philosophie, Reinbek bei Hamburg 1972.

[197] Vgl.: R. Tamames, a.a.O., S.309f.

"Anarchia 36" trägt zweifellos deutliche dokumentarische Züge, es entspricht der Auffassung des Autors vom Dokumentartheater als

> un teatro de información que utiliza materiales documentales. Para mayor precisión debería añadirse que la información ha de ser objetiva. Sucede, sin embargo, que la objetividad es difícil.[198]

Deshalb zeichnet López Mozo den internen Machtkampf im republikanischen Lager nach und beschreibt die Beweggründe und Argumente der beiden grossen Gruppierungen, von denen jede überzeugt ist, das Richtige zu tun. Sein Standpunkt gegenüber dem von ihm Dargestellten wird jedoch in keinem Augenblick in ausreichendem Masse deutlich, sondern lässt sich bestenfalls erahnen: Bei aller Kritik am Verhalten der Anarchisten bringt er ihnen doch eine gewisse Sympathie und Bewunderung entgegen, wenn er die Begründung des "Consejo de Defensa de Aragón" als "gran obra" und als "único ejemplo de poder revolucionario en España" bezeichnet (S.21).[199] Nur rechtfertigt das Handeln der Anarchisten in diesem Stück diese Sympathie nicht. Denn in der durch den Autor vorgenommenen Auflistung von Argumenten und Gegenargumenten beider Seiten finden sich weitaus mehr Argumente gegen als für den Anarchismus - ganz abgesehen davon, dass man auch über die Einrichtung des "Consejo de Defensa de Aragón" nicht unbedingt die überaus positive Meinung López Mozos teilen muss.[200]

Von Wellwarth als Objektivität gepriesen[201], auf die der Autor auch abzielt, ist es gerade die Aneinanderreihung von Argument und Gegenargument ohne wertende Stel-

---

[198] J. López Mozo, Teatro de barrio, teatro campesino (Apuntes), S.77.

[199] Vgl. auch: ders., in: Pip 6 - Textos (2.Zykl.), S.1.

[200] Vgl. M. Tuñón de Lara, La España del siglo XX, Barcelona [2]1977, S.620f.- R. Tamames, a.a.O., S.308.

[201] G.E. Wellwarth, a.a.O., S.79.

lungnahme des Autors, die das Herauskristallisieren eines klaren Standpunkts oder einer - immerhin angestrebten - politischen Lehre weitgehend verhindert. Zwar ruft die durchaus immer noch aktuelle Thematik der Zerstrittenheit innerhalb der Linken fast zwangsweise die Frage hervor, ob die republikanischen Kräfte den Bürgerkrieg für sich hätten entscheiden können, wenn sie sich von Anfang an allein auf den anti-faschistischen Kampf konzentriert hätten, und die einzig mögliche Antwort auf diese hypothetische Frage muss einräumen, dass die schweren Auseinandersetzungen im republikanischen Lager ohne Zweifel zum Untergang der Republik mit beigetragen haben. Aber die daraus abzuleitende Lehre in Form einer Forderung nach Einigung der Linken wird im Handlungsablauf des Stückes nicht deutlich genug herausgearbeitet.

Darüber hinaus schlägt sich die betonte Objektivität in einer zu weitschweifigen, wenig dramatischen Darstellung nieder, die weitgehend auf eine eigenständige Handlung verzichtet und in der das Dokumentarisch-Deskriptive überwiegt. Hinzu kommt, dass grosse Teile der Situationsbeschreibung und zahlreiche historische Fakten, die für das Verständnis des Stückes notwendig sind, in langen nicht dramatisierten Zwischentexten stehen. Von insgesamt 48 Textseiten entfallen etwa elf auf die Zwischentexte, die nur zu geringem Teil direkte Bühnenanweisungen beinhalten. Daraus ergibt sich für die Inszenierung das Problem der Vermittlung dieser für den Zuschauer ohne weiteres nicht fassbaren Informationen. Es böte sich an, geeignete Zwischentexte durch den Reporter Ernest Orwell - Mischung aus Ernest Hemingway und George Orwell - vortragen zu lassen, wie es etwa 1967 bei den Valle-Inclán-Aufführungen unter Regie von José Luis Alonso praktiziert wurde[202]. Das Verständnis des Stückes

---

[202] S.: Rolf Michaelis, Spanien im Zerrspiegel. Das deutsche Theater entdeckt die "Esperpentos" des Ramón

bei der Aufführung könnte so erleichtert werden; der notwendigen dramatischen Verdichtung des Inhalts würde dieses Verfahren allerdings entgegenstehen.

Die hier geäusserten Bedenken könnten möglicherweise durch eine phantasievolle und einfallsreiche Regie zerstreut werden. Die bisher einzige Gelegenheit dazu wurde jedoch vertan. Im Jahre 1979 bereits in das Programm des "Centro Dramático Nacional" aufgenommen, kam "Anarchia 36" schliesslich doch nicht zur Aufführung, Gerüchten zufolge: "por ser 'favorable a las posiciones anarquistas en la guerra civil y contraria a las tesis del PCE'."[203]

In "Anarchia 36" wie in "Guernica" unternimmt López Mozo den Versuch einer Vergangenheitsbewältigung, um aus der spanischen Vergangenheit Lehren für Gegenwart und Zukunft zu ziehen. Während er in "Guernica", in Erinnerung an die Zerstörung der baskischen Stadt, die Kriegsleiden einer unschuldigen Zivilbevölkerung beklagt, um mit einem pazifistischen Appell an sein Publikum zu schliessen, versucht er in "Anarchia 36", die verheerenden Folgen der linksinternen Uneinigkeit während des spanischen Bürgerkriegs aufzuzeigen, um zur Einigung der Linken beizutragen.[204] Obwohl beide Stücke - sowohl aufgrund ihrer Form als auch ihrer Gesamtkonzeption - kaum vergleichbar sind, erscheint doch "Guernica" gelungener, was die Verwirklichung der Absicht des Autors anbelangt. Trotz aller hier aufgezeigten Mängel muss aber auch "Anarchia 36" die ihm gebührende Anerkennung entgegengebracht werden. Um es mit den Worten Ruiz Ramóns auszudrücken[205]: "no es [...] una obra vulgar, ni mucho menos, sino un notable experimento que sólo a un autor de talla podía tentar."

---

del Valle-Inclán, in: Theater heute, 15. Jg., Nr.5 (5.Mai 1974), S.22.

[203] M. Bayón, a.a.O.

[204] J. López Mozo, a.a.O.

[205] F. Ruiz Ramón, a.a.O., S.549.

5.3. Gattungsgeschichtliche Aspekte

5.3.1. Inhaltliche und formale Einflüsse im Theater beider Autoren

5.3.1.1. Einflüsse aus dem ausserspanischen Kulturbereich - das Theater des Absurden

Eines der Hauptanliegen der Autoren des "Nuevo Teatro Español" ist die notwendige ästhetische Erneuerung des spanischen Gegenwartstheaters. Ihre Stücke zeichnen sich dementsprechend durch das Experimentieren mit zeitgenössischen europäischen und amerikanischen Theatertechniken und Stilrichtungen aus, die man assimilieren und auf die spanischen Verhältnisse übertragen will, um einen neuen, eigenen Stil zu erarbeiten. In den Stücken Matillas und López Mozos lässt sich eine Vielfalt von Einflüssen feststellen, die sich bei Matilla relativ früh zu einem individuellen, der Farce nahestehenden ästhetischen Grund-Konzept formieren, während bei López Mozo das fortgesetzte Stilexperiment charakteristischer Zug des gesamten künstlerischen Schaffens bleibt. Elemente des epischen und des Dokumentartheaters, der Farce und des Happenings, des kabarettistischen Stils und des Revuetheaters führen in wechselnden Kombinationen zu unterschiedlichen ästhetischen Resultaten. Vor allen ist es aber das Theater des Absurden, das die dramatische Produktion Matillas und López Mozos - und des N.T.E. überhaupt - von Anfang an massgeblich beeinflusst.[206]

Genauso wie López Mozo und Matilla durch die neue und ungewohnte Verbindung verschiedener bekannter dramatischer Elemente ein neues ästhetisches Konzept zu

---

[206] Vgl. A. Miralles, Una generación sin oportunidades, S.26f.- Ders., Nuevos rumbos del teatro, Barcelona 1973, S.38.

entwickeln suchen, hatten auch die Dramatiker des absurden Theaters auf traditionelle Formen zurückgreifen können, um ihren eigenen dramatischen Stil zu begründen. Nach Martin Esslin[207] lassen sich

> die uralten Traditionen, die das Theater des Absurden wieder aufgegriffen, neu und individuell abgewandelt und zur Ausdrucksform neuzeitlicher Probleme und Anliegen erwählt hat, [...] etwa in folgende Rubriken fassen:
> 'Reines' Theater, d.h. abstrakte szenische Effekte, wie man sie im Zirkus oder in der Revue findet, in den Darbietungen von Gauklern, Akrobaten, Stierkämpfern und Mimen.
> Clowns- und Narrenpossen, Wahnsinnsszenen.
> Verbaler Nonsens.
> Literatur des Traums und der Phantasie, die oft eine starke allegorische Komponente hat.

Diese oder ähnliche Elemente lassen sich auch im Theater López Mozos und Matillas erkennen. Was Esslin als 'reines' Theater bezeichnet, drückt sich bei beiden in der Ablehnung des Dialogtheaters aus; die verbale Kommunikation ist für sie nicht mehr das wichtigste, sondern nur noch eines neben anderen gleichberechtigten Elementen, in die Gestaltung ihrer Aussage beziehen sie gezielt visuelle und sonore szenische Effekte mit ein. Clowns- und Narrenpossen sowie Wahnsinnsszenen gehen ein in Stücke wie Matillas "Los chicos del violón" und "Juegos de amanecer" oder López Mozos "Los novios" und "Collage occidental". Die alptraumhaften hermetischen Stücke Matillas erinnern schliesslich an Traum- und Phantasiebilder, die sich auch bei López Mozo, etwa in "Negro en quince tiempos" oder "Ceremonia nupcial", lokalisieren lassen. Lediglich dem verbalen Nonsens fällt im Theater beider Autoren nur geringe Bedeutung zu, wenngleich er bei anderen Autoren des N.T. als wichtiges Stilemement hervortritt.[208]

---

207 M. Esslin, Das Theater des Absurden, S.250f.

208 Ich denke dabei vor allem an Miguel Romero Esteo. S. u.a. sein Stück "Pasodoble", in: PA 162 (Nov.1973), S.15-49.

Vor allem sind es aber jene drei Merkmale, die Ruiz Ramón als charakteristisch für das gesamte N.T.E. hervorhebt[209], welche das Herstellen eines Bezugs zwischen dem Theater des Absurden und dem jungen spanischen Theater erlauben:

1. die innere Zerstörung der Personen, d.h. das Fehlen einer charakterlichen Identität,

2. die Vermittlung der Aussage nicht nur durch sprachliche Elemente, sondern vor allem auch durch Gegenstände, und

3. die parabelhafte bzw. symbolische Handlung und Sprache, die nicht den Handlungsverlauf, sondern die Darstellung einer Situation in den Vordergrund stellen.

In den Stücken des absurden Theaters finden sich kaum Figuren, die eine eigene psychologische Entwicklung zeigen und ihrem eigenen Willen folgen. Die Handelnden - oder besser Leidenden - erscheinen vielmehr als Puppen oder Marionetten, welche äusseren Gesetzmässigkeiten gehorchen, die nicht ihrer Entscheidungsgewalt unterliegen. Entsprechend der ihnen fehlenden Individualität teilen sie auch keine individuellen, sondern vielmehr allgemeingültige Probleme mit.[210] Genau diese Marionettenhaftigkeit der Akteure meint Ruiz Ramón, wenn er bezüglich des N.T.E. von innerer Zerstörung der Personen spricht. Die Figuren in den Stücken Matillas und López Mozos besitzen kaum irgendwelche Persönlichkeitsmerkmale, die auf ein eigenständiges Handeln hindeuten könnten. Sie hängen wie Marionetten an ihren Drähten und sind nicht in der Lage, sich von ihnen loszumachen. Das Ehepaar in "El observador" z.B. passt sich der Überwachungssituation weitgehend widerstandslos an; das jungverheiratete Paar in

---

[209] F. Ruiz Ramón, Historia, S.527ff.

[210] Vgl. hierzu: M. Esslin, a.a.O., S.12 u. S.277.- Gottfried Büttner, Absurdes Theater und Bewusstseinswandel. Über den seelischen Realismus bei Beckett und Ionesco, Berlin 1968, S.25.

"El premio" und der Pianist KOS in "El piano" verhalten sich, wie man es von ihnen erwartet. BRUNO und MOSCA in "El retorno" sowie die Figur aus dem Happening "Maniquí" veranschaulichen schon durch die Auswechselbarkeit der von ihnen dargestellten Rollen, dass sie blosse Funktionen, keine Individuen sind. Selbst wo sich Ansätze einer eigenständigen Persönlichkeit abzuzeichnen scheinen, wird deutlich, dass diese weniger auf individuelle charakterliche Eigenschaften zurückzuführen ist, als vielmehr durch äussere Zwänge diktiert wird. Der Junge aus "Post mortem" lehnt sich nicht aufgrund von individuellen Beweggründen gegen das übermächtige Bestattungsunternehmen auf, sondern wird durch die Unerträglichkeit des Bestehenden dazu gezwungen. Auch seine Resignation gegen Ende des Stückes gehorcht allein dem gesellschaftlichen Druck. Das Mädchen, das der Junge überredet, sich an seinem Vorhaben zu beteiligen, handelt nicht aus Überzeugung, sondern folgt ihm fast willenlos, und widerstandslos lässt es sich nach dem Tod des Jungen wieder in die Obhut des Bestattungsinstituts zurückführen. Auch CRAP, der übermächtige Konzernchef, ist letzten Endes in seinem Handeln nicht frei; er muss sich an den als solche aufgefassten Notwendigkeiten seines Industrieimperiums orientieren. Und selbst PIPO, die Hauptfigur in "El retorno", dem von allen Figuren in den Stücken López Mozos und Matillas noch am ehesten ein individuelles Bewusstsein und eine persönliche Entwicklung zugeschrieben werden könnten, wird in seinem Verhalten im wesentlichen von äusseren Einflüssen bestimmt. Er wird zum Aussenseiter, weil er sich ausserstande sieht, die gesellschaftliche Realität kritiklos hinzunehmen, er sieht sich zur Anpassung gezwungen, weil die Gesellschaft, in der er lebt, seine Haltung ablehnt und ihn auszustossen droht. Der Marionettencharakter der Figuren, das ihnen von aussen aufgezwungene Handeln, wird auch hier hinreichend deutlich.

Es ist nur konsequent, wenn angesichts solcher entmenschlichten Figuren, die eigentlich nichts Persönliches mehr mitzuteilen haben, die Aussage des Autors sich nicht mehr nur auf sprachliche Mittel stützt, sondern alle szenischen Elemente und damit auch den gegenständlichen Bereich einbezieht. Büttner stellt im Werk Ionescos und Becketts diese Hinwendung zum totalen Theater und die damit verbundene Betrachtung des Bühnentextes als nur einen Teil der Aufführung fest[211], und Esslin erläutert[212]:

> Das Theater des Absurden [...] strebt nach einer radikalen Abwertung der Sprache, nach einer Dichtung, die unmittelbar aus den auf der Bühne sichtbar und gegenständlich gewordenen Bildern hervorgehen soll. [...] was auf der Bühne <u>geschieht</u>, sagt mehr aus als die <u>Worte</u>, die von den Figuren gesprochen werden, ja, es widerspricht diesen sogar oft.

Schon Brecht hatte in seinem frühen Stück "Die Hochzeit" die Dekadenz der Bourgeoisie durch zusammenbrechende Möbelstücke versinnbildlicht[213], im absurden Theater gewann dieses Mittel der Aussage jedoch breitere Bedeutung, und auch das N.T. behandelt die nicht-sprachlichen Elemente als dem dramatischen Text mindestens ebenbürtig. So wird die offizielle Wahrheit in "El adiós del mariscal" neben sprachlichen Mitteln vor allem auch durch die mimischen und gestischen Reaktionen der Beteiligten wie auch durch die dieser Wahrheit absolut entgegenstehende Ausgangssituation als hohle Ideologie entlarvt. "El monumento erecto" ist in Matillas gleichnamigem Stück der hauptsächliche Träger der gegen die Sinnlosigkeit des Krieges und die Absurdität kriegerischen Heldentums gerichteten Aussage des Autors. Das Eigenheim in "El premio" steht mit seiner lebensfeindlichen Struktur in krassem Wider-

---

[211] Ebd., S.157f.

[212] M. Esslin, a.a.O., S.16.- Vgl. auch: ebd., S.251.- A. Miralles, Nuevo Teatro Español, S.97.

[213] S. hierzu: M. Esslin, a.a.O., S.291.

spruch zu der Geborgenheit, die SIE und ER, jeder auf seine Weise, in ihm zu finden hoffen. Fast hermetisch geschlossene Bühnenbilder wie in "Moncho y Mimí" vermitteln das Gefühl der Ausweglosigkeit aus der dargestellten Situation, und eine riesige Uhr versinnbildlicht in "Maniquí" den Ablauf historischer Epochen der Unterdrükkung. In "El habitáculo" und "El caserón" ist es sogar das gesamte Szenarium, welches eine vorgegebene konkrete Situation - in diesem Fall den Franquismus - symbolisiert, und nur das Erkennen dieser Bedeutung erlaubt es, den Sinn der Stücke zu erschliessen.

Das Theater des Absurden ist letzten Endes "ein Theater der Situation im Gegensatz zum Theater des Handlungsablaufs, und seine Sprache ist nicht die der Beweisführung und der diskursiven Rede, sondern eine Zeichensprache in konkreten Bildern."[214] Hieraus erklärt sich sein stark symbolischer Charakter, denn die thematisierte Situation muss mit allen Mitteln dargestellt werden und in allen zur Verfügung stehenden Elementen erkennbar sein. Auch die Sprache dient vor allem der Veranschaulichung dieser Situation.

Esslin schreibt zur dramatischen Struktur des absurden Theaters[215]:

> Viele Stücke des Theaters des Absurden haben einen kreisförmigen Ablauf; sie enden genau dort, wo sie angefangen haben. Die Entwicklung anderer Stücke besteht ausschliesslich in einer wachsenden Intensivierung der Ausgangssituation.

In einem Interview mit López Mozo hatte A.C. Isasi mit Bezug auf "Moncho y Mimí" festgestellt[216]:

---

[214] Ebd., S.312.

[215] Ebd., S.322.

[216] A.C. Isasi Angulo, Diálogos, S.334.

> En tu obra no hay progresión; su argumento no es lineal. El intento de los dos protagonistas se quiebra trágicamente. Hay una falta de apertura, una cerrazón que recuerda la regresión de la línea a su punto de partida, el círculo.

Was Isasi hier als Vorwurf konzipierte, zeigt jedoch die Nähe des Theaters López Mozos zum Theater des Absurden. Der Autor stellt vor allem in seinen frühen Stücken wie "Los novios", "La renuncia", "Moncho y Mimí" und auch noch in "El retorno" geschlossene Situationen dar, denen er die Form seiner Stücke entsprechen lässt. Dasselbe gilt für Matillas hermetische Stücke, insbesondere für "El observador", die beiden ersten Einakter seiner "Ejercicios en la red" und "Post mortem". Auch das N.T.E. ist letzten Endes Situationstheater.

Neben diesen formalen Übereinstimmungen zwischen dem absurden Theater und dem von Matilla und López Mozo existieren aber auch einige inhaltliche Gemeinsamkeiten. Für Esslin setzt sich das absurde Theater mit nur "wenigen Kernproblemen der menschlichen Existenz" auseinander: "Leben und Tod, Vereinsamung und Gemeinsamkeit."[217] Immer wieder zeigt es "den Menschen, in ewiger Einsamkeit, gefangen im Kerker der Subjektivität, unfähig, den Mitmenschen zu erreichen." Wird nicht in "Moncho y Mimí" in einer kerkerähnlichen Umgebung eine solche Situation der Einsamkeit und der Unfähigkeit zur zwischenmenschlichen Verständigung vermittelt, die noch dadurch zusätzlich intensiviert wird, dass der eine den anderen erschlägt? Das Auftreten des Selbstmörders in "Los novios", der in einem Café nach dem Weg zum Fluss fragt, in dem er sich ertränken will, ruft bei den übrigen Anwesenden nur Desinteresse und gelangweiltes Gähnen hervor. Auch das jungverheiratete Paar aus "El premio" ist unfähig, sich zu

---

[217] Dieses und das folgende Zitat: M. Esslin, a.a.O., S.311.

verständigen. Auf ihrem subjektiven Standpunkt beharrend, reden beide nicht nur gegeneinander, sondern vor allem aneinander vorbei.

Ein Grundthema, das Esslin in den frühen Stücken Adamovs erkennt, zeichnet sich ebenso in einigen Stücken López Mozos und Matillas ab: die Darstellung des Menschen, "der keinen Ausweg findet aus dem unentrinnbaren Dilemma, dass tätiges Streben und passive Trägheit zu demselben Ergebnis führen - zu nichts, und schliesslich zum Tode."[218] Stücke wie "El retorno" oder "Post mortem" sind charakteristisch für dieses Realitätsempfinden, in dem sich Pessimismus widerspiegelt und das die Gefahr einer fatalistischen Tendenzgebung nicht immer ausschliesst. PIPOS Engagement führt zu keinem anderen Resultat als die Trägheit seiner Freunde BRUNO und MOSCA: Sein besserer Weg führt letzten Endes doch zur Anpassung, PIPO ist nicht in der Lage, das Bestehende zu verändern. Genauso aussichtslos erscheint der aktive Versuch des Jungen in "Post mortem", die gesellschaftliche Norm zu durchbrechen; kein Erfolg rechtfertigt sein Streben gegenüber der Passivität des Mädchens, das ihm willenlos folgt.

Obwohl den Autoren des N.T.E. die formalen Merkmale des absurden Theaters aufgrund einiger experimenteller Aufführungen bekannt waren, erscheint es fraglich, ob ihnen Bühnentexte dieser Art zum Zeitpunkt des Entstehens ihrer eigenen Stücke in so ausreichendem Umfang zur Verfügung standen, dass sie thematische Schwerpunkte hätten feststellen können. Wenn sich trotzdem nicht nur formale, sondern auch derartige inhaltliche Übereinstimmungen erkennen lassen, so zeigt das, dass die jungen spanischen Dramatiker der gesellschaftlichen Realität und der Situation des Menschen überhaupt mit einer ähnlichen Haltung gegenüberstehen wie die Dramatiker des Absurden.

---

[218] Ebd.

"El absurdo es una constante de nuestras vidas," erklärt Matilla[219] mit dem ausdrücklichen Einverständnis López Mozos in einem Interview. Beide Autoren wollen ihrem Publikum dieses Absurde vor Augen führen und verfolgen damit ähnliche Ziele wie das absurde Theater, dessen Absicht es ist, "dem Menschen die elementaren Realitäten seines Daseis wieder zum Bewusstsein zu bringen, [...] ihn aufzurütteln aus einer trivial, mechanisch und selbstgefällig gewordenen Existenz, der jene Würde fehlt, die aus Bewusstsein erwächst."[220] Hier wie dort versucht man, dem mitzuteilenden Absurden eine angemessene Form zu verleihen, die allein schon den Charakter des Dargestellten veranschaulicht. Die absurde Führung der Handlung soll das gewohnte Erleben des Publikums und sein Einleben in das Geschehen verhindern, damit der Zuschauer das Erlebte distanziert bewerten kann; "die äussere Welt soll dadurch transparent gemacht werden," wie Büttner erklärt.[221] Dabei geht es jedoch nicht darum, dem Zuschauer Lösungen für die dargestellten Probleme anzubieten, vielmehr wird er "aufgefordert, die <u>Fragen</u> zu formulieren, die er stellen muss, wenn er den Sinn des Stückes erfassen will."[222] Diese Absicht entspricht einer Tendenz, die Bernard Dort allgemein für das zeitgenössische Theater feststellt[223]:

> La actividad teatral tiene cada vez menos la intención de llevar el mundo a la escena, de dar una imagen acabada y perfecta, de decir la verdad a los espectadores. Tiende, sin embargo, a colocar a los espectadores en un estado que les permita descubrir por ellos mismos, fuera del teatro, la verdad, y a conducirlos, por el teatro, a tomar una posición en

---

219 A. García Pintado, Matilla-López Mozo, saltando en las hogueras, S.20.

220 M. Esslin, a.a.O., S.310.

221 G. Büttner, a.a.O., S.25.

222 M. Esslin, a.a.O., S.323.

223 B. Dort, Tendencias del teatro actual, Madrid 1975, S.32f.

> el mundo. El teatro nos propone así una propedéutica de la realidad: lo real está representado [...] como una meta a conseguir, y no como un dato universal e inmutable.

Das Ziel ist es, den Zuschauer geistig zu aktivieren, damit er das Absurde der Realität, in der er lebt, erkennt und dadurch befähigt wird, diese Realität zu bewältigen.[224]

Sowohl das Theater des Absurden wie auch das N.T.E. setzen sich demnach mit der Realität des Menschen auseinander, wenngleich sie nicht mit den künstlerischen Mitteln des Realismus arbeiten. Sie wählen vielmehr eine deformierende Weise der Darstellung, um den hintergründigen wahren Charakter der Realität deutlich zu machen, der ihrem äusseren Anschein nach nicht unmittelbar zu erkennen ist. So kann Sastre Becketts "Warten auf Godot" als ausgesprochen realistisch bezeichnen[225]:

> Esperando a Godot captura precisamente ese "no suceder nada" constituyente de nuestra existencia cotidiana. Es, por eso, un cuadro familiar, una placa radiográfica en la que nos reconocemos con horror. La trama de Esperando a Godot es, justamente, la trama de nuestra vida.

Und er fügt erklärend hinzu: "hablo de la vida 'alienada'." Wenn nun Esslin das Theater des Absurden als ein Theater auffasst, "das sich um soziale Gegebenheiten nicht kümmert"[226], irrt er. Zwar ist "die Realität, mit der sich das Theater des Absurden beschäftigt, psychologischer Natur [...] - seine Szenen und Bilder sind nach aussen projizierte Gemütszustände, Ängste, Träume und innere Konflikte des Autors"[227], aber diese Ängste,

---

[224] Vgl. M. Esslin, a.a.O., S.320.

[225] A. Sastre, Anatomía del realismo, Barcelona [2]1974, S.44; folgendes Zitat: S.53.- Vgl. auch: J. Monleón, Treinta años de teatro de la derecha, S.125.

[226] M. Esslin, a.a.O., S.329.

[227] Ebd., S.322.- S. auch: G. Büttner, a.a.O., S.228.

Träume und inneren Konflikte entbehren keinesfalls einer gesellschaftlichen Grundlage. Esslin selbst erkennt im absurden Theater "eine Geisteshaltung", "die wahrhaft repräsentativ für unsere Zeit ist" und deren Hauptmerkmal die Erkenntnis sei, "dass die Gewissheiten und unerschütterlichen Glaubenssätze früherer Zeiten hinweggefegt sind."[228] Damit stellt sich dieses Theater auf eine soziologisch fassbare Grundlage, und es kümmert sich auch um sie; denn seine Grundthemen wie Langeweile, Einsamkeit, die Unfähigkeit zur zwischenmenschlichen Verständigung und die Entfremdung schlechthin (siehe Sastre) sind ohne die entsprechenden gesellschaftlichen Voraussetzungen überhaupt nicht denkbar und müssen als soziale Gegebenheiten angesehen werden. Schliesslich ging das Theater des Absurden nicht aus vergangenen Epochen mit anderen soziologischen Voraussetzungen hervor, sondern entstand in einer kapitalistischen Gesellschaft, deren Hauptproblem die fortschreitende Entfremdung des Menschen ist. Auch die psychologische Situation des Menschen wird letzten Endes von seiner Umwelt geprägt. Allenfalls kann dem Theater des Absurden der Vorwurf gemacht werden, dass es den Zusammenhang zwischen der psychischen Situation des Menschen und den gesellschaftlichen Voraussetzungen nicht hinreichend verdeutlicht, weil es ihn vielleicht in seiner letzten Konsequenz nicht erkennt.

Eben aus diesem Grund unterscheiden sich die vom absurden Theater und die vom N.T.E. dargestellten Situationen, obwohl sich beide mit der Lebenssituation des Menschen auseinandersetzen, nicht unwesentlich. Büttner betrachtet als Essentielles des absurden Theaters die Innenbeschau des Menschen, das Überschreiten einer "Schwelle zur geistigen Welt".[229] Das N.T. ist zweifel-

---

[228] Ebd., S.13.

[229] G. Büttner, a.a.O., S.228.

los nicht in dieser Weise absurdes Theater, denn es setzt sich nicht primär mit einer inneren, geistigen Welt des Individuums auseinander, sondern in erster Linie mit dem gesellschaftlichen Sein und der gesellschaftlichen Realität der Gegenwart. Es zeigt den Menschen in einer absurden Lebenssituation - insbesondere in der als absurd empfundenen Situation des Franquismus -, in der Menschen durch Menschen unterdrückt werden, und behandelt die psychologische Situation des Individuums nur in diesem Zusammenhang. Das N.T.E. thematisiert daher weniger die Absurdität der menschlichen Existenz an sich, in der Esslin den Menschen "ausserhalb eines historischen Zusammenhangs, in Ursituationen seines Daseins,"[230] zu erkennen glaubt, sondern sucht bewusst, um ein durch den Menschen selbst verursachtes Absurdes darzustellen, den historischen Bezug. Während die Dramatiker des Absurden ein vorwiegend metaphysisches Theater schrieben - so grenzten die Autoren des neuen spanischen Theaters ihre Stücke gegen das eigentliche absurde Theater ab -, sei ihr eigenes in erster Linie politisch orientiert.[231]

In diesem betonten sozio-politischen Bezug des N.T.E. mag der Grund dafür liegen, dass die Stücke López Mozos und Matillas auf eine Zukunftsperspektive verweisen können, auf eine Hoffnung auf Veränderung des Bestehenden, die im Theater des Absurden weitgehend fehlt. Denn der Verlust des Vertrauens in das göttliche Schöpfungsprinzip, das allein der Existenz des seiner selbst entfremdeten Menschen noch einen Sinn hätte geben können, scheint hier die Möglichkeit eines Auswegs zu ver-

---

[230] M. Esslin, a.a.O., S.311.

[231] S.: J. López Mozo, in: A. García Pintado, a.a.O., S.19f.- José Ruibal, Mimetismo y originalidad, in: PA 123-124, S.46f.- A. Miralles, Nuevo Teatro Español, S.53.

schliessen. Diese Möglichkeit bleibt in den Stücken des N.T.E. erhalten, da erkennbar wird, dass durch Menschen verursachte Sinnlosigkeit auch durch Menschen wieder behoben werden kann.

Bei Matilla und López Mozo ist diese Hoffnung fast immer - wenn auch mit wechselnder Intensität - vorhanden. Sie zeigt sich deutlich in "El testamento", als der Enkel das faschistische Testament seiner Grosseltern vernichtet, oder in "El monumento erecto" (Urfassung), in dem ein kleiner Junge das Symbol des Bestehenden zerstört. Aber selbst in Stücken wie "El retorno", "Crap" und "El caserón" oder "Funeral", "El habitáculo" und "Post mortem", in denen die Zukunftsperspektive eher pessimistisch beurteilt wird oder der Erfolg der Veränderungsabsicht ungewiss bleibt, stellt sich diese Hoffnung dar und muss als Aufforderung an das Publikum verstanden werden, sich für ihre Verwirklichung einzusetzen.

Es wird deutlich, dass López Mozo und Matilla der stilistischen Vorarbeit des absurden Theaters zwar einiges verdanken, ihre Stücke aber im engeren Sinne kaum als absurdes Theater gewertet werden können. Der häufig vor allem von seiten der "Generación Realista" geäusserte Vorwurf des "mimetismo" (siehe Kap. 2.3.2.2.) sieht sich damit entkräftet, denn López Mozo und Matilla verwenden zwar Elemente des absurden Theaters - wie auch anderer Stilrichtungen -, aber sie imitieren es nicht, sondern assimilieren es, indem sie seine Entwicklungen den eigenen Absichten und Erfordernissen anpassen.

5.3.1.2. Rückbesinnung auf die spanische Tradition - "farsa" und "esperpento"

L. Teresa Valdivieso schreibt in ihrer Untersuchung zum spanischen Untergrund-Theater[232]:

> podríamos sintetizar el concepto de teatro clandestino diciendo que es una denuncia, una reflexión angustiosa sobre el mundo, una risotada satánica y desgarradora ante ciertas vivencias del hombre de nuestros días.

Die Realität wird übertrieben und verzerrt dargestellt, um sie eindrücklicher und unmissverständlicher vermitteln zu können, als es einer naturalistisch-realistischen Darstellung möglich wäre. Wie Erich Köhler erkennt, muss "die Wirklichkeit verfremdet werden [...], wenn die Kunst deren eigentliches Wesen zur Erscheinung bringen soll."[233] Je komplexer und undurchschaubarer die Wirklichkeit aber wird, um so komplizierter werden auch die ästhetischen Mittel, die der Künstler braucht, um ihr eigentliches Wesen blosszustellen. Die formalen Neuerungen des absurden Theaters kommen den Absichten des N.T.E., ein der von ihnen darzustellenden Situation angemessenes ästhetisches Konzept zu entwickeln, entgegen, zumal die spanische Theatertradition ebenfalls auf Darstellungsformen zurückblicken lässt, wie sie sich das Theater des Absurden zunutze macht. Matilla nennt insbesondere "lo grotesco, la farsa, la pantomima"[234], und es ist vor allem die Farce, die den Autoren des neuen spanischen Theaters das zu bieten scheint, was sie suchen:

---

[232] L.T. Valdivieso, Una aproximación semiológica al teatro clandestino español, S.303.

[233] E. Köhler, Über die Möglichkeiten historisch-soziologischer Interpretation (aufgezeigt an französischen Werken verschiedener Epochen), in: Viktor Žmegač (Hg.), Methoden der deutschen Literaturwissenschaft, Frankfurt am Main 1971, S.315.

[234] L. Matilla, in: A.C. Isasi Angulo, a.a.O., S.308.

eine Darstellungsweise, die einerseits den hintergründigen Charakter der Realität durchschaubar macht, und andererseits - aufgrund der Möglichkeit, komische Elemente zu integrieren - den Kontakt zu einem dem traditionellen Theater entwöhnten, potentiellen Massenpublikum gleichzeitig begünstigt. Ein Grossteil der Stücke des absurden Theaters kann als Farcen gelten oder steht diesen zumindest nahe[235], denn nicht zuletzt abstrahiert man auch hier vom Individuum, um archetypische Figuren zu schaffen und nicht Einzelschicksale, sondern kollektive Geisteshaltungen und gesellschaftliche Gegebenheiten zu veranschaulichen, die man oft in ihrer Lächerlichkeit und Absurdität blossstellen will.

In ihrem Bemühen, nicht nur die Entwicklungen des zeitgenössischen europäischen und amerikanischen Theaters zu assimilieren, sondern ebenso an die spanische Tradition anzuknüpfen, entdecken die Dramatiker des N.T. - und mit ihnen López Mozo und Matilla - das Theater Valle-Incláns wieder, dessen Bedeutung für die ästhetische Erneuerung des spanischen Theaters von den Machthabern des Franquismus verleugnet wurde und deshalb nach dem Bürgerkrieg jahrzehntelang nicht zum Tragen kommen konnte, über den aber García Lorenzo schreibt[236]: "Valle es, indudablemente, el adelantado de una forma de hacer teatro, que en la Europa de los últimos treinta años ha sido denominada como 'teatro del absurdo'."Was Valle mit dem Theater des Absurden verbindet, ist seine deformierende Art der Darstellung, die das real Existierende seines äusseren Scheins entblösst, um dem Publikum die

---

235 Federico Roda, Aquí se habla del mimo y de la pantomima como elementos predilectos de la farsa, in: Yor 5-6 (Juli/Aug.1965), S.13.- Vgl. hierzu u. zum Folgenden auch: Domingo Pérez Minik, Se trata de la farsa, esa forma incordia del teatro europeo, in: Yor 5-6, S.4f.

236 L. García Lorenzo, El teatro español hoy, Barcelona 1975, S.68.

nackte Wahrheit schonungslos zu offenbaren.[237] Was ihn vom Theater des Absurden trennt, ist die Thematik seiner Stücke, die sich kaum mit der psychologischen Innenbeschau des Menschen befasst, sondern mit den sozialen und politischen Gegebenheiten seiner Zeit. Schon unter diesem Aspekt muss Valle-Incláns Ästhetik den spanischen Nachwuchsdramatikern als überaus geeignet erscheinen, ihrer Regimekritik eine angemessene Form zu verleihen; denn sie waren von Anfang an bestrebt, die formalen Elemente des absurden Theaters mit der Anklage einer äusseren Welt zu verbinden, und stellen nun fest, dass Valle eine der von ihnen angestrebten sehr ähnliche Synthese bereits vor dem Bürgerkrieg gelungen war. Zudem entsteht Valles Haltung gegenüber dem Bestehenden und seine verzerrte Wiedergabe einer als unerträglich empfundenen Situation aus derselben Ablehnung der gelebten Wirklichkeit heraus, wie sie auch die Haltung der Autoren des N.T. kennzeichnet, die sich zur massiven Kritik am Franquismus verpflichtet fühlen.[238]

Es ist jedoch nicht nur die Farce, für die sich López Mozo und Matilla interessieren, sondern mehr noch Valle-Incláns Weiterentwicklung der Farce zum "esperpento". Die Farce kann nach Ruiz Ramón als ästhetische Entsprechung der Entmythifizierung historischer Realität gelten.[239] Aber sie birgt die Gefahr, dass aufgrund der distanzierten Betrachtungsweise die Identifikation des Zuschauers mit seiner eigenen, auf der Bühne verfremdeten Lebenswirklichkeit verhindert wird. Valle möchte zwar dem Zuschauer die gewohnten historischen Umstände als fremd erscheinen lassen, um ein verändertes Geschichtsbewusstsein hervorzurufen, aber gerade deshalb

---

[237] Vgl. Enrique Sordo, Por la farsa al esperpento, in: Yor 5-6, S.9f.

[238] Vgl. ebd.

[239] S. hierzu u. zum Folgenden: F. Ruiz Ramón, Estudios de teatro español, S.219ff.

ist es notwendig, ihn erkennen zu lassen, dass die auf der Bühne fremd erscheinende Darstellung der gewohnten Situation entspricht. In der Struktur des "esperpento" findet Valle die Lösung des Problems: "integrar dialécticamente la mirada distanciada, consustancial a la visión grotesca de la realidad, y la visión identificada, consustancial a la visión trágica de la realidad."[240] Auf diese Weise gelingt es, den Zuschauer einerseits zu einer nüchternen Betrachtung und Einschätzung des Dargestellten zu veranlassen, gleichzeitig aber auch zu der Erkenntnis, dass er in einer der vorgeführten vergleichbaren Situation lebt. Durch die dialektische Verbindung der tatsächlichen Realität und des sie verdeckenden Scheins wird gleichzeitig der lächerliche wie auch der tragische Charakter dieser Situation deutlich, und nur in dieser Verbindung kann, so Ruiz Ramón, ihr eigentliches Wesen dargestellt werden[241]:

> Representarla sólo en su realidad conduciría a una visión trágica, pero falsa; representarla sólo en su apariencia conduciría a una visión grotesca, pero igualmente falsa. El esperpento viene a ser así la única forma dramática capaz de expresar lo trágico y lo grotesco simultáneamente, no alternadamente.

Valle-Inclán entwirft seine Ästhetik des "esperpento" nicht in einer theoretischen Abhandlung, sondern lässt sie vor allem von den Figuren in seinen Stücken erklären, von Max Estrella in "Luces de bohemia" und von Don Estrafalario im "Esperpento de los cuernos de don Friolera", deren Ausführungen er nur gelegentlich durch persönliche Angaben ergänzt.[242] Max Estrella ist es, der

---

[240] Ebd., S.221. Ruiz Ramón verwendet den Begriff des "Grotesken" in der Bedeutung des "Lächerlichen" und "Verzerrten", des "Entmythifizierten".- S. auch: ders., Historia, S.133.

[241] Ders., Estudios, S.166.

[242] F. Ruiz Ramón zitiert die üblichen Texte Valles zur Theorie des "esperpento" aus "Luces de bohemia", aus

Valles Ästhetik am deutlichsten darstellt. Im zwölften Bild der "Luces de bohemia", kurz vor seinem Tode, erklärt er seinem zwielichtigen Begleiter, Don Latino de Hispalis[243]:

> MAX.- La tragedia nuestra no es tragedia.
> DON LATINO.- ¡Pues algo será!
> MAX.- El Esperpento.
> ....
> El sentido trágico de la vida española sólo puede darse con una estética sistemáticamente deformada.
> ....
> La deformación deja de serlo cuando está sujeta a una matemática perfecta. Mi estética actual es transformar con matemática de espejo cóncavo las normas clásicas.

Den Begriff "esperpéntico" definiert das Wörterbuch der "Academia Española" als "lo tragicómico desatinado y absurdo, de mala traza, desaliñado y feo."[244] Da - nach Max' Worten - die spanische Realität nicht eigentlich tragisch, sondern esperpentisch ist: hässlich, entstellt und absurd, tragisch und komisch, besser lächerlich, zugleich, sieht sich Valle nur durch eine systematische Verformung der Realität in der Lage, ihre tragische Bedeutung herauszuarbeiten. Denn durch die systematische Deformierung ihres äusseren Scheins, wird ihr wahres Sein wieder erkennbar; die künstlerische Deformierung einer entstellten Wirklichkeit ist in ihrem Resultat keine Deformierung mehr, weil sie sichtbar gemachte Realität vorführt, indem sie den gesellschaftlichen Schein als verfälschende Entstellung der Realität entlarvt.[245] Valle

---

Prolog und Epilog der "Cuernos de don Friolera" sowie aus einem Artikel von G. Martínez Sierra (Hablando con Valle-Inclán, in: ABC v. 7.Dezember 1938), in: Historia del Teatro Español, S.118-122.

[243] Ramón del Valle-Inclán, Obras escogidas, Bd.II, Madrid ²1974, S.1245f.

[244] Zit. nach: A. Sastre, a.a.O., S.70.

[245] Vgl. hierzu: Ebd., S.74.- J.A. Gómez Marín, Valle: Estética y compromiso, in: Cuadernos Hispanoameri-

lässt Max mit der Erklärung schliessen, seine Ästhetik bestehe darin, "con matemática de espejo cóncavo las normas clásicas" umzuformen. Er meint hier einerseits die Schicksalsgesteuertheit des unausweichlichen Untergangs der klassischen Heldenfiguren, die er für die Darstellung der von ihm gelebten Gegenwart nicht mehr akzeptieren kann, und andererseits das klassische Konzept des Tragikomischen. Bei Valle geht es nicht mehr nur darum, "tragische Zusammenhänge mit komischen Motiven zu eindruckssteigernder Kontrastwirkung" zu verbinden oder "komische Sachverhalte in tragischer Beleuchtung erscheinen" zu lassen[246]; in seinem "esperpento" handelt es sich vielmehr um eine weitergehende Synthese von Tragik und Komik, in der beide nicht mehr voneinander isoliert werden können, weil sie beide im eigentlichen Sinne nicht mehr vorhanden sind: Echte Tragik kann nicht aufkommen, da Valle-Incláns Figuren keine Helden, sondern Anti-Helden sind, die nicht gegen ein unausweichliches Schicksal kämpfen, sondern an den von Menschen geschaffenen gesellschaftlichen Gegebenheiten zugrunde gehen. Das hieraus entstehende Grauenhafte - nicht Tragische - verhindert dabei die Bildung wirklicher komischer Momente, da das Komische immer durch das Grauenhafte überdeckt wird und nur zur Lächerlichkeit geraten kann. In diesem Sinne ist Don Estrafalarios Hinweis in "Los cuernos de don Friolera" zu verstehen[247]: "Mi estética es una superación del dolor

---

canos 199-200 (1966), S.175-203; zit. bei: F. Ruiz Ramón, Historia, S.125.- Ricardo Domenech, Para una visión actual del teatro de los esperpentos, in: Cuadernos Hispanoamericanos 199-200, S.455-466; zit. bei: F. Ruiz Ramón, a.a.O., S.124.- Manuel García Pelayo, Sobre el mundo social en la literatura de Valle-Inclán, in: Revista de Occidente IV (1966), S.257-287; zit. bei: F. Ruiz Ramón, a.a.O., S.124f.

[246] Gero von Wilpert, Sachwörterbuch der Literatur, Stuttgart [6]1979, Stichwort "Tragikomödie".

[247] Ramón del Valle-Inclán, Obras escogidas, Bd.I, Madrid [5]1974, S.999.

y de la risa." Durch die Verbindung des Grauenvollen mit komischen Elementen erzeugt Valle-Inclán in seinen "esperpentos" ein Klima grauenhafter Lächerlichkeit.[248]

"El esperpentismo lo ha inventado Goya", gibt Max Estrella zu verstehen.[249] Valle mag etwa an den Goya der "Desastres de la guerra" oder der "Caprichos" gedacht haben. Aber auch schon früher lassen sich Vorläufer des "esperpento" feststellen; César Oliva schreibt[250]: "Lo esperpéntico [...] se sitúa en una línea, negra y degradada, que cruza nuestra literatura desde sus orígenes a nuestros días", und Sastre zitiert als Werke mit besonders deutlichen esperpentischen Ansätzen "La Celestina, el Lazarillo, el Quijote, Rinconete y Cortadillo, los Sueños, el Buscón ..."[251] Vor allem im picarischen Roman findet Pouplana jene Elemente, in deren Weiterentwicklung er das Verdienst Valle-Incláns zu sehen glaubt[252]: die Existenz eines Antihelden, der nicht für die Verwirklichung hoher Ideale kämpft, sondern einzig um das Überleben, und verbunden damit die Kritik einer ungerechten Wirklichkeit.

> La picaresca es un género literario en el que el autor, partiendo de un plano superior, permanece observante ante la humanidad que le circunda, la escucha, la acaricia mentalmente, la comprende. Tan sólo un distinto grado de aproximación a ella, hace que Valle-Inclán pueda crear sus esperpentos.[253]

---

[248] In der Wahl der Begriffe des "Lächerlichen" und des "Grauenhaften" bzw. "Grauenvollen" folge ich: Arnold Heidsieck, Das Groteske und das Absurde im modernen Drama, Stuttgart 1969.

[249] Ebd., Bd.II, S.1246.

[250] C. Oliva, Antecedentes estéticos del esperpento, Murcia 1978, S.14.

[251] A. Sastre, a.a.O., S.71.

[252] Ramón Pouplana, Picaresca y esperpento, in: Yor 36 (Sommer 1969), S.9-11.

[253] Ebd., S.9.

Nach Pouplana liegt der Picareske eine makroskopische Vision der Realität zugrunde, die einzelne Gegebenheiten herausgreift, um diese aus der Nähe in allen Einzelheiten zu betrachten. Valles Vision hingegen verformt diese Einzelheiten, um ihre wahre Bedeutung um so eindrücklicher zu vermitteln. Der Unterschied dieser Betrachtungsweisen liegt darin, dass der Autor des Picarischen die Realität versteht, während Valle keinen Sinn mehr darin sieht, eine deformierte Gesellschaft verstehen zu wollen, und diese in ihrer Deformierung nur noch - mit Hilfe seines "esperpento" - durch die Deformierung darzustellen vermag.[254]

Valle-Inclán erkannte die Verpflichtung des Künstlers zum sozialen Engagement an und betrachtete es als seine Aufgabe, die gesellschaftliche Realität seiner Zeit von ihrem äusseren, ideologisch verfälschten Schein zu befreien, um ihr eigentliches Wesen sichtbar zu machen und anklagen zu können. Bei der Entwicklung seines "esperpento" kam es ihm vor allem auf den Effekt der Entmythologisierung an; die Tatsache, dass er eine neue Kunstform geschaffen hatte, war ihm weniger wichtig. In einem Interview definierte er im Jahre 1920 Kunst als spielerische Formgestaltung, wies dieses Kunstkonzept aber entgegen den Auffassungen der literarischen spanischen Avantgarde als sekundär zurück[255]: "No debemos ha-

---

[254] Zu Valle-Incláns Ästhetik des "esperpento" s. u.a. auch: Alonso Zamora Vicente, La realidad esperpéntica, Madrid 1969.- Antonio Risco, La estética de Valle-Inclán en los esperpentos y en "El ruedo ibérico", Madrid 1966.- Guillermo Díaz-Plaja, Las estéticas de Valle-Inclán, Madrid 1965.- Harald Wentzlaff-Eggebert, Zur Ästhetik Valle-Incláns - Am Beispiel von "Divinas palabras", in: Iberoromania 13 (1981), S.77-95.- Gisbert Kaal, Vom Modernismo zur Groteske. Untersuchung zur Lyrik von Ramón del Valle-Inclán, phil. Diss.,Bonn 1978.

[255] Cipriano Rivas-Cherif, Interview m. Valle-Inclán, in: La Internacional v. 3.Sept.1920; zit. bei: M. Tuñón de Lara, Medio siglo de cultura española (1885-1936), Madrid 31973, S.204f.- Vgl. hierzu auch: F. Ruiz Ramón, Historia, S.96f.- C. Oliva, a.a.O., S.56.

cer Arte ahora porque jugar en los tiempos que corren es inmoral, es una canallada. Hay que lograr primero una justicia social." Valle sass über die soziale Wirklichkeit seiner Zeit Gericht, die "esperpentos" verurteilen die Zustände, aus denen sie entstanden, als unmoralisch. Torrente Ballester schreibt in diesem Zusammenhang[256]: "El Esperpento es la respuesta de Valle-Inclán [...] a la realidad histórico-social de nuestro país, la respuesta moral. [...] El Esperpento es, en su raíz, un juicio moral sobre España."

Diesem Drang zur moralischen Verurteilung der gelebten Realität folgen auch die Dramatiker des N.T.E. Ihnen liegt genauso wenig wie Valle-Inclán daran, nur einzelne gesellschaftliche Verhaltensweisen und Gegensätze anzuklagen, vielmehr wollen sie dem gesamten System des Bestehenden in seiner ganzen Widersprüchlichkeit und Inauthentizität den Prozess machen. Deshalb verwerfen sie die Perspektive des ästhetischen Realismus, der die Realität von innen heraus kritisiert, und machen sich den Standpunkt Valles zu eigen, um aus der Distanz, von aussen her, eine umfassende Vision der gesellschaftlichen Gegebenheiten entwerfen zu können.[257] Monleón erkennt in der Betrachtungsweise von aussen zu Recht die Entsprechung der sozialen Situation jenes Autors, dessen künstlerische Produktion ausserhalb des konventionellen Kulturbetriebs steht und dessen Realitätsbewusstsein nicht mit dem Realitätsverständnis der Gesellschaft, in der er lebt, übereinstimmt[258]: "El esperpento es el hijo legítimo de la marginación, de saberse fuera de un juego

---

[256] Gonzalo Torrente Ballester, Teatro español contemporáneo, Madrid [2]1968, S.428.- S. auch: ebd., S.208.- M. Tuñón de Lara, a.a.O., S.202f.

[257] S. hierzu: J. Monleón, Matilla y sus monstruos familiares, S.65.- Adolfo Prego, in: Teatro español actual, S.46.

[258] J. Monleón, a.a.O., S.65.

teatral y aun de los mecanismos sociales que lo sostienen." Auch Valle hatte sowohl gegen die Theaterformeln als auch gegen die soziale Logik seiner Zeit geschrieben.

Dass ein solches Theater der Situation nicht mehr an der psychologischen Entwicklung der Charaktere und am Spiel mit Elementen der Handlungsverwicklung zur Erzeugung einer oberflächlichen Spannung interessiert ist, versteht sich von selbst.[259] Es orientiert sich nicht an den Einzelschicksalen der dargestellten Figuren, sondern macht die Situation, in der alle leben, zu seinem Thema. Was Ruiz Ramón über die Gestalten sowohl des "esperpento" wie auch des N.T.E. schreibt[260], kann uneingeschränkt auch für die Stücke López Mozos und Matillas gelten:

> los sujetos del acontecer dramático se nos revelan en su condición de objetos, perdida [...] toda ilusión humanista en la capacidad del hombre para controlar la realidad. Por ello mismo, desde el punto de vista de las formas históricas del drama, el esperpento, como forma dramatúrgica del hombre manipulado y vaciado de su humanidad, se convierte en uno de los módulos estructurales privilegiados del nuevo teatro español.

"El retorno" und "El adiós del mariscal" mögen das veranschaulichen, was charakteristisch für die meisten Stücke López Mozos und Matillas ist und worin sich ihre Nähe zum "esperpento" Valle-Incláns zeigt: die Entmythifizierung der Realität und die dialektische Überwindung des Weinens und des Lachens. In "El retorno" entlarvt López Mozo die Normalität der Gesellschaft als krankhafte Teilnahmslosigkeit, ihre Unbekümmertheit gegenüber Ungerechtigkeit und menschlichem Leid als verantwortungslosen Zynismus. PIPOS Versuch, seine Idealvorstellungen mit der gesellschaftlichen Norm zu vereinbaren, muss notwendig lächerlich erscheinen, weil beide einander

---

[259] Vgl. ebd., S.66.

[260] F. Ruiz Ramón, Estudios de teatro español, S.193.

absolut widersprechen; gleichzeitig beinhaltet sein Versuch jedoch ein Stück grauenhafter Realität, denn PIPO, der sich für eine bessere Welt einsetzen wollte, scheitert an der gesellschaftlichen Norm, die ihn veranlasst, seine Ideale zu verraten. Matilla stellt in "El adiós del mariscal" die offizielle Wahrheit als Lüge bloss; die ursprünglich lächerliche Ausgangssituation nimmt in dem Augenblick grauenhafte Züge an, als die offiziellen Vertreter des Staates beginnen, die Realität ihren Absichten entsprechend zu verfälschen, und die Prostituierte schliesslich als Abgesandte der um den Marschall trauernden Jugend ideologisch missbrauchen. Die Figuren beider Stücke sehen sich unfähig, die Realität zu kontrollieren, sie werden von ihr kontrolliert und in ihrem Verhalten beeinflusst. Dabei erscheinen jedoch nicht nur die Manipulierten, sondern auch die Manipulierenden als Opfer des bestehenden Normensystems, denn auch sie sehen sich gezwungen, die von ihnen selbst geschaffenen Normen zu erfüllen und demgemäss zu handeln. Hierin zeigt sich erneut die lächerliche Grauenhaftigkeit der dargestellten Situation: es ist lächerlich und grauenhaft zugleich, wenn sich der Mensch durch die von ihm selbst geschaffenen Spielregeln unterdrücken lässt und nicht mehr in der Lage ist, sich von ihnen zu befreien.

Eine weitere, formale Parallele zwischen den Stükken Matillas und López Mozos und den "esperpentos" Valle-Incláns liegt in den oft literarisch durchgeformten Szenenanweisungen, die hier wie dort "integrale Bestandteile der Bühnendichtung"[261] sind. Lange Zeit wurde

---

[261] Mit Bezug auf Valles "esperpentos": Rolf Michaelis, Spanien im Zerrspiegel. Das deutsche Theater entdeckt die "Esperpentos" des Ramón del Valle-Inclán, in: Theater heute, 15.Jg., Nr.5 (5.5.1974), S.22.- S. auch: G. Torrente Ballester, a.a.O., S.190f.

Valles Theater als unspielbar betrachtet[262], weil er in seinen Zwischentexten oft Detailansichten und Vorgänge beschreibt, deren wortwörtliche Berücksichtigung bei einer Bühneninszenierung vor fast unlösbare Probleme stellen würde. Wie sollte man von der Bühne aus einen falsch gesetzten, auf die Schläfe des toten Max zielenden Sargnagel für das Publikum sichtbar machen ("Luces de bohemia", Szene 13), wie Hunde dazu bringen, im richtigen Augenblick auf der Bühne ihre Notdurft zu verrichten (Szene 12), wie Pferde über die Bühne galoppieren lassen (Szene 4)? Vor allem in den Stücken López Mozos - insbesondere in "Anarchia 36" und "El caserón" - beinhalten die nicht dramatisierten Zwischentexte ebenso Daten und Fakten, die zum Verständnis der Stücke notwendig sind, oder legen Vorgänge fest, deren Verwirklichung auf der Bühne, wenn überhaupt, nur mit grossem Aufwand möglich wäre. Was jedoch Rodríguez Méndez über Valles Theater, entgegen der Auffassung von seiner Unaufführbarkeit, schreibt[263], gilt ebenso für diese Stücke:

> La obras de Valle-Inclán [...] no son textos ya preparados para su representación y por consiguiente de acuerdo previamente a las estructuras del drama burgués español; por el contrario, estas obras son teatro potencial, que habrá que desentrañar previamente, que habrá que "recrear", como debe ser el teatro [...] Son obras que respetan eminentemente la labor de creación de los que vienen detrás.

Valles streng durchkonzipierte "esperpentos" stellen demnach an die szenische Realisierung und den Einfallsreichtum der Interpreten ähnlich hohe Ansprüche wie die "offenen Texte" López Mozos und Matillas. Es ist jedoch gerade dieses Konzept des "offenen Textes", das die dramatische Produktion beider Autoren vom "esperpento" Valle-Incláns auch abgrenzt. Valle verwendet grosse Sorg-

---

262 S.: J. Monleón, Treinta años de teatro de la derecha, S.131f.- G. Torrente Ballester, a.a.O.

263 J. Ma. Rodríguez Méndez, La incultura teatral, S.156.

falt auf die Gestaltung des verbalen Ausdrucks; er will nicht nur seine Figuren, das Geschehen und die gesellschaftliche Situation deformierend darstellen, sondern auch die Deformation der Sprache soll wesentlich dazu beitragen, die Rezeptionsgewohnheiten des Publikums zu durchbrechen. Die kontrastreiche Verbindung von Elementen der Hochsprache und des Unterweltjargons, des intellektuellen Stils der Literaten und des Volksmundes soll schon vom gesprochenen Wort her die kritische Distanz des Betrachters sichern, ohne jedoch zu verhindern, dass er sich - von aussen her - aufgrund von ihm vertrauten sprachlichen Wendungen als Teil des Dargestellten erkennen kann. López Mozo und Matilla hingegen messen der Form ihres sprachlichen Ausdrucks keine so grosse Bedeutung zu. Das mag einerseits an ihrem - mit Valle geteilten - Interesse liegen, gesellschaftlich verändernd zu wirken, welches ihnen die künstlerische Formgestaltung bis ins Detail als sekundär erscheinen lässt. Andererseits besteht mit Sicherheit ein Zusammenhang mit der im neuen spanischen Theater weit verbreiteten Ablehnung des traditionellen Dialogtheaters. Auch wird die Absicht, ihre Produktion dem Verständnis eines noch zu erschliessenden, kulturell entwöhnten Massenpublikums offenzuhalten, López Mozo und Matilla dazu veranlasst haben, den verbalen Ausdruck ihrer Stücke weitestgehend der Alltagssprache zu entlehnen und unkomplizierte, leicht verständliche Formulierungen zu wählen.[264]

Die sorgfältige und gezielte sprachliche Deformation ist ein wesentlicher Bestandteil des Valle-Inclánschen "esperpento", die Stücke López Mozos und Matillas

---

[264] Unter den Dramatikern des N.T.E. gibt es nur sehr wenige, die sich um die Entwicklung einer gezielten Deformation der Sprache bemühen. Unter ihnen muss vor allem Miguel Romero Esteo hervorgehoben werden, der in seinen Stücken regelrechte Sprachzerstörung betreibt, um groteske Inhalte schon von einer angemessenen sprachlichen Form her zu vermitteln. S. hierzu: K. Pörtl, Systemkritik im spanischen Protesttheater, S.381ff.

können deshalb nicht als "esperpentos" im eigentlichen Sinne zählen. Eine beachtliche Anzahl von Gemeinsamkeiten mit der Ästhetik Valle-Incláns zeugt jedoch unverkennbar von dem Einfluss, den diese auf das Theater beider Autoren ausgeübt hat: ihre Stücke sind zwar keine "esperpentos", aber sie tragen deutliche esperpentische Züge. Matilla und López Mozo ist es gelungen, auf ihrem experimentellen Weg über das Theater des Absurden erfolgreich an die eigene Tradition des spanischen Vorkriegstheaters anzuknüpfen, und ihre dramatische Produktion hat dem fast dreissig Jahre lang vergessenen ästhetischen Konzept Valle-Incláns zu neuer Aktualität verholfen. Unter allen Stilformen, die beide Autoren in ihren Stücken verwendet haben, sind es nicht zuletzt die esperpentischen Elemente, die zur Formierung ihres persönlichen ästhetischen Stils entscheidend beigetragen haben.

5.3.2. "Nuevo Teatro Español", "esperpento" und die Theorie des Grotesken

In den Untersuchungen zu Form und Inhalt in der neueren künstlerischen Entwicklung gewinnt der Begriff des Grotesken zunehmend an Bedeutung. Die wenig konkrete, häufig wechselnde inhaltliche Bestimmung, die dieser Begriff, der in der klassischen Ästhetik als Unterbegriff der Kategorien des Komischen, Tragikomischen, Lächerlichen, Satirischen usw. aufgefasst wurde, dabei erfährt, zeigt jedoch, dass das Groteske sich mit Hilfe der klassischen Kategorien nicht mehr in seiner wesentlichen Bedeutung erklären lässt und im Sinne einer klaren Begrifflichkeit neu bestimmt werden muss. Deshalb unternimmt Arnold Heidsieck in seiner Untersuchung über "Das Groteske und das Absurde im modernen Drama" den Versuch einer eindeutigen Definition des Grotesken in der Moderne und seiner Abgrenzung vor allem gegenüber dem Tragikomischen und dem Absurden. Die von ihm gewonnenen Erkenntnisse sind dabei auch in Hinblick auf die gattungsgeschichtliche Zuordnung des N.T.E. durchaus relevant.

Für Heidsieck ist das Groteske zunächst ein Begriff "des Erkennens", der eine Wirklichkeit bezeichnet, deren Entstellung "grauenvoll und lächerlich in eins ist."[265] Grotesk ist "solche Entstellung, die das Schreckliche und Lächerliche auf die Spitze, zum unerträglichen Widerspruch treibt: die produzierte Entstellung des Menschen, die von Menschen verübte Unmenschlichkeit." Die Struktur des Grotesken sieht er durch einen doppelten Widerspruch bestimmt: einerseits durch einen logischen, in dem das Lächerliche der Situation liegt, und andererseits durch einen ethischen, der das Grauenvolle beinhaltet. Der "offensichtliche und unerträgliche Widerspruch" liege darin, dass der Mensch sich selbst entstellt[266]:

> Das Groteske als Kategorie der Wirklichkeit oder - im Hinblick auf das Ästhetische - als Kategorie des Inhalts bezeichnet die zugelassene oder ins Werk gesetzte Verunstaltung des Menschen, d.h. jeden Fall der gesellschaftlichen Verhältnisse, der ein ethischer und zugleich anschaulich logischer Widerspruch ist: der Mensch als ein blosses Mittel für Menschen.

Durch die Synthese des Lächerlichen und des Grauenhaften im Bereich der Darstellung - wie des Lachens und des Grauens im Rezeptionsbereich - will die groteske Kunst das "produzierte Grauen" als solches erkennbar und "seine menschlichen Urheber" lächerlich machen. Denn es sei gerade das Lachen, welches "Distanz und Erkennen schafft."[267] Aber dieses von der Empfindung des Grauens

---

[265] Dieses und das Folgende: A. Heidsieck, a.a.O., S.17f.

[266] Ebd., S.18.

[267] Ebd., S.27.

begleitete Lachen kann nicht befreien: "es bleibt 'im Halse stecken', da es sich der restlosen Perversion menschlicher Freiheit gegenüber sieht."[268]

Groteske Kunst setzt sich mit grotesker Realität auseinander. Bei der Darstellung des realen Grotesken verlässt sie sich jedoch nicht auf den Rationalismus, der das Gegebene allein vernunftmässig zu vermitteln sucht, sondern "arbeitet ihrem Inhalt gemässer mit extremen Affekten, dem psychischen Schock, aber sie läuft ihm [dem Rationalismus] nicht zuwider, ja entspricht seiner Intention umfassend."[269] Denn die groteske Kunst versucht, ein Bild der Realität zu entwerfen, in dem das real existierende Groteske erkennbar wird; die real existierende Deformation des Menschen wie auch die ästhetische Deformation bleiben dabei jederzeit "rationalisierbar".[270] Nur erscheint die rein vernunftmässige Betrachtungsweise nicht ausreichend, die Wirklichkeit in ihrer wesentlichen Deformierung darzustellen, deshalb bedient man sich "extremer Affekte". Was Heidsieck als "psychischen Schock" bezeichnet, entsteht daraus, dass "das Groteske nicht als Rarität oder Merkwürdiges, sondern als gesellschaftliches Produkt, als wesentlicher, selbstverständlicher Gehalt aufgefasst wird."[271] Das Groteske der Realität wird als normal dargestellt und die Normalität dadurch als grotesk entlarvt.

Heidsieck unterscheidet nach der Beschaffenheit der als grotesk zu vermittelnden Inhalte zwei Verfahrensweisen der grotesken Kunst.[272] Wenn "groteske Form [...] das Groteske des Inhalts als selbstverständlich, als ausser Frage stehend erscheinen" lassen muss, so sei das

---

[268] Ebd., S.18.

[269] Ebd., S.27.

[270] Ebd., S.13.

[271] Ebd., S.121.

[272] Die folgenden Zitate: ebd., S.23.

"unmittelbar nur möglich, indem die grotesken Inhalte an sich selber den Charakter des Aussergewöhnlichen und Abnormen tragen und ihr lächerliches Entstelltsein offen zeigen." Hier kommt demnach der ästhetischen Deformation lediglich die Aufgabe zu, das ohnehin schon Aussergewöhnliche noch zuzuspitzen und als normales Geschehen darzustellen, um seine Ungeheuerlichkeit deutlich vor Augen zu führen. Ungleich bedeutender und interessanter ist die Funktion grotesker Deformierung der Realität im zweiten Fall:

> Soll die groteske Gestaltung sich solcher Inhalte bemächtigen, deren groteske Beschaffenheit nicht an ihnen selber erscheint oder gar absichtlich verdeckt wird [...], dann kann sich das groteske Formprinzip nur gegen die Scheinbarkeit solcher Inhalte durchsetzen, in einem doppelten dialektischen Aufnehmen. Es muss die groteske Zumutung, die in dem scheinbar so ganz Selbstverständlichen liegt, vermitteln, indem es das Scheinbare durch die Gestaltung entstellt, es in seinem Wesen herstellt: entlarvt. Erst als das durch die Form künstlich Entstellte, als das augenscheinlich Perverse kann es wiederum als das Selbstverständliche erscheinen.

Durch die Abgrenzung gegenüber anderen, häufig mit ihm verwechselten ästhetischen Konzepten lässt sich das Wesen des Grotesken in der Kunst weiterhin differenzieren. Entgegen der Auffassung Wolfgang Kaysers, der das Groteske weitgehend dem Tragikomischen gleichsetzt[273], erkennt Heidsieck wesentliche Unterschiede zwischen beiden Kategorien[274]: Einerseits schliesse das Groteske "die beiden Begriffsmomente 'tragisch' und 'komisch' je für sich genommen" aus, in ihrer Synthese und wechselseitigen Überlagerung erweisen sich gerade die nicht mehr mit dem Tragischen und dem Komischen identischen Begriffe des Lächerlichen und des Grauenvollen als charakteristische Momente des Grotesken. Andererseits könne Tragikomi-

---

[273] W. Kayser, Das Groteske in Malerei und Dichtung, Hamburg 1960.

[274] A. Heidsieck, a.a.O., S.79ff.

sches nicht als grotesk gelten, weil hier - wie in der Tragödie - die gesellschaftlichen Vorgänge weiterhin als schicksalhaft determiniert erscheinen und daher unaufhebbar bleiben, weil die der widersprüchlichen Gestalt des zugleich Tragischen und Komischen entsprechende Realität nicht auf ihre menschlichen Urheber zurückgeführt wird. Gerade die Hervorkehrung der menschlichen Urheberschaft, des produzierten Grauens ist jedoch ein wesentliches Anliegen der grotesken Darstellungsweise.

Eben aus diesem Grund ist das Groteske auch nicht mit dem Absurden gleichzusetzen, in dessen moderner Gestalt Heidsieck die "konsequente Fortsetzung" der tragikomischen Wirklichkeitsdeutung sieht.[275] Während die groteske Darstellung produziertes Grauen, produzierte Leere, produzierte Entmenschlichung gleichsam als produziertes Absurdes zeigt und damit ein historisches, im Wandel befindliches Bild der Welt entwirft, bleibt das Absurde weitgehend in der Darstellung eines schicksalhaften Sinnlosen, einer Welt, die von Anfang an keinen Sinn ergibt, verhaftet und vermittelt eine eher ahistorische Realitätserkenntnis. Während das Absurde jegliche logischen Sinnzusammenhänge zerstört und dadurch als "allgemeiner Ausdruck 'allgemeinster' Absurdität" nicht mehr logisch aufgelöst werden kann, bezieht sich das Groteske, als "realistisches Gestaltungsprinzip", auf Konkretes und "will zeitgemässe Darstellung dessen sein, was ist"[276]:

> Das Groteske hat noch nie ein Allgemeines, wie etwa Sinnlosigkeit, sondern immer konkrete Entstellung, ein durchaus Bestimmtes dargestellt. Und die neue Gestalt des Grotesken, wie sie in der Moderne immer stärker hervortritt, ist nun vollends so beschaffen, dass sie das Absurde ausschliesst. Dieses Ausschliessen ist ihr nicht akzidentell, sondern gehört zu ihrem Begriff: groteske Deformation, als Bestimmung der Wirklichkeit wie der ästhetischen Form, ist rationalisierbar.

---

[275] Ebd., S.82.- Zum Folgenden vgl. ebd., S.95ff.

[276] Ebd., S.15 u. 37. Folgendes Zitat: S.13.

Wenn sich die groteske Kunst trotzdem mit absurd erscheinenden Sachverhalten auseinandersetzt, so tut sie das nur, um das scheinbar Absurde aus seinem grotesken Ursprung abzuleiten. Die richtige Darstellung "einer hergestellten Sinnlosigkeit" lässt "solche hergestellte Absurdität [...] als mathematische Funktion eines Grotesken" erscheinen.[277]

Heidsieck gesteht vielen Dramen des "sogenannten absurden Theaters" durchaus einen Anteil an grotesker Gestaltung zu. Aufgrund ihrer Darstellung "hergestellter Sinnlosigkeit" nehmen sie eine "Mittelstellung zwischen der reinen absurden und der grotesken Form" ein.[278] Sogar bei Beckett, dem Inbegriff des absurden Theaters, sei Groteskes vorhanden; aber "das Groteske bei Beckett wird zur mathematischen Funktion des Absurden, das produzierte Schlimme soll nur bekräftigen, dass alles schon immer schlimm war."[279] Dementsprechend veranlasst auch das Groteske den Zuschauer zu einem andersgearteten Lachen als das Absurde: groteske Darstellung provoziert ein "aggressives Lachen über das produzierte Schreckliche"; absurde Darstellung vermag nur ein "resigniertes Lachen gegenüber einem Unabänderlichen" hervorzurufen.[280]

Es zeigt sich, dass Absurdes und Groteskes bzw. ihre Darstellungsformen zwar einige Berührungspunkte aufweisen, sich aber doch wesentlich unterscheiden. Dabei fällt auf, dass der hier festgestellte Unterschied im wesentlichen mit jenem übereinstimmt, der auch den "esperpento" Valle-Incláns vom Theater des Absurden trennt: Auch im "esperpento" wird nicht allgemeine, oft als schicksalhaft empfundene Sinnlosigkeit einer absurden

---

[277] Ebd., S.42f.

[278] Ebd., S.42.

[279] Ebd., S.41.

[280] Ebd., S.38.

Welt gezeigt, sondern konkrete, durch den Menschen selbst produzierte Entstellung, die durch die esperpentische Verzerrung als solche kenntlich gemacht wird. Wenn Esslin schreibt[281], der "esperpento" Valle-Incláns schildere

> die Welt als eine Wohnstatt tragikomischer, nahezu mechanisch bewegter Marionetten. [...] Die Sitten und Moden der Gesellschaft erscheinen so mechanisch und unmenschlich wie verrückt gewordene, leerlaufende Maschinen,

so stellen sich die Inhalte der "esperpentos" keinesfalls als absurd, sondern durchaus als grotesk dar, denn es wird deutlich, dass Valle-Incláns Figuren sich entsprechend den mechanischen und unmenschlichen "Sitten und Moden der Gesellschaft" verhalten, und diese sind notwendig menschliches Produkt. Die Gestalten des "esperpento" lassen an sich eben jenen logischen und zugleich ethischen Widerspruch erkennen, durch den Heidsieck die Struktur des Grotesken bestimmt. Es ist ein logischer Widerspruch, wenn menschliche Wesen als "mechanisch bewegte Marionetten" erscheinen, und es ist gleichzeitig ein ethischer, weil klar wird, dass der Mensch selbst sich seine unmenschliche Gestalt schafft.

Dass Esslin solche Figuren trotzdem als tragikomisch auffasst, mag nicht zuletzt daran liegen, dass Valle-Inclán im Zusammenhang seines neuen ästhetischen Entwurfs selbst den Begriff des Tragikomischen verwendete. Mit Bezug auf den "esperpento" erklärte er[282]:

> Lo más sorprendente del arte moderno es que ha dejado de reconocer las categorías de lo trágico y lo cómico y las clasificaciones dramáticas "tragedia" y "comedia": ve la vida como una tragicomedia, con el resultado que lo grotesco es su estilo apropiado - hasta el punto de que hoy por hoy es el único modo de conseguir lo sublime.

---

281 M. Esslin, a.a.O., S.306.

282 Ohne Quellenangabe zit. in: C. Blanco Aguinaga, u.a., Historia social de la Literatura española, Bd.II, S.235.

Aber auch Valle verfehlte bei der Suche nach einem adäquaten Begriff die korrekte Bezeichnung, wenngleich er dem vermeintlich Tragikomischen schon den grotesken Stil als ästhetische Entsprechung richtig zuordnete. Denn das Tragikomische beinhaltet weiterhin sowohl komische als auch tragische Momente, während der "esperpento" beide im eigentlichen Sinne ausschliesst und die gleichzeitig grauenvolle und doch lächerliche Realität ihrem Wesen nach als grotesk bestimmt. Was auch Sastre im "esperpento" als "situación tragicómica pura" zu erkennen glaubt, "esa misteriosa situación ante la que, horrorizados, nos reímos"[283], entspricht exakt der grotesken Darstellung einer grotesken Realität. "En la raíz del Esperpento yace la intolerancia moral para los hombres públicos, para los autores de las situaciones históricas," stellt Torrente Ballester fest[284], und gerade hierin zeigt sich ein wesentlicher Zug des Grotesken, die Anklage produzierten Grauens und produzierter Entfremdung und die Entlarvung ihrer menschlichen Urheber.

Valle-Incláns "esperpentos" sind groteskes Theater; das lässt sich auch in Hinblick auf das von ihnen hervorgerufene Lachen verdeutlichen. Torrente Ballester kommentiert seine Lektüre der "Luces de bohemia"[285]: "Empieza uno a leer, y duelen las sonrisas." Dies ist eben der Effekt, den Valle durch die "superación del dolor y de la risa" erzielt: zwar erkennt der Zuschauer die Lächerlichkeit des Dargestellten, aber sein aus dieser Erkenntnis entstehendes Lachen wird immer von der gleichzeitigen Erkenntnis der Grauenhaftigkeit des Dargestellten überlagert und kann so niemals befreiend wirken. Das von den "esperpentos" erzeugte Lachen ist jenes für die Reaktion auf Groteskes typische Lachen, das, wie Heidsieck formuliert, im Halse steckenbleibt.

---

283 A. Sastre, Anatomía del realismo, S.48.
284 G. Torrente Ballester, a.a.O., S.428.
285 Ebd., S.415.

Wenn Heidsieck in seiner Abhandlung über die Theorie des Grotesken den ästhetischen Entwurf Valle-Incláns unbeachtet lässt, so mag das verschiedene Gründe haben. Vermutlich waren ihm die "esperpentos" nicht hinreichend bekannt, sonst hätte er ihren Autor wohl zumindest erwähnt. Möglicherweise hätte er aber auch in Kenntnis der Theorie des "esperpento" darauf verzichtet, sie als erläuterndes Beispiel für Wesen und Gestalt des Grotesken anzuführen, denn die konsequente Fortsetzung der grotesken Deformierung bis in die sprachliche Gestalt des Dialogs weist den "esperpento" als ganz persönlichen Stil Valle-Incláns aus. Wenngleich nun aufgrund zahlreicher, für die Ästhetik des "esperpento" charakteristischer Stilmerkmale nicht groteske Kunst im allgemeinen mit dem Begriff des Esperpentischen bezeichnet werden könnte, so zeigt doch die Parallelität beider theoretischer Entwürfe - und darauf muss nochmals ausdrücklich bestanden werden -, dass umgekehrt die "esperpentos" durchaus als der grotesken Kunst zugehörig aufzufassen sind. Denn genauso wie Heidsieck das Groteske als Doppelbegriff darstellt, der sowohl auf die Deformiertheit des real Existierenden Anwendung findet als auch auf die entlarvende, ästhetische Deformation, meint auch "esperpento" zunächst die Gestalt der Realität und wird erst dann zur Bezeichnung für Valles Ästhetik. Die spanische Tragödie sei keine Tragödie, gibt Max Estrella in "Luces de bohemia" (Szene 12) zu verstehen, sie sei "el Esperpento". Er erkennt Spanien als "deformación grotesca de la civilización europea" und ist überzeugt, den in dieser grotesken Deformierung liegenden, vermeintlich tragischen Gehalt der spanischen Realität nur durch eine systematisch deformierte und deformierende Ästhetik vermitteln zu können: "deformemos la expresión en el mismo espejo que nos deforma las caras y toda la vida miserable de España." Als Begriff des Erkennens meint "esperpento" eine groteske Wirklichkeit, und er stellt diese Wirklichkeit mit den ihm zur Verfügung stehenden ästhetischen Mitteln auch als grotesk dar. Valle-Incláns "esperpentos" müssen als groteskes Theater verstanden werden, weil die ihnen zugrunde liegende Realitätserkenntnis wie auch das in ihnen entworfene Realitätsbild der grotesken Kunst, wie Heidsieck sie bestimmt hat, entsprechen.[286]

Es hatte sich gezeigt, dass die Stücke Matillas und López Mozos - und des N.T.E. im allgemeinen - aufgrund ihrer sprachlichen Konzeption nicht als "esperpentos" aufgefasst werden konnten; nun wird aber deutlich, dass sich ihre Nähe zur Ästhetik Valle-Incláns gerade anhand jener inhaltlichen und formalen Aspekte feststellen liess, die den "esperpento" als groteskes Theater ausweisen. Auch López Mozo und Matilla behandeln in fast allen ihren Stücken groteske Deformation, Begebenheiten und Situationen, die sich als lächerlich und grauenvoll zugleich herausstellen und in denen der Mensch zugrunde geht, obwohl er selbst sie produziert hat. Sie wollen nicht nur die Realität der Franco-Ära durchschaubar machen und anklagen, sondern die groteske Lebenssituation des modernen Menschen überhaupt. Was Miralles über das Thema eines Stückes von Angel García Pintado[287] schreibt, charakterisiert einen grossen Teil der dramatischen Produktion des N.T.E.: "se evidencia la estupidez del hombre consumista actual, lleno de una felicidad programada, falsamente libre, esclavo de las cosas que cree poseer"[288] und, müsste man unter besonderer Berücksichtigung der Stücke López Mozos und Matillas hinzufügen, Sklave der von ihm selbst geschaffenen gesellschaftlichen Norm.

---

[286] Zur begrifflichen Dualität des Begriffs "esperpento" s. auch: A. Sastre, a.a.O., S.70ff.

[287] A. García Pintado, Ocio - celo - pasión de Jacinto Disipado, in: PA 123-124, S.89-104.

[288] A. Miralles, Una generación sin oportunidades, S.27.

Den Ursprung der Protesthaltung der jungen spanischen Dramatiker sieht Miralles in der Erkenntnis, in einem System zu leben, "que ha demostrado su incapacidad para remediar lo remediable. Si existe - y está demostrado que sí - bastante riqueza para evitar el hambre en todo el mundo, ¿por qué no se evita?"[289] Dieses Paradigma menschlicher Unfähigkeit - oder vielleicht auch menschlichen Unwillens -, die Realität zu kontrollieren, lässt an sich deutlich den zugleich logischen und ethischen Widerspruch erkennen, der sowohl groteske Realität als auch groteske Darstellung bestimmt. Es ist ein logischer Widerspruch, wenn Millionen Hunger leiden, während andere im Überfluss leben, und es ist zugleich ein ethischer Widerspruch, der dem Anspruch christlicher Nächstenliebe strikt entgegenläuft.

Diese doppelte Widersprüchlichkeit der gesellschaftlichen Realität beherrscht viele Stücke des N.T. und zieht sich auch durch die dramatische Produktion Matillas und López Mozos, deren Bühnenwerke beim Zuschauer oder Leser häufig jenes für die Reaktion auf Groteskes typische gemischte Gefühl zwischen Lachen und Grauen hervorrufen. Valdivieso schreibt in ihrer Analyse von Matillas "El adiós del mariscal"[290]: "La risa que emana del teatro de Matilla, no es sincera e individual, es una risa social, comprometida." Wenngleich die Wahl der Begriffe hier nicht sehr glücklich erscheint - die gegensätzliche Gegenüberstellung von "sincera" und "comprometida" ergibt keinen Sinn, "sincero" und "comprometido" schliessen sich nicht aus -, so wird doch deutlich, dass dieses Lachen nicht befreien kann. Ein "engagiertes" Lachen kann nur aus der Erkenntnis entstehen, dass das Dargestellte einen realen Hintergrund besitzt, und aus dem Bewusstsein, dass man diese Realität verändern muss; ein be-

---

289 Ebd.

290 L.T. Valdivieso, Una aproximación semiológica, S.269.

freiendes Lachen würde erst möglich, wäre der Missstand bereits behoben. Was Valdivieso als "engagiertes" Lachen bezeichnet, dürfte das dem Grotesken eigentümliche Lachen sein, das zugleich erschaudern lässt.

Matilla hat selbst gelegentlich von der Absicht gesprochen, in seinen Stücken das zu kombinieren, was er "farsa grotesca" und "farsa patética" oder "dramática" nennt.[291] Während er in der "farsa grotesca" die lächerliche Entsprechung der dargestellten Realität findet, verdeutliche die "farsa patética" die tragischen Aspekte eines absurden menschlichen Daseins. Durch die Kombination würde das Dargestellte zugleich lächerlich und tragisch erscheinen und durch diesen permanenten Widerspruch den Zuschauer zu einer gedanklichen Stellungnahme anregen. Es zeigt sich jedoch, dass keines der Stücke Matillas Tragisch-Absurdes - im eigentlichen Sinne einer schicksalhaften Vorausbestimmtheit - in Szene setzt, sondern dass die vorgeführten Situationen sich immer auf menschliche Urheber zurückführen lassen. Was Matilla als tragisch und absurd zu erkennen glaubt, ist letzten Endes das Grauenvolle, aus dessen Verbindung mit dem Lächerlichen groteske Kunst entsteht.

Allerdings wird die menschliche Urheberschaft, die das vermeintlich Tragische als menschengewolltes Grauenhaftes erkennen lässt, in seinen frühen, stark vom Theater des Absurden beeinflussten Stücken noch kaum herausgearbeitet. Die Situation des Mannes in "El observador" stellt sich eher als schicksalhaft bestimmt und nicht als grotesk dar, weil vor allem das Grauenvolle betont wird, das lächerliche Moment aber weitestgehend ausgeschlossen bleibt, wodurch der Autor darauf verzichtet, die Berechtigung des Bestehenden in Frage zu stellen und es als produziert zu entlarven. Anders verhält es sich in Stücken wie "El adiós del mariscal" oder "El monumen-

---

[291] Vgl.: L. Matilla, Alicia ante la hoguera, S.15.- Zusätzliche Erklärungen in einem Brief vom 7.1.1981.

to erecto": hier erscheint das Grauenhafte zugleich als Lächerliches, und an der menschlichen Urheberschaft des produzierten Grauens wird kein Zweifel gelassen. Matillas Synthese aus "farsa grotesca" und "farsa patética" erweist sich notwendig als der Versuch, eine groteske Realität mit adäquaten ästhetischen Mitteln als grotesk darzustellen; die Resultate der gelungenen Synthese sind groteskes Theater als "zeitgemässe Darstellung" des Bestehenden, wie Heidsieck formuliert.[292]

Wenngleich López Mozo keine theoretischen Hinweise in dieser Richtung gibt, zeigt sich doch in seiner dramatischen Produktion, dass auch seine Entwicklung auf die groteske Darstellung einer grotesken Realität hinausläuft. Betrachtet man die ausweglose Situation der Einsamkeit von "Moncho y Mimí", so erscheint diese noch als durchaus schicksalhaft, ja sogar gottgewollt, denn es war ein göttliches Wesen, das beide zwischen unüberwindbaren Mauern eingeschlossen hat, und es ist eben dieses göttliche Wesen, das MONCHO zur ewigen Einsamkeit verdammt. Bereits in "El retorno" aber wird diese Situation der Einsamkeit und der Unfähigkeit zur Kommunikation als gesellschaftliches Produkt dargestellt, "Crap, fábrica de municiones" erwählt den Urheber des Grauens sogar als Protagonisten.

Wir hatten festgestellt, dass die Stücke López Mozos und Matillas aufgrund ihrer sprachlichen Gestaltung nicht als "esperpentos" gelten können, aber unverkennbare esperpentische Elemente beinhalten. Dieses Esperpentische im Theater beider Autoren lässt sich jetzt eindeutig als Groteskes identifizieren. Viele ihrer Stücke müssen als groteskes Theater angesehen werden, andere enthalten zumindest ein deutliches groteskes Moment, obwohl dieses nicht immer klar genug herausgearbeitet wird; eine ent-

---

[292] A. Heidsieck, a.a.O., S.15.

sprechende Inszenierung, die das vorhandene Groteske durch die szenische Darstellung betont und hervorhebt, könnte hier Beachtliches leisten.

Allgemein kann ein Grossteil der Produktion des N.T.E. als dem grotesken Theater nahestehend verstanden werden. Seine Originalität liegt dabei weniger in der Wahl einer bestimmten Thematik, die sich z.B. auch schon die "Generación Realista" - wenn auch in einer anderen Konzeption - zu eigen gemacht hatte, und auch nicht in der Wahl bzw. Entwicklung neuer Darstellungsformen und -techniken, die gemessen am europäischen Stand der Entwicklung oft überholt erscheinen. Die Originalität liegt vielmehr in der erzielten Adäquation von Thematik und Technik, von Inhalt und Form, die eine groteske gesellschaftliche Situation mit künstlerischen Mitteln auch grotesk gestaltet und in ihrer Entstelltheit durchschaubar macht. Die anfängliche Assimilierung von Stilelementen des absurden Theaters durch viele der jungen Dramatiker und die spätere Erkenntnis seiner Unzulänglichkeit zur Verwirklichung der eigenen regime- und systemkritischen Absicht schuf die Voraussetzung für die Rückbesinnung auf die esperpentische Tradition Valle-Incláns. Über dem gemeinsamen Nenner des Grotesken ist es den Autoren des N.T. mit Hilfe des anschaulichen Beispiels Valle-Incláns gelungen, die Form des Theaters des Absurden mit der inhaltlichen Kritik konkreter, produzierter Entstellung zu verbinden.

Heidsieck vertritt nun die Auffassung, angesichts einer immer grotesker werdenden Welt sei es für das groteske Drama schwer, groteske Realität annähernd zu erreichen, geschweige denn sie übersteigert darzustellen.[293] Diese Auffassung muss differenzierender Kritik unterzogen werden. In der Tat scheint es unmöglich, dass künstlerische Darstellung das groteske Ausmass real existie-

---

293 Ebd., S.114f.

render Perversion wie Völkermord, Ausbeutung und fortschreitende Entfremdung des Menschen zu übertreffen vermag. Aber Heidsieck unterscheidet bewusst zwischen unmittelbarer und mittelbarer Darstellung grotesker Realität.[294] Unmittelbare Darstellung sei nur dort möglich, wo das Darzustellende schon in der Realität als Groteskes erscheint, mittelbar müsse die Darstellung vorgehen, wenn das groteske Wesen der Realität hinter einem nichtgrotesken äusseren Schein verborgen liegt und sein realer Gehalt erst wieder hergestellt werden muss. In dieser entmythifizierenden, entlarvenden Funktion kann nun das groteske Drama Ausserordentliches leisten, wie das Beispiel des N.T.E. beweist, das vor allem die Situation des Franquismus von ihrem mythifizierenden Schein befreit, um darunter ihr groteskes Wesen blosszustellen. Dem mag entgegengehalten werden, dass gerade das N.T.E. nicht entlarvend wirken konnte, weil die Aufführung des grössten Teils seiner Produktion von der Zensur verboten wurde; dieser Umstand ist jedoch auf Einwirkung von aussen zurückzuführen und ergibt sich nicht aus einer möglichen Unzulänglichkeit der grotesken Kunst, ganz im Gegenteil belegt er ihre potentielle Fähigkeit, Realität durchschaubar zu machen.

Es zeigt sich mit aller Deutlichkeit, dass Heidsiecks Skepsis gegenüber der Effektivität grotesker Darstellung berechtigt ist, wenn diese ein unmittelbar als grotesk Erkennbares thematisiert. Genauso deutlich wird jedoch, dass groteske Kunst sehr wohl in der Lage ist, verschleierte oder verfälschte, kurz deformierte Realität durch die künstlerische Deformation ihrem grotesken Wesen entsprechend wiederherzustellen und damit zu entlarven. Heidsiecks Einwand kann daher nur mit erheblicher Einschränkung gelten, denn groteske Entstellung, die nicht ohne weiteres erkennbar wird, ist der modernen, sich selbst entfremdeten Gesellschaft immanent.

---

[294] Ebd., S.23.

6. DIE PERSPEKTIVEN DES "NUEVO TEATRO ESPAÑOL" NACH FRANCOS TOD - EIN AUSBLICK AUF DIE SITUATION IM POSTFRANQUISMUS

Noch zu Lebzeiten Francos hatten die Dramatiker des N.T.E. in ihren Stücken immer wieder den Tod des Diktators thematisiert, den sie als Voraussetzung für die Möglichkeit eines politischen Wandels in Spanien betrachteten. Sie verliehen so der Hoffnung weiter Teile der Bevölkerung Ausdruck, mit dem Ableben der Symbolfigur des Regimes würden sich auch eine allmähliche Liberalisierung und schliesslich eine Demokratisierung der Machtstrukturen ergeben. In der Anfangsentwicklung im postfranquistischen Spanien zeichnete sich die Erfüllung dieser Hoffnung ab; die Wahlen vom 15.6.1977 und die Verabschiedung einer demokratischen Verfassung im Jahre 1978 setzten der mehr als vier Jahrzehnte aufrechterhaltenen Bevormundung des spanischen Volkes durch die Diktatur ein Ende.

Mit der Hoffnung auf politischen Wandel hatten die jungen Dramatiker immer auch die Hoffnung verbunden, ihre unter Franco grösstenteils von der Zensur verbotenen Stücke einem breiten Publikum zugänglich machen zu können.[1] Bereits in der Spielzeit 1975/76 - letzte des Franquismus und erste des Postfranquismus - liess sich in den kommerziellen Theatern Madrids ein - wenn auch sehr geringer - Anteil des N.T.E. am Spielplanangebot feststellen, vor allem Manuel Martínez Mediero und Francisco Nieva erhielten die Möglichkeit, einige ihrer Stücke auf der Bühne zu erproben.[2] Insbesondere war es

---

[1] Vgl. u.a.: Christel Haack, José Ruibal und Antonio Martínez Ballesteros, S.72.

[2] S.: Carlos Gortari, La última temporada teatral del franquismo, in: Pip 1 - Revista (2.Zykl.) (Okt.1976), S.37-39.

jedoch die Entwicklung in Katalonien, die den Nachwuchsdramatikern den lange ersehnten Durchbruch nahe erscheinen liess: Während 1975 vier Inszenierungen von Stücken neuer spanischer Autoren in die Programme der kommerziellen Theater aufgenommen wurden und weitere vier auf die Initiative unabhängiger Gruppen zurückgingen, halbierte sich 1976 zwar die Zahl kommerzieller Inszenierungen, die von unabhängigen Gruppen durchgeführten stiegen aber auf dreizehn.[3] Schon während der Unterdrükkung durch die Diktatur hatte sich das N.T.E. mehr aus der Zusammenarbeit mit dem T.I. als aus der Integration in das kommerzielle Theater erwartet, und nun schien der Moment gekommen, in dem sich die enge Kooperation zwischen Autoren und Gruppen endlich bewähren konnte.

Aber die Hoffnung trog. Nur ein Jahr später stellte Miralles fest, dass es zwar der "Generación Realista" allmählich gelang, sich - wie schon immer angestrebt - im kommerziellen Theater zu etablieren, dass aber Stücke des N.T. im Programmangebot der kommerziellen Theater wie auch der unabhängigen Gruppen kaum noch zu finden waren.[4] Zudem gingen die Produktionen des T.I. rapide zurück, denn viele Gruppen, die jahrelang mit geringen Einnahmen und Subventionen nahe dem Existenzminimum gewirtschaftet hatten, mussten sich bei allgemeiner Verschlechterung der wirtschaftlichen Lage aufgrund fehlender finanzieller Mittel schliesslich auflösen.[5] Es zeigte sich, wie auch schon vor dem Ende der Franco-Ära, die Unmöglichkeit, auf breiter Basis ein Theater einzuführen, das weder den traditionell gepflegten Theaterformen noch dem Geschmack des existierenden Publikums entsprach, ohne die Marktstruktur zu verändern, die das

---

[3] A. Miralles, Nuevo Teatro Español, S.137.

[4] Ebd., S.17.

[5] Vgl. Guillermo Heras, Teatro Independiente - ¿Resurrección o autopsia?, in: Pip 10 - Revista (2.Zykl.) (Sept./Okt.1979), S.7-11.

Theater bedingt.[6] Und weder das Theaterpublikum noch die kommerzielle Struktur des offiziellen spanischen Theaters hatten sich grundlegend geändert; der erhoffte Wandel vollzog sich nicht wie erwartet.[7]

Für die Situation des N.T.E. tritt nach dem Tode Francos entgegen allen Hoffnungen kaum eine Verbesserung ein; weiterhin besteht das Desinteresse der offiziellen Theater an der Produktion der jungen Autoren, das sowohl auf die Unbekanntheit ihrer Werke als auch auf die Ablehnung der angebotenen Thematik zurückzuführen sein mag.[8] Darüber hinaus eignen sich die eher "offenen" Texte des N.T. oft nicht für die profitorientierten kommerziellen Theater, da die experimentelle Erstellung der endgültigen Schauspielfassung längere Probenzeiten erforderlich macht und damit mehr Geld kostet.[9] Einmal mehr zeigt sich die Unzulänglichkeit des kommerziellen Kunstkonzepts in Hinblick auf die künstlerische Erneuerung. Aber selbst das 1978 gegründete, staatliche "Centro Dramático Nacional", dessen Aufgabe es sein sollte, die Weiterentwicklung des spanischen Theaters zu fördern, verweigert den jungen Autoren jahrelang die notwendige Unterstützung[10], und auf die unabhängigen Gruppen kann man aufgrund ihrer eigenen prekären Lage kaum noch zählen.

Die Dramatiker des N.T.E. müssen jetzt, nach allmählicher Liberalisierung und Abschaffung der franquistischen Zensur, erkennen, dass die zu Zeiten der Diktatur

---

[6] Miguel Bilbatúa, En torno a la dramaturgia española actual, S.7.

[7] Zur allg. Situation des N.T.E. nach Franco s. u.a. A. García Pintado, La vanguardia en los "nuevos autores españoles", in: PA 182 (Dez.1979), S.65-66.

[8] S.: A. Miralles, ¡Es la guerra, más madera!, in: Pip 10 - Revista (2.Zykl.), S.12-24.

[9] Ebd., S.16.

[10] Ebd.

von Vertretern des Theater-Establishments häufig vorgebrachte Begründung, ihre Stücke könnten aus Zensurgründen nicht aufgeführt werden, im Grunde nur das fehlende Interesse an dramatischer Erneuerung verbergen sollte. López Mozo erklärt 1978 in einer Umfrage[11]:

> la brutalidad de la censura ha proporcionado a otros censores menos oficiales y, a veces, disfrazados de víctimas, la coartada para rechazar un tipo de teatro por el que, como ahora se ha visto, no tenían el menor interés. Así, en el pasado reciente empresarios, actores importantes de nuestra vanguardia teatral, etc., han saludado la lectura de textos actuales con grandes elogios para concluir diciendo que no podían afrontar sus montajes porque la censura nunca los hubiera tolerado. Ahora, cuando ésta ha suavizado sus criterios, vemos que ese teatro sigue sin interesarles. [...] el que ofrecen carece, en general, de calidad e interés. [...] estamos asistiendo a unas temporadas teatrales que sólo pueden compararse en mediocridad a las peores de los años del franquismo.

Ein ähnliches Urteil über das Niveau des postfranquistischen Konsumtheaters fällt José Monleón im Rückblick auf die Spielzeit 1977/78.[12] Eine solche Einschätzung des spanischen Theaterpanoramas muss nun zwar differenzierender Kritik unterzogen werden, denn die Aufführungen von Stücken Valle-Incláns, Brechts, Buero Vallejos, Martín Recuerdas, Nievas und anderer lassen diese Spielzeit durchaus in einem anderen Licht erscheinen als das Theaterangebot des Franquismus. Aber andererseits ist es auch nicht zu übersehen, dass die überwiegende Mehrheit der aufgeführten Stücke dem Niveau des franquistischen Konsumtheaters an Mittelmässigkeit nicht nachsteht. Die Nutzung grösserer Ausdrucksfreiheit erschöpft sich im kommerziellen spanischen Theater grösstenteils in der Einfügung von zahlreichen, vom künstlerischen Standpunkt

---

11 Encuesta a los que no estrenan (1), in: Pip 6 - Revista (2.Zykl.) (Jan./Febr.1978), S.51.

12 J. Monleón, Los éxitos de una temporada caótica, in: Triunfo 809 (29.Juli 1978), S.44.

aus selten zu rechtfertigenden Nacktszenen, welche die Publikumsattraktivität der weitgehend langweiligen und anspruchslosen Darbietungen steigern sollen. Was Cirici bezüglich der allgemeinen künstlerischen Entwicklung im franquistischen Spanien seit 1970 konstatiert, kann ebenso - wenn auch mit geringen Einschränkungen - für die ersten Jahre des Postfranquismus gelten[13]: "de hecho podemos decir que no hay en el Estado Español otro arte que el que se hace al margen del sistema."

In einem im Februar 1979 verfassten Manifest, das unter anderen auch von López Mozo und Matilla unterzeichnet wird, umreissen die Autoren des N.T.E. die Situation, in der sich das spanische Theater befindet. Ihre Anklage richtet sich dabei hauptsächlich gegen Missstände, die auch schon vor Francos Tod immer wieder Anlass zur Kritik geboten hatten; vor allem beklagen sie, dass die noch verbleibenden unabhängigen Gruppen kaum Stücke lebender spanischer Dramatiker aufführen, dass die Bereitschaft zum ästhetischen Experiment weitgehend fehlt und dass die Theaterpolitik der Regierung nicht geeignet ist, Grundlagen für dringend notwendige kulturelle Verbesserungen zu schaffen.[14] Angesichts der von Autoren, Schauspielern, Regisseuren und Theaterkritikern allgemein vertretenen Auffassung, das spanische Theater und seine Struktur könnten sich nur in dem Masse ändern, wie sich auch ihr sozio-kultureller und politischer Kontext ändert[15], und angesichts der desolaten Situation dieses Theaters, das trotz beginnender politischer Demokratisierung - gemessen an seinen Möglichkeiten - qualitativ

---

[13] A. Cirici, La estética del franquismo, S.48.

[14] S. hierzu: M.A. Medina, El reiterado descontento, in: Triunfo 836 (3.Febr.1979), S.46-47.- A. Miralles, a.a.O.

[15] M.A. Medina, El teatro español en el banquillo, S.151 (Autoren), S.227 (Schauspieler), S.273 (Regisseure) u. S.351 (Theaterkritiker).

noch schlechter erscheint als das der Diktatur, sieht sich Monleón zu der Überlegung veranlasst, "si es el teatro el que no corresponde a la 'imagen política' del país, o si es esta imagen la que es ilusoria."[16]

Diese polemische Frage erscheint keinesfalls willkürlich, wenn man die Entwicklung der Zensurpraxis nach Francos Tod verfolgt. Hatte Genoveva Dieterich 1976 noch eine gewisse Zensurlockerung festgestellt, welche die Aufführungen von Stücken Albertis, Valle-Incláns und sogar Arrabals ermöglichten, und damit gleichzeitig die Hoffnung verbunden, bald auch jüngere Protestdramatiker auf spanischen Bühnen sehen zu können[17], so musste auch sie 1978 erkennen, dass sich die Zensuröffnung weitgehend nur in der Darstellung von Sexualität und sexuellen Praktiken bemerkbar machte, nicht aber in der Aufführung eines gesellschaftskritischen Theaters.[18] Der franquistische Zensurapparat bestand und funktionierte auch über den Tod des Caudillo hinaus, wenn auch unter anderen Vorzeichen, so doch mit ähnlicher Willkür.[19] Im Jahre 1976 wurde z.B. das 1973 über López Mozos "Los sedientos" verhängte Aufführungsverbot erneuert[20], und am 26. Februar 1978 verbot der Bürgermeister von Valencia die Aufführung eines Stückes von Luis Matilla für Kindertheater, "Juguemos a las verdades", das, von der obersten Zensurbehörde uneingeschränkt autorisiert, be-

---

[16] J. Monleón, 1977, sin una política teatral, in: Triunfo 780 (7.Jan.1978), S.49.

[17] G. Dieterich, Gelingt die Öffnung? Die spanische Theatersituation, in: Theater heute, 17.Jg. Nr.3 (1976), S.60.- Dies., Die Verbote lockern sich. Bericht vom Theater in Madrid, in: Theater heute, 17.Jg. Nr.12 (1976), S.53.

[18] Dies., Spanien - Theater und Politik. Ein Situationsbericht, in: Theater heute, 19.Jg. Nr.4 (1978), S.53-54.

[19] S.: M. Pérez Coterillo, Crónica de 30 días, in: Pip 3 - Revista (2.Zykl.) (Dez.1976), S.2.

[20] A. Miralles, Las cosas no están cambiando, in: Pip 7 - Revista (2.Zykl.) (Juni 1978), S.58.

reits in zahlreichen spanischen Städten aufgeführt und sogar am 13. Januar desselben Jahres vom spanischen Fernsehen übertragen worden war, weil die - ebenfalls genehmigten - Kostüme einiger Schauspieler stilisierte Geschlechtsmerkmale erkennen liessen.[21]

Am 4. März 1978 tritt das königliche Dekret vom 27. Januar 1978 in Kraft, mit dem schliesslich die offizielle Zensur abgeschafft wird[22]:

> La libre expresión del pensamiento a través del teatro y demás espectáculos artísticos, como manifestación de un derecho fundamental de la persona, no puede tener otros límites que los que resulten del ordenamiento penal vigente, así como del respeto debido a los derechos e intereses generales.
> Se hace por ello necesaria una norma por la que quede suprimida toda censura administrativa de los espectáculos teatrales y artísticos.

Gleichzeitig sieht das Dekret die Einsetzung einer "Comisión de Calificación de Teatro y Espectáculos" vor (Art.8), die das Mindestalter des Publikums festlegen soll, für welches die einzelnen Stücke geeignet sind. Diese unter anderen Voraussetzungen möglicherweise sinnvolle Regelung erweist sich jedoch in einem unweigerlich immer noch von franquistischer Mentalität geprägten gesellschaftlichen Klima als Grundlage für eine neue, indirekte Zensur. Als Kennzeichen für Aufführungen, die nur einem volljährigen Publikum zugänglich sein sollen, wählt man ausgerechnet die Klassifikations-Bezeichnung "S", mit welcher auch als pornographisch eingestufte Darbietungen kenntlich gemacht werden, und lässt damit die Verwirklichung der Klassifikations-Absicht, dem Publikum "una correcta información sobre el contenido de los espectáculos" zu vermitteln (königl. Dekret), frag-

---

[21] Vgl. J. Monleón, La censura del señor alcalde, in: Triunfo 790 (18. März 1978), S.75.

[22] Zit. bei: M. Pérez Coterillo, ¡Que viene la censura!, in: Pip 13 - Revista (2.Zykl.) (März/April 1980), S.36.

lich erscheinen. Die Tragweite dieser Kennzeichnung zeigt sich, als gerade zwei Monate nach Inkrafttreten des königlichen Dekrets aufgrund einer "Orden Ministerial" am 7. April eine "Subcomisión de Valoración" gebildet wird, die "zum Schutz und zur Förderung des Theaters" über staatliche Subventionen zu befinden hat und für welche die Einstufung "S" gleichbedeutend ist mit dem Ausschluss von "protección, ayuda o compensación económica de cualquier índole que por la Administración se otorgue."[23]

Die Androhung der Kürzung oder gar Streichung von Subventionen, die sogenannte "sugerencia administrativa", kann vor allem den finanziell schlecht gestellten, unabhängigen Gruppen gegenüber die direkte staatliche Zensur weitgehend ersetzen. Dass diese Möglichkeit genutzt wird, zeigt das Beispiel der katalanischen Gruppe "Teatre Lliure", der 1980 die staatliche Unterstützung gestrichen wird, als sie beabsichtigt, das 1893 entstandene, die christliche Religion und deren Moralbegriffe in Frage stellende "Liebeskonzil" des deutschen Autors Oskar Panizza (1853-1921) aufzuführen. Angesichts der finanziellen und anderer zu erwartender Schwierigkeiten beschliesst die Gruppe, die schon begonnenen Proben abzubrechen.[24] Es wird deutlich, dass die Subventionspolitik durchaus in der Lage ist, ideologisches Wohlverhalten zu erzwingen.

Neben "sugerencia administrativa" ist es vor allem der seit 1935 gültige "Reglamento de Policía de Espectáculos públicos", der weiterhin dazu dienen kann, die Möglichkeiten eines systemkritischen Theaters einzu-

---

[23] Zit. aus der "Orden Ministerial" in: M. Pérez Coterillo, a.a.O.

[24] Ebd., S.37.- J. López Mozo, Concilio de amor: una tragedia celeste, in: Pip 13 - Revista (2.Zykl.), S.40-45.

schränken.[25] Dieses anachronistische Gesetzeswerk, das die baulichen Vorschriften für Gebäude festlegt, die für öffentliche Veranstaltungen bestimmt sind, erlaubt es den Zivil-Gouverneuren, Genehmigungen für die Eröffnung neuer Theatersäle durch unabhängige Gruppen, die ein missliebiges Spielplanangebot vermuten lassen, zu verweigern und unliebsame, systemkritische Aufführungen durch die Schliessung der betreffenden Theater unter dem Vorwand baulicher Mängel abzubrechen[26]; denn nach Ansicht erfahrener Theaterleute genügt kaum einer der spanischen Theatersäle allen Bestimmungen des "Reglamento".[27]

Die Unterdrückung der Meinungsfreiheit in Spanien setzt sich nicht nur über das Ende des Franquismus hinaus fort, sondern existiert auch noch nach der offiziellen Abschaffung der Zensur. Reporter und Redakteure werden aufgrund kritischer Presseberichte zu Geldstrafen verurteilt oder sogar inhaftiert, ganze Zeitschriften- und Buchauflagen werden beschlagnahmt, progressive Soldaten werden vor Militärgerichte zitiert, weil sie für demokratische Organisationen geworben haben ...[28] Die Mittel haben sich zum Teil geändert, andere Organismen haben die Funktionen übernommen, aber der Tatbestand der Unterdrückung ungehinderter Meinungsäusserung besteht weiter. Das aufsehenerregendste Beispiel aus dem Bereich des Theaters dürfte der Fall der katalanischen Gruppe "Els Joglars" sein.[29]

---

[25] M. Pérez Coterillo, a.a.O., S.36.

[26] S. hierzu u.a.: J. Monleón, El cierre de la Cadarso, in: Triunfo 878 (24.Nov.1979), S.59.

[27] Vgl. u.a.: M. Pérez Coterillo, in: Teatro español actual, S.251.

[28] S. die von M. Pérez Coterillo erstellte - unvollständige - Liste der Verstösse gg. die Meinungsfreiheit von Nov.1978 bis Febr.1980, in: Pip 13 - Revista (2.Zykl.), S.39.

[29] Zum Folgenden s. Pip 8/9 - Textos (2.Zykl.) (Sept.1978), insbes. S.14ff.

Am 6. September 1977 hatte die Gruppe die Zensurgenehmigung für die Aufführung des von ihrem Leiter Albert Boadella geschriebenen Stückes "La Torna" erhalten, in welchem die spanische Gerichtsbarkeit und die Todesstrafe als moralisch fragwürdig dargestellt werden. Die Uraufführung fand am nächsten Tag mit grossem Erfolg statt, und die Gruppe führte ihr Stück danach in verschiedenen Städten auf, bis Boadella drei Monate später, am 11. Dezember, von der obersten Militärbehörde Kataloniens ein Aufführungsverbot mitgeteilt wurde. Wenige Tage später nahm man Boadella und die anderen fünf Mitglieder der Gruppe fest, setzte diese aber nach den Vernehmungen bis zum Beginn des Militärgerichtsverfahrens wieder auf freien Fuss; nur Boadella blieb in Untersuchungshaft. Während eines Krankenhausaufenthaltes gelang es ihm jedoch am 27. Februar 1978, einen Tag, bevor der Prozess stattfinden sollte, zu entkommen. Er versteckte sich einige Wochen in Barcelona und floh schliesslich, wie schon ein anderes Gruppenmitglied, nach Frankreich. In dem auf den 6. März verschobenen Prozess wurden die verbleibenden Angeklagten vom Militärgericht, trotz andauernder öffentlicher Protestaktionen, wegen Beleidigung des Militärs zu jeweils zwei Jahren Gefängnis verurteilt; die Möglichkeit der Berufung wurde ausgeschlossen, obwohl zwei Tage zuvor die Zensur abgeschafft worden war. Als Boadella ein Jahr später aus dem französischen Exil nach Spanien zurückkehrt, wird er im März 1979, obwohl Spanien seit Juli des Vorjahrs eine demokratische Verfassung besitzt, erneut festgenommen und wie die übrigen Gruppenmitglieder inhaftiert.[30]

Das Aussergewöhnliche dieses Falls liegt vor allem in dem Umstand, dass ein Theaterstück und seine Darsteller, die eindeutig dem zivilrechtlichen Bereich unter-

---

[30] S.: M. Pérez Coterillos Liste der Verstösse gg. die Meinungsfreiheit.

stehen, vor einem Kriegsgericht abgeurteilt wurden. Das sei, wie A. Sastre am 11.3.1978 in der Zeitschrift "Egin" schreibt, selbst unter Franco nicht vorgekommen.[31]

Auch in den beginnenden achtziger Jahren sind Überreste franquistischer Unterdrückungspraxis noch deutlich zu erkennen. Am 25.9.1981 meldet die Tageszeitung "El País" aus Barcelona: "Dimite el jefe de los servicios de teatro de la Generalidad por la censura de un texto teatral. Asegura que el departamento de Cultura le pidió la corrección de 100 párrafos de una obra." Man hatte X. Fábregas aufgefordert, Jordi Mesalles, den Autor des Stückes "Beatles contra Rolling Stones", zu veranlassen, eine Woche vor der Premiere etwa 100 Passagen seines Stückes zu verändern. Unter den monierten Textstellen fällt vor allem eine auf, welche die Lächerlichkeit der geforderten Änderungen verdeutlicht: Anstoss hatte u.a. ein wortwörtlich übernommener Abschnitt aus dem "Diario de Ana María" von Michael Quoist erregt, das immerhin in den sechziger Jahren von der spanischen katholischen Kirche als Schrift zur Sexualaufklärung empfohlen worden war. Fábregas riet dem Autor, statt einer Änderung den ursprünglichen Text beizubehalten, und zog es vor, von seinem Amt zurückzutreten.

Die Unterdrückungsmechanismen behindern auch nach dem Ende des Franquismus vor allem solche Initiativen, die auf irgendeine Weise auf die existierenden Missstände aufmerksam machen und zur Veränderung des Bestehenden beitragen wollen. Im Bereich des Theaters sind weiterhin besonders die unabhängigen Gruppen und das N.T.E. betroffen. Rodríguez Buded hatte bereits 1968 stellvertretend für viele seiner Autoren-Kollegen vor allzu grossen Hoffnungen gewarnt[32]: "La censura estable-

---

[31] Zit. in: Pip 8/9 - Textos (2.Zykl.), S.25.

[32] R. Rodríguez Buded, Autores nuevos y teatro independiente, in: Yor 26 (1968), S.15.

cida oficialmente es un mal grave [...], pero imaginar que con su simple desaparición se habría eliminado el mayor obstáculo, lo encuentro ingenuo." Die Entwicklung nach Francos Tod gibt ihm recht.

Dass N.T.E. und T.I. der lange ersehnte Erfolg auf breiter Basis auch weiterhin versagt bleibt, liegt jedoch nicht nur an der immer noch praktizierten Unterdrückung der freien Meinungsäusserung, paradoxerweise ist es gerade die allmähliche Liberalisierung - und die damit verbundene Abschwächung dieser Unterdrückung -, die ein zusätzliches Hemmnis darstellt. Für das regimekritische spanische Theater tritt mit dem Ende der Diktatur ein Funktionswandel ein, der seine eminente politische Funktion während des Franquismus zunehmend in den Hintergrund verdrängt. Was B.-S. Kulenkampff über die Erfolge des "Teatro Nacional de Cámara y Ensayo" schreibt, kann allgemein für das anti-franquistische Protesttheater seit Mitte der sechziger Jahre gelten[33]:

> für die Beifallskundgebungen spielte nicht allein die tatsächliche Leistung eine Rolle, sondern eine wichtige Komponente bildete der gezielte und erkennbare Ausdruck eines Protests gegen die herrschenden Zustände und die herrschende Macht, mit dem sich das Publikum identifizierte.

Die neuen Verteilungskanäle, die das T.I. erschlossen hatte, gründeten sich vor allem auf die Unterstützung durch oppositionelle Bewegungen, denen die öffentliche politische Betätigung verboten war und die in der Förderung eines regimekritischen Theaters einen Ersatz für die direkte politische Agitation sahen. Als sich jedoch nach Francos Tod das politische Leben langsam normalisiert, Oppositionsparteien zugelassen werden und die Möglichkeit offener Parteiarbeit gegeben ist, erscheint es vom politischen Standpunkt aus sinnvoller, statt des Umwegs über das Theater direkt politische Versammlungen zu veranstal-

---

[33] B.-S. Kulenkampff, Theater in der Diktatur, S.165.

ten.[34] Die Legalisierung oppositioneller Parteien bedeutet dabei für die unabhängigen Gruppen nicht nur den Verlust tatkräftiger Unterstützung, sondern auch einen beträchtlichen Publikumsverlust, denn es gibt nun andere gefahrlose Möglichkeiten, politisches Engagement direkter zu demonstrieren als durch den Besuch progressiver Theateraufführungen.[35] Folgerichtig stellt K. Pörtl auch für das N.T.E. fest[36],

> dass mit dem Ende der Francoära und dem Beginn der Demokratie in Spanien zwangsläufig die Epoche des spanischen systemkritischen Protesttheaters aufgehört hat, das man als Ventil und Katalysator sozialer und polilischer Konflikte unter einer spezifisch spanischen Diktatur definieren könnte.

Das bedeutet allerdings nicht, dass es im Spanien des Postfranquismus und der Demokratie keinen Anlass zur Kritik mehr gäbe; nur werden die Protestfunktionen von anderen Organen übernommen, und die Möglichkeiten des Theaters geraten nicht zuletzt deshalb ins Hintertreffen, weil die Presse-Zensur nach Francos Tod zunehmend entschärft wird, die Theater-Zensur aber bis zu ihrer Abschaffung am 3. März 1978 unverändert weiterbesteht.[37] Die Zeitungen können existierende Missstände sehr viel direkter anklagen als das engagierte Theater, die zu Zeiten des Franquismus entwickelten Formen der Herstellung eines versteckten Gegenwartsbezugs erscheinen unzeitgemäss und werden für das Publikum uninteressant.

Viele Gruppen und Autoren erkennen jedoch nicht, dass die Veränderung der politischen Situation auch die

---

[34] Guillermo Heras, a.a.O., S.9.

[35] Vgl. J. López Mozo, Teatro de barrio y campesino en España (Conferencia), S.22.

[36] K. Pörtl, Systemkritik im spanischen Protesttheater, S.386.

[37] Vgl. A. Miralles, Nuevo Teatro Español, S.148ff.

Anpassung der künstlerischen Konzeptionen an die neuen Gegebenheiten erforderlich macht.[38] Miralles schreibt in diesem Zusammenhang[39]:

> Creer que nada ha cambiado con la muerte de Franco y la entronización de Juan Carlos, es una miopía que puede costar muy caro a las obras de los nuevos autores, aplicando viejos esquemas de degradación, cuando hoy la sociedad pide análisis más profundos que la simpleza de un insulto o llamar a las cosas por su nombre.

Ähnlich äusserte sich in einem am 23.11.1976 in der Tageszeitung "Informaciones" abgedruckten Interview Jerónimo López Mozo[40], der schon in seiner Analyse der portugiesischen Theatersituation nach den Veränderungen von April 1974 auf die Schwierigkeiten hingewiesen hatte, mit denen auch die spanischen Dramatiker nach dem Ende der Franco-Diktatur zu kämpfen haben würden[41]: Er vertrat damals die Ansicht, dass es nach den erhofften Veränderungen sowohl den "posibilistas" als auch den "imposibilistas" zunächst schwerfallen würde, ein zeit- und situationsgemässes Theater zu schreiben; denn die einen würden voraussichtlich kaum in der Lage sein, die in jahrelanger schriftstellerischer Praxis eingeübten Verschlüsselungstechniken schnell genug aufzugeben, den anderen werde aufgrund ihrer weitgehenden Ablehnung der Selbstzensur und der daraus folgenden Zensurverbote die notwendige Bühnenerfahrung fehlen. Wie die Entwicklung des N.T.E. nach 1975 zeigt, waren die Befürchtungen López Mozos zumindest teilweise berechtigt. Die meist wenig erfolgreichen Versuche einzelner Autoren, einige

---

[38] Vgl. J. López Mozo, a.a.O.

[39] A. Miralles, a.a.O., S.181.

[40] Zit. ebd., S.149.

[41] J. López Mozo, Postdictadura y teatro, in: PA 177 (Febr.1975), S.7.

ihrer noch im Franquismus entstandenen Stücke zu aktualisieren und den veränderten Gegebenheiten anzupassen, belegen die Schwierigkeiten der Protestdramatiker, sich in der neuen Situation zurechtzufinden.

In diesem Zusammenhang muss nun die Frage geklärt werden, ob und inwieweit die umfangreiche, während des Franquismus entstandene Produktion des N.T.E. auch nach dem Ende der Diktatur noch Gültigkeit besitzt. Die Meinungen über die längerfristige Gültigkeit dieser Stücke gehen weit auseinander. López Mozo, z.B., räumt dem in der Diktatur entstandenen engagierten Theater nach deren Ende nur geringe Zukunftschancen ein[42]:

> el teatro de compromiso tiene, al margen de su valor artístico, que permanece, una vida efímera. Apenas creada la obra empieza a ser vieja. Es imprescindible trabajar cada día a partir de los materiales últimos que el devenir de los hechos pone en manos del creador.

Miralles hatte bereits 1970 bezweifelt, dass die Stücke der jungen Autoren in der Zukunft, ausserhalb des konkreten historischen Bezugs und aufgrund der Verschlüsselungen, noch von einem Publikum verstanden werden könnten[43], und bekräftigt diese Auffassung 1977, es gebe viele Stücke, "cuyos temas y estéticas en la España postfranquista, han quedado superados. Son un testimonio, pero su validez es dudosa."[44] Sastre verurteilt das gegen die Diktatur gerichtete Theater des N.T.E. allgemein als qualitativ unzureichend, durch Selbstzensur verunstaltet[45], und besonders harte Worte richtet Eduardo Haro

---

[42] Ebd., S.7.- Auch zit. b.: A. Miralles, a.a.O., S.139.

[43] A. Miralles, Una generación sin oportunidades, S.29.- Vgl. auch: A. Amorós u.a., Análisis de cinco comedias, S.208.

[44] A. Miralles, Nuevo Teatro Español, S.141.

[45] In: Encuesta a los que no estrenan (y 2), in: Pip 7 - Revista (2.Zykl.) (Juni 1978), S.62.

Tecglen, Mitglied der Programm-Kommission des "Centro Dramático Nacional", gegen die jungen Dramatiker, indem er erneut an die unberechtigte Mythifizierung des N.T.E. während der Diktatur als Opfer der franquistischen Zensurpraxis erinnert und mit seiner genauso unzulässigen generellen Verurteilung die frühere Polemik wieder entfacht[46]:

> Privados de su calidad de lucha y de combate, de su condición de víctimas, de clandestinos, de subterráneos y perseguidos, lo que queda ahora a la luz es su teatro. Es arcaico. Es, a veces, tan repleto de claves pasadas, cuando ya se habla sin claves, que resulta incomprensible. Se refugia en el lenguajismo, en la parábola, en la perífrasis. Resulta indirecto, y su violencia se descarga ya sobre la nada. Por el momento, estos autores no son capaces de escribir las obras que necesita 'la evolución política que se está experimentando'. Son arcaicos.

Am schwersten dürfte aber das Urteil des Literaturhistorikers Francisco Ruiz Ramón gewogen haben, der - weit davon entfernt, das gesamte N.T. pauschal als ästhetisch unbefriedigend abzuqualifizieren - immer wieder auf die seiner Meinung nach zeitlich sehr reduzierte Gültigkeit dieses Theaters hingewiesen hatte. Er unterschied dabei zwar bewusst zwischen solchen Stücken, die aufgrund von übermässigen Verschlüsselungen zu unverständlich geraten waren, und anderen, die er innerhalb des franquistischen Kontexts durchaus positiv beurteilte.[47] Auch diesen letzteren glaubte er jedoch den Vorwurf machen zu müssen, sie verfolgten in erster Linie ideologische Zielsetzungen, wollten nur aktuell sein und nähmen sich deshalb selbst die Möglichkeit, allgemein-

---

[46] E. Haro Tecglen, El manifiesto de las denuncias, in: Hoja del Lunes v. 29.1.1979; Nachdruck in: Pip 10 - Revista (2.Zykl.) (Sept./Okt.1979), S.18f.- S. auch Kap. 3.2.4. dieser Arbeit.

[47] S. z.B.: Ruiz Ramón, Historia, S.445.

gültig zu wirken.[48] Immerhin erkannte Ruiz Ramón an, dass der Bezug der Stücke des N.T.E. auf die Situation des Franquismus sich oft verallgemeinern lässt und damit auch für ähnliche Situationen der Unterdrückung Gültigkeit besitzt[49], trotzdem vertrat er aber die Auffassung, dass die Stücke der jungen Dramatiker nach dem Ende der Diktatur in Spanien nicht mehr zeitgemäss seien, und bezweifelte, dass ein gegen die Unterdrückung Spaniens geschriebenes Theater in einem freien Spanien ein Publikum finden würde[50]:

> Desgraciadamente, para ese teatro y esa sociedad, si un día se produce el cambio de circunstancias anormales en normales, no les será ya posible la recherche du temps perdu: serán otro teatro y otra sociedad. En literatura como en la historia no se rescata el tiempo perdido.

Aber gerade Ruiz Ramón, der das neue spanische Theater bisher fast ausschliesslich von der Lektüre her kannte[51], korrigierte sein Urteil über das N.T.E., als er 1979 während eines Aufenthaltes in Spanien Gelegenheit erhielt, einigen Aufführungen junger Autoren beizuwohnen, darunter der Uraufführung von Luis Riazas "Retrato de dama con perrito". Seine äusserst wohlmeinende Besprechung dieses Stückes[52] liess bereits eine Meinungsänderung vermuten, die eine Woche später durch einen weiteren Artikel bestätigt wurde, in welchem er sich von seiner früheren Einschätzung des N.T.E. deutlich distanzier-

---

48 Ders., Estudios de teatro español, S.251f.

49 Ebd., S.174.

50 F. Ruiz Ramón, Historia, S.486, und: ders., Prolegómenos a un estudio del nuevo teatro español, S.4.- S. auch: ders., Estudios de teatro español, S.243f.

51 Ruiz Ramón lehrt an der Purdue University in den USA.

52 F. Ruiz Ramón, "Retrato de dama con perrito": Una caja de sorpresas, in: Triunfo 842 (17. März 1979), S.46-47.

te.[53] Ruiz Ramón hatte, wie auch viele der jungen Autoren selbst, den Bezug des N.T.E. auf die konkrete Situation der Franco-Diktatur überbewertet und Wellwarths umstrittenem "Spanish Underground Drama" zu wenig Beachtung geschenkt; denn Wellwarths Interpretationen hatten schon 1972 die Thematik des N.T.E. weitgehend aus ihrem konkreten spanischen Bezug gelöst und sie vor allem als Auseinandersetzung mit der allgemeinen Situation der modernen westlichen Wohlstands- und Konsumgesellschaft verstanden.

So sieht auch Valdivieso als grundlegendes, verbindendes Thema vieler Stücke die Entfremdung des Menschen.[54] Ihre Interpretationen von Stücken Martínez Medieros, Jiménez Romeros oder García Pintados, in denen der Mensch als Gefangener von Gesellschaft und Konvention erscheint, belegen deren Allgemeingültigkeit, indem sie - ähnlich wie bei Wellwarth - die Bedeutungsebene des direkten historischen Bezugs auf den Franquismus überspringen.[55] Valdivieso betrachtet das von ihr "teatro clandestino" genannte N.T.E. als "una dramaturgia cuya estética está dirigida a interpretar la vida proyectándola a un plano universal."[56] Den Grund für diese Allgemeingültigkeit über die franquistische Epoche und Geographie hinaus erläutert Wellwarth[57]:

> esos autores supieron transformar lo anecdótico de sus circunstancias en un acto de universalidad, donde las situaciones de opresión persisten y son

---

53 S.: A. Miralles, ¡Es la guerra, más madera!, S.23. Miralles zitiert oh. weit. Ang. einen Artikel von Ruiz Ramón aus "El País" vom 25.3.1979.

54 L. Teresa Valdivieso, Una aproximación semiológica al teatro clandestino español, S.65f.

55 Ebd., S.96ff.

56 Ebd., S.4.

57 G.E. Wellwarth, Estrenar en Nueva York, in: Pip 15 - Revista (2.Zykl.) (Juli/Aug.1980), S.42.

> una constante fija de las relaciones sociales, tanto en las democracias como en las dictaduras. Simples cambios de máscara no debilitan lo esencial: la opresión que domina en las relaciones humanas.

Mit Recht empfindet Monleón das undifferenzierte Urteil, die vor Francos Tod geschriebenen Stücke des N.T. hätten nur in der konkreten Situation ihres Entstehens Gültigkeit besessen und mit der Demokratisierung ihren Sinn verloren, als "generalización bochornosa".[58] Zwar hätten viele Autoren in einigen ihrer Stücke einen so engen und direkten Bezug zu konkreten Ereignissen oder Gegebenheiten im franquistischen Spanien gesucht, dass diese der postfranquistischen Gesellschaft im besten Falle noch als dokumentarisches Zeugnis der Vergangenheit dienen könnten, wie z.B. das sogenannte "teatro de urgencia", das dramatische Pamphlet. Aber die Produktion des N.T.E. erschöpft sich bei weitem nicht in der Erstellung momentbezogener Pamphlete[59]:

> Hay quien, a través de estrategias "autocensuras", ha conseguido decir y sugerir mucho más que otros con explicitaciones explosivas, más propicias, por lo demás, a agotarse en lo inmediato. Hay quien, en efecto, sí ha sido víctima de la autocensura. Y los hay que no se han autocensurado en absoluto, no sólo en la expresión de sus ideas, sino en la poética y el censo de sus dramas, que, a menudo, sobrepasan los hábitos de la escena cotidiana. Quizá porque el mismo hecho de saber que no iban a estrenar les dio a muchos autores la libertad que los estrenistas no tenían ...

Zwar erscheint es äusserst fraglich, ob sich in einem allgemeinen Klima der Unterdrückung wirklich jemand völlig von den Auswirkungen einer verinnerlichten Selbstzensur befreien konnte, aber wichtig an Monleóns Stellungnahme ist vor allem die Erkenntnis, dass Selbstzen-

---

[58] J. Monleón, El teatro antifranquista, hoy, in: Triunfo 811 (12.Aug.1978), S.50.

[59] Ebd.

sur und daraus folgende Verschlüsselungen nicht unbedingt zu Unverständlichkeit führen müssen, obgleich es an Beispielen hierfür nicht fehlt. So paradox es auch anmuten mag, sind es gerade die Verschlüsselung und die daraus sich ergebende Verallgemeinerung des Dargestellten, die einem Grossteil der Produktion des N.T. ihre Gültigkeit bewahren.[60]

Es ist ein Irrtum, wenn López Mozo davon ausgeht, dass nur jene Stücke seiner Produktion gültig bleiben, die - wie "Matadero solemne", "Anarchia 36" oder "Guernica" - in bewusster Ablehnung der Selbstzensur entstanden sind, weil die Thematik der anderen, "la denuncia del autoritarismo, la oposición y el deseo de acabar con él", nicht mehr den gegenwärtigen Erfordernissen entspreche.[61] Dem mag man die Auffasung García Pintados entgegenhalten, derzufolge alle diejenigen Stücke weiterhin ihre Gültigkeit behalten, "que tratan de hacer la radiografía del fascismo, de la depravación, la sordidez, el abuso de poder o la crueldad cotidiana".[62] Sie behalten ihre Gültigkeit, solange in der spanischen und anderen Gesellschaften solche Erscheinungen erkennbar bleiben oder im Verborgenen weiterexistieren. Domingo Miras schreibt über seine dramatische Produktion[63]: "En tocante a validez, yo creo que mis obras se conservan bastante aseaditas. Excesivamente válidas, esa es la verdad. [...] la España negra no cambia demasiado deprisa."

Deshalb erscheint auch Matillas Angabe, mehr als 50 % seiner Stücke hätten vermutlich ihre Bedeutung mit dem Ende der Diktatur verloren[64], als bei weitem zu hoch

---

[60] S. hierzu auch: A. Miralles, in: Encuesta a los que no estrenan (1), S.53.

[61] Encuesta a los que no estrenan (1), S.51.

[62] Ebd., S.50.

[63] Encuesta a los que no estrenan (y 2), S.61.

[64] Encuesta a los que no estrenan (1), S.52.

gegriffen und lässt sich nur dadurch erklären, dass dem Autor der konkrete historische Bezug seiner Stücke weiterhin bewusst bleibt und ihren allgemeingültigen Aspekt verdeckt. Matilla hält es für notwendig, die früher entstandenen Texte im Falle ihrer Aufführung zusammen mit den betreffenden Ensembles neu zu überarbeiten, um sie der aktuellen Situation anzupassen.[65] Er verwirklicht dieses Vorhaben 1980 anlässlich der Absicht des "Centro Dramático Nacional", seine aus den Jahren 1967 und 1969 stammenden Stücke "El observador" und "El habitáculo" unter dem Titel "Ejercicios para equilibristas" aufzuführen. In Zusammenarbeit mit der Gruppe, die die Inszenierung durchführen soll, erstellt er Neufassungen beider Stücke[66], die allerdings nicht die Verschlüsselungen der früheren Darstellung aufheben, sondern sich von den Urfassungen vor allem durch einen deutlichen Bezug auf die Gegebenheiten des Postfranquismus unterscheiden. Indem der Autor Situationen, die ursprünglich das franquistische Spanien charakterisierten, auf die Zeit nach Franco überträgt, stellt er den Postfranquismus als Fortsetzung der früheren Situation dar und verleiht damit dem "desencanto" weiter Bevölkerungskreise Ausdruck, die ihre verständlichen, aber zu hohen Hoffnungen in Hinblick auf die zu erwartenden politischen und gesellschaftlichen Veränderungen enttäuscht sehen. Entsprechend drückt das neue Ende von "El habitáculo" - wie auch das Ende der neben den "Ejercicios" veröffentlichten Neufassung von "El monumento erecto" - nicht mehr die Forderung einer konsequenten Opposition bzw. die Hoffnung auf tiefgreifende Veränderungen aus, sondern erschöpft sich in der Ohnmacht des Andersdenkenden gegenüber dem Bestehenden.

---

[65] S.: Biografía (oh. Verf.ang.), in: Pip 14 - Textos (2.Zykl.) (Mai/Juni 1980), S.9.

[66] Veröfftl. in: Pip 14 - Textos.

Obwohl die ausgesprochen guten Kritiken den Publikumserfolg der "Ejercicios para equilibristas" belegen[67], sei hier doch angemerkt, dass die Neufassungen den Erstversionen in einem wesentlichen Aspekt nachstehen. Durch die Herstellung eines deutlichen Bezugs auf den Postfranquismus wird verhindert, was die Verschlüsselung des Bezugs auf den Franquismus in den Urfassungen gestattete: die Neufassungen erlauben es kaum noch, die durch den Autor getroffene Aussage zu verallgemeinern, und gewährleisten damit kaum noch die Gültigkeit der Stücke über den konkreten Situationsbezug hinaus. Es ist bedauerlich, dass die Absicht der Aktualisierung, mit dem Ziel, eine vermeintlich abhanden gekommene Gültigkeit wiederherzustellen, ausgerechnet eine gegensätzliche Folge hat und, statt den Gültigkeitsbereich der Aussage zu erweitern, ihn einschränkt, zumal es auch Beispiele erfolgreicher Inszenierungen von Stücken spanischer Protestdramatiker in ihren Urfassungen gibt. So führte das "Puerto Rican Travelling Theatre" 1980 in New York unter dem übergreifenden Titel "Spain: Avant-Garde Theatre 1980: A Collage of Short Works by Dramatists Censored by Franco's Regime" Stücke von Arrabal, Martínez Ballesteros, García Pintado, Ruibal und auch Matillas "El adiós del mariscal" und "El observador" auf, die aufgrund der Darstellung verschie-

---

[67] S.: Juan Emilio Aragonés, "Ejercicios para equilibristas", de Luis Matilla, in: Nueva Estafeta Literaria 19 (Juni 1980), S.120-121.- Juan Carlos Avilés, Una oportunidad para los "independientes", in: La semana de Madrid: guía del ocio 231 (19.-25. Mai 1980).- Angel Fernández-Santos, "Ejercicios para equilibristas", de Luis Matilla - ¡Teatro!, in: Diario 16 v. 17.5.1980.- Manuel Gómez Ortiz, la imaginación, a la escena, in: Ya v. 15.5.1980, S.46.- Fernando Lázaro Carreter, Ejercicios para equilibristas (I) y (II).

dener Repressionssituationen eine thematische Einheit bildeten.[68] In Hinblick auf das in allen Stücken vermittelte Klima der Unterdrückung schreibt Wellwarth[69]:

> Sin duda ello es algo inherente al medio social en que esas obras fueron concebidas y escritas, pero lo sorprendente es que ese clima represivo operó perfectamente ante un público ajeno al clima del franquismo. [...] pese también al tiempo pasado desde que fueron escritas, no han perdido en absoluto su importancia e interés con la caída de ese régimen.

Einen besseren Beleg für die Allgemeingültigkeit zahlreicher Stücke des N.T.E. kann man sich kaum wünschen. Mit dem Erfolg in New York zeigt sich deshalb zugleich die Berechtigung der früheren Forderung Pérez Coterillos[70]:

> Volver sobre todos y cada uno de esos textos es una tarea imprescindible, dejarse provocar y sugerir por estos manuscritos en busca de posibles espectáculos que sirvan hoy a nuestras gentes para una mejor comprensión del pasado y una más activa construcción del futuro es un trabajo ineludible.

Dabei wird man in jedem einzelnen Fall entscheiden müssen, ob das jeweilige Stück noch zeitgemäss ist oder nicht, sich aber bei einer in Betracht gezogenen Aktualisierung immer auch fragen müssen, ob sie den Text bereichern kann oder ihn vielleicht in seinen Möglichkeiten einschränkt. Denn eine neue, unverhüllte Situationsbezogenheit würde sein "Sinnpotential" unnötig reduzieren, die Anlage eines ausreichend breiten Sinnpotentials ist aber notwendige Voraussetzung für Allgemeingültigkeit und daraus folgende Langzeitwirkung.[71] Wenn der Au-

---

[68] S. hierzu: G.E. Wellwarth, Estrenar en Nueva York.

[69] Ebd., S.42.

[70] In: Teatro español actual, S.250.

[71] H.R. Jauss, Literaturgeschichte als Provokation, S.186.

tor zu viele Leerstellen selbst ausfüllt, wird es einem späteren Publikum vielleicht nicht mehr möglich sein, "die Fremderfahrung der Texte [bzw. Theaterstücke] an die eigene Erfahrungsgeschichte anzuschliessen."[72] Deshalb sollte die Herstellung eines gezielten Situationsbezugs in aller Regel der Regie vorbehalten bleiben, nicht aber zur Änderung der Autoren-Texte führen.

Wie das Beispiel der auch nach Francos Tod und einer ersten Demokratisierung der Machtstrukturen weiterhin existierenden Zensurpraktiken zeigt, hat in Spanien kein sprunghafter Übergang von der Diktatur zur Demokratie stattgefunden. Es wurden jedoch in der von Miralles als solche bezeichneten "predemocracia posfranquista"[73] die Grundlagen für eine weitere Entwicklung geschaffen, die allerdings wie alle gesellschaftlichen Veränderungen Zeit braucht, um sich durchzusetzen. Amando de Miguel schreibt in diesem Zusammenhang[74]:

> El franquismo es más que Franco. Más aún, el franquismo es algo que preexiste al propio Franco y le sobrevive. Muerto el General, continúan sucediendo ciertas prácticas, siguen jugando ciertos intereses y fuerzas que de alguna manera tienen una vocación de supervivencia por encima de la voluntad del dictador. No es que Franco siga ganando batallas después de muerto, como decían del Cid, sino que la historia y la sociedad continúan después de que desaparecen sus héroes o sus mitos.
> [...] Todo cambia, pero en las primeras vueltas del cambio los hombres son los mismos.

Daher erklärt sich die Enttäuschung vieler, die feststellen mussten: "España era otra, pero en el fondo seguía siendo igual."[75] Man hatte zwar eine demokratische

---

72 R. Warning, Rezeptionsäthetik als literaturwissenschaftliche Pragmatik, S.31.

73 A. Miralles, ¡Es la guerra, más madera!, S.15.

74 A. de Miguel, La herencia del franquismo, Madrid 1976, S.20.

75 J. López Mozo, Teatro de barrio y campesino (Conferencia), S.20.

Verfassung verabschiedet, die Auslegung der neuen Gesetze war jedoch weiterhin von der überlieferten franquistischen Mentalität geprägt. Die Hoffnungen der jungen Dramatiker und vieler anderer Intellektueller, nach dem Tode Francos würde ein schlagartiger Wandel der politischen, gesellschaftlichen und kulturellen Situation Spaniens einsetzen, erweisen sich als Illusionen, die einem - wenn auch verständlichen, so doch nicht weniger utopischen - Wunschdenken entsprangen und nicht einer realistischen Einschätzung der historischen Gegebenheiten.

Dasselbe muss für alle diejenigen gelten, die kategorisch die Auffassung vertreten, ein gegen den Franquismus geschriebenes Theater könne nach dessen Ende keine Gültigkeit mehr besitzen. Denn wenn die Wahlen vom 15. Juni 1977 keinen deutlichen Bruch in der historischen Entwicklung bedeuten, sondern lediglich einen - allerdings wichtigen - Punkt des gesellschaftlichen Veränderungsprozesses markieren, verliert das gegen die Franco-Diktatur gerichtete Theater auch nicht generell seinen Wert[76]:

> el teatro levantado en nuestra dictadura, cuando estaba escrito con talento y renunciaba a la complacencia anecdótica, tenía, a la vez, una dimensión ligada a la época y otra destinada a trascenderla, exactamente igual a como sucede en los esperpentos que Valle escribió contra la Dictadura de Primo de Rivera.

Die weiterhin gültigen Stücke des N.T.E. beinhalten, aufgrund ihres generalisierenden Protests gegen die franquistische Unterdrückung, einen Bezug, der nicht nur die

---

[76] Vgl. J. Monleón, ¿Cuál es el valor actual del teatro que se opuso a la dictadura?, in: Triunfo 769 (22.Okt.1977), S.58.- Folgendes Zitat: ders., El teatro antifranquista, hoy, S.50.

zeitlichen Grenzen der Franco-Diktatur sprengt, sondern auch die des Postfranquismus und sogar den Rahmen der spanischen Entwicklungen überhaupt; denn, so de Miguel[77],

> el franquismo puede ser interpretado en el contexto de otros varios regímenes de tipo autoritario o fascista que en el mundo han sido y son. [...] Nuestra ausencia de democracia, y los sustitutos que a ella se han buscado, son moneda corriente (con distintas acuñaciones, eso sí) en el mundo actual.

Gerade auch die dramatische Produktion López Mozos und Matillas, die hier anhand einiger Beispiele untersucht wurde, enthält diesen allgemeingültigen Bezug; nur wenige ihrer Stücke, wie z.B. "El caserón", sind so eng an die konkrete Situation des Franquismus gebunden, dass sie mit dem Ende der Diktatur vielleicht ihre Gültigkeit verloren haben.

Trotzdem hat sich die Situation des N.T.E. nach Francos Tod nur wenig geändert. Wenn auch einzelne Autoren gelegentlich mit Erfolg aufgeführt werden - unter ihnen Matilla, der vor allem mit seinem Theater für Kinder und Jugendliche grosse Erfolge verzeichnen kann -, so bleiben doch weiterhin zahlreiche hervorragende Stükke unaufgeführt, während immer noch ein überwiegend anspruchsloses Angebot die Spielpläne der kommerziellen Theater füllt.[78] Da nicht zu erwarten ist, dass die Initiative zur Erneuerung des spanischen Theaters von den kommerziellen Theaterunternehmern ausgehen wird, liegt die Zukunft des N.T.E., auch wenn sich das T.I. augenblicklich in einer schwierigen Situation befindet, weiterhin in der Zusammenarbeit mit den unabhängigen Gruppen, zumal diese zunehmend zur Professionalisierung und - entgegen ihrem früheren Wanderbühnendasein - zur Gründung fester Kleintheater neigen, wodurch die kontinuier-

---

[77] A. de Miguel, a.a.O., S.22.

[78] Vgl. die Angaben der Autoren in: Encuesta a los que no estrenan (1), S.49-54, (y 2), S.61-63.

liche und systematische Theaterarbeit begünstigt wird.[79] Aber die jungen Autoren müssen auf die Annäherung an das T.I. nach wie vor gezielt hinarbeiten, denn die Vorurteile vieler Gruppen gegenüber den Texten des N.T. sind immer noch latent vorhanden; viele Gruppen befürchten immer noch, bei der Inszenierung von Stücken lebender spanischer Autoren in ihrer schöpferischen Freiheit zu sehr eingeschränkt zu werden, und bevorzugen deshalb Texte spanischer Klassiker, lebender ausländischer Dramatiker oder selbst erstellte Textvorlagen.[80] Zwar glaubt López Mozo, beim Theaterfestival von Sitges im Jahre 1980 in der anteilmässigen Abnahme von Kollektiv-Spektakeln gegenüber früheren Jahren erste Ansätze einer erneuten Aufwertung des Autoren-Theaters festzustellen, an die er die Hoffnung einer bald intensiveren Zusammenarbeit zwischen Autoren und Theatergruppen knüpft[81], aber trotzdem sagt auch er weder dem T.I. noch dem N.T.E. eine einfache Zukunft voraus.[82]

Der angesichts gleichbleibend ungünstiger Arbeitsbedingungen verständliche "desencanto" vieler progressiver Theaterschaffender darf jedoch nicht zur Resignation führen. Im Sinne einer weiterhin dringend notwendigen Erneuerung des spanischen Theaterpanoramas muss weitergearbeitet werden, um kulturelle Alternativen zum überwiegend problemarm unterhaltenden Spielplanangebot der kommerziellen Theatersäle zu schaffen. Denn nur die allmähliche Änderung des Publikumsgeschmacks und die Erschliessung neuer Publikumsschichten können den profit-

---

[79] Vgl.: L. Matilla, El largo camino hacia un teatro colectivo, S.13.- Guillermo Heras, a.a.O., S.10.

[80] S.: J. López Mozo, in: Encuesta a los que no estrenan (1), S.51.

[81] Ders., Lo mejor, el público, S.35.

[82] Vgl. ders., Teatro de barrio y campesino (Conferencia), S.29.

orientierten kapitalistischen Theaterbetrieb zur qualitativen Umgestaltung der Spielpläne und zur Hebung des künstlerischen Niveaus veranlassen und damit das Konsumgut Theater wieder zum Kulturgut machen. Darauf hinzuarbeiten, ist weiterhin Aufgabe aller fortschrittlichen Theaterschaffenden.

Was allerdings die noch in der Diktatur fertiggestellte Produktion des N.T.E. betrifft, rechtfertigt der gegenwärtige Stand der Entwicklung kaum grosse Hoffnungen. Angesichts des kontinuierlichen Entstehens neuer Werke ist zu befürchten, dass jene Stücke zusehends in Vergessenheit geraten werden und ihnen die Publikumskonfrontation auf Dauer vorenthalten bleibt.

BIBLIOGRAPHIE

Das nachfolgende Literaturverzeichnis gliedert sich in zwei Teile. Der erste umfasst das dramatische Werk der Autoren López Mozo und Matilla (auch die unveröffentlichten Manuskripte), von ihnen verfasste Zeitschriftenaufsätze, Buchbeiträge, selbständige Veröffentlichungen und zwei nicht veröffentlichte Vorträge sowie Beiträge zu Interviews und Umfragen. Die Titel sind in diesem ersten Teil innerhalb der einzelnen Gliederungsabschnitte chronologisch angeordnet: die Stücke nach dem Jahr ihrer Fertigstellung (vgl. hierzu die Übersichten im Anschluss an Kap. 4), die übrigen Beiträge nach dem Zeitpunkt ihrer Veröffentlichung. Der zweite Teil der Bibliographie umfasst die Sekundärliteratur sowie in der Arbeit erwähnte Werke anderer Autoren und ist alphabetisch geordnet. Er enthält nicht nur Titel, auf die ausdrücklich Bezug genommen wurde, sondern auch einzelne Beiträge, die im Zusammenhang des behandelten Themas zusätzlich und in Teilaspekten ergänzende Informationen beinhalten. Sofern Einzelbeiträge aus Sammelwerken, die in der Bibliographie enthalten sind, gesondert aufgeführt werden, wird auf die Herkunft nur mit Kurzangaben hingewiesen. Allgemein bekannte Nachschlagewerke, die als Belege angeführt wurden, sind nicht in das Literaturverzeichnis aufgenommen worden. Zur Aufschlüsselung der Zeitschriftentitel siehe das Abkürzungs- und Siglenverzeichnis am Schluss der Arbeit.

1. Autorenbibliographie

a) Die Stücke

López Mozo, Jerónimo. Los novios o la teoría de los números combinatorios. In: Yor 21 (Jan.1967) (eingeheftete Beilage).

----------. Los sedientos. In: Fablas 24 (Nov.1971), S.28-32.

----------. La renuncia, In: Variaciones para una cama sola. Madrid 1969. S.13-41. Ebenso in: Yor 21 (Jan. 1967) (eingeheftete Beilage).

----------. El testamento. In: A. Jiménez Romero/M. Angel Rellán/J. López Mozo. Teatro. Madrid 1968. S.79-110.- Engl. Übersetzg.: The Testament, in: Modern International Drama, IV, Nr.1 (1970), S.45-60. Auch in: G.E. Wellwarth (Hg.), New Generation Spanish Drama, Montreal 1976, S.159-179.

----------. Moncho y Mimí. In: Festival de Teatro de Sitges 1967-1970, hg. Comisión Organizadora Festival de Teatro de Sitges. Barcelona 1971. S.9-67. Verkürzte Fassg. in: Yor 26 (1968) (eingeheftete Beilage).

----------. Collage occidental. Unveröfftl. Ms. 1967.

----------. Blanco en quince tiempos. Unveröfftl. Ms. 1967.

----------. Negro en quince tiempos. In: PA 106 (März 1969), S.14-17.

----------. Crap, fábrica de municiones. Madrid 1973.

----------. El retorno. Unveröfftl. Ms. 1968/69.

----------. Matadero solemne. Unveröfftl. Ms. 1969.

----------. Guernica. In: Estreno 1 (Winter 1975), S.19-31. Auch in: Nueva Estafeta (Aug.1979).

----------. Ceremonia nupcial. Unveröfftl. Ms. 1970.

----------. Maniquí. In: El Urogallo 7 (1971), S.67-75.

----------. Réquiem por los que nunca bajan y nunca suben. Unveröfftl. Ms. 1970.

----------. Anarchia 36. In: Pip 6 - Textos (2.Zykl.) (Jan.-Febr.1978), S.10-59.

----------. ¡Es la guerra! Unveröfftl. Ms. 1971.

----------. Espectáculo Andalucía. Unveröfftl. Ms. 1972.

----------. El caserón. Unveröfftl. Ms. 1972.

----------. Comedia de la olla romana en que cuece su arte la lozana. Unveröfftl. Ms. 1977.

----------. En busca del sexo perdido. Unveröfftl. Ms. 1979.

----------. Compostela. Unveröfftl. Ms. 1980.

----------. La flor del mal. Unveröfftl. Ms. 1980.

Matilla, Luis. Una dulce invasión. Unveröfftl. Ms. 1966.

----------. El observador. In: Variaciones para una cama sola. Madrid 1969. S.67-87.

----------. El hombre de las cien manos. Madrid 1973.

----------. Funeral. In: Fablas 10 (1970), S.11-24.

----------. Una guerra en cada esquina. Unveröfftl. Ms. 1968.

----------. La ventana, Unveröfftl. Ms. 1968.

----------. El adiós del mariscal. In: PA 123-124 (Aug.-Sept.1970), S.77-83. Ebenso in: Teatro Español Contemporáneo. Paris 1973. S.86-99.

----------. Ejercicios en la red (Juegos de amanecer, El premio, El habitáculo). Unveröfftl. Ms. 1969.

----------. El monumento erecto. Unveröfftl. Ms. 1969.

----------. El piano. In: Yor 41-42 (Juli-Aug.1970), S.57-68.

----------. Post mortem. Unveröfftl. Ms. 1970.- Engl. Übersetzg. in: Modern International Drama, VII, Nr.2 (1974), S.21-47. Auch in: G.E. Wellwarth (Hg.), New Generation Spanish Drama, Montreal 1976, S.91-124.

----------. Los chicos del violón. Unveröfftl. Ms. 1971.

----------. La prima donna. Unveröfftl. Ms. 1972.

----------. La espera. Unveröfftl. Ms. 1973.

----------. El gigante. Barcelona 1980.

----------. Juguemos a las verdades. Unveröfftl. Ms. 1977.

----------. Volar sin alas. Unveröfftl. Ms. 1978.

----------. La gran cacería (La feria mágica). Unveröfftl. Ms. 1979.

----------. Ejercicios para equilibristas (Neufassungen von: "El observador" u. "El habitáculo"). In: Pip 14 - Textos (2.Zykl.) (Mai-Juni 1980), S.19-57.

----------. El monumento erecto (Neufassg. v. 1980). In: Pip 14 - Textos (2.Zykl.) (Mai-Juni 1980), S.59-71.

Gemeinschaftsproduktionen:

López Mozo, Jerónimo/Luis Matilla/A. García Pintado/M. Arrieta. La gota estéril. Unveröfftl. Ms. 1970.

López Mozo, Jerónimo/L. Matilla u.a. El Fernando. In: Yor 55-56 (Dez.1972), S.19-62. Eigenständige Veröffentlichung: Madrid 1975.

----------, ---------- u. Juan Margallo. Los conquistadores. Unveröfftl. Ms. 1973.

----------, ---------- u.d. "T.U. de Murcia". Parece cosa de brujas. In: PA 165 (Febr.1974), S.23-43.

----------, ----------, ----------. Los fabricantes de héroes se reúnen a comer. In: J.A. Aliaga/C. Oliva. El proceso de creación de "Los fabricantes de héroes se reúnen a comer", de Matilla y López Mozo. Murcia 1978. S.68-108.

López Mozo, Jerónimo u.d. Gruppe "Bojiganga". Por venir. Unveröfftl. Ms. 1975.

Matilla, Luis, y el Grupo Ditirambo. La maravillosa historia de Alicia y los intrépidos y muy esforzados Caballeros de la Tabla Redonda. Madrid 1978.

López Mozo, Jerónimo/L. Matilla. Como reses (Memoria de un matadero). Madrid 1980.

b) Sonstige Veröffentlichungen und Vorträge

López Mozo, Jerónimo. Notas sobre mi obra. In: Yor 21 (Jan.1967), S.10.

----------. El dramaturgo y su compromiso. In: Yor 25 (1967), S.12 u. 17.

----------. No fue posible "Paradise now". In: PA 99 (Aug.1968), S.64.

----------. El Happening "Negro en 15 tiempos". In: PA 106 (Febr.1969), S.14-15.

----------. A propósito de "Matadero solemne". In: PA 122 (Juli 1970), S.63-64.

----------. I Festival Internacional de Teatro de Madrid. In: Yor 44 (Dez.1970), S.12-14.

----------. Las relaciones Autor-Grupo. In: Pip 5 - Revista (1.Zykl.) (Juli 1974), S.7.

----------. Colectivo de autores. In: Pip 6/7 - Revista (1.Zykl.) (Aug./Sept.1974), S.34-35.

----------. Postdictadura y teatro. In: PA 177 (Febr. 1975), S.4-8.

----------. Teatro de barrio, teatro campesino (Apuntes). Madrid 1976.

----------. Fuentes bibliográficas (de "Anarchia 36"). In: Pip 6 - Textos (2.Zykl.) (Jan.-Febr.1978), S.8-9.

----------. El tercer teatro - El Odin que vino del frío. In: Pip 11 - Revista (2.Zykl.) (Nov.-Dez.1979), S.14-16.

----------. Concilio de amor: una tragedia celeste. In: Pip 13 - Revista (2.Zykl.) (März-Apr.1980), S.40-45.

----------. I Muestra de Teatro Latinoamericano en España. In: Pip 14 - Revista (2.Zykl.) (Mai-Juni 1980), S.61-63.

----------. Teatro de barrio y campesino en España (Conferencia leida en la Universidad Internacional Menéndez Pelayo de Santander, el 20 de agosto de 1980, en el curso "Ochenta años de teatro"). Ms. 1980.

----------. Lo mejor, el público. In: Pip 16 - Revista (2.Zykl.) (Sept.-Okt.1980), S.29-35.

Matilla, Luis. Para una biografía. In: PA 123-124 (Aug.-Sept.1970), S.73.

----------. Algunas desordenadas notas. In: PA 123-124 (Aug.-Sept.1970), S.73-74.

----------. En torno a "Proceso de un régimen" de D. Luis Emilio Calvo Sotelo. In: Yor 48 (Mai-Juni 1971), S.64-65.

----------. Aclarando una prohibición a la Escuela "Adriá Gual". In: Yor 48 (Mai-Juni 1971), S.66.

----------. Acerca del Teatro Universitario de Murcia. In: Ocho años de Teatro Universitario. Murcia 1972. S.340-341.

----------. Nuestros primeros pasos en creación colectiva. In: Muestra - Organo oficial de la Primera Muestra Mundial de Teatro Experimental, Puerto Rico 1973, S.7.

----------. Autor, grupo y construcción colectiva. In: Pip 1 - Revista (1.Zykl.) (März 1974), S.3-4.

----------. Crónica de tres festivales mundiales. In: La Verdad (Murcia) v. 21.7.1974, S.18.

----------. Levantar la veda. In: Pip 6/7 - Revista (1. Zykl.) (Aug./Sept.1974), S.26-28.

----------. Cuaderno de viajes: la emigración y Latinoamérica, dos descubrimientos. In: Equipo Pipirijaina (Hg.). Tábano. Madrid 1975. S.19-30.

----------. El autor ante la literatura dramática infantil. (Ponencia presentada por el Instituto de Ciencias de la Educación. Madrid, junio 1977).

----------. Teatro infantil: la larga historia de una frustración. In: El País v. 2.4.1978, S.XI.

----------. Precisamos un teatro espoleador de la creatividad infantil. In: Hoy (Badajoz) v. 6.6.1978, S.17.

----------. El largo camino hacia un teatro colectivo. In: L. Matilla y el Grupo Ditirambo. La maravillosa historia de Alicia. Madrid 1978. S.5-13.

----------. Alicia ante la hoguera. In: L. Matilla y el Grupo Ditirambo. La maravillosa historia de Alicia. Madrid 1978. S.15-23.

----------. La política del desprecio. In: Pip 11 - Revista (2.Zykl.) (Nov.-Dez.1979), S.2-5.

c) Interviews und Umfragen

López Mozo, Jerónimo. In: Encuesta sobre la situación del teatro en España, in: PA 100-101 (Sept.-Okt.1968), S. 55.

López Mozo, J. In: Encuesta: Teatro en España, 1969. In: PA 115 (Dez.1969), S.9-10.

----------. In: I Festival Internacional de Teatro de Madrid. ¿Qué ha significado para el Teatro Español el Festival?, in: Yor 44 (Dez.1970), S.14.

----------. In: Encuesta: Comienzo de temporada, in: PA 149 (Okt.1972), S.26-27.

----------. In: Encuesta a los ocho autores de EL FERNANDO, in: Yor 55-56 (Dez.1972), S.12-13.

----------. Stellungnahme zum "Festival de Sitges". In: PA 151 (Dez.1972), S.19-20.

----------. In: 5 preguntas a los autores que estrenaron, in: PA 170-171 (Juli-Aug.1974), S.19-20.

----------. In: A.C. Isasi Angulo. Diálogos del Teatro Español de Postguerra. Madrid 1974. S.331-343.

----------. In: M.A. Medina. El teatro español en el banquillo. Valencia 1976. S.105-110.

----------. In: M.A. Medina, Bajo la aparente calma y la mucha experiencia ... Jerónimo López Mozo (Entrevista), in: Reseña 97 (1976), S.22-23.

----------. In: Entrevista a los que no estrenan, in: Pip 6 - Revista (2.Zykl.) (Jan.-Febr.1978), S.51.

Matilla, Luis. In: Encuesta (a varios autores), in: Yor 39 (Apr.1970), S.15.

----------. In: I Festival Internacional de Teatro de Madrid. ¿Qué ha significado para el Teatro Español el Festival?, in: Yor 44 (Dez.1970), S.14-16.

----------. In: J. Martínez de la Vega. ¿Qué y cómo es el público español? In: PA 128 (Jan.1971), S.II-V.

----------. Entrevista con Luis Matilla. In: PA 145 (Juni 1972), S.7-9.

----------. In: Encuesta a los ocho autores de EL FERNANDO, in: Yor 55-56 (Dez.1972), S.14-15.

----------. In: A.C. Isasi Angulo. Diálogos del Teatro Español de Postguerra. Madrid 1974. S.293-310.

----------. In: Arroyo, Julia. Luis Matilla tiene ciertas esperanzas en el futuro (Entrevista), in: Ya v. 15.6. 1974, S.29.

----------. In: 5 preguntas a los autores que estrenaron, in: PA 170-171 (Juli-Aug.1974), S.19-20.

----------. In: M.A. Medina. El teatro español en el banquillo. Valencia 1976. S.85-94.

----------. In: Encuesta a los que no estrenan, in: Pip 6 - Revista (2.Zykl.) (Jan.-Febr.1978), S.52.

López Mozo, J. u. L. Matilla. In: Angel García Pintado. Matilla-López Mozo; saltando en las hogueras (entrevista). In: PA 165 (Febr.1974), S.15-20.

2. Allgemeine Bibliographie

Abellán, Manuel L. Censura y creación literaria en España (1939-1976). Madrid 1980.

Los actores están cansados. In: PA 178 (März 1975), S.4-5.

Aguilar, Manu. Parece cosa de brujas. In: Pip 1 - Revista (1.Zykl.) (März 1974), S.24.

Aliaga, José Antonio/César Oliva. El proceso de creación de "Los fabricantes de héroes se reúnen a comer", de Matilla y López Mozo. Murcia 1978.

Alonso, Roberto. "Marat-Sade" en España. In: Yor 28 (Nov. 1968), S.39-47.

Altares, Pedro. Del teatro del Imperio al teatro de consumo. In: CpeD Extra XV: Sociedad, expresión y realidad (Juli 1969), S.71-76.

Alvaro, Francisco. El espectador y la crítica/El teatro en España en ... (Jährliche Zusammenfassung der Theaterspielpläne und -kritiken seit 1958, erscheint jeweils im folgenden Jahr). Valladolid 1959-1970. Madrid seit 1971.

Amorós, Andrés/Marina Mayoral/Francisco Nieva. Análisis de cinco comedias (Teatro español de la postguerra). Madrid 1977.

Anordnung vom 26.3.1962 über Normen zur "protección al teatro" gemäss dem "decreto-ley" vom 28.6.1961. In: PA 33 (1962), S.37-38.

Aragonés, Juan Emilio. "Ejercicios para equilibristas", de Luis Matilla. In: Nueva Estafeta Literaria Nr.19 (Juni 1980), S.120-121.

Arjona. El Teatro Universitario de Madrid, en el Lope de Vega. In: ABC (Sevilla) v. 12.5.1970.

Arroyo, José F. "Los Goliardos" - un nuevo Teatro de Cámara, a través de su director Angel Facio. In: Yor 11 (Jan.1966), S.12-13.

Artaud, Antonin. Le théâtre et son double. Paris 1938.

Artigues, Daniel. El Opus Dei en España. 2. erw. Aufl., Paris 1971.

Aúz, Víctor. Rompamos la baraja. In: Yor 29 (Dez.1968), S.9-11.

Avilés, Juan Carlos. Una oportunidad para los "independientes". In: La semana de Madrid: guía del ocio Nr. 231 v. 19.-25. Mai 1980.

Bayón, Miguel. López Mozo: El testimonio de una etapa negra. In: Diario 16 v. 19.3.1980.

Beyme, Klaus von. Vom Faschismus zur Entwicklungsdiktatur - Machtelite und Opposition in Spanien. München 1971.

Bilbatúa, Miguel. Acerca de la actual orientación de los Teatros Nacionales. In: Yor 29 (Dez.1968), S.17-18.

----------. En torno a la dramaturgia española actual. In: Riaza, Hormigón, Nieva. Teatro. Madrid 1973. S.5-23.

----------. Riaza entre el realismo y el posibilismo. In: Pip 3 - Textos (1.Zykl.) (Mai 1974), S.5-8.

----------. Sobre el papel del "autor" en el teatro independiente. In: PA 121 (Juni 1970), S.10-12.

----------. El teatro, artículo de consumo. In: CpeD Extra III: Teatro Español (Juni 1966), S.5-6.

Biografía (de Luis Matilla; oh. Verf.ang.). In: Pip 14 - Textos (2.Zykl.) (Mai-Juni 1980), S.9.

Blanco Aguinaga, Carlos/Julio Rodríguez Puértolas/Iris M. Zavala. Historia social de la Literatura española (en lengua castellana). Bd. 1-3, Madrid 1978-79.

Botrel, J.-F./S. Salaün (Hg.). Creación y público en la literatura española. Madrid 1974.

Brook, Peter. El espacio vacío. Barcelona 1973.

Broué, Pierre/Emile Témime. Revolution und Krieg in Spanien. Frankfurt/Main 1968. (Franz. Original Paris 1961).

Buero Vallejo, Antonio. La doble historia del doctor Valmy - Mito. Madrid 1976.

Büttner, Gottfried. Absurdes Theater und Bewusstseinswandel. Über den seelischen Realismus bei Beckett und Ionesco. Berlin 1968.

Búfalo. Para un análisis del Teatro Independiente en España. In: Pip 4 - Revista (1.Zykl.) (Juni 1974), S.1-2.

Cano, José Luis. Poesía española contemporánea. Generaciones de posguerra. Madrid 1974.

Capmany, María Aurelia. La cartelera barcelonesa y su público. In: CpeD Extra III: Teatro Español (Juni 1966), S.17-19.

Casali, Renzo. Antonin Artaud, Living Theatre y neo-capitalismo. In: PA 91 (Dez.1967), S.51-57.

Castellet, José María. ¿Existe hoy una cultura española? In: La cultura bajo el franquismo. Barcelona 1977. S. 9-19.

Castilla del Pino, Carlos. La incomunicación. Barcelona [5]1972.

----------. La psiquiatría española (1939-1975). In: La cultura bajo el franquismo. Barcelona 1977. S.79-102.

Chamorro, Eduardo/Ignacio Fontes. Las bases norteamericanas en España. Barcelona 1976.

Chao, Ramón. Ruibal en la Sorbona. In: La Voz de Galicia v. 17.12.1972.

Chavarrí, E.L. IV Festival de Teatro Universitario. In: Las Provincias (Valencia) v. 23.4.1970.

5 preguntas a los autores que estrenaron. In: PA 170-171 (Juli-Aug.1974), S.13-23.

Cirici, Alexandre. La estética del franquismo. Barcelona 1977.

Cisquella, Georgina/José Luis Erviti/José A. Sorolla. Diez años de represión cultural. La censura de libros durante la Ley de Prensa (1966-76). Barcelona 1977.

Cobos, Fernando. Historia del T.P.T. (Teatro para Todos). In: PA 45 (1963), S.61-62.

Comisión de Información y Actividades culturales. II Plan de Desarrollo Económico y Social 1968-1971. Madrid 1967.

----------. III Plan de Desarrollo Económico y Social 1972-1975. Madrid 1972.

Comisión provisional delegada para la constitución de la Federación de Grupos de Teatro Independiente. Informe sobre la situación actual del Teatro Independiente. In: Pip 1 - Revista (2.Zykl.) (Okt.1976), S.7-13.

Conclusiones del Festival Palma-70. In: Yor 45 (Jan.-Febr. 1971), S.67-68.

Conversaciones Nacionales sobre teatro actual en Córdoba: Conclusiones. In: Yor 10 (Dez.1965), S.16.

La cultura bajo el franquismo. Barcelona 1977.

Dankelmann, Otfried. Franco zwischen Hitler und den Westmächten. Berlin/DDR 1970.

Dieterich, Genoveva. Gelingt die Öffnung? Die spanische Theatersituation. In: Theater heute, 17. Jg. Nr.3 (1976), S.60.

----------. Spanien. Der Erfolg des "unabhängigen Theaters". In: Theater heute (6.6.1974), S.46-47.

----------. Spanien - Theater und Politik. Ein Situationsbericht. In: Theater heute, 19.Jg. Nr.4 (1978), S.53-54.

Dieterich, Genoveva. Die Verbote lockern sich. Bericht vom Theater in Madrid. In: Theater heute, 17.Jg. Nr.12 (1976), S.53.

Domenech, Ricardo. En busca de un nuevo espacio teatral. In: PA 121 (Juni 1970), S.4-9.

----------. Para una visión actual del teatro de los esperpentos. In: Cuadernos Hispanoamericanos 199-200 (1966), S.455-466.

Dort, Bernard. Tendencias del teatro actual. Madrid 1975.

Dos ejemplos: "Capsa", de Barcelona y "Studio", de Valencia. In: PA 178 (März 1975), S.57-58.

Dueñas, Gonzalo. La ley de prensa de Manuel Fraga. Paris 1969.

Duvignaud, Jean. Sociología del teatro. Ensayo sobre las sombras colectivas. México 1966. (Franz. Original: Paris 1965).

Eggert, Hartmut/Hans Christoph Berg/Michael Rutschky. Zur notwendigen Revision des Rezeptionsbegriffs. In: W. Müller-Seidel (Hg.). Historizität in Sprach- und Literaturwissenschaft. München 1974. S.423-432.

Elizalde, Ignacio. Temas y tendencias del teatro actual. Madrid 1977.

Encuesta a los ocho autores de EL FERNANDO. In: Yor 55-56 (Dez.1972), S.11-18.

Encuesta a los que no estrenan (1). In: Pip 6 - Revista (2.Zykl.) (Jan.-Febr.1978), S.49-54.

Encuesta a los que no estrenan (y 2). In: Pip 7 - Revista (2.Zykl.) (Juni 1978), S.61-63.

Encuesta: Comienzo de temporada. In: PA 149 (Okt.1972), S.16-27 u. 70. Fortsetzg. in: PA 150 (Nov.1972).

Encuesta sobre la censura - 25 autores cuentan sus experiencias sobre la censura. In: PA 165 (Febr.1974), S.4-14.

Encuesta sobre la censura - otros 14 autores cuentan sus experiencias. In: PA 166 (März 1974), S.4-11.

Encuesta sobre el Festival Cero de S. Sebastián. In: PA 123-124 (Aug.-Sept.1970), S.24-37; und PA 125 (Okt. 1970), S.14-33.

Encuesta sobre la situación del teatro en España. In: PA 100-101 (Sept.-Okt.1968) (in der Ausgabe vermutlich irrtümlich mit Nov.-Dez.1968 ausgezeichnet), S.52-69.

Encuesta: Teatro en España, 1969. In: PA 115 (Dez.1969), S.6-10.

Encuesta al Teatro Independiente. In: Yor 12 (Febr.1966), S.8-10.

Equipo de Estudios Teatrales. Encuesta: teatro-actor 74. In: PA 173 (Okt.1974), S.48-55; PA 174 (Nov.1974), S. 50-57; PA 175 (Dez.1974), S.64-69; PA 176 (Jan.1975), S.43-48.

Equipo Pipirijaina (Hg.). Tábano - un zumbido que no cesa. Madrid 1975.

Esslin, Martin. Das Theater des Absurden. Reinbek b. Hamburg 1965.

Fábregas, Xavier. Luis Matilla o el mundo visto como una ratonera. In: PA 144 (Mai 1972), S.70-72.

----------. 30 años de teatro catalán. In: Pip 2 - Revista (2.Zykl.) (Nov.1976), S.11-17.

Fernán Gómez, Fernando. El entreacto infinito. In: Tiempo de Historia (Especial): 1939-1979: 40 años de España, 6.Jg., Nr.62 (Jan.1980), S.220-229.

Fernández-Santos, Angel. "Ejercicios para equilibristas", de Luis Matilla - ¡Teatro! In: Diario 16 v. 17.5.1980.

Fernández Torres, Alberto/Javier Maqua. ¿Dónde va el teatro? Catástrofe o reliquia. In: Pip 2 - Revista (2. Zykl.) (Nov.1976), S.22-25.

----------, ---------- u. Moisés Pérez Coterillo. El tiempo de Alfonso Sastre. Cronología. In: Pip 1 - Textos (2.Zykl.) (Okt.1976), S.3-29.

Ferrándiz, Alejandra/Vicente Verdú. Noviazgo y matrimonio en la burguesía española. Madrid 1974.

Festival Cero. In: PA 119 (April 1970), S.20-48.

Franco, Andrés. Apuntes sobre un nuevo teatro español. In: Insula 323 (Okt.1973), S.1 u. 14-15.

García Escudero, José María. La primera apertura. Barcelona 1978.

García Lorenzo, Luciano. El teatro español hoy. Barcelona 1975. Madrid ²1977.

----------. Teatro y sociedad en la España de posguerra. In: El teatro y su crítica. Málaga 1975. S.259-278.

García Pelayo, Manuel. Sobre el mundo social en la literatura de Valle-Inclán. In: Revista de Occidente IV (1966), S.257-287.

García Pintado, Angel. A la caza de un concepto. In: Pip 6/7 - Revista (1.Zykl.) (Aug./Sept.1974), S.23-24.

----------. El franquismo explica la censura. In: Pip 6 - Revista (2.Zykl.) (Jan.-Febr.1978), S.46-48.

----------. Ocio-celo-pasión de Jacinto Disipado. In: PA 123-124 (Aug.-Sept.1970), S.89-104.

----------. Un pretexto para conocerse. In: PA 123-124 (Aug.-Sept.1970), S.41-42.

García Pintado, Angel. La vanguardia en los "nuevos autores españoles". In: PA 182 (Dez.1979), S.65-66.

García Sabell, Domingo. Psicodinamia de la evolución de las ideologías: Los estudiantes anteriores a la Guerra Civil y los actuales. In: Las ideologías en la España de hoy (coloquio). Madrid 1972. S.165-182.

Gil Novales, Ramón. Guadaña al resucitado. In: PA 118 (März 1970), S.37-60.

Los Goliardos Historial. In: Yor 25 (1967), S.5.

Los Goliardos. Independencia económica. In: PA 119 (April 1970), S.12-13.

Gómez García, Manuel. 1971: Así piensan 40 profesionales de nuestra escena sobre censura, teatro social y teatro político en España (Encuesta). In: PA 131 (April 1971), S.8-24.

Gómez Marín, J.A. Valle: Estética y compromiso. In: Cuadernos Hispanoamericanos 199-200 .(1966), S.175-203.

Gómez Ortiz, Manuel. La imaginación, a la escena. In: Ya v. 15.5.1980, S.46.

González Ruiz, José María. Religión. In: La cultura bajo el franquismo. Barçelona 1977. S.159-185.

Gortari, Carlos. La última temporada teatral del franquismo. In: Pip 1 - Revista (2.Zykl.) (Okt.1976), S. 37-39.

Gubern, Román. La censura: función política y ordenamiento jurídico bajo el franquismo (1936-1975). Madrid 1981.

----------. Cine y comunicación de masas. In: La cultura bajo el franquismo. Barcelona 1977. S.189-201.

---------- u. Doménec Font. Un cine para el cadalso. Barcelona 1975.

Haack, Christel. José Ruibal und Antonio Martínez Ballesteros. Untersuchungen zum "Teatro Nuevo" in Spanien. Unveröfftl. Dipl.arb., Germersheim 1974.

Haro Tecglen, Eduardo. El manifiesto de las denuncias. In: Hoja del Lunes v. 29.1.1979; Nachdruck in: Pip 10 - Revista (2.Zykl.) (Sept.-Okt.1979), S.18-19.

Haubrichs, Wolfgang. Zur Relevanz von Rezeption und Rezeptionshemmung in einem kybernetischen Modell der Literaturgeschichte. Ein Beitrag zum Problem der Periodisierung. In: W. Müller-Seidel (Hg.). Historizität in Sprach- und Literaturwissenschaft. München 1974. S.97-121.

Heidsieck, Arnold. Das Groteske und das Absurde im modernen Drama. Stuttgart 1969.

Hera, Alberto de la. En torno a una política de protección del Teatro en España. In: Yor 38 (Febr.-März 1970), S.55-62.

Heras, Guillermo. Teatro Independiente - ¿Resurrección o autopsia? In: Pip 10 - Revista (2.Zykl.) (Sept.-Okt. 1979), S.7-11.

Heras, Santiago de las. Un autor recuperado. Entrevista con J. Martín Recuerda. In: PA 107 (April 1969), S. 28-31.

Herrero, F. Nuevo teatro, nuevo público. In: PA 165 (Febr.1974), S.61-62.

Historia de una crisis. In: PA 163-164 (Dez.1973-Jan. 1974), S.4-10.

Hormigón, Juan Antonio. El autor en la historia del teatro. In: Pip 6/7 - Revista (1.Zykl.) (Aug./Sept.1974), S.19-22.

----------. Repertorio y nuevo público. In: Yor 48 (Mai-Juni 1971), S.67-74.

----------. Teatro, realismo y cultura de masas. Madrid 1974.

Huertas, Eduardo. José Garate: Hacia el protagonismo del espectador de teatro. In: PA 163-164 (Dez.1973-Jan. 1974), S.103-106. (Abdruck aus Ya v. 11.11.1973).

Las ideologías en la España de hoy (coloquio). Madrid 1972.

Isasi Angulo, Amando Carlos. Diálogos del Teatro Español de la Postguerra. Madrid 1974.

Iser, Wolfgang. Die Appellstruktur der Texte. In: R. Warning (Hg.). Rezeptionsästhetik. München 1975. S.228-252.

Jauss, Hans Robert. Literaturgeschichte als Provokation der Literaturwissenschaft. In: Ders., Literaturgeschichte als Provokation. Frankfurt/Main 1970. S.144-207.

Jiménez Romero, Alfonso. Oratorio. In: PA 109 (Juni 1969).

Els Joglars. La Torna. In: Pip 8/9 - Textos (2.Zykl.) (Sept.1978).

Kayser, Wolfgang. Das Groteske in Malerei und Dichtung. Hamburg 1960.

Kesting, Marianne. Panorama des zeitgenössischen Theaters. 50 literarische Porträts. München 1962.

----------. Sprechtheater und Schautheater. In: Akzente, Jg.3 (1956), S.29-37. (Zweitausendeins-Reprint 1977, Bd.I).

Köhler, Erich. Über die Möglichkeiten historisch-soziologischer Interpretation (aufgezeigt an französischen Werken verschiedener Epochen). In: Viktor Žmegač (Hg.). Methoden der deutschen Literaturwissenschaft. Frankfurt/Main 1971. S.303-324. (Nachdruck aus E. Köhler, Esprit und arkadische Freiheit. Aufsätze aus der Welt der Romania, Frankfurt/Main 1966, S.83-103).

Krauss, Werner (Hg.). Spanien 1900-1965. Beitrag zu einer modernen Ideologiegeschichte. München 1972.

Kronik, John W. La Farsa (1927-1936) y el teatro español de preguerra. Valencia 1971.

Kulenkampff, Barbara-Sabine. Theater in der Diktatur. Spanisches Experimentiertheater unter Franco. München 1979 (Münchener Universitätsschriften. Münchener Beiträge zur Theaterwissenschaft. 12).

Ladra, David. Algunos rasgos característicos del teatro en Madrid. In: CpeD Extra III: Teatro Español (Juni 1966), S.7-11.

Lázaro Carreter, Fernando. Ejercicios para equilibristas (I) y (II). In: Gaceta Ilustrada 1237 (22.6.1980) u. 1238 (29.6.1980). Nachdruck in: Pip 15 - Revista (2. Zykl.) (Juli-Aug.1980), S.48-50.

López Pina, A./E. Aranguren. La cultura política de la España de Franco. Madrid 1976.

Maier, Lothar P. Spanien - Agonie der Diktatur? In: Blätter für deutsche und internationale Politik 11 (1974), S.1178-1190.

Mandelkow, Karl Robert. Rezeptionsästhetik und marxistische Literaturtheorie. In: W. Müller-Seidel (Hg.). Historizität in Sprach- und Literaturwissenschaft. München 1974. S.379-388.

Manegat, Julio. Del blanco a la angustia, pasando por el ballet. In: El Noticiero Universal (Barcelona) v. 16.10.1967.

Marquerie, Alfredo. El teatro que yo he visto. Barcelona 1969.

Martín Recuerda, José. Notas para un nuevo teatro español. In: El teatro y su crítica. Málaga 1975. S.313-329.

Martínez Mediero, Manuel. El regreso de los escorpiones. In: Yor 52 (Apr.-Juni 1972), S.19-50.

----------. El último gallinero. In: Yor 38 (Febr.-März 1970), S.15-46.

Martínez Sierra, G. Hablando con Valle-Inclán. In: ABC v. 7.12.1938.

Martínez de la Vega, Juan. Los autores frente al público y otros condicionantes. In: PA 130 (März 1971), S.VI-VIII.

Martínez de la Vega, Juan. ¿Qué y cómo es el público español? In: PA 128 (Jan.1971), S.II-V.

Maurín, Joaquín. Revolución y contrarrevolución en España. Paris 1966.

Medina Vicario, Miguel Angel. El reiterado descontento. In: Triunfo 836 (3.Febr.1979), S.46-47.

----------. El teatro español en el banquillo. Valencia 1976.

Merenciano, Marco. Ensayos Médicos y Literarios. Madrid 1958.

Mesa Redonda del Festival Palma-70: Teatro Popular: el viejo, actual, ¿eterno tema? In: Yor 45 (Jan.-Febr. 1971), S.61-66.

Michaelis, Rolf. Spanien im Zerrspiegel. Das deutsche Theater entdeckt die "Esperpentos" des Ramón del Valle-Inclán. In: Theater heute, 15.Jg., Nr.5 (5.5. 1974), S.20-24.

Miguel, Amando de. La herencia del franquismo. Madrid 1976.

Miralles, Alberto. Con cinco años de retraso, un libro actual. In: G.E. Wellwarth. Spanish Underground Drama (Span. Ausgabe). Madrid 1978. S.11-31.

----------. El contagio de la paranoia. In: Pip 8/9 - Revista (2.Zykl.) (Sept.1978), S.54-57.

----------. Las cosas no están cambiando. In: Pip 7 - Revista (2.Zykl.) (Juni 1978), S.56-60.

----------. ¡Es la guerra, más madera! In: Pip 10 - Revista (2.Zykl.) (Sept.-Okt.1979), S.12-24.

----------. Una generación sin oportunidades. In: Mundo v. 5.9.1970, S.25-36.

----------. Nuevo Teatro Español: Una alternativa social. Madrid 1977.

----------. Nuevos rumbos del teatro. Barcelona 1973.

----------. Teatro Independiente. In: Yor 26 (1968), S.3.

Miret Magdalena, E. La Iglesia franquista. In: Tiempo de Historia (Especial): 1939-1979: 40 años de España 6.Jg., Nr.62 (Jan.1980), S.72-91.

Molero Manglano, Luis. Teatro español contemporáneo. Madrid 1977.

Monés i Pujol-Busquets, Jordi. Pedagogía. In: La cultura bajo el franquismo. Barcelona 1977. S.221-237.

Monleón, José. La acusación de la Lozana. In: Triunfo 761 (27.8.1977), S.44-45.

Monleón, José. Alfonso Paso y su tragicomedia. In: El teatro de humor en España. Madrid 1966. S.247-268.

----------. La censura del señor alcalde. In: Triunfo 790 (18.März 1978), S.75.

----------. Cien y poco números de "primer acto". In: PA 100-101 (Sep.-Okt.1968) (in der Ausgabe vermutlich irrtümlich mit Nov.-Dez.1968 ausgezeichnet), S.4-17.

----------. El cierre de la Cadarso. In: Triunfo 878 (24.Nov.1979), S.59.

----------. ¿Cuál es el valor actual del teatro que se opuso a la dictadura? In: Triunfo 769 (22.Okt.1977), S.58.

----------. Del Teatro de Cámara al Teatro Independiente. In: PA 123-124 (Aug.-Sept.1970), S.8-14.

----------. Los éxitos de una temporada caótica. In: Triunfo 809 (29.Juli 1978), S.44.

----------. Matilla y sus monstruos familiares. In: PA 123-124 (Aug.-Sept.1970), S.64-72.

----------. 1977, sin una política teatral. In: Triunfo 780 (7.Jan.1978), S.49.

----------. Por un teatro estable del País Valenciano. In: Triunfo 822 (28.Okt.1978), S.65-66.

----------. Presente y futuro del teatro español. In: La cultura bajo el franquismo. Barcelona 1977. S.241-259.

----------. Sevilla y su Teatro de Repertorio. In: Triunfo 825 (18.Nov.1978), S.62-63.

----------. El teatro antifranquista, hoy. In: Triunfo 811 (12.Aug.1978), S.50.

----------. Una temporada a exámen (1967/68). In: PA 98 (Juli 1968), S.11-13.

----------. Treinta años de teatro de la derecha. Barcelona 1971.

----------. Vallecas: Hacia un teatro de la comunidad. In: Triunfo 856 (23.Juni 1979), S.55.

----------. Vanguardia y realismo. In: PA 182 (Dez.1979), S.61-63.

Moya, Carlos. Familia e ideología política. In: Las ideologías en la España de hoy (coloquio). Madrid 1972. S.83-108.

Müller-Seidel, Walter (Hg.). Historizität in Sprach- und Literaturwissenschaft - Vorträge und Berichte der Stuttgarter Germanistentagung 1972. München 1974.

Nieva, Francisco. Defensa condicionada del teatro de autor. In: PA 123-124 (Aug.-Sept.1970), S.42-44.

----------. En torno a una nueva escritura "teatrante". In: Riaza, Hormigón, Nieva. Teatro. Madrid 1973. S. 155-164.

----------. La estética moderna y las nuevas tendencias del teatro. In: PA 107 (April 1969), S.9-27.

----------. ¿Por qué no se conoce el nuevo teatro español? In: PA 149 (Okt.1972), S.III-IV.

Normas de Censura Cinematográfica ("Orden de Información y Turismo" v. 9.2.1963). In: B.O.E. v. 8.3.1963.- Abdruck in: Román Gubern/Doménec Font. Un cine para el cadalso. Barcelona 1975. S.345-350.

Nuevas normas de censura (Orden de 19 de febrero de 1975 por la que se establecen normas de calificación cinematográfica). In: R. Gubern/D. Font. Un cine para el cadalso. Barcelona 1975. S.363-365.

O'Connor, Patricia W. Censorship in the Contemporary Spanish Theater and Antonio Buero Vallejo. In: Hispania, Bd.LII, Nr.2 (1969), S.282-287.

----------. Government Censorship in the Contemporary Spanish Theatre. In: Educational Theatre Journal, Bd. XVIII, Nr.4 (Dez.1966), S.443-449.

----------. Premio Lope de Vega 1969: A Devious Form of Censorship? In: Hispanófila, Nr.44 (1972), S.59-63.

----------. Torquemada in the Theatre: A Glance at Government Censorship. In: Theatre Survey, Bd.XIV, Nr.2 (1973), S.33-45.

Ohlert, Waltraud. Spanisches Protesttheater bei Miguel Romero Esteo. Unveröfftl. Dipl.arb., Germersheim 1978.

Oliva, César. Antecedentes estéticos del esperpento. Murcia 1978.

----------. Disidentes de la generación realista (Introducción a la obra de Carlos Muñiz, Lauro Olmo, Rodríguez Méndez y Martín Recuerda). Murcia 1979.

----------. En torno a la propuesta de EJERCICIOS PARA EQUILIBRISTAS. In: Pip 14 - Textos (Mai-Juni 1980), S.6-8.

----------. Lectura semiológica de "Así que pasen cinco años". In: PA 182 (Dez.1979), S.40-44.

----------. El proceso de creación de EL FERNANDO. In: Yor 55-56 (Dez.1972), S.5-9.

Olmo, Lauro. Lo Nacional y el Teatro. In: Yor 29 (Dez. 1968), S.5-6.

Oneto, José. Arias entre dos crisis 1973-1975. Barcelona 1975.

Orqui. El respetable. In: PA 133 (Juni 1971), S.VI.

Pacheco, Miguel. Teatro Estudio Lebrijano. In: Yor 38 (Febr.-März 1970), S.67-68.

Pérez Casaux, Manuel. Enterrar el dogmatismo. In: Pip 6/7 - Revista (1.Zykl.) (Aug./Sept.1974), S.36-37.

Pérez Coterillo, Moisés. Crónica de 30 días. In: Pip 3 - Revista (2.Zykl.) (Dez.1976), S.2-3.

---------- (Hg.). El espectáculo de la huelga. La huelga del espectáculo. Madrid 1976.

----------. Hacia un teatro de clase. In: Equipo Pipirijaina (Hg.). Tábano. Madrid 1975. S.87-92.

----------. ¡Que viene la censura! In: Pip 13 - Revista (2.Zykl.) (März-April 1980), S.35-39.

---------- (coordinador). R.E.S.A.D. Informe P.A. In: PA 163-164 (Dez.1973-Jan.1974), S.4-27.

Pérez Minik, Domingo. Se trata de la farsa, esa forma incordia del teatro europeo. In: Yor 5-6 (Juli-Aug.1965), S.4-5.

Pérez de Olaguer, Gonzalo. "Marat-Sade" de Peter Weiss. In: Yor 28 (Nov.1968), S.68-70.

----------. El "Nuevo Teatro Español" en la Universidad de París. In: Yor 55-56 (Dez.1972), S.103-105.

----------. 7 puntos sobre la temporada 1969-70 en Barcelona. In: Yor 43 (Sept.1970), S.4-5.

Pörtl, Klaus. Systemkritik im spanischen Protesttheater. Eine vorläufige Standortbestimmung von Antonio Martínez Ballesteros und Miguel Romero Esteo. In: Rolf Kloepfer u.a. (Hg.). Bildung und Ausbildung in der Romania, Bd. III: Iberische Halbinsel und Lateinamerika (Akten des Romanistentages in Giessen 1977), München 1979, S.374-391.

Pouplana, Ramón. Picaresca y esperpento. In: Yor 36 (Sommer 1969), S.9-11.

----------. Teatro y provincias. In: Yor 52 (April-Juni 1972), S.5-7.

----------. "Yorick" promociona: Jerónimo López Mozo. In: Yor 40 (Mai-Juni 1970), S.62-64.

----------. "Yorick" promociona: Luis Matilla. In: Yor 41-42 (Juli-Aug.1970), S.54-56.

Programa en vigor facilitado por el Ministerio de Información y Turismo sobre la Junta de Censura de Obras Teatrales. Abdruck in: M.A. Medina. El teatro español en el banquillo. Valencia 1976. S.461-476.

Real Decreto 3071/1977 (11.11.1977/Abschaffg. der Film-Zensur). In: B.O.E. 287 (1.Dez.1977).

Real Decreto 262/1978 (27.1.1978/Abschaffg. der Theater-Zensur), In: B.O.E. 53 (3.März 1978).

Reglamentación oficial por la cual se rigen y gobiernan los Teatros Nacionales y los Festivales de España. Abdruck in: M.A. Medina. El teatro español en el banquillo. Valencia 1976. S.477-483.

Reglamento de Policía de Espectáculos públicos (de 3 de mayo de 1935). In: M. Pérez Coterillo (Hg.). El espectáculo de la huelga. Madrid 1976. S.399-425.

Requena, Jesús G. Sobre el "teatro" y el nuevo teatro. In: Pip 5 - Revista (1.Zykl.) (Juli 1974), S.1-3.

---------- u. Alberto Fernández Torres. Teatro y burguesía - notas para un análisis materialista del teatro comercial en España. In: Pip 6/7 - Revista (1.Zykl.) (Aug./Sept.1974), S.4-16.

Risco, Antonio. La estética de Valle-Inclán. Madrid 1966.

Rivas-Cherif, Cipriano. Interview mit Valle-Inclán. In: La Internacional v. 3.9.1920.

Roda, Federico. Aquí se habla del mimo y de la pantomima como elementos predilectos de la farsa. In: Yor 5-6 (Juli-Aug.1965), S.13-15.

----------. Lo que llamamos teatro de vanguardia. In: Yor 20 (Nov.1966), S.6-7.

Rodríguez Buded, R. Autores nuevos y teatro independiente. In: Yor 26 (1968), S.15.

Rodríguez Martín. "Matadero solemne" de Jerónimo López Mozo - Premio Arniches 70. In: Primera Página - Diario de la mañana (Alicante) v. 9.6.1970.

Rodríguez Méndez, José María. Comentarios impertinentes sobre el teatro español. Barcelona 1972.

----------. La incultura teatral en España. Barcelona 1974.

Rodríguez Richart, José. Das junge spanische Theater. In: Die Neueren Sprachen N.F. (1966), S.318-323.

Rodríguez Sanz, Carlos. Teatro y subvención. In: CpeD Extra III: Teatro Español (Juni 1966), S.23-25.

Romero, Vicente. Las dudas de los censores. In: PA 121 (Juni 1970), S.VII.

----------. Entrevista con Mario Antolín, Subdirector General de Teatro, sobre la censura. In: PA 137 (Okt. 1971), S.III-V.

Romero Esteo, Miguel. Paraphernalia de la olla podrida, la misericordia y la mucha consolación. In: Estreno 2 (1975), S.T1-T32.

----------. Pasodoble. In: PA 162 (Nov.1973), S.15-49.

Ruibal, José. Mimetismo y originalidad. In: PA 123-124 (Aug.-Sept.1970), S.45-47.

Ruiz Ramón, Francisco. Estudios de teatro español clásico y contemporáneo. Madrid 1978.

----------. Historia del teatro español. Siglo XX. 2. erw. Aufl., Madrid 1975.

----------. Introducción al teatro de Jerónimo López Mozo. In: Estreno 1 (Winter 1975), S.14-18.

----------. Prolegómenos a un estudio del nuevo t. español. In: PA 173 (Okt.1974), S.4-9.

Saalbach, Mario. Aportaciones para una introducción al teatro de Jerónimo López Mozo. In: Pip 6 - Textos (2. Zykl.) (Jan.-Febr.1978), S.2-6.

Sagaseta, Salvador. Características esenciales del fenómeno de la propaganda. In: CpeD Extra XV: Sociedad, expresión y realidad (Juli 1969), S.51-60.

Salvador, Diego. El aprendizaje. In: Pip 6/7 - Revista (1.Zykl.) (Aug./Sept.1974), S.40-41.

Salvat, Ricard. El comienzo de una nueva sensibilidad. In: PA 152 (Jan.1973), S.58.

----------. El teatro de los años 70. Diccionario de urgencia. Barcelona 1974.

Sanchis Sinisterra, José. Las dependencias del teatro independiente. In: PA 121 (Juni 1970), S.69-74.

----------. Presente y futuro del teatro español. In: PA 104 (Jan.1969), S.4-8.

----------. El teatro en provincias. In: CpeD Extra III: Teatro Español (Juni 1966), S.20-22.

Sastre, Alfonso. Anatomía del realismo. Segunda edición, con nuevos prólogo y epílogo del autor, Barcelona 1974.

----------. La revolución y la crítica de la cultura. Barcelona 21971.

----------. Teatro imposible y pacto social. In: PA 14 (1960).

Saunier, Jean. L'Opus Dei. Paris 1973.

Schroeder, Juan Germán. 20 años de teatro no profesional. In: PA 45 (1963), S.12-20.

Schütze, Bernhard. Rekonstruktion der Freiheit. Die politischen Oppositionsbewegungen in Spanien. Frankfurt/ Main 1969.

Sitges - Mesa de autores. In: PA 151 (Dez.1972), S.14-19.

Sordo, Enrique. Por la farsa al esperpento. In: Yor 5-6 (Juli-Aug.1965), S.9-10.

Suárez, Marcial. A vueltas con el teatro. In: Lauro Olmo, Lo Nacional y el Teatro; in: Yor 29 (Dez.1968), S.6. (Nachdruck aus: ABC v. 20.11.1968).

Tábano. Castañuela 70. In: PA 125 (Okt.1970), S.46-60.

----------. Descentralizar el teatro: otro público, otros circuitos, otras relaciones. In: Equipo Pipirijaina (Hg.). Tábano. Madrid 1975. S.45-58.

----------. La ópera del bandido ("Versión libre de tábano sobre un texto de john gay"). In: Equipo Pipirijaina. Tábano. Madrid 1975. S.93-139.

Con Tábano, una reflexión en voz alta. In: PA 172 (Sept. 1974), S.42-50.

Tamames, Ramón. La República. La Era de Franco. Madrid ^{6}1977.

Teatro español actual, hg. Fundación Juan March. Madrid 1977.

El teatro y su crítica. Reunión de Málaga de 1973, hg. Instituto de Cultura de la Diputación Provincial de Málaga. Málaga 1975.

Teixidor, Jordi. La impotencia. In: Pip 6/7 - Revista (1.Zykl.) (Aug./Sept.1974), S.44-45.

----------. El retablo del flautista. In: Yor 43 (Sept. 1970), S.19-53.

Torrente Ballester, Gonzalo. La política teatral. In: PA 41 (1963), S.10-11.

----------. Teatro español contemporáneo. Madrid ^{2}1968.

Tuñón de Lara, Manuel. Algunas propuestas para el análisis del franquismo. In: VII coloquio de Pau. De la crisis del antiguo régimen al franquismo. Madrid 1977.

----------. La España del siglo XX. Bd.1-3. Barcelona ^{2}1977.

----------. Estudios de historia contemporánea. Barcelona 1977.

----------. Historia. In: La cultura bajo el franquismo. Barcelona 1977. S.23-46.

----------. Medio siglo de cultura española (1885-1936). Madrid ^{3}1973.

Urbano, Victoria. El teatro español y sus directrices contemporáneas. Madrid 1972.

Le Vaillant, Yvon. Sainte Mafia, le dossier de l'Opus Dei. Paris 1971.

Valdivieso, Luisa Teresa. Una aproximación semiológica al teatro clandestino español. Phil.Diss., Arizona State University 1975. Als Mikrofilm-Xerokopie, Ann Arbor/Michigan 1978.

----------. España: bibliografía de un teatro silenciado. Manhattan/Kan. 1979.

Valle-Inclán, Ramón del. Obras escogidas. Bd.I, Madrid 51974. Bd.II, Madrid 21974.

Vidiel. Brillante Festival de Teatro de Sitges. In: Hoja del Lunes (Barcelona) v. 16.10.1967.

Völker, Klaus. Groteskformen des Theaters. In: Akzente, Jg.7 (1960), S.321-339. (Zweitausendeins-Reprint 1977, Bd.II).

Warning, Rainer (Hg.). Rezeptionsästhetik. München 1975.

----------. Rezeptionsästhetik als literaturwissenschaftliche Pragmatik. In: Ders. (Hg.), Rezeptionsästhetik. München 1975. S.9-41.

Weimann, Robert. Gegenwart und Vergangenheit in der Literaturgeschichte. In: Ders., Literaturgeschichte und Mythologie. Berlin-Weimar 31974. S.11-46. (= erweit. Fassg. des gleichnamigen Aufsatzes in den "Weimarer Beiträgen", Heft 5/1970, S.31-57).

Wellwarth, George E. Estrenar en Nueva York. In: Pip 15 - Revista (2.Zykl.) (Juli-Aug.1980), S.42-43.

----------. Spanish Underground Drama. Pennsylvania State University Press, University Park and London 1972. Spanische Übersetzg. m.e. Einleitg. u. Anmerkgn. von Alberto Miralles, Madrid 1978.

----------. Teatro Español de Vanguardia. In: PA 119 (April 1970), S.50-58.

Wyss, Ulrich. Zur Kritik der Rezeptionsästhetik. In: W. Müller-Seidel (Hg.). Historizität in Sprach- und Literaturwissenschaft. München 1974. S.143-154.

Ynfante, Jesús. La prodigiosa aventura del Opus Dei. Génesis y desarrollo de la Santa Mafia. Paris 1970.

Zamora Vicente, Alonso. La realidad esperpéntica. Madrid 1969.

ABKÜRZUNGS- UND SIGLENVERZEICHNIS +

B.O.E.	Boletín Oficial del Estado
CpeD	Cuadernos para el Diálogo (Revista mensual)
I.O.P.	Instituto de la Opinión Pública
N.T.E. (N.T.)	"Nuevo Teatro Español" ("Nuevo Teatro")
PA	Primer Acto (Revista de Teatro)
Pip	Pipirijaina (Revista de Teatro)
SEU	Sindicato Español Universitario
T.I.	"Teatro Independiente"
TNCE	"Teatro Nacional de Cámara y Ensayo"
T.U.	"Teatro Universitario"
Yor	Yorick (Revista de Teatro)

+ Allgemein übliche Abkürzungen usw. sind nicht aufgeführt.